Lectures on
Ideology and Utopia

ポール・リクール
ジョージ・H. テイラー 編
川﨑惣一 訳

イデオロギーとユートピア

社会的想像力をめぐる講義

新曜社

Paul Ricœur

LECTURES ON IDEOLOGY AND UTOPIA

Edited by George H. Taylor

イデオロギーとユートピア——目次

装幀――難波園子

凡例

一　原文のイタリックによる強調は傍点で示した。また、英語以外の言語（フランス語、ドイツ語、ギリシア語、ラテン語、イタリア語）の単語がイタリック体で記されている場合は、原則として原語を挿入した。訳語をつけた場合もあるが、必要と判断した場合は訳語をつけず、原語のままにしておいた。

二　書名は『』で、論文の題は「」で示した。

三　原文の（）および［］はそのまま残した。訳者による補足は〔〕で示した。大文字で強調されている語には〈〉をつけた。

四　原注は（）で、訳注は〔〕で示し、巻末に一括して記載した。

五　リクールおよび編集者が参照している文献に関しては、訳者が調べうる限りで邦訳を参照したが、訳語や文脈の都合上、英語によるリクールおよび編集者の原文からの翻訳を優先したところもある。また、注および文献一覧に記載されている参考文献は、本文中に頁数が記されている都合上、オリジナルは英語以外の言語で書かれた文献であっても原文の通りに英訳の題名を記し、あわせて〔〕内に邦訳の文献と頁数を記した。

編集者の謝辞

ポール・リクールの講義の刊行を準備するにあたっては、多くの人たちに支えていただいた。そのすべての人に対して、感謝の言葉を述べておかなければならない。ポール・ケイシーは、当時、自分の努力が一連の講義の出版という結果につながると考えていたわけではなかったが、すべての講義をテープに録音し、シカゴ大学のハーパー図書館に保管しておいてくれた。ジム・バリスは、講義を録音した自分自身のテープをもとに、講義録の縮約版を編集してくれた。われわれのなかで実際に講義を聴いた者は、講義の重要性を承知しているが、ジムの講義録はこのことをきわめて詳細に明らかにしてくれた。私が非常に多忙であった時期にジュディ・ヴォーンは、彼女自身の厳しいスケジュールのなかで、オリジナルのリールによるテープをカセットテープに録音し直す作業のために、助力を惜しまなかった。おかげで、講義の記録を作成するという課題がかなり楽なものになった。ジョエル・ゲッラ、ジョン・モンロー、ラーナー・ジェームズは、重要な技術上の手助けをしてくれた。ダイアン・リュノーは、私がいくつかの重要な二次文献を入手するのを手伝ってくれた。デイヴィッド・ペラウアーは、私が探し当てることのできなかったリクールの資料を突き止めてくれ、引用文献一覧と序論を書くうえで役に立つさまざまな示唆を与えてくれた。キャンディス・ホークの編集上の鋭い洞察力は、これまでと同様とても有意義であり、とりわけ、私の仕事の始めと終わりの段階において重要であった。彼以上にすぐれた編集者、良き友人を持つことなど想像できない。最後に、ポール・リクールに、この企画に着手することを認めていただいたことと、それを再検討するために寛大にも時間を割いてくださったことに対して、感謝を申し上げる。彼とともに仕事をする機会をもてたことは、私にとって非常に価値のあることであった。

編集者の序論

おそらく現代の思想家で、ポール・リクールほど幅広い分野で仕事をした者はいないだろう。彼は、宗教の象徴表現についての書物（『悪のシンボリズム』）と精神分析についての書物（『フロイトを読む』）によって非常によく知られているが、[1] 彼の仕事は、実際には言説《ディスコース》の――しばしば、互いに共通点を持たないように見える――多様な領域からなる広い範囲を含んでいる。すなわち、歴史の理論、言語についての分析哲学、倫理学、行為論、構造主義、批評理論、神学、記号論、心理学、聖書学、文学理論、現象学そして解釈学である。読者はリクールについていくことで、リクールが果敢に多種さまざまな領域に取り組んでいるのが、困難な課題であるのを理解することができる。しかし、リクールの幅広さは非常に並外れたものであるが、その一方で、われわれはおそらく、彼の主題のリストから抜け落ちているものによっていっそう驚かされるだろう。リクールは同時代の社会的、文化的、政治的な生活に――個人的にも職業的にも――深く関わっているのだが、それにもかかわらず、彼の仕事のなかに、その主題に関する持続的な検討は見いだされないのである。『歴史と真理』および『政治的・社会的試論』という二冊の論文集は、多くの社会的および政治的主題についてのリクールの見解を提示しているが、これらの試論は、個別の時期、状況、出来事に対す明確な応答である。[2] われわれはリクールから、社会的および政治的理論に対する彼の解釈学的アプローチのさまざまな含意についての広範な分析をまだ受け取っていない。本書、つまり、イデオロギーとユートピアについてのリクールの講義の出版は、こうした欲求に応えるうえで大いに役に立つことだろう。[3]

この講義が最初に行なわれたのは一九七五年の秋学期、シカゴ大学においてであるが、時間が経ったことで講義の重要性が減少したということはほとんどない。この講義は、一連の講義が議論の対象としている人物たちや講義が扱っている主題、そしてリクールのいっそう広範なテキストのすべてを理解する際の手助けとなってくれるという点で、非常に興味深いものである。リクールはこれらの講義のなかで初めて、カール・マンハイム、マックス・ウェーバー、クリフォード・ギアーツについての詳細な分析を行なっており、また、彼のすでに公刊されたルイ・アルチュセールとユルゲン・ハーバーマスについての議論を発展させている。[4]とりわけ興味深いのは、リクールによるマルクスの扱いである。マルクスは、十八回の講義のうち五回の主題になっている。リクールは長い間、マルクス、フロイト、ニーチェを三人の偉大な「疑いの師」（masters of suspicion）[5]と呼んできた。とはいえ、リクールはフロイトの解釈によってよく知られているのに対して、この講義はマルクスについてのリクールの最初の体系的な分析となっているのである。[6]

一連の講義の主題――イデオロギーとユートピア――に関していえば、リクールはマンハイム以来、はじめて、それらを一つの概念枠のなかで議論しようと試みている。概して、イデオロギーはこれまで社会学あるいは政治学のための主題であったし、ユートピアは歴史あるいは文学のための主題であった。リクールはイデオロギーとユートピアを並置することで、これら二つをよりよく定義し、またそれらの境界をより明確に定め、さらに、それらの概念を、以前の概念上の定式化とは著しく異なるものにしているのである。以前の定式化では、イデオロギーは現実と科学の両方と対置されてきたのであり、またユートピアは単なる夢、願望を満たす空想と見なされてきたのであった。

この講義はまたリクールの著作全体との関連でも、興味深いものである。リクールは講義のなかで直接、この関連について語っている。私は以下で、まずリクールのより広範な仕事について論じることによって、イデオロギーとユートピアという主題にアプローチするつもりである。そのあとで、それぞれの講義固有の主題について論じながら、部分から全体へと立ち戻り、イデオロギーとユートピアについてのリクールの分析を、とりわけ想像力とメタファーについての彼の著作との関連において位置づけてみたいと思う。

リクールの哲学的な企て

リクールを読むとき、フランスの歴史的資料の編纂であれ、行動の意味論であれ、フロイトの局所論的モデルであれ、そこで取り上げられている主題に没頭するのはたやすいことである。そして、われわれはたやすく、これらの主題がしばしば、いっそう大きな企ての一部であるという事実を見失ってしまうのである。リクールは時折、一つの試論の最後のところで、彼がいまや自らの探求の地平へと到達したと――そしてその地平に留まるつもりであると――述べる。さまざまな箇所で、彼は「迂回」(detour)――これは彼のお気に入りの言葉である――について語る。これが一つの試論全体の眼目であり、このおかげで、彼は間接的な筋道を通って、最後の節で彼の望む何らかの目的地へと到達することができるのだ。一つの顕著な例は、彼のフロイトについての著作である。これは最終的には、フロイトというよりもむしろ解釈の本性を論じている。[7] これらの度外れな企てが、つねに提示されていたり容易に規定されていたりするわけではない。しかし、リクールの書き物の集積《コーパス》が一見するとばらばらに見えるにもかかわらず、彼の企ては一貫しており、結局のところ、宗教的、心理学的、あるいは言語学的というより、本質的に哲学的なのである。[8]

この点はまた、『フロイトを読む』のような著作について当てはまるのと同様、イデオロギーとユートピアについてのリクールの講義にも当てはまる。特定のイデオロギーやユートピアに関する詳細な分析を期待した読者は失望するかもしれない。[9] リクールは講義の大部分で、現象としてではなく概念としてのイデオロギーとユートピアについて論じている。たとえばリクールは、資本主義の始まりにおける産業の役割についてのマルクスの主張が歴史的に正確であったかどうかには関心がない、と繰り返し述べている。彼の関心の中心にあるのは、マルクスの仕事の認識論的な構造である。リクールがウェーバーを検討するのは、ウェーバーの分析の社会学的な内容のためではなく、彼の概念枠のためである。とはいえ、リクールの講義を哲学的なものと見なしたからといって、それが縁遠いものであるとか近寄りがたいものだということを示唆しているのではない。その講義は、社会的および政治的世界のなかに生きる人間であることがわれわれにとって何を意味するのかについて、はっきりと言及しているのだ。したがっておそらく、この講義をその一部として含むようなより広範な企てを、単に哲学的なものとしてではなく一つの哲学的人間学として、もっともうまく特徴づけることができるだろう。

リクールが哲学的人間学ということで意味しているのは、社会科学の学説の一つの下位カテゴリーではなく、一つの哲学的観点から見た人間（anthropos）――人間性《ヒューマニティ》――についての研究なのである。リクールは書いている。この研究は、「［われわれの］時間的な条件……のもっとも永続的な事柄――現代という時代のさまざまな移り変わりによって傷つくことのもっとも少ない事柄――を突き止めることを目指している」と。(10) リクールは講義のなかで、人間的であるとは何を意味するのか、すなわち、われわれの現在の可能性と存続し続ける可能性の両方にかかわる問題を論じるために、社会的および政治的な諸カテゴリーを用いている。

講義

講義の大半はイデオロギーを主題にしている。ユートピアは、全体を通して一つの話題として表面に現われているにせよ、講義の主題となっているのは最後の三回のみである。リクールはイデオロギーの分析を、マルクスについての議論から始めている。マルクスのイデオロギー概念は西洋における支配的なパラダイムであり、論じられている残りの思想家たち――そしてリクール自身の提案――がそれに応じるモデルとなっている。いくつかの講義でのリクールの論じ方にはっきり現われているが、彼はただちにマルクスのイデオロギー概念を取り上げることはしない。その代わりに、彼はマルクスについての五回の講義のうちの三回を、この概念へと向かっていくマルクスのさまざまな展開を検討することに費やしている。マルクスの概念枠の基盤をなすものについて十分にその輪郭をたどったあとはじめて、リクールはマルクスのイデオロギー概念そのものを取り上げるのである。マルクスについての最初の数回の講義を含む「迂回」がイデオロギーとどのように関係しているのかを理解するのは難しい、という読者に対して、リクールはいくつかの道しるべを置いている。リクールにとって、マルクスの概念枠をこのように注意深くかつ忍耐強く構築することが、マルクスのイデオロギー概念を分析するための最良の方法なのである。

リクールが示唆していることだが、マルクスの初期の仕事は、「現実《ザ・リアル》」とは何かを特徴づけることを目指す一つの歩みである。現実をいかに規定するかが、イデオロギーの概念に影響を与えている。というのも、マルクスは最終的にイデオロギーを、現実ではないものと規定するからである。マルクスにおいて対比されているのはイデオロギーと現実とであって、後のマルクス主義の場合のように、イデオロギーと科学とではない。リクールは、『ドイツ・イデオロギー』がこの主題についてのマルクスの歩みの頂点であると主張する。(11) リクールは言う、この著作においてマルクスは現実を実践《プラクシス》――人間の生産活動――によって規定しており、したがって、イデオロギーを実践との対置によって規定するようになっている、と。マルクスが対置しているドイツ・イデオロギーとは、フォイエルバッハやその他の青年ヘーゲル派たちのそれである。フォイエルバッハ自身の方法論的転倒とは、それ以前は聖なるものの力と見られてきたものを人間の活動として捉え直すというものであるが、この人間の活動は、いまだ意識あるいは思考の産物であった。マルクス自身は、人間の活動の現実的源泉が意識ではなく実践であるということを証明するために、別の転倒――別の方法論的転倒――に着手している。青年ヘーゲル派――そして、『経済学・哲学草稿』のころのマルクス自身――は、意識を人間活動の中心として扱い、そのようなものとして、あらゆる存在に対する参照点として扱っていた。しかし、マルクスは『ドイツ・イデオロギー』のなかでこうした強調の観念論的含意を批判し、意識を、生きた個人に置き換えている。リクールは、マルクスの立場が、青年ヘーゲル派の観念論に対する挑戦であるばかりではなく、無名の構造的諸力――階級、資本――を歴史における活動的行為主体《エージェント》と見なす、後期マルクス主義におけるもう一つの極端に突出した立場に対する挑戦でもある、と主張する。『ドイツ・イデオロギー』の構造主義的な読解が可能であることをリクールは認めるが、いっそう包括的な解釈によって、マルクスが客観主義的視点と観念論的視点を媒介していることを見て取る。リクールは言う、『ドイツ・イデオロギー』におけるマルクスの偉大な発見は、諸個人というのは物質的諸条件からなる複雑な観念である、と。現実的個人と物質的条件が結びつけられているのだ。(12)

マルクスのイデオロギー概念は、意識の生産物に認められた自律性を問いに付す。リクールは、イデオロギーが想像上のものであり、生活の現実的過程の「反映」であり「反響」であるのはいかにしてかについて、マルクスをくわしく引用している。マルクスにとって、イデオロギーとは歪曲である。以下の講義は、このようにイデオロギーを歪曲として特徴づけることから発したものである。リクールは講義のなかで自らのアプローチを発生的現象学、「意味の遡行的分析」、「見かけ上の意味の表面をいっそう根本的な意味へと掘り進める試み」（第十八回講義）と呼んでいる。マルクスの歪曲としてのイデオロギー概念は、イデオロギーを一つの表面レベルで規定したもので、これ以降の講義は、徐々に深いレベルでその概念の意味を明るみに出していくことになる。リクールにとってイデオロギーの問題は、最終的には真偽の選択ではなく、表象（Vorstellung）と実践との関係についての熟慮なのである（第五回講義）。歪曲とは、諸表象が自律を主張するときのイデオロギーの厳密な特徴づけなのだが、イデオロギー概念は、より根本的には、それが単に表象である点に基づいているとされる。したがって歪曲とは、このモデルのなかのさまざまなレベルのうちの一つであり、マルクスのいうような、イデオロギーそのもののモデルなのではない。これに続く講義では、表象と実践との関係が対立なのか連結《コンジャンクション》なのかを決定しようとしている。リクールはマルクスに抗して、その関係は連結であると主張し、表象とは、実践の領域の一つの構成的な次元であるほどに基礎的なものだと述べる。イデオロギーと実践との連結は、その両方についてのわれわれの考え方を規定し直すことになるだろう。

こうした主張の含意は、イデオロギーに関する一連の講義の最後の回に、リクールがクリフォード・ギアーツについて論じるときにはじめて、十分に明らかになる。しかし、リクールによれば、この主張の基礎はマルクスにある。マルクスが、歪曲としてのイデオロギーというもっとも鋭い定義を与えている『ドイツ・イデオロギー』の同じ箇所で、彼はまた、歪曲に先立って存在する「現実的な生活の言語」がありうるとも認めている。「理念、表象、意識の生産は、当初は直接に、人間たちの物質的活動や物質的交通、現実的な生活の言語に編み込まれている(13)」と。リクールの見るところでは、現実的な生活の言語とは、実践の言説《ディスコース》のことである。それは言語そのもの——言語的表象——ではなく、行為のシンボル的構造である。リクールの主張はこうである。すなわち、行為の構造は解きほぐしがたくシンボル的であり、また、われわれが、歪曲としてのイデオロギーの本性か、さもなければイデオロギー一般の意味を理解することができるのは、このシンボル的構造の基礎の上に立ってでしかない。したがって、リクールの目的は、マルクスの歪曲としてのイデオロギー概念の正統性を否定することではなく、むしろそれを、イデオロギーの他の機能に関係づけることなのである。リクールは言う、「私がここで関心を持っているのは（…）マルクスの分析によって保たれているさまざまな可能性の領域、現実的生活の言語から徹底的な歪曲へと拡がっている領域である。イデオロギーの概念がこうした領域全体をカバーしていることを強調しておこう」（第五回講義）。

以下の講義は、こうした主張を詳細にたどっている。しかし、分析のための基礎は、歪曲としてのイデオロギーという マルクスの解釈にある。すなわち、観念のなかに現われている事物と、現実にあるとおりの事物との対照、表象と実践との対照にあるのだ。しかしながら、イデオロギーの意味のより深いレベルへと移動することができるようになるまえに、リクールは、いまだにイデオロギーを歪曲と見なしているより最近の解釈、今度はイデオロギーを現実とではなく科学と対比させる解釈と対峙しなければならない。リクールはこうした観点の最良の表現を、後のマルクス主義のなか、とりわけルイ・アルチュセールの構造主義的マルクス主義のなかに見いだしている。

アルチュセールの仕事を検討することは、リクールの考えでは特に適切なことである。というのも、アルチュセールのアプローチは、マルクスから正統マルクス主義へと至るなかでのイデオロギー概念における変化のもっとも根源的な帰結を含んでいるからである。リクールはこれらの変化を三点にまとめている。第一に、アルチュセールは、科学としてのマルクス主義の役割を強調している。方法論的モデルはもはや転倒ではない。科学は非科学的なものと関わりを絶つのであって、両者の間には根本的な不連続性がある。このときイデオロギーは、非科学的あるいは前科学的なものとして記述されている。[14] 第二に、この科学は、現実が無名の非人称的な諸力を基盤として機能すると主張する。行為者の役割を認めることは、それ自体がイデオロギー的なのである。第三に、マルクス主義的科学は、基盤あるいは下部構造（無名の諸力）と上部構造（文化、芸術、宗教、法）との間には因果関係があると主張する。この上部構造はイデオロギー的である。アルチュセールは、下部構造は上部構造に対して因果的な「効力」を持つが、上部構造は下部構造に反応を返す力を備えていると主張して、先駆者たちのモデルに改良を加えている。一つの出来事は、下部構造の生産物というだけでなく、上部構造の諸要素によっても影響を受けており、したがって「重層的に決定」

(overdetermined) されているのである。

アルチュセールによるイデオロギーと科学との対置に対するリクールの応答は、イデオロギーに関するこれ以降の講義のためのお膳立てになる。これらの講義についてさらに詳細に論じるまえに、アルチュセールのモデルに対するリクールの三つの対案に手短かに関係づけることで、それらの講義の重要性を先取りしておくことにしよう。第一に、リクールはアルチュセールのパラダイムに挑み、その科学とイデオロギーとの対置の代わりに、リクールがマルクスのなかにその有用性を見いだしているモデル、すなわちイデオロギーと実践との相関関係へと置き換えようとしている。マンハイムについての講義がアルチュセールについての講義のあとに続いているが、リクールはそのなかで、マンハイムがイデオロギーと科学との対置のパラドクスをどのように提示しているかを示している。それに続く講義では、非実証的科学を再生させることができるのは実践的な人間の関心に基づく場合だけである、というハーバーマスの提案を検討している。第二に、リクールは、下部構造と上部構造の因果的モデルを完全に拒否しようとしている。彼は、何か経済的なものが観念（上部構造）に因果的な仕方で働きかけると主張するのは意味がない、と論じている。観念に対する経済的な諸力の効果は、別の異なる――動機づけの――枠組みのなかで記述されなければならない。マックス・ウェーバーが、このモデルの展開のなかで論じられる主要な人物である。リクールは最後に、歴史の基盤としての無名の構造的な力を強調する代わりに、一定の諸条件のもとにある現実的個人を再度強調しようとしている。リクールは、アルチュセールは一つの表題――人間学的イデオロギー――のもとに二つの異なる概念を結びつけている、と主張する。そのうちの一つは、「マルクスとフロイトが破壊した意識のイデオロギー」であり、もう一つは、自らの諸条件のもとにある個人で、これは非観念論的な用語で正しく表現することのできる概念である。リクールの主張によれば、「人間学の運命が、観念論の運命によって封じられてしまうことはない」（第九回講義）。動機づけのモデルを追求することは、この主張を強固にするための一つのステップである。もう一つは、行為のシンボル的構造の発展的探究である。この主題は講義全体を通してつねに表面に現われており、ギアーツについての講義のなかで頂点に達する。

リクールの企てにとって、マンハイムの価値は彼の成功にあるのと同じく彼の失敗にもある。マンハイムが実際に成し遂げたことの一つは、彼がイデオロギーの概念を、それを主張している者さえも含むほどに拡張していることである。絶対的な傍観者の視点、社会的ゲームのなかに巻き込まれていないような視点はありえない、とマンハイムは言う。リクールが主張しているように、「何かをイデオロギー的と呼ぶのは、単に理論的な判断ではけっしてなく、むしろある実践と、その実践がわれわれに与える現実への見方をも含んでいる」（第十回講義）のである。はっきり表明されたいかなる視点も、何らかの意味でイデオロギー的である。こうしたイデオロギーの循環性がマンハイムのパラドクスであり、マンハイムはこのパラドクスを、評価的な立場は歴史の過程の本性を理解すること、とりわけ歴史において作動している相関関係を理解することを通して達成されると主張することによって、逃れようとした。この「相関主義」の過程は相対主義に取って代わると考えられた。しかし、これらの相関関係を構築することは、再び何らかの仕方で、歴史上、何が相関関係にあり、何が相関関係にないのかを決定するための基準をもった、ある絶対的な傍観者を必要とするのだ。リクールはマンハイムの理論におけるこうした欠点を、「経験的体系におけるヘーゲル的〈精神〉」を再構築しようとする絶望的な試みと呼んでいる。

マンハイムは、イデオロギーとユートピアの比較においては、イデオロギーのパラドクスをかろうじて乗り越えている。先に指摘したように、マンハイムはイデオロギーとユートピアを共通の概念枠のなかに置いた最初の人である。しかしながら、残念なことに、マンハイムは比較をそれ以上推し進めなかったし、そうした比較が、彼自身の研究が社会的分析のモデルとして掘り下げているイデオロギーと科学との対照に、一つの代替案をもたらすことに気づいていない。マンハイムはイデオロギーとユートピアを、不一致（noncongruencl）の諸形態として、現にそこにある現実との食違いのなかで見通しのきく地点として、記述している。このことは、リクールが全般的に支持しているそれらの表象的性質を目立たせる。しかし、それはまた、イデオロギーとは不一致であるがゆえに逸脱であるという科学的パラダイムを永続化させることにもなる。リクールは次のように注釈している。「ギアーツのような人物とは対照的に、マンハイムは、シンボル的に構成された秩序という概念をいっさい持たない。それゆえイデオロギーは必然的に

不一致なものであり、これは、不調和なものあるいは人類の遺伝子コードには含まれていないものという意味で超越的な何ものかなのである」。リクール自身は、イデオロギーとユートピアの相関関係を講ずることで、それをイデオロギーと科学との対置と対照させ、かつ、社会理論がとるべきと彼が考える道を指し示そうとしている。

> 一つのイデオロギーについての判断は、つねに一つのユートピアからくる判断だということを、われわれは受け容れなければならない。これは私の確信であるが、さまざまなイデオロギーがわれわれを呑み込んでしまう循環性から抜け出すための唯一の方法は、一つのユートピアを受け容れ、それを宣言し、この土台の上でイデオロギーを判断することである。完全な傍観者でいることは不可能なのだから、判断について責任をとるのは、その過程そのもののなかにいる誰かである（…）。判断の問題に対する一つの解決、それ自体がゲームの外にはいかなる視点も存在しないという主張と一致しているような（…）解決が見いだされるのは、結局のところイデオロギーとユートピアの相関関係が、イデオロギーと科学の不可能な相関関係に置き換えられる限りにおいてである。超越的な傍観者が存在しえないなら、一つの実践的概念が、受け容れられなければならないのである。（第十回講義）[15]

この核となる洞察は、つづく講義において拡張されている。リクールは、ユートピアについての最初の講義のなかで、マンハイムの議論に立ち戻ることになるだろう。

リクールは次にマックス・ウェーバーへと移行し、正統マルクス主義を形づくっている因果的モデルを、ウェーバーの動機づけモデルで置き換える。マルクス主義は、一つの時代の支配的諸観念が支配階級の観念であることを強調する。しかしながらリクールは、こうした支配は、経済的諸力と観念の因果関係としてではなく、動機づけの関係としてのみ理解できると主張する。ここでイデオロギーは、リクールにとってその第二のレベルをなすものへと到達する。すなわち、イデオロギーは歪曲として機能することから、正統化（legitimation）として機能することへと移行するのだ。リクールによれば、正統性の問題は社会生活のなかに深く根を下ろしている。なぜなら、いかなる社会秩序

も力のみによって機能することはないからだ。社会秩序はいずれも、何らかの意味で、支配されている人々の同意を求めており、この支配権力に対する同意が支配を正統化しているのである。ここには二つの要因が含まれている。それは、支配する権威による正統性の要求（claim）と、支配される主体たちによる秩序の正統性への信仰（belief）である。こうした相互作用の原動力を理解することができるのは動機づけの枠組みにおいてのみであり、ウェーバーはこの点で解明の助けとなってくれる。

ウェーバーは、要求と信仰の役割を掲げてはいるものの、リクールからすればそれらの相互関係のもっとも意義ある側面――それらの不一致――をなすものには取り組んでいない。イデオロギーは、こうした不一致を補う正統化としての役割を引き受ける。そしてまさにこの点に関して、リクールはウェーバーのモデルに意義のある補足を行なう[16]。正統化としてのイデオロギーというリクールの主張は、三つの論点を持っている。第一に、イデオロギーの問題は、ここでは、信仰と要求との間隙にかかわっている。すなわち、被支配者の信仰が、支配する権威の要求によって合理的に保証されているよりも多くの貢献をなさなければならないという事実にかかわっている。第二に、イデオロギーの機能とはこの間隙《ギャップ》を埋めることなのである。そして第三に、イデオロギーが間隙を埋めるのを求めるということは、いまや労働に対して――マルクスにおけるように――よりも権力に対して結びついているような、剰余価値の新しい理論が必要なことを示唆している。要求と信仰との不一致は、リクールの主張するところでは、政治生活の恒常的な特徴であり、この間隙を埋める信仰に必要な補充を与えるのが、イデオロギーの恒常的な役割なのである。

リクールは次に、ハーバーマスについて論じる。ハーバーマスは、これまでに挙げた人物たちのなかにあったさまざまな主題をおのがものとし、変形させている。ハーバーマスについてのリクールの議論は、ギアーツについての考察とユートピアの概念のための場を先取りし、準備している。ハーバーマスが特に意義深いのは、実践の概念を、リクールが強く推薦している方向へと向け直しているからである。ハーバーマスは、マルクスの主たる誤りの一つは生産関係と生産力とを区別するのに失敗していることだと主張する。生産力のみを強調することが、マルクスの客観主義的な解釈を生じさせる一方で、生産諸関係を認めることは、実践がある制度的な枠組みを含むのを認めることにな

る。ハーバーマスは制度的な枠組みによって、「シンボル的行為の構造」と、人々が自らの労働を理解する際の「文化的伝統の役割」のことを意味している。リクールの見るところでは、「われわれは再び、上部構造と下部構造の区別が適切でないのを見て取る。というのも、われわれは、実践の概念のなかにはいわゆる上部構造に属するものが含まれているからである（…）。実践がイデオロギー的層を具現化しているのだ。この層は歪曲されているかもしれないが、実践そのものの構成要素なのである」（第十三回講義）。われわれは、生産力と生産関係を区別する場合にのみ、イデオロギーについて語ることができる。イデオロギーは、生産関係にとってのみ問題なのである。ハーバーマスは、リクールが打ち立てようと試みている実践の概念を確証してくれる。実践における「人間の相互行為の構造」の役割は、行為のシンボル的媒介というリクールの持続的な主題に対応しているのだ。

ハーバーマスはまた、誤ってイデオロギーと対置されることのないような科学の可能性を復活させてもいる。彼は三つの科学について語る。道具的科学、歴史的‐解釈学的科学、そして批判的社会科学である。彼は三番目の科学を強調し、精神分析がそのモデルだという。この第三の、批判的社会科学では、抵抗の精神分析的概念がイデオロギーのパラダイムであり、そして抵抗を克服し自己理解を得ようとする精神分析における努力が、イデオロギー批判の原型である。ハーバーマスにとって、イデオロギーは歪曲されたコミュニケーションの一様態、対話関係の体系的な歪曲である。ウェーバーのような人たちが政治的正統性の問題における要求と信仰との間隙について記しているとしても、ハーバーマスの分析の力は、この間隙が歪曲された関係の産物であるということ、間隙を埋めるのは批判の過程の最後になってはじめて可能となるような一つの帰結だということを認識した点にある。

リクールはハーバーマスの批判的科学の進展を称賛しているが、ハーバーマスは批判的社会科学を解釈学的科学から区別しているという点で、二人は異なっている。リクールは、ハーバーマスの二番目と三番目の科学は、最終的に区別することができないし、また区別するべきではないと言う。リクールの主張は、この講義とさらに長い別のテキストの両方で提示されているが[17]、その主張は、批判的科学はそれ自体が解釈学的だ、というものである。なぜなら、批判的科学が覆そうと試みているイデオロギー的歪曲は、脱シンボル化の過程だからである。「歪曲は、コミュニケーション的行為の領域に属している」（第十四回講義）。イデオロギー批判はコミュニケーション過程の一部をなしており、その批判的契機である。おそらくそれは、リクールが別の言い回しで、理解から説明へ、そして批判的理解へと移動する過程のなかにある説明の契機と呼んでいるもののことなのだ。

『認識と関心』はリクールがこの講義で取り上げている主要テキストであるが、ハーバーマスはこれまで、この著作についてなされた批判に応えて、その理論をいくつかの新しい方向へ進めている。それでも、この『認識と関心』は、ハーバーマスのイデオロギー論について議論するうえで中心になるものでありつづけており、また、リクールが講義のなかで示したハーバーマスのより新しい諸提案に対する応答は、ハーバーマスがすでに進めていた批判と一致している。精神分析はハーバーマスのなかで批判的社会科学にとっての重要なモデルであり続けており[18]、リクールによれば、ハーバーマスの理論が適切でないことをはっきりさせる一つのやり方は、これら二つのものの間の並行論がどの程度失敗しているかを示すことである。リクールの批判は、批判的社会科学に携わっている理論家の姿勢と、この科学が成し遂げようと目論んでいる結果の両方に向けられている。前者についてリクールは、批判的理論家は精神分析家と違って論争的状況を超越しているわけではない、と主張している。彼は、「イデオロギー批判の地位そのものが、イデオロギーの論争的状況に属している」（第十四回講義）と言う。後者については、精神分析が、患者が認識の経験を手に入れるのを実際に助けているのに対して、批判的社会科学にはこの経験に相当するものが存在しないと言う。

われわれはこの後者の点をさらに推し進めて、精神分析では認識とは自己あるいは他者とのコミュニケーションの回復である、と言うことができる。ハーバーマスが言うところでは、批判的社会科学にとって、このコミュニケーション能力はコミュニケーションの権能《コンピタンス》と名づけることができる。リクールの批判では、認識とコミュニケーションの権能との類似はハーバーマスが考えているほど完全ではなく、よりくわしくいえば、彼は権能の概念を曖昧な仕方で用いている、という。チョムスキーの用語法にしたがえば、権能とは行為遂行《パフォーマンス》の相関項であり、われわれの自由にできる能力である。ところが、コミュニケーションの権能は、われわれの自由になるものではなく、むしろ満たされることのない理想であり、統制的理念である。限界や拘束のないコミュニケーションというのは、一つの理想的な言語行為なのである。したがって、コミュニケーションの権能は精神分析における認識と同じ資格を持たない。精神分析の認識が実際の経験であるのに対して、コミュニケーションの権能はユートピア的理想なのである。

われわれはリクールによる二つのハーバーマス批判を、次のように要約することができるだろう。第一に、批判的理論家は、社会的過程の外側やそれを超えたところに立つことはできないし、また実際に立っていない。第二に、判断が唯一可能なのは、イデオロギーとユートピアを対照させることによってなのである。なぜなら、ユートピア――理想の視点――という土台においてのみ、われわれは批判に携わることができるからである。

イデオロギーと実践とを関係づけるというリクールのモデルが最終的に完成するのは、彼が第三のレベルのイデオロギーの概念、すなわち統合としてのイデオロギーを記述するときである。ここで、講義はずっと予告されていたギアーツについての議論へと向かう。リクールはギアーツのうちに、行為のシンボル的構造について彼自身が行なっている強調が確証されているのを見いだす。あらゆる社会的行為は、すでにシンボル的に媒介されており、社会的領野でこの媒介をしているのがイデオロギーなのである。この段階でのイデオロギーは統合的である。それは、社会的アイデンティティを保つものなのだ。そしてイデオロギーは、もっとも深いレベルでは、歪曲でなく統合である。実際、正統化と歪曲の機能が現われるのは、イデオロギーの統合的機能を土台としてのみなのである。「人間の社会生活の構造が歪曲されるのは、それがすでにシンボル的だからなのである」(第一回講義)。歪曲は、この先行するシンボル的機能なしには不可能である。イデオロギーが歪曲的になるのは、「統合の機能が固定化してしまい、(…) 図式化と合理化が蔓延するとき」(第十五回講義)なのだ。リクールはわれわれを、軽蔑的でないイデオロギー概念へと導く。つまり、シンボル的媒介としてのイデオロギーが、社会的存在を構成しているというのである。ここにおいて、「上部構造と下部構造の区別は完全に消えてなくなる。というのも、シンボル体系はすでに、下部構造、人間存在の基礎的構成に関わっているからである」。

リクールはさらに、この点と関連した、ギアーツの分析の第二の洞察を引用している。その洞察は、イデオロギーは言説のレトリック的技巧と有益な仕方で比較することができる、というものである。先に見たように、リクールは、支配階級の利害が社会の支配的観念になるのはいかにしてかを考察するのに、ウェーバーの動機づけのモデルを用いている。利害関心と観念との関係は動機づけによるもので、因果的ではない。ギアーツにおいて強調されているのは、もはや動機そのものではなく、それらが記号のなかで表現されるようになるのはいかにしてかである。リクールはギアーツを引用し、「シンボルはいかにしてシンボル化するのか、いかにして意味を媒介するようになるのか」[19]を分析する必要があるという。リクールの主張するところによれば、このような状況において、レトリックの積極的な意味がイデオロギーの統合的意味に合流する。なぜなら、イデオロギーは「基礎的コミュニケーションのレトリック」だからである。イデオロギーがそうであるように、レトリック的技巧も言語から排除することはできない。それどころか、レトリック的技巧は、言語に固有の部分である。シンボル的媒介は、社会的行為と言語の両方にとって根本的なのである。『生きた隠喩』は、この主題にリクールがずっと関心を抱いていることを示している。

最後の三回の講義では、リクールは彼の注意をユートピアという主題へと移動させており、これはすでに示されたイデオロギーの分析のうえに構築されている。ユートピアについての講義はそれぞれ異なった人物（マンハイム、サン＝シモン、フーリエ）に焦点を当てているが、共通の主題を保持している。リクールは彼の分析を、イデオロギーとユートピアとの関係があまり研究されない理由を考察することから始めている。そして、それらの区別がマルクス主義思想のなかで消えてなくなる傾向にあることを強調する。マルクス主義がイデオロギーを、現実に対置されるもの（『ドイツ・イデオロギー』のマルクス）と見ようと、科学に対置されるもの（正統マルクス主義）と見ようと、ユートピアはイデオロギーと同じカテゴリーに置かれている。すなわち、それは非現実的か非科学的だ、というのである。講義はここで、マンハイムに立ち戻る。というのも、彼はイデオロギーとユートピアを、それらの違いを縮減《レデュース》することなく、共通の枠組みのなかに位置づけているからである。

マンハイムの分析は三段階で行なわれている。最初は基準論――ユートピアについての作業的定義――によって、二番目は類型論によって、三番目は時間的動力学――類型論の歴史的方向――によって、である。マンハイムの最初の段階である基準論に対するリクールの応答は、彼の評価全体を方向づけている。マンハイムにとって、イデオロギーとユートピアはともに現実と一致していない。ただ、イデオロギーが現行の秩序を正統化するのに対して、ユートピアはそれを破壊する。リクールはマンハイムを批判しているが、それは、マンハイムが破壊するものとしてのユートピアよりもむしろ不一致としてのユートピアに優位性を与えているからである。マンハイムの選択の含意は、ユートピアの時間的動力学に関する議論のなかではっきりしてくる。マンハイムは、彼がものを書いていた近代という時代に、ユートピアの融解、不一致の終わり、もはや形成過程ではない世界を見て取っている。リクールは、こうした規定が、社会学的および歴史的な評価づけに基づいているばかりではなく、特定の概念枠のなかに置かれてもいる、と主張する。マンハイムは、科学的――たとえ実証主義的ではないにせよ――観点によって現実を定義するような思考法に縛られているように思われる。現実のより力動的な意味を可能にしてくれるような、イデオロギーとユートピアの間の緊張に基づいたモデルを発展させる代わりに、彼のモデルは、まずイデオロギーを、それからユートピアを、合理主義的かつ科学的な基準によって規定された現実と対比する。イデオロギーとユートピアは、現実とは一致せず、そこから逸脱している、というのである。マンハイムは彼の分析のなかで生のシンボル的構造を取り上げていないので、自分のモデルのなかに、イデオロギーであれユートピアであれ恒常的で肯定的な特質を組み込むことができないのだ。

この恒常的で肯定的な特質とは何だろうか。もし、イデオロギーの最良の機能が統合であり、個人あるいは集団のアイデンティティの保持であるとすれば、ユートピアの最良の機能とは可能なものの探求である[1]。ユートピアは、いま現に存在するものを問いに付す。それは、力の本性、家族、宗教などについての想像的変更である。われわれはこれによって、社会的秩序の偶然性を経験するよう強いられる。しかし、ユートピアは単なる夢ではない。というのもそれは、実現されることを望む夢だからである。ユートピアの意図は、現行の秩序を変化させること――破壊すること――である。リクールがサン＝シモンとフーリエを論じる主な理由の一つは、彼らがこうした視点を例証しているからである。彼らは、マンハイムが見なかった類型――非マルクス主義のユートピア社会主義者――を代表しており、自分たちのユートピアを実現しようと奮闘した。しかし、ユートピアの意図が現実を破壊することであるとしても、それはまた、いかなる現実からも隔たりを保っている。ユートピアは不変の理想であり、われわれがそちらへと方向づけられているが、けっして十分に到達することのないものなのだ。リクールはここで、ユートピアはわれわれの歴史のなかに組み込まれることはなく、また、ユートピアの死とは社会の死であろう、というマンハイムの想いをもとに議論を進める。ユートピアのない社会は死んでいるのだろう。というのも、そこにはいかなる企ても、いかなる将来の目的もないからである。

第一のレベルでは、相関関係は統合としてのイデオロギーと、「他なるもの」、可能なものとしてのユートピアとの間にあるとすれば、第二のレベルでは、イデオロギーは現に存在している権威の正統化であり、ユートピアはこの権威に対する挑戦である。ユートピアは、権力の問題そのものと対決しようと試みる。それは、権力の代替物か、代替権力のいずれかをもたらす。イデオロギーとユートピアが直接に交差するのは、権力の問題をめぐってである。正統化のあらゆる体系、権威のあらゆる形態のなかに「信頼性の間隙《ギャップ》」が存在するということから、ユートピアのための場所もまた存在する。リクールは言う、「イデオロギーが、権威への信仰の欠如に付け加えられる剰余価値であるとすれば、ユートピアは、この剰余価値の正体を最終的に明らかにするもののことである」(第十七回講義)。ユートピアは、正統性をもつあらゆる体系に対する権威の要求と、そうした体系への一般市民の信仰との間にある間隙を明らかにするよう機能する。

もしリクールが主張しているように、イデオロギー的正統化が動機づけのモデルと結びつけられなければならないとすれば、権力をユートピアと対決させることで、動機づけの根拠についての問題が提起される。この問題が、サン=シモンとフーリエについての講義を貫いている。リクールは、いかに合理主義的なものであれ、ユートピアが、マンハイムによって記述された「至福千年」的——あるいはメシア的——形態のユートピアに原型が見いだされるような情念的推進力を、再び導入しようとするやり方に特に関心を抱いている。問題は、いかにして「社会の気分を高揚させる」か、また社会を動かし、動機づけるか、なのである。その答えは、あるときは、サン=シモンが行なっているように芸術家の想像力の役割を目立たせることであり、また別のときは、「政治的教育者」を求めることである。こうした役割について、リクールは別の著作[20]でくわしく述べているが、それは「知的産婆術」である。すなわち、社会における「連鎖反応」を開始させる創造的精神の役割を果たすことである。たとえばサン＝シモンは、自分がこの立場に立っていると考えた。動機づけという問題設定を立ち上げるもう一つのやり方は、ユートピアが宗教的な言語と要求を自分のものにするのはいかにしてかを理解することである。サン＝シモンとフーリエについての議論に基づいて、リクールは、「あらゆるユートピアは、何らかの意味で、新しい宗教を見いだしたという主張によってもつねに支えられているような、世俗化された宗教ではないのかどうか」という問いを提起している（第十八回講義[21]）。

ユートピアは、第三のレベルにおいても機能している。イデオロギーが歪曲であるような段階では、そのユートピア的反対物は気まぐれな思いつき、錯乱、逃避、完全に実現不可能なものである。ここでは、ユートピアは、現実からユートピア的未来への移行に関する問いを除去してしまう。つまりユートピアは、決定を下したり行為の困難な道を進んだりするうえでなんの助けにもならないのだ。さらにユートピアは、それを完成する手段に関してばかりではなく、それが成し遂げる結末についても現実逃避的である。ユートピアにおいては、互いに衝突する結末は存在しない。あらゆる結末は両立可能である。リクールは、ユートピアのこうした病理学的な側面を「思考の魔術」と呼んでいる（第十七回講義）。

リクールは、イデオロギーとユートピアとの相関関係が一つの循環、実践的循環を形づくっているのを見て取ることで、一連の講義を結論づけている。すなわち、これら二つの項は、それら自身が実践的であって、理論的な概念ではないのだ。われわれはこの循環から抜け出ることができないが、それは、行為のシンボル的構造の、救いようのない循環だからである。その循環はいかなるものであれ、イデオロギー対科学、あるいはイデオロギー対現実といった不可能な対置に挑戦し、超越するような循環である。リクールは言う、この循環のなかで、「ユートピアの病いを、イデオロギーにおける健全なもの――（…）アイデンティティの要素――によって治療しようと努めなければならないし、イデオロギーの厳密さ、石化作用を、ユートピア的要素によって治療しようと努めなければならない」と。リクールはさらに付け加える。循環を単に連続的なもののように思いこむのは、あまりにも単純である。われわれは、循環を螺旋にするよう試みなければならない。「われわれは一連の価値に賭け、それからそれらに合致するよう試みる。こうして、それを検証することがわれわれの生涯の問題になる。誰もこれを逃れることはできない」（第十八回講義）。

イデオロギーとユートピアに関するリクールの講義はそれぞれ自律性を備えており、説得的で堂々とした議論を展開している。しかし、視点を拡げ、これらの講義から、リクールの仕事全体におけるこの講義の位置の評価へと論を転じることで、われわれはリクールのテキスト全体に対するこの講義の重要性と、講義がより広い意義へと開いている観点とをいっそう明確にすることができる。

リクールのすべての著作

数ページのスペースでは、せいぜい、リクールの仕事の概略を示すことしかできない。ここでは、特にメタファーおよび想像力についてのリクールの著作に注意を払いつつ、この十年に焦点を当ててみたい。というのも、これらの著作がこの講義の中心的な文脈をなしているからである。

もっとも適切な出発点は、『生きた隠喩《メタファー》』である。これが講義と平行しているのは驚くほどである。この講義が一九七五年に行なわれ、その同じ年に『生きた隠喩』のオリジナルのフランス語版がはじめて刊行されたということは、偶然ではまったくない。この著作から始めることは、さらに別の意味でも適切である。というのも、それは、リクールの思想のなかでいまだ現在進行中の企ての一部をなしているからである。リクールは、『生きた隠喩』と、彼の最新のテキストである『時間と物語』とが「対をなす」と述べることで、これらの直接的なつながりを記している。数年を隔てて出版されたとはいえ、「これらの著作は同時に構想されたものである」(22)。のちに見るように、この講義は、リクールのもっとも新しい思想のうちのいくつかと概念枠を共有している。

『生きた隠喩』の基本的な目的の一つは、メタファーが、名づけにおける逸脱あるいは置き換えであり、何らかの

「固有の」――つまり文字通りの――意味に還元することのできる装飾的な付け加えであるという、一般的な見方に反論することである。その代わりに、リクールは、「明示的意味《デノテーション》と暗示的意味《コノテーション》の区別は、まったく疑わしいものであると言わなければならない」(RM:148)[23]と言っている。そして、リクールは次のように述べている、「もっと明確な意味論は、(…)語は固有の、すなわち、始原的な、自然の、本来の(…)意味を自らのうちに持っている、という幻想を打ち壊す。(…)字義通り《リテラル》の、というのは、本源的という意味で固有の、ということではなく、単にいま通用している、「常用の」という意味なのだ。字義通りのとは、語彙的な意味のことである」(RM:290-291〔邦訳『生きた隠喩』三七一頁〕)。一つの言葉と、それが表わすものとの間には、原初的な関係は存在しない。言葉の意味は、所与のものではない。むしろそれは、創設されなければならないのだ。字義通りの意味とは、われわれがそれとともに出発しなければならないものではなく、習慣的となった用法の結果である。リクールは、彼がメタファーについて行なった性格づけを根拠として、こうした分析を行なっている。メタファーは、名づけの産物ではなく、予言の産物である。それは、言葉と、それが含まれる文との間の意味論上の相互作用――緊張――の結果である。文字通りの意味はそのとき、言葉と、なんの緊張も引き起こさない文との間の相互作用の産物である。用法は受け容れられ、「いま通用している、「常用の」」ものとなる。

メタファーは字義通りのものからの派生ではなく、むしろ、字義通りのものそれ自身が、関係的なものの産物なのだ、とする反転によって、リクールは、基礎的な「メタファー的」なるものは実際にはカテゴリー的秩序の源泉である、と提案するに至っている。

たしかに、われわれの知っている言語の唯一の機能は、すでに出来上がった秩序のなかで働いている。メタファーが新しい秩序を生み出すのは、まさしく、古い秩序のなかに裂け目を創り出すことによってである。しかしながら、その秩序そのものが、変化するのと同じ仕方で生まれるのだと想像することはできないだろうか。ガダマーの言葉でいえば、論理的思考の始源、あらゆる分類の根源で働いている「メタファー的なもの」がありはしないだろうか。（…）始まりにあるメタファー的衝撃という考えが、本来のものと文彩《フィギュール》的なもの、通常のものと風変わりなもの、秩序と侵犯との対立を破壊する。それは、秩序そのものが、類と種を生み出す意味論的な場のメタファー的な構成から生じる、という考えを示唆する。（RM : 22–23〔同書二二―二三頁〕）[24]

ここでのリクールの分析と、イデオロギーについての講義との親近性は明白である。メタファー的表現を字義通りの表現からの逸脱と見なすのが正確ではないのと同じく、イデオロギー的表象を科学的表象からの逸脱と見なすことは正確でない。どちらの場合も、リクールはメタファー的なものとイデオロギー的なものに優位性を与えることで、関係を逆転させている。文字通りのものと科学的なものが存在するのは、もっと広いメタファー的領域とイデオロギー的な領域の内部でしかないのだ。

もし、根底にある「メタファー的なもの」が言語の性質を性格づけているとすれば、社会生活においてこれと並行しているのは、人間の行為のシンボル的媒介である。「いわゆる「現実的な」過程は、すでにシンボル的次元を備えている。（…）言い換えれば、現実の生活の前シンボル的、したがって前イデオロギー的段階は、どこにも見いだされない。シンボル体系一般は、社会生活の二次的効果ではない。それは、現実の生活を社会的に意味のあるものとして構成しているのである」[25]。リクールが別のところで述べているように、「イデオロギーはつねに、社会的存在の乗り越えがたい現象である」[26]。リクールは『時間と物語』のなかで、行為のこのシンボル的媒介にもう一度立ち戻っている。もし、歪曲としてのイデオロギーが、歪曲を被りうるような行為の根底的なシンボル的構造なしには意味をなさないのだとすれば、また同じように、「文学は、人間の行動のなかですでに一つの文彩であったものに統合形象化(configuration) をもたらしていなかったとすれば、理解しがたいものになっていただろう」（TN : 64〔邦訳『時間と物語I』一一七頁〕）[27]。リクールは、こうした先行形象化 (prefiguration)[2] の本質的な一側面を、行為のシンボル的媒介である、と言う。この媒介は、「暗黙のあるいは内在的なシンボル体系」（TN : 57〔同書一〇七頁〕）である。「シンボルは、解釈にしたがうよりもまえに、なんらかの行為に内的に関係づけられた解釈項なのである」（TN : 58）[28]。

行為がシンボル的に媒介されていると主張すること、あるいは、イデオロギーは乗り越えがたいと主張することは、人間存在を、われわれの文化や階級、民族的遺産、国家によって必然的に規定されている柔軟性のない一つの循環に、囚われたままにしておくように見える。しかし、ハーバーマスについての議論が明らかにしているように、リクールは、批判的な契機はそれでもまだ可能だと信じている。われわれは、われわれを生み出した文化、階級、時代などに属するあるいは参与するという経験とともに出立する。しかし、われわれはこれらの要因に完全に束縛されているわけではない。そうではなく、われわれは理解と説明の弁証法のなかにいる。理解——帰属の関係の指標——は、「説明に先行し、それを伴い、閉じ、そして包み込む」。しかしそのお返しに、「説明は理解を分析的に発展させる」[29]。リクールは『生きた隠喩《メタファー》』のなかで、ここで働いている緊張関係を、「もっとも原初的で、もっとも隠された弁証法、すなわち、帰属の経験全体と、思弁的思考の空間を開く疎隔の力との間で君臨している弁証法」（RM：313〔邦訳『生きた隠喩』四一五頁〕）と同定《アイデンティファイ》している。この弁証法が、解釈の過程の中心にあるのだ。「解釈とは（…）メタファー的な領域と思弁的な領域の相互作用において機能している言説の一つの様式である。（…）一方では、解釈は概念の明晰さを求め、他方では、概念がひき留めて固定させている意味の力動性を保持しようという望みを持っている」（RM：303〔同書三九四頁〕）[30]。

リクールの指摘している隔たりの可能性——「疎隔」の措定——は二つの次元を持っている。すなわち、隔たりは所与の理解を拡張することができるとともに、批判することもできるのだ。しかし、いっそう意義があるのは、隔たりが存在すること、そして隔たりと帰属との弁証法がまさしく存在することである。われわれはイデオロギーに捉えられているとはいえ、完全に捉えられているわけではないのだ。同時に、批判的イデオロギーから自立した一つの科学を打ち立てることはできない。この講義が詳細に論じているように、科学をイデオロギーと完全に対置することはできないのだ。リクールは書いている、「参与の弁証法的対立物としての疎隔は、解釈学の外ではなくその内でのイデオロギー批判の可能性の条件である」[31]。

帰属と疎隔の間のこうした緊張は、解釈学についてのリクールの一般理論の本質を描き出している。リクールにとって、解釈学とは歴史的理解の産物なのである。われわれは、われわれの文化的およびその他の条件づけをすっかり逃れることはできないので、われわれの知識は必然的に、部分的かつ断片的になる。講義でのマンハイム批判のなかで、リクールは、巻き込まれていない、あるいは絶対的な傍観者の可能性に反論している。いかなる人間存在も、ヘーゲルが〈絶対知〉と呼んだものの視座に到達することはできない。「先了解」(pre-understanding)という人間的条件、つまり帰属というわれわれの状況は、「われわれを非イデオロギー的認識という有利な立場に置くような全面的な反省の余地を与えない[32]」。社会理論はイデオロギーから逃れることはできない。「なぜなら、その理論は、集団の他の構成員が従わされているようなイデオロギー的媒介から引き離してくれるような視点に到達できないからである[33]」。リクールの解釈学は、「イデオロギーの終焉」を歴史的な可能性として語るような立場――かつて流行した立場――に反対の立場をとる。

人間の理解の、根深く位置づけられた歴史的性格を擁護するにあたって、リクールの解釈学はガダマーの解釈学を支持し、エミリオ・ベッティやE・D・ハーシュ[34]の著作のなかに見られる、客観主義的解釈学の主張に挑戦する。たとえばハーシュは、われわれはテキストにおいてその意味《ミーニング》(テキストが実際に何を言っているか)をその意義《シグニフィカンス》(テキストが何についてのものか、そのより広い含意)から分離することができる、と主張している。しかしリクールは、こうした区別は「曖昧さなしには維持することができない」と答える。ハーシュは「価値の不安定な領域を、意味の安定した領域に従属させ」たいのかもしれないが、リクールは、ハーシュが「テキスト上のあらゆる意味は構築されなければならないこと、あらゆる構築は選択を要求すること、そして選択は倫理的価値を含んでいることを示すことで、こうした領域の安定性を掘り崩している[35]」のを見て取っている。社会科学においてハーシュに対応する人物は、マックス・ウェーバーだろう。リクールは、いかなる中立的で非イデオロギー的な立場も有効ではない、と主張している。

解釈学は、緩和されることのない解釈学的循環によって束縛されている。しかし、この講義と、疎隔についてのリクールのより一般的な注釈の両方が言うように、批判の可能性は残されている。解釈学的状況は批判を含んでいるのだから、それは非合理的――循環のなかにあるものは何であれ、それについてのみ裏書きを許す――なのではなく、形式的な合理性とは異なった意味で、合理的である。リクールは実践理性の理念と可能性を回復しようとしているが、それはカント的な意味というよりはむしろ、アリストテレス的な意味における実践理性である。リクールは言う、「われわれは、実践理性の批判についてよりも、批判としての実践理性について語る」。実践理性は、倫理的および政治的領域に位置づけられており、そこでは、厳密さと審理の段階は、われわれがどこか別のところで予期してきたようなものとは異なっている。「客観的」理性に基づいて批判を試みることは、「科学とイデオロギー」という破滅的な対置」に再び陥ってしまうことにしかならない。批判が立ち上がってくるのは、もっぱらイデオロギーの領域からなのである(36)。

リクールは実際、解釈学はそれほど単純に実践理性の側に組みすることはない、と主張している。というのもそれは、「理論的」と「実践的」との対置そのものを超えたところに進もうとしているからである。リクールが言うところでは、こうした対置を永続化させても、認識から信頼が失われることにしかならない。他方で、「解釈学はその代わりに、理論的なものという概念そのもののなかで、経験の関連性と統一性の原理によって表現されたものとして、批判を生み出すと主張する(37)」。実践理性の努力は、対象化《オブジェクティフィケーション》（価値から言説、実践、制度への実証的な変形）と外化《エイリアネーション》（これらの価値の歪曲や、言説、実践、制度の物象化（reification））とを区別することに向けられている(38)。したがって実践理性の課題は、メタファー的契機と思弁的契機の間、独創的で価値付加的な刺激と、社会生活のなかで働いている秩序をもたらす答えとの間、のバランスをとることである。社会的行為はシンボル的に媒介されているのだから、イデオロギーを避けることができないが、それを統合的――したがって歪曲をもたらすものではない――レベルにまで格上げする努力はなされるべきである。

ここまで私は、リクールの仕事におけるイデオロギーとユートピアを詳細に位置づけてきたが、それは、人間という存在の位置づけられた性格をリクールが強調している点に注目することによってであった。焦点を当てたのは、基盤をなす「メタファー的なもの」、批判的隔たりの可能性、解釈学的状況の歴史的性格、そして実践理性を回復させる根本的な必要であった。これらの語彙が示唆しているように、こうした要因は、シンボル的媒介の現に存在している源泉と関係しており、したがって、ユートピアの機能よりもはるかにイデオロギーの機能に相関している。私はいまから、ユートピアの機能にもっとふさわしい主題へと話題を変え、リクールの想像力の哲学についての議論から始めようと思う。メタファーについてのリクールの理論へと少しばかり立ち戻ることが、この主題のための基礎づけを与えてくれる。

基盤をなす「メタファー的なもの」について前に述べたとき、私は『生きた隠喩《メタファー》』の「カテゴリー的秩序を侵犯する「メタファー的なもの」はカテゴリー的秩序を生じさせもする、というもっとも極端な仮説」（RM：24〔『生きた隠喩』二五頁〕）に注意を促した。想像力の重要性を明らかにするために、こうした性格づけを整理し直し、カテゴリー的秩序を生じさせるものがそれを侵犯してもいることを強調しなければならない。侵犯の作用において、メタファーは古い秩序を破壊するが、それは「もっぱら新しい秩序を創出するため」である。メタファーというカテゴリー・ミステイクは「発見の論理の補完物以外の何ものでもない」（RM：22〔同書二一頁〕）。この発見の論理によって、リクールの想像力の哲学が導入される。リクールは、「意味論的な革新の観念を中心としたメタファー理論の文脈のなかから最初に取り出された想像力の概念[39]」について語っている。彼は別のところで、メタファーと想像力とのより直接的な比較を行なっている。「想像力がその特殊な媒介をもたらすのは、事実に忠実な叙述を壊して新しい意味が出現するときであるように思われる[40]」。想像力のなかで働いている発見の論理に、われわれは特別な関心をもっている。革新《イノヴェーション》の観念は、リクールのユートピアの概念と彼の哲学的企て全体にとって、ともに中心的なものである。

しかしながら、想像力の革新的側面を指摘するだけでは、いささか表面的である。というのも、イデオロギーとユートピアはともに想像力の過程だからである。リクールはそれらに関する一連の講義の始めと終わりの両方で、イデオロギーとユートピアの相関関係が、彼が社会的・文化的想像力と呼ぶものを類型化していると主張している。想像力としてのユートピアの性格をもっと正確に突き止めるためには、まず、イデオロギーとユートピアがどのように協働して社会的想像力を形づくっているかを考察すべきである。リクールは講義のなかで、この関係についていくつかの点から論じている。社会生活においては、想像力は二つのやり方で機能している。

一方では、想像力は秩序を保つよう機能している。この場合、想像力の機能は、秩序を反映している同一化の過程を展開することである。想像力は、ここでは一枚の絵画のような外観を持っている。しかし他方で、想像力は破壊的な機能を持っている。すなわち、それは突破するものとして働くのである。〔しかし〕この場合のイメージは産出的であり、何か別のもの、別の場所を想像することである。イデオロギーは三つの役割〔歪曲、正統化、シンボル化〕のそれぞれにおいて、前者の種類の想像力を表わしている。すなわちそれは、保持、保存の機能を持っているのだ。これとは対照的に、ユートピアは、後者の種類の想像力を表わしている。それはつねに、どこにもない場所《ノーウエア》からの一瞥である。（第十五回講義）

もし、イデオロギーが絵画としての想像力であるとすれば、ユートピアはフィクションとしての想像力である。「あらゆるイデオロギーは、ある意味で、それを正当化することによって、現に存在するものを反復している。それは、現にあるものの描写《ピクチャー》（…）をもたらす。他方、ユートピアは、生活を記述し直すフィクション的な力をもっている」（第十八回講義）。リクールはカントに基づきつつ、絵画とフィクションとの比較は再生的想像力〔＝構想力〕と産出的想像力との比較として特徴づけられる、と述べている(41)。

想像力の再生的あるいはイデオロギー的側面についての注釈は、脇に置いておくことにしよう。この想像力の特徴は、人間存在の位置づけられた本性と、「秩序をつくり上げる」「基盤をなすメタファー的なもの」について議論したとき、予見されていたものである。その代わりに、想像力の産出的あるいはユートピア的側面に目を転じよう。リクールの見るところでは、われわれは想像力のユートピア的性質によって、構成されたものから構成するものへと移行させられる。ユートピア主義者によって開かれた新しい視点は、最終的には分離できないような二つの効果を持っている。それは、所与のもの、すでに構成されているものを見るときの視点をもたらすとともに、所与のものの上方にあり、それを超えている新しい可能性をもたらす。ユートピアとは、われわれが現にそこにある現実をけっして当然のものと見なさないようにしてくれる、「どこにもない場所《ノーウェア》」――ユートピアという言葉の文字通りの意味――からの眺めである。リクールは、フッサールのいう、本質を見て取るときの想像的変更[3]のことをユートピアと呼ぶことができる、と言う。ユートピアは、「われわれが、われわれの社会生活の本性を再考する手助けをすることによって、構成的な役割を担って」いる。それは、家族、消費、権威、宗教などの本性を「われわれが根源的に再考するやり方」である。それは、「存在するものについてのもっともすばらしい異議申し立ての一つとして」働くような、「代替となる社会を空想し、それを「どこにもないところ《ノーウェア》」に外在化すること」（第一回講義）である。ユートピアのはたらきとは、われわれの現にそこにある関係の具体性をずらすことだけではなく、いまだわれわれが保持しているそうした可能性を指し示すことでもある[42]。

先の議論のなかで、疎隔はリクールの考えではわれわれに社会生活のなかで批判的契機をもたらしてくれるものであるということを見た。説明することは、理解することのうちで批判的な立場をとることであり、したがって、イデオロギーの批判は可能なのである。イデオロギーの代わりにユートピアに焦点が当てられるとき、批判的な隔たりの重点はかなり異なったものになる。批判によってイデオロギーと対決する代わりに、イデオロギーはユートピアと対置されるのである[43]。イデオロギー批判が批判的契機を解釈学のなかに再統合するのを可能にし、イデオロギーと科学を対置する誤ったモデルに対する代替物をもたらす一方で、イデオロギーとユートピアの相関関係は、イデオロギーと現実を対置する誤ったモデルに対する代替物を与える。社会的行為は避けがたくシンボルによって媒介されているのだから、単純に「客観的事実」に訴えればよいというものではない。事実とは何か、とか、事実の本性とは何か、という問いは、事実が知覚され分析されるときの解釈図式が多様なのだから、簡単に結論は出ない。このレベルでは、問題は事実のうちの一つなのではなく、リクールのよく知られた言葉だが、彼の書物の題名から引用すれば、「さまざまな解釈の葛藤《コンフリクト》」のうちの一つなのである。別の言葉でいえば、葛藤《コンフリクト》はメタファーとメタファーの間にある、と言うことができる[44]。リクールは言う、「一つのメタファーを、相反するメタファーを用いることによって破壊しなけれ

> ばならない。それ故、われわれはメタファーからメタファーへと進むのである」（第九回講義[45]）。われわれが訴えることのできる、媒介されていないいかなる現実も存在しない。不同意が、さまざまな解釈の葛藤《コンフリクト》として残り続ける。
>
> 私としては、言説の世界を、引力と斥力の相互作用によって運動しつづけている世界として理解したい。これらの力は、その組織化の中軸が互いに中心を外れているような諸領域、そうした諸領域の相互作用と交差とを休むことなく促進させる。それでもなお、こうした相互作用はけっして、緊張を吸収するような絶対知のなかで休息を見いだすには至らないのである。（RM：302〔『生きた隠喩』三九三頁〕）

ここまで私は、現にそこにある現実からの隔たりをもたらしてくれるユートピアの側面、すなわち、現にそこにある現実を自然な、必然的な、かけがえのないものとして知覚するのを回避できる能力について述べてきた。いまやわれわれは、ユートピアが提案しているかけがえのない性格について評価を下さなければならない。再び、われわれの目的は、この概念がリクールのいっそう広い探究における主題といかにして関連しているのかを規定することである。まず、以前にほんの手短かにしか言及しなかった点を拡張させることから始めよう。それは、想像力のユートピア的性質は、われわれを制度化されたものから制度化するものへと移行させる、という点である。こうして、想像力〔構想力〕の産出的性格へと立ち戻ることになる。この能力を「詩的《ポエティク》」と名づけることができる、とリクールは言う。彼はこの言葉を用いることで、彼が「意志の哲学」と呼んだ企ての一部である「意志の詩学《ポエティクス》」についての長く待ち望まれてきた研究を、自分が開始したことをほのめかしている[46]。

詩学は「制作」と変化の機能を備えており、この概念は『生きた隠喩』と『時間と物語』の両方で扱われている。メタファーと物語の「意味 - 効果」は、「意味論的革新と同じ基本的な現象に属している」（TN：ix〔『時間と物語Ⅰ』vii頁〕）。メタファー的発話と物語的言説はともに「一つの広大な詩的領域」（TN：xi〔同書xi頁〕）に含まれる。もし、メタファーと物語が意味論的革新を含むのだとすれば、さまざまな含意は、一つの全体としての社会的存在における革新へと広がっていく。ある箇所でリクールは、創造性の問題が彼の考察の全行程を導くただ一つの問題であった、とまで述べている。[47] リクールの仕事はこれまで言語の地位に焦点を当ててきたのかもしれないが、その結論はもっと広い含意を持っている。「創造し、再創造する言語の能力のこうした回復を通して、われわれは創造される過程のなかに現実そのものを発見する」。詩的言語は「それ自身が未完であり生成しつつある現実の次元に調音されている。生成しつつある言語は、生成しつつある現実を祝福しているのだ[48]」。こうした関係の本性を、メタファーの役割に再度注目することで、もっと正確なものにすることができる。

もしこの分析が確かなものであれば、われわれは、メタファーが、われわれの言語の先行する構造ばかりではなく、われわれが現実と呼んでいるものの先行する構造をも破壊すると言わねばならないだろう。メタファー的言語が現実について教えてくれるのかどうかを問うとき、われわれは、現実についてすでに知っていることを前提としている。しかし、メタファーが現実を記述し直すことを認めるならば、この記述し直された現実が、それ自身、新しい現実であることを認めなければならない。私の結論はこうである。メタファー的言語のなかに含意されている言説の戦略とは（…）われわれの言語を破壊し拡張することで、われわれの現実感覚を破壊し拡張することなのだ。（…）メタファーによって、われわれは、言語と現実をともに変容させるのである。[49]

社会的レベルで、ユートピアはこうしたメタファー的性質を持っている。産出的想像力〔構想力〕として、その課題は「可能なものの探求」である。リクールは言う、「モデルは現にあるものを反映しているのだろうが、それはまた、現にないものへの道を開いてもいるだろう」（第十八回講義）というのは本当である、と。現実を変化させるというユートピアの能力は、講義の主張をさらに力強いものにする。ユートピアは、単に一つの夢なのではなく、実現されることを望む夢なのだ。「ユートピアの意図はまさしくものごとを変化させることだから、マルクスのフォイエルバッハに関する第十一テーゼとともに、それは世界を解釈するやり方にすぎず、世界を変化させるやり方ではない、などと言うことはできない」（第十七回講義）。イデオロギーを現実と対置させるモデルは適切ではない。現実は、最初からシンボル的に媒介されているからである。同様に、ユートピアを現実と対置させるモデルも適切ではない。現実は所与のものではなく、過程だからである。

　現実はつねに時間の流れのなか、ユートピアがもたらそうと試みている変化の過程のなかにある。『時間と物語』においてリクールは時間の機能について詳細に考察し、「「詩的な」という形容辞が［リクールの］分析に課す力動的な側面」を強調している。歴史と物語的フィクションにおける説明に対して彼が行なった「われわれの物語的理解の優位性」の擁護は、「あらゆる種類の静態的構造、無時間的パラダイムあるいは時間的不変項といったものに対する、筋立て《プロット》を生み出す活動の優位性」（TN：33〔『時間と物語Ⅰ』六〇頁〕）[50]の擁護である。理解と説明の並置により、一つの時間的な次元が得られる。現実の詩的な本性については、『生きた隠喩』においてそのもっとも際立った次元が与えられる。リクールはそのなかで、「行為としての現実の啓示」について語っている。詩的な能力、創造性と変化に対する能力は、現実一般のもっとも根本的な性格であり、とりわけ人間の条件である。「［人間を］「行動するものとして」提示し、あらゆるものを「活動中のものとして」提示すること――これはまさしくメタファー的言説の存在論的機能となりうるだろう」（RM：43〔『生きた隠喩』五八頁〕）。

　リクールが行為としての現実を強調していることのもっと意義深い帰結の一つは、真理の本性そのものをけっして当然のものと見なすことができない、というものである。リクールは言う、実際には、真理の本性は、人間の存在の時間的次元とシンボル的次元の両方によって問いに付されている、と。一方では、人間の生活はシンボル的に媒介されているのだから、現実のいかなる概念も解釈的である。一致としての真理というモデルは不適切である。われわれはもはや、一つの解釈が何らかの媒介されない「文字通りの」事実と一致する、あるいはそれを表わしている、と主張することはできない。その代わりに、詩的言語は、「認識論によって境界を定められた事実、対象、現実および真理という概念が問いに付されるような、前科学的、前述定的レベル」（RM：254〔同書三三九頁〕）[51]へと大きく前進する。われわれは最終的に、現実的なものをわれわれの解釈から分離することはできない。つまり現実的なものの本性それ自体がメタファー的性質を保っているのだ。メタファーはまた、時間的次元においても働いている。というのも、「メタファー的言表行為の指示作用は、現実態および可能態としての存在を活動させる」(RM: 307〔同書四〇二頁〕)からである。社会的なレベルでは、潜在性の役割はユートピアによって引き受けられる。

現実の概念に対するこうした挑戦へのリクールの答えは、「真理の問題の根本的な再定式化[52]」を要求する、というものである。リクールはこの主題を『時間と物語Ⅲ』で発展させることになるが、これに先立つ仕事のなかで真理という「メタファー的」あるいは「予見的」概念について語ることで、この主題に関する彼の扱い方を先取りしている[53]。リクールは言う、その課題は、「「である」という動詞そのものをメタファー化して、「としてある」のなかに、メタファーの働きがそこに要約されている「として見る」の相関項を認めるところまで進むこと」(TN: 80〔『時間と物語Ⅰ』一四一―一四二頁〕)であると。われわれが現実的なものとして理解しているものは、最初からシンボル的に媒介されている。現実的なものはまた、つねに過程のなかにある。リクールの主張するところでは、したがって、「現実的なものはすべてすでにあらかじめ描き出されており、変容されてもいる」。発明と発見との境界線は、けっして維持することができない。「アリストテレスによれば、詩人が「教える」普遍が、それが発明されるよりも前にすでに存在していたかどうかを問うことは(…)無駄なことである。それは、発明されているのと同じく発見されているのだ[54]」。

真理についてのリクールのメタファー理論によって開かれた、創造性と変化のさまざまな可能性は、おそらく、彼の哲学的企ての頂点である。しかし、リクールにおいては相変わらず、これらの可能性を十分に評価するためには、弁証法を再び導入し、これらの可能性の源泉を再び強調しなければならない。われわれは、ユートピアとイデオロギーの弁証法を再び主張しなければならない。こうした動きは、先行形象化(prefiguration)と形象変容(transfiguration)との間の力動的関係についての先の引用のなかで予見されている。もしユートピアが可能的なものを開くとすれば、それは、存在するもののメタファー的変形を基盤とすることによってである。われわれは先に、イデオロギーの概念を、われわれはつねにすでに開始していたという事実、われわれはシンボル的媒介――階級、国家、宗教、ジェンダーなど——の状況のなかで自分自身を見いだすという事実についての議論を方向づけるために用いた。講義が示しているように、イデオロギーはここでは、アイデンティティと統合についての軽蔑的ではない形象となっている。

先行形象化されたものと形象変容（transfigure）されたものとの間の弁証法は、リクールの仕事のなかでいくつかの形をとっている。たとえば、彼は宗教的信仰を、記憶と予期との間の緊張のなかに根を下ろしたものとして記述している。[55] 別の例は、倫理的生活の特徴のなかに見いだされる。「自由は、すでに価値づけられているものを再び価値づけ直すことによって、定立される。倫理的生活とは、自由の企てと、制度の所与の世界によって輪郭を描かれた倫理的状況との間の、永続的な交流である」。[56] より一般的にいえば、先行形象化されたものと形象変容されたものとの間の弁証法は、伝統の拡大された意味をもたらす。伝統とは、「何らかのすでに死んだ堆積物の生気のない伝達ではなく、詩的活動のもっとも創造的瞬間へと回帰することによって再び活性化されることがつねに可能な革新の生き生きとした伝達」であり、「実際、伝統は、革新と沈澱の相互作用によって形成されている」（TN：68〔同書一二四頁〕）。もし、イデオロギーとユートピアの弁証法が、先行形象化と形象変容との結びつきのような意味で機能するとすれば、それはまたもう一つのレベル、解釈の理論によって記述されるレベルでも作動する。ここではユートピアに対する強調がさまざまな可能性を示しているが、こうしたメタファー的運動は思弁的な思考の応答によってつり合いがとられるに違いない。

解釈とは（…）メタファー的な領域と思弁的な領域の相互作用において機能している言説の一つの様式である。それ故、解釈は混成的な言説であり、それ自体として、二つの相争う要求によって反対方向に引っぱられる力を感じざるをえない。（…）一方では、解釈は概念の明晰さを求め、他方では、概念がひき留めて固定させている意味の力動性を保持しようという望みを持っている。（RM：303〔『生きた隠喩』三九四頁〕）

われわれはこの緊張を、これまで展開されてきた分析の最終結果として受け容れることができるだろう。先に私は、イデオロギーの内部における批判的契機の可能性について述べた。イデオロギーとは、われわれがそこからいくらか距離をおくことのできる、一つのシンボル的な定式化である。このモデルは、イデオロギーと科学を基本的な対立関係に置いた不適切なパラダイムに対するリクールの答えである。私はそのあと、リクールがどのように、イデオロギーを現実と対置するモデルに異論を唱え、代わりにイデオロギーとユートピアの弁証法を持ち出しているかを示した。現実の非イデオロギー的な層に到達することはできないが、パラダイムとしてのイデオロギーは、いまだ、ユートピアの「どこにもない場所《ノーウェア》」からやってくる批判に対して開かれている。それから私は、ユートピアの許す可能性のさまざまな次元を探究するために先へと進んだ。リクールの解釈理論あるいは解釈学は、われわれがその弁証法を保って、ユートピアによるイデオロギー批判から、イデオロギーによるユートピア批判と呼びうるようなものへと立ち戻らなければならないことを確証している。このことは、解釈のなかの批判的な契機に再び活力を与えるが、それはイデオロギーのなかの一つの契機としての批判ではけっしてなく、アイデンティティのための衝動（イデオロギー的なもの）によるユートピア的なもの（開かれたもの、可能なもの）の批判である。われわれは、われわれがそうであるかもしれないものを、われわれが現にそうであるものに直面させなければならない。[57] リクールの解釈学のような、「想像力の神話的 - 詩的核」に調律された解釈学は、「疑いの解釈学」の挑戦に直面せざるをえない。

フロイトの「現実原則」やニーチェとマルクスのそれに相当するもの――前者における永劫回帰と、後者における了解された必然性――を参照することで、還元的で破壊的な解釈よって要求される苦行、つまりむき出しの現実との対決や、アナンケー（Ananke）すなわち必然性の学説との対決による積極的な利点がもたらされる。[58]

ある程度まではこれは、われわれがさまざまな解釈の葛藤のなかに捉えられていることの繰り返しである。しかし、解釈についてのリクールの主張が示しているように、葛藤は単なる対立ではない。先に引用した注釈のことを思い起こそう。そこでリクールは、彼が「言説の世界を、引力と斥力――これらの力は、その組織化の中軸が互いに中心を外れているような諸領域、そうした諸領域の相互作用と交差とを休むことなく促進させている――の相互作用によって運動し続けている世界として」(RM:302〔同書三九三頁〕)理解する、と述べている。メタファーのイメージをもう一度用いてよければ、解釈の葛藤は類似と差異の両方の活動であり、差異だけではない、と言うことができるだろう。解釈学的循環は自分自身の周囲だけを果てしなく回り続ける悪循環などではない。異なる解釈は互いに反応し合い、応答していて、お互いを取り入れたり包摂しようとしているのである。リクールが講義のなかで見て取っているように、課題は、循環を螺旋にすることである(第十八回講義)。

リクールによる解釈の定義には、さらにもう一つの含意がある。彼は解釈を、単にメタファー的なものに対する応答としてではなく、メタファー的なものと思弁的なものの相互作用において機能する何かとして定義している。リクールの解釈学は、単なる理解の理論として――たとえばガダマーの哲学的解釈学がそうであるように――ではなく、説明の次元や批判的な隔たりの次元をも含む理解の理論として、定義することができるものである[59]。この意味で、われわれは、疑いの解釈学を経て――精神分析、構造主義、そしていまやマルクスを経て――なされたリクールの「迂回」は、彼自身の解釈学的理論に対する批判的契機ではなく、その内部での批判的契機なのだ、と言うことができるだろう。メタファー的なものと思弁的なものの間の衝突は残り続けるかもしれないが、それでも、解釈はそれらをともに一つの構想された全体のなかに包含しようとするのである[60]。

> メタファーは生きているが、それは、メタファーが構成された言語を活性化させる限りにおいてばかりではない。メタファーが生きているのは、それが想像力のほとばしりを、概念のレベルで「もっと考えること」へと導くという事実のおかげなのだ。「生気を与える原理《ヴィヴィファイング》」によって導かれた「もっと考える」ためのこうした苦闘が、解釈の「精髄」なのである。(RM:303〔同書三九五頁〕)

リクールはイデオロギーとユートピアについての分析を次のように要約している。すなわち「イデオロギーとユートピアは究極的には、シンボル体系によって媒介され、構造化され、統合されたものとしての人間の行為の性格を扱わなければならない[61]」。イデオロギーとユートピアの結合は、社会的想像力の典型例である。リクールの主張は、「社会的想像力が、社会的現実そのものを構成している」（第一回講義）というものである。解釈と実践は切り離すことができない。こうした結びつきに対する解釈の課題は、「もっと考える」ことである。それは、リクールが自分自身のものとし、また彼の仕事が絶え間なく例証している課題である。

テキストについての注意書き

先述したように、ポール・リクールはイデオロギーとユートピアについての講義を、一九七五年の秋学期にシカゴ大学で行なった。この講義はすべてテープに録音され、このテープから逐語的な草稿が作られた。この講義の編集は、この草稿と、リクール自身の講義ノート——彼は寛大にもそれを私に提供してくれた——に基づいている。リクールの講義ノートは、第一回の導入のための講義と、マルクスの『ドイツ・イデオロギー』についての二回の講義、そしてギアーツについての講義を除く、すべての講義について役に立った。それぞれの講義は、ノートのおおよそ四ページにびっしり書かれたものから展開されている。リクールはこのノートを英語で書いた。編集作業でめざしたのは、講義で提示された部分にノートが付け足しているところ、すなわち、ノートが明確にしている点や、時間の制限のために講義では取り上げられなかった部分などを組み込むことであった。

他にも、講義を印刷されたテキストにする過程で、二、三の変更を行なった。もとの講義のうちの数回は、講義の最初あるいは最後に討議がなされていた。リクールに向けてなされた質問はすべて削除したが、リクールの応答は、テキストのなかに組み込んである。マンハイムについての導入をなすコメントは、もともとは第九回の講義の終わりになされたものだが、第十回の最初に移した。第十一回と第十二回の講義でのウェーバーの引用は、もともとは、パーソンズによる『経済と社会』の翻訳（『社会的および経済的組織の理論』）から取られたものである。『経済と社会』の二巻本の版は、リクールが参照している翻訳と同一であり、かつ現在の標準的なウェーバーの翻訳であることから、ウェーバーからの引用はすべて、このテキストを参照している。第十三回の最初のところでウェーバーについて行なわれた討論での質問に対するリクールの応答は、第十二回の講義に移動した。残された第十三回の講義がかなり縮約されたものであることと、もともとの第十三回と第十四回の講義の切れ目は時間的拘束のために強いられたものであったということから、もともとの第十三回から第十五回までの講義（すべて、ハーバーマスについての講義である）を、印刷上では二回の講義に組み替えた。その結果、もともとは十九回あった講義が、本書では十八回になっている。

この印刷されたテキストは、リクールのもともとの講義の水準を保っている。講義でのリクールの討議的な進め方のおかげで、このテキストはいっそう近づきやすいものとなっているだろう。また読者は、彼の注釈と、挿入句によるコメントを、興味深く感じることだろう。講義という体裁は、このテキストの格式《ステータス》を示すために保たれている。リクールはこれらの講義を、その出版準備の段階で徹底的に再検討したが、書き直しはしていない。したがって、このテキストは、リクールが出版のために書いた他の仕事からは、区別されるべきであろう。

講義に対する注はすべて編者によるものであるが、リクールと話し合ったうえでのものである。注はあえて最小限にしてある。いくつかの注はリクールを直接に引用しているが、これは、テープで録音された編者との対話に基づいている。これらの対話は、一九八四年五月、ノースカロライナ州の国立人文科学センターにおいて、さらに一九八四年十二月、シカゴ大学において行なわれた。テキストあるいは注のなかで言及された論文・著作に対する引用の完全な文献表は、巻末に収録した。

第一回　はじめに

私はこの一連の講義において、イデオロギーとユートピアの検討を行なう。通常、この二つの現象は別々に扱われるが、私の目的はこれらの現象を一つの概念枠のなかに置くことである。これらをまとめあげる仮説はこうである。すなわち、これら二つの対立する側面あるいは補完的機能を結合することそれ自体が、社会的および文化的想像力と呼ぶことのできるものの典型的な特徴をなしている、と。[1] このことから、想像力の哲学――私はこれをいま、別の講義で探究しているところであるが[2]――の領野のなかで出会う困難さと曖昧さの大部分が私の講義のなかで、ただし一つの特別な枠組みのなかで現われてくることだろう。私が確信している、あるいは少なくとも仮説として抱いているのは、イデオロギーとユートピアの弁証法は哲学的問題としての想像力に関する未解決の問題に何らかの光をもたらしてくれる、ということである。

イデオロギーとユートピアについての研究は、まず、これらの現象が共有している二つの特徴を明らかにしてくれる。第一に、これらの現象はともにこのうえなく曖昧である。それぞれがマイナス面とプラス面、建設的役割と破壊的役割、構成的次元と病理学的次元を持っているのだ。第二の共通の特徴は、それぞれの現象の二つの面についてのものであるが、病理学的なものが構成的なものよりもまえに現われ、われわれに表面から深みへとさかのぼって進むよう要求する、ということである。かくしてイデオロギーとはまず、個人あるいは集団がそれと知ることも気づくこともなしに自らの状況を表現するときの、いくつかの歪曲や隠蔽の過程を意味する。たとえば一つのイデオロギーは、本人が気づいていないような個人の階級状況を表わしているように思われる。したがって隠蔽の過程は、単にこの階級のものの見方を表わしているばかりでなく、それを強化してもいるのである。ユートピアの概念のほうは、たいていの場合、軽蔑的な評価を受けてきた。この概念はある種の社会的な夢を表わしているが、この夢には新しい社会へと向かう運動のために必要な、現実的な最初のいくつかの段階に対する関心が欠けている、と見なされている。ユートピア的ヴィジョンはしばしば、社会に対するある種の分裂症的態度として扱われる。つまり、このヴィジョンは、歴史の外部を構築することで行動の論理から逃れる一つのやり方であり、かつ、具体的な行動によってその正しさが検証されるのを避ける一つの形態でもある、というわけである。

私の仮説はこうである。すなわち、イデオロギーとユートピアにはともに、マイナス面と同じくプラス面があり、それぞれの概念の二つの面の間の極性は、イデオロギーとユートピアという二つの項の間にある同様の極性を検討することによって明らかにされるということだ。私が言いたいのは、イデオロギーとユートピアの間にあり、かつ、これらの概念のそれぞれのなかにあるこうした極性は、私が文化的想像力と呼ぶもののいくつかの構造的特徴によって説明される、ということである。これら二つの極性は、私の考えでは、イデオロギーとユートピアに関する研究のなかで主要な緊張関係であるものを含んでいる。

イデオロギーとユートピアの間の対極的な関係は、カール・マンハイムの有名な著書『イデオロギーとユートピア』以来、めったに取り上げられることがなかった。私がかなり依拠するつもりであるこの書が最初に出版されたのは一九二九年であるが、少なくともごく最近まで、マンハイムは、イデオロギーとユートピアを一つの共通の枠組みのなかに置こうとした唯一の人物であったように思われる。彼はこの二つを現実に対する逸脱した態度と見なすことによって、共通の枠組みのなかに置いた。それらが分岐するのは、現実との不一致、食違いという共通の側面のなかにおいてである。

マンハイム以降、これらの現象に注意が払われる場合のほとんどにおいて、イデオロギーかユートピアのどちらか一方に注意が集中しており、両方いっしょに注意が払われることはなかった。一方では、主としてマルクス主義あるいはポスト・マルクス主義の社会学者たちによるイデオロギー批判があった。私が特に念頭に置いているのは、ハーバーマスやカール＝オットー・アーペルといった人たちに代表されるフランクフルト学派である。こうした社会学的なイデオロギー批判とは対照的に、ユートピアに関する物語と社会学がある。こちらの領域でユートピアに払われる注意は、イデオロギー批判を行なう人たちがイデオロギーに払う注意とはほとんど関わりがない。しかしながら、これら二つの領域の切り離された関係は変化しつつある。少なくとも、これらの結びつきに対して、新たに関心が向けられるようになっている。

それでも、イデオロギーとユートピアとを結びつけるのが難しいことは理解できる。なぜなら、それらは非常に異なった仕方で提示されているからである。イデオロギーはつねに論争的な概念である。イデオロギー的なものは、けっしてその人自身の立場ではない。それはつねに、別の誰かの立場、つねに彼らのイデオロギーなのである。ときどき、かなり大まかな仕方で特徴づけられる場合でも、イデオロギーは他人の過ちだと言われさえする。人は、自分がイデオロギー的であるとはけっして言わないのである。反対に、ユートピアはその著者たちによって弁護されており、一つの特別な文学ジャンルをなしてさえいる。ユートピア的と呼ばれるさまざまな作品があり、それらは固有の文学的地位を有している。こうしたことから、イデオロギーとユートピアが、ことばのうえで同じような仕方で現われるということはまったくないのである。ユートピアは著者たちによって受け容れられているのに、イデオロギーは著者たちに忌避されている。こうした理由から、一見すると、これら二つの現象を一緒にすることは非常に困難である。われわれは、それらの文学的あるいは意味論的表現の下を掘り返して、それらの機能を見いだし[3]、またそうすることによって、このレベルでの相関関係を打ち立てなければならない。

こうした、より深い機能的レベルでの相関関係に対して注意を払うにあたって、私は、不一致（noncongruence）という概念についてのカール・マンハイムの示唆を研究の出発点とする。というのも不一致、食違いの可能性は、すでに多くの仕方で次の点を前提しているからである。それは、個人ならびに集団が自らの生活と社会的現実とに対して、単に隔たりなく分かち合うという様態においてばかりではなく、まさしく不一致という様態においても関係づけられているということである。あらゆる形の不一致が、社会に対するわれわれの帰属には含まれているに違いない。

こうしたことが真であるのは、社会的想像力が社会的現実を構成している限りにおいてだ、と私は主張したい。とすれば、ここで前提されているのはまさしく社会的想像力と文化的想像力であり、これらは目の前の状況の確証かつ異論として、構築的であると同時に破壊的な仕方で作用しているのである。したがって、イデオロギーとユートピアという二つの極性が、社会的想像力の典型をなすさまざまな形の不一致と関わりがあるというのは、実り豊かな仮説となるであろう。そしておそらく、イデオロギーとユートピアのそれぞれのプラス面どうしの関係は、一方のマイナスで病理学的な面が他方のマイナスで病理学的な面であるというのと同じように、補完的な関係なのである。

しかし、私の研究の地平である、すべてを包括する補完性についてさらにくわしく述べるまえに、二つの現象について、それぞれ手短かに提示しておくことにしたい。まずイデオロギーの極から始め、次に、もう一方のユートピアの極に行くことにしよう。

西洋の伝統においてイデオロギーについてのもっとも優れた考え方は、マルクスの書き残したもの、より正確には、青年期のマルクスが書き残したものに由来している。すなわちそれは、『ヘーゲル法哲学批判』、『経済学・哲学草稿』、そして『ドイツ・イデオロギー』である。イデオロギーの概念は、この最後の本のタイトルと内容において中心になっている。

ついでに、「イデオロギー」という用語の、初期の、より肯定的な用法に言及しておこう。というのも、そうした用法は哲学の舞台から消え去ってしまっているからである。この用法は、十八世紀フランス哲学における一つの学派に由来している。彼らは自ら観念学派《イデオローグ》（idéologues）、つまり、諸観念の理論の唱道者を名乗った。彼らの哲学はある種の意味論的哲学だったのであり、その主要なテーゼは、哲学は事象や現実ではなくもっぱら観念を扱う、というものであった。この学派がなおも興味関心を引くとすれば、それはおそらく「イデオロギー」という語の軽蔑的な用法が、まさにその学派を指し示すことから始まったからである。ナポレオン帝政への反対者として、この学派のメンバーたちは観念学派《イデオローグ》として扱われたのであった。したがって、この用語の否定的な含意はナポレオンに帰することができるのであり、そうした含意はこの哲学者グループに最初に適用されたのである。このことはおそらく、他人を観念学派《イデオローグ》と呼ぶナポレオンがわれわれのなかにつねに存在することを警告してくれる。ひょっとすると、イデオロギーだという告発のなかにはつねに権力に対する何らかの要求が存在するのかもしれない。われわれはあとでこのことに立ち戻ることになろう。このフランスの観念学《イデオロジー》（idéologie）の概念と、ヘーゲル左派（マルクスはこのヘーゲル左派の出身なのだが）のなかでのイデオロギーの軽蔑的な用法との間のいかなる関係においても、私は、何らかの直接的な移行があったとは考えない。もっとも、私よりもこの点についてよりよい情報を持っている人たちがいるかもしれないが。

　さて、マルクス自身に戻ろう。「イデオロギー」という用語はどのようにして彼の初期の著作のなかに導入されたのだろうか。私は今後の講義で、さまざまなテキストを拠り所にしながらこの点に立ち戻るつもりだが、ここではこの語のさまざまな用法についてのちょっとした調査、地図作成《マッピング》を行なってみたい。興味深いことに、この用語がマルクスのなかに導入されたのは、物理学や生理学の経験、すなわち、カメラや網膜のなかに見いだされる倒立像のメタファーによってである。この倒立像のメタファー、そしてその背後にある物理学的経験から、逆転したものとしての歪曲という範例《パラダイム》あるいはモデルが引き出される。こうした像、現実についての倒立像という範例は、イデオロギーの最初の概念を据える際に非常に重要である。イデオロギーの最初の機能は、倒立像の産出なのである。

　このいまだ形式的なイデオロギー概念が完全なものとなるのは、現実の倒立像として記述されるいくつかの知的および精神的活動についての、ある特別な記述によってである。あとで見るように、マルクスはここで、フォイエルバッハの提示したモデルにしたがっている。フォイエルバッハは宗教を、まさしく現実についての転倒した反射として記述し、論じたのであった。フォイエルバッハのいうところによれば、キリスト教においては主語と述語が逆転している。本当のところは人間が主語であり、人間が神的なもののなかに人間自身の属性（まさしく人間自身の述語）を投影してきたのに、実際には、神的なものは人間によって、われわれがその述語となるような一つの主語として知覚されている（こうしたことのすべてが、フォイエルバッハによってヘーゲル的なカテゴリーで表現されていることに注意されたい）。かくして、転倒《インヴァージョン》というフォイエルバッハに特徴的な範例は、主語と述語の交換、人間という主語と神的な述語の交換を含んでいる。こうした交換は、人間主体の代わりに、人間的な述語を持った神的な主語を置くことへと帰着する。マルクスはフォイエルバッハにしたがって、宗教が、すべてをひっくり返すような、現実についての転倒された反射の範例、最初の例、始原的な例であることを受け容れる。フォイエルバッハとマルクスは、ものごとをひっくり返したヘーゲル的モデルに対抗しているのだ。彼らはものごとを正しい向きに直し、足で立たせるよう努めている。転倒のイメージは強い印象を与える。そしてそれは、マルクスのイデオロギー概念の、発生をうながすイメージである。主語と述語の転倒としての宗教というフォイエルバッハから借りた概念を拡げることで、青年期のマルクスは、この範例的な機能を諸観念の領域全体へと拡張させるのである。

おそらく、フランスの観念学《イデオロジー》の概念もまた、ポスト・ヘーゲル的な枠組みのなかで捉え直すことができよう。生の過程、共通の労働の過程から分離されたとき、観念は、一つの自律的な現実として見えてくる。このことが、イデオロギー（*ideology*）としての観念論（*idealism*）へと導く。諸観念がそれら自身で自律的な現実の領域を構成するという主張と、諸観念が経験を構築するためのガイド、モデルあるいは範例もたらすという主張との間には、意味論的な連続性がある。したがって、宗教ばかりではなく観念論としての哲学もまた、イデオロギーのモデルとして現われてくるのである（念のために指摘しておくべきなのは、ここで提示されているドイツ観念論の描写――すなわち、現実は思考から生じるという主張――は、この観念論について想定された領域、ヘーゲル哲学そのものについての記述というよりも、観念論についての広く知られた理解についての記述としての方が、いっそう正確だということである。ヘーゲル哲学が強調しているのは、現実的なものの合理性は歴史におけるその顕現を通して知られる、というものであり、このことは、イデア的モデルによるプラトン的な現実の再構築とは反対のものである。ヘーゲルの哲学は、新プラトン主義的であるよりもずっと新アリストテレス的なのだ）。いずれにせよ、観念論についての広く知られた解釈は、マルクスの時代の文化において支配的だったのであり、結果として宗教ばかりではなく、俗人たちにとってのある種の宗教である観念論もまた、イデオロギーの機能へと高められたのである。

イデオロギーの否定的含意が根本的なものであるのは、イデオロギーは、その最初のモデルによれば、現実の生活過程を覆い隠す一般的装置のように思われるからである。したがって私は、この点についてマルクスが主に対置させているのは、後に彼が対置することになる科学とイデオロギーではなく、現実とイデオロギーなのだ、と言いたい。青年期のマルクスにとって、イデオロギーの概念的代替物は科学ではなく現実、実践としての現実である。人々はものごとを行ない、それから、自分たちはある種のどんよりとした領域のなかでものごとを行なっていると想像するのである。したがってまず、人々がそのなかで生を営むなどのために格闘している社会的現実が存在するのであり、これが実践としての実際の現実なのである。そのあと、この現実は諸観念の宇宙のなかで表象される。しかしこの現実は、この領域に対して自律的な意味を持つものとして、また、思考され、なされたり生きられたりするだけではないようなことがらを基盤に意味をなすものとして、誤って表象される。したがって、イデオロギー批判は生活についてのある種のリアリズムから生じてくる。つまり、イデオロギー批判は、そのリアリズムにとっては実践がイデオロギーの代替的概念であるような実践的生活のリアリズムから、生じてくるのである。マルクスの体系は唯物論的であるが、これはまさしく、実践の物質性が諸観念の観念性に先立っていることを強調しているという点においてである。マルクスにおけるイデオロギー批判は、哲学が現実の継起、現実の発生的順序を転倒させたという主張に由来している。そして彼の課題は、ものごとをその現実の順序に戻すということである。転倒を転倒することが課題なのだ。

イデオロギーの最初の概念、私はこれについて、イデオロギーが科学ではなく実践と対置されていると主張しているのだが、マルクス主義的な概念の第二段階が始まるのは、この最初のイデオロギー概念から出発して、マルクス主義が一つの理論の形式において、さらに一つの体系の形式において展開されるようになったあとである。この段階は、『資本論』や、後のマルクス主義の著作、とりわけエンゲルスの著作のなかに見られる。そこではマルクス主義そのものが、科学的知識の集積として現われてきている。この展開にしたがって、イデオロギー概念の興味深い変容が生じている。イデオロギーはいまやその意味を、科学との対置から受け取るのだが、これは、知識の集積と同一視された科学と、科学の範例としての『資本論』によってである。こうしてイデオロギーは、フォイエルバッハの意味での宗教や、青年期のマルクスから見たドイツ観念論の哲学を含んでいるばかりではなく、さらに、社会生活についてのあらゆる科学以前的アプローチを含んでいる。イデオロギーは、社会生活に対するわれわれ自身のアプローチにおけるすべての科学以前的なものと同じものとなる。

こうして、イデオロギーの概念はユートピアの概念をも含むことになる。あらゆるユートピア――とりわけ、サン＝シモンやフーリエ、カベー、プルードンなど、十九世紀の社会主義者たちのユートピア――は、マルクス主義においてはイデオロギーとして扱われる。あとで見るように、エンゲルスはユートピア的社会主義と科学的社会主義とを根本的に対置させている。こうしたアプローチにおいて、ユートピアは、科学と対置されているという理由でイデオロギー的となる。ユートピアがイデオロギー的なのは、それが非科学的、科学以前的であり、さらに反科学的でさえあるからなのだ。

こうしたマルクス主義のイデオロギー概念において別の展開が生じてくるのは、後のマルクス主義者たちやポスト・マルクス主義者たちが科学に与えた意味のためである。彼らの科学概念は二つの主要な流れへと分岐している。第一の流れはフランクフルト学派をその起源としており、科学をカント的あるいはフィヒテ的な意味での批判のなかで発展させ、イデオロギー研究が解放のプロジェクトと結びつくようにしようとする。解放のプロジェクトと科学的アプローチとの結びつきは、記述に甘んじる実証主義的社会学のなかに見いだされる社会的現実についての扱いに対抗するように導かれる。ここでは、イデオロギー批判の概念は、単に経験科学でしかないような社会学に対抗する立場を前提としている。社会学という経験科学はそれ自身が一種のイデオロギー、すなわち自由資本主義の体系というイデオロギーとして扱われている。この体系は、こうした純粋に記述的な社会学を発展させることで、おのれ自身のさまざまな前提を問いに付すことがないようにしているのである。こうして徐々に、すべてのものがイデオロギー的となっていくように思われる。

私の考えでは、ホルクハイマーやアドルノ、ハーバーマスなどに代表されるこのドイツの学派においてもっとも興味深いのは、イデオロギー批判（Ideologiekritik）の批判過程を精神分析に結びつけようという試みである。フランクフルト学派の主張によれば、その批判的社会学が社会に提案している解放のプロジェクトは、精神分析が個人に対して成し遂げている解放のプロジェクトと並行している。ある程度の概念枠上の影響関係が、社会学と精神分析の間で生じている。これがフランクフルト学派の特徴をなしている。

マルクス主義が発展させた科学についての二番目の流れは、個人的なものに注目する精神分析とではなく、主観性への参照をいっさい拒否する構造主義との結びつきをその特徴としている。この種の構造主義的マルクス主義は、主としてフランスで、ルイ・アルチュセールによって展開されたのだが（アルチュセールについては、いずれ立ち戻って詳細に論じる）、このマルクス主義は、あらゆるヒューマニズム的主張をイデオロギーの側に置こうとする。アルチュセールによれば、現実に意味を付与する（Sinngebung）者たらんとする主体の主張は、まさに根本的な幻想である。現象学の観念論的ヴァージョン、その典型例はフッサールの『デカルト的省察』だが、そうしたヴァージョンにおける主体の主張をアルチュセールは批判している。対比の対象としてマルクスの資本主義批判が取り上げられているが、マルクスはそうした批判において、資本主義者たちを批判したのではなく、資本の構造そのものを分析したのだという。したがって、アルチュセールにとって、青年期のマルクスの書き物は考察対象から除外されなくてはならない。むしろ、イデオロギーの主要な概念を提示しているのは円熟期のマルクスなのである。青年期のマルクスはまだイデオロギー的であり、個的人格、個的労働者としての主体の主張を擁護しているからだ。アルチュセールの評価では、青年期のマルクスにおける疎外の概念は、マルクス主義以前の典型的なイデオロギー概念である。こうした理由で、青年期のマルクスの仕事全体がイデオロギー的なものとして扱われる。アルチュセールにしたがえば、イデオロギー的なものと科学的なものとの切断（la coupure）、断絶、分割線は、マルクス自身の仕事のなかに引かれなければならない。イデオロギーの概念は、マルクス自身の仕事の一部を含むところまで拡張されるのである。

こうして、イデオロギー概念を連続的に拡張させることから、奇妙な帰結が生じるのがわかる。イデオロギー概念は、フォイエルバッハにとっての宗教から出発して、徐々に、ドイツ観念論、前科学的社会学、客観主義的心理学、実証主義的な社会学、そしてついには、「情緒的な」マルクス主義のあらゆるヒューマニスト的主張と不平の声とを覆うに至るのだ。このことは、すべてはイデオロギー的だということを含意しているように見える。これは厳密にはマルクス主義の純粋な学説ではないにもかかわらず、そうなのである。その後のアルチュセールのいくつかの論文についてはのちに論じるつもりだが、それらの論文は最終的に、イデオロギーに対する一種の弁明となっている。一つの科学的体系にもとづいて生活する人はほとんどおらず、科学的体系をもっぱら『資本論』で言われているものに還元してしまう場合にはとりわけそうなのだから、われわれはみな一つのイデオロギーにもとづいて生きている、と言うことができる。イデオロギーの概念を拡張することそれ自体が、その概念そのものを少しずつ正統化・正当化することになっているのである。

すでに予想された方もいるかもしれないが、私自身が試みているのは、マルクス主義のイデオロギー概念の正統性を否定することではなく、マルクス主義を、イデオロギーのより否定的でないいくつかの機能に関係づけることなのである。われわれはイデオロギー概念を一つの歪曲として、社会生活のシンボル的構造を認める一つの枠のなかに統合しなければならない。社会生活がシンボル的構造を持っていなければ、われわれがいかにして生活し、ものごとを行ない、これらの活動を諸観念のなかに投影しているかを理解する手段はいっさいなく、また、現実がいかにして一つの観念となるのか、あるいは、現実の生活がいかにして幻影を生み出すことができるのかを理解する手段もないことになる。そうなれば、そうした幻影はすべて神話的で不可解な出来事でしかない、ということになろう。こうしたシンボル的構造は、マルクスが示したように、まさしく階級の利害などによって歪められることもありうる。しかし、もっとも原始的な行動のなかでさえすでに働いているシンボル的構造がなかったならば、私には、現実がこうした種類のさまざまな影を生み出しているのはいかにしてかを理解できない。こうした理由から、私はイデオロギーの、歪曲や隠蔽をもたらす機能よりももっと根源的な機能を研究するのである。歪曲をもたらす機能は、もっぱら社会的想像力のわずかな表面を覆っているだけであり、それは、幻覚や幻影がわれわれの想像的な活動全般の一部しか構成していないのと同様である。

［イデオロギー概念の］こうしたいっそう根源的な拡張を準備するやり方の一つは、アメリカの著述家たちがマンハイムのパラドクスと呼んだものについて検討することである。このパラドクスは、マンハイムがマルクス主義のイ

デオロギー概念の発展について述べた考えに起因している。それがパラドクスなのは、イデオロギー概念をおのれ自身に適用することができないという点である。別の言い方をすれば、もしわれわれの言うことにはすべて偏向がかかっており、われわれの知らない利害を代表しているのだとすれば、それ自身がイデオロギー的でないようなイデオロギー理論をどうやって手にすることができるのかということである。イデオロギー概念のおのれ自身への再帰性が、パラドクスをもたらすのだ。

重要なのは、このパラドクスが単なる知的遊戯などではまったくないということである。マンハイム自身が、このパラドクスをもっとも生き生きとした仕方で体験し、感じたのである。私はマンハイムを、彼が問題に立ち向かったやり方から、知的廉潔さの一つのモデルと見なしている。彼はマルクス主義のイデオロギー概念から議論を始め、こう述べた。すなわち、そのイデオロギー概念が本当だとすれば、自分のしていることもやはりイデオロギーである、つまり、知識人のイデオロギーとか、自由階級のイデオロギーとか、自分がいま関わっているような社会学を展開させている何かなのである、と。マルクスのイデオロギー概念を拡張させることそのものが、理論が自らの参照物の一部となるという概念の再帰性のパラドクスをもたらす。自らの参照物に吸収され飲み込まれるというのが、おそらくイデオロギー概念の運命なのである。

われわれが記しておくべきなのは、こうした拡張、こうした一般化は、単にマルクス主義の内的歴史に結びついているのではなく、マルクス主義者たちがブルジョア社会学と呼んでいるもののなか、とりわけアメリカ社会学のなかにその対応物を見いだす、ということである。たとえば、タルコット・パーソンズの論文「知識の社会学へのアプローチ」や彼の著作『現代社会の体系』、あるいは、エドワード・シルズの重要論文「イデオロギーと礼儀」[4]を読んでみてほしい。パーソンズとシルズは、緊張理論[4]に賛同している。この理論によれば、一つの社会システムの機能は、社会心理学的不均衡を是正することである。この仮説にしたがえば、あらゆる理論が、それが記述する緊張のシステムの一部をなしている。したがって、マルクス主義の理論の場合と同様、それ以前にアメリカ社会学を支配していた緊張の概念もまた、自らを構成要素として飲み込むことになるのだ。

理論におけるこれらの超過分《イクセス》が、まさしく、マンハイムによって突き止められたパラドクスに糧を与えているものにほかならない。彼は、マルクス主義を単に認識論的に拡張させることによって、このパラドクスに到達したのであった。一般的な認識論の用語で表わすならば、マンハイムのパラドクスは次のように表わされる。もし、あらゆる言説がイデオロギー的であるとすれば、イデオロギーについての言説の認識論的な地位とはいかなるものだろうか。こうした言説が自らの論述、自らの記述から逃れることはどのようにして可能なのか。もし、社会政治的思考それ自身が、思考する者の生活状況とからみ合っているのだとすれば、イデオロギーの概念は自らの参照物のなかに吸収されてしまわないのだろうか。マンハイム自身、われわれがあとで見るように、イデオロギーを没評価的な概念にするために戦ったのだが、結局は倫理的および認識論的な相対主義に行き着いたのであった。[5] 彼は、イデオロギーについての真理を提示すると主張していたのに、私たちに一つの困難なパラドクスを残すことになった。彼は理論の独断論《ドグマティズム》を、そのさまざまな相対主義的含意（状況的に互いに結びついたものとしての）を打ち立てることで論破したが、こうした相対性を自己言及的に自らの理論に適用することには失敗した。マンハイムによるイデオロギーについての真理の要求は、それ自身が相対的である。これが、われわれが直面しなければならない困難なパラドクスである。

　このパラドクスを扱う一つのやり方は、おそらく、これが根拠を置いている諸前提を問いに付すことである。おそらくマンハイムのパラドクスの問題は、科学とイデオロギーとの対照に根拠を置いたマルクス主義を認識論的に拡張したことにある。もし社会政治的思考が別のところに根拠を置いているのであれば、われわれはおそらく、このマンハイムのパラドクスから抜け出すことができるであろう。そうだとすれば、科学と対置されるものとしてのイデオロギーの概念を脇に置いて、イデオロギーのおそらくもっとも原始的な概念、実践と対置されたイデオロギーの概念へと回帰しなければならないのではないだろうか。イデオロギーと科学との対置が、イデオロギーと現実の社会生活との間、イデオロギーと実践との間のいっそう根源的な対置と比べて二次的だということ、これを立証することが私自身の分析の輪郭となるだろう。実際のところ、私が示したいのは、実践との関係が科学との関係に先立っているということばかりではなく、イデオロギーと実践の関係の本性そのものを根拠づけ直さなければならない、ということである。イデオロギーと実践との対照にとってもっとも基本的なのは対置することではない、すなわち、もっとも根本的なのはイデオロギーによる実践の歪曲や隠蔽ではない。むしろ、二つの項の間のいっそう内的な結びつきなのである。

私は、階級闘争という状況のなかで生きている人々を具体的に考察する際に、これらの指摘をあらかじめ予見していた。人々は、これらの闘争《コンフリクト》――仕事や財産、お金などに関する闘争――を、それを解釈する手助けとなる何らかのシンボル体系をすでに所有しているのでなければ、どうやって生きることができるのだろう。解釈の過程は、実際に実践の次元を構成するほどに始原的ではないだろうか。もし、社会的現実がすでに社会的次元を持っておらず、それ故に、それほど論争的でも否定的に評価されるのでもないという意味で、イデオロギーが社会的現実存在を構成してはおらず、単に歪曲あるいは隠蔽しているだけであったとすれば、歪曲の過程が始まることはなかったかもしれない。この過程は、一つのシンボル的機能に接木されている。人間の社会生活の構造が歪曲されるのは、それがすでにシンボル的だからなのである。もしそれが最初からシンボル的ではなかったとすれば、歪曲されることもなかったであろう。歪曲の可能性は、この機能によって開かれた可能性なのだ。

歪曲に先行するのは、どのような機能なのだろうか。こうした問いについて、私は、クリフォード・ギアーツの論文「文化体系としてのイデオロギー」から非常に強い印象を受けたと言わなければならない。この試論は彼の著作『文化の解釈学』のなかに収められている。私がそれを初めて読んだのは、私自身がイデオロギーについて書いたあとのことであった。[6] このことから私は、ギアーツとの思考の結びつきを非常に興味深く感じている。ギアーツは次のように主張している。マルクス主義であれ非マルクス主義であれ、社会学者たちは、イデオロギーを規定するものに対してのみ、言い換えれば、その原因となり働きかけるものにのみ注意を払っている、と。しかしながら、彼らが問うことを避けているのは、イデオロギーがいかにして働くかである。彼らは、イデオロギーがいかにして機能するかを問うことがなく、例えば、社会的利害関心が生活についての思考やイメージ、考え方においていかにして「表現され」うるかについて問うことがない。そこで、利害関心を観念へと変容させることのうちにある奇妙な錬金術を解読することが、ギアーツにとって、マルクス主義者も非マルクス主義者もともに避けているか見落としている問題ということになる。ギアーツがこれらのアプローチの一方について行なっている明快な解釈は、もう一方にも適用されるだろう。すなわち、マルクス主義の階級闘争の理論と、緊張についてのアメリカ的な考え方〔緊張理論〕は、診断としては説得力のある考え方なのかもしれないが、機能としてはそうではないだろう（207〔『文化の解釈学Ⅱ』二四頁〕）。[7]私の考えでは、ギアーツの区別は的確である。これらの社会学は、社会の疾患についてのよき診断を提供することはできる。しかし、機能の問題、すなわち疾患が実際にどのように機能するかが、結局のところもっとも重要な問題なのである。ギアーツは、これら二つの理論は失敗していると言う。なぜなら「シンボル的定式化の自律的な過程」（207〔同書二五頁〕）を見落としているからだ、と。こうして、再び問いが立てられなければならない。実践が無媒介に一つのシンボル的次元を有しているのではないとすれば、一つの観念が実践から生じてくるのはいかにしてなのだろうか。

いずれ講義のなかでもっときちんと論じるつもりであるが、ギアーツ自身は、文化社会学のなかに、あるいはドイツでの伝統的な言い方をすれば、知識社会学のなかに、レトリックという概念枠を導入することでこの問題に立ち向かおうとしている。彼の考えでは、文化社会学に欠けているのは、文彩《フィギュア》のレトリックの重要性を認めることである。ここで文彩というのは、言いかえると、「文体《スタイル》」の諸要素――メタファー、アナロジー、アイロニー、両義性、語呂合わせ、パラドクス、誇張（209〔同書二七頁〕）――のことであり、これらは文学テキストとまったく同じように、社会においても働いている。ギアーツ自身の目的は、文学批評の分野において成し遂げられた重要な成果のいくつかを文化社会学に導入することである。おそらくは、シンボル的定式化の文化的過程に注目することによってのみ、われわれは、イデオロギーについての軽蔑的な記述に足をとられるのを避けることができるであろう。この軽蔑的記述とは、イデオロギーを単に「偏向、過度の単純化、感情的な言葉遣い、大衆的偏見への迎合」とみるような記述のことであり、これらはみな、マルクス主義者たちではなくアメリカの社会学者たちに由来するものなのである。[8]

イデオロギーの歪曲的な側面に先行するものに対するマルクス主義者および非マルクス主義者の盲目とは、ギアーツが「シンボル的行為」(208〔同書二六頁〕)と呼んでいるものに対する盲目のことである。ギアーツはこの表現をケネス・バーク[9]から借りているが、すでに見たように、この表現が文学批評から借りてこられて社会行動に適用されたのは偶然ではない。シンボル的行為の概念は注目すべきものであるが、それは、この概念がさまざまな社会的過程を、レッテルによってよりも比喩によって——文体上の文彩によって——記述することを強調しているからである。ギアーツは、もしわれわれが公共の言説のレトリックを身につけることがなければ、さまざまな社会的シンボルの表現力とレトリックの力とをはっきりと区別することはできないと、注意を促している。

同じような考えが、別の分野で、たとえばモデル理論(私は先に、これを別の一連の講義のなかで研究した[10])のなかでも進展させられている。根本的な意味において、これらの進展はすべて同じ視点を持っている。すなわち、われわれはさまざまなパターンのネットワーク、ギアーツなら、われわれが自らの経験をはっきりと述べるときの型板《テンプレート》あるいは青写真《ブループリント》(216〔同書三九頁〕)というようなもののネットワーク、それらを投影することなしには、なにも知覚することができないのだ。われわれは、自らの知覚経験をはっきり述べなければならないのと同じ仕方で、自らの社会的経験をはっきりと述べなければならない。科学的言語におけるさまざまなモデルのおかげでものごとを見える通りに見ることができ、ものごとをあれやこれとして見ることができるのと同じように、われわれの社会的ネットワークは、われわれの社会的役割、社会におけるわれわれの立場を、あれやこれとしてはっきりさせるのである。そしておそらく、この始原的構造化の裏を調べたり下へと降りていくことは不可能であろう。われわれの生物学的存在としての適応性そのものによって、別種の情報体系、文化体系がなくてはならないものとなる。われわれは、人間的行動のための遺伝的な情報の体系を持たないのだから、文化的な体系を必要とするのだ。いかなる文化も、文化的な体系なしには存在しえない。したがって、人間が存在するところでは、シンボル的ではない存在様式は成り立たず、ましてや、シンボル的ではない行動は成り立たないと推論できよう。行動は文化的規則によって直接に支配されている。この規則が、社会的あるいは心理学的過程の組織化のための型板あるいは青写真をもたらし、それはおそらく、遺伝的コードが——私には確信がないのだが[11]——有機的な過程の組織化のためにそうした型板をもたらしているのと同じなのだ（216〔同書三九頁〕）。自然的世界についてのわれわれの経験が地図作成《マッピング》を必要とするように、地図作成もまた、社会的現実についてのわれわれの経験を必要とするのである。

もっとも基本的かつシンボル的な水準でのイデオロギーの機能に注意を向けることで、イデオロギーが社会的存在のなかで果たしている、現実を構成するという役割が明らかになる。しかし、イデオロギーの本性を検討するうえで、もう一つの段階がまだ残されている。われわれは、マルクス主義のイデオロギー概念からマンハイムのパラドクスへと進んできた。それから、イデオロギーのいっそう始原的な機能へと立ち戻ることでパラドクスから抜け出そうと試みた。しかしながら、われわれはいまだ、マルクス主義の歪曲としてのイデオロギー概念と、ギアーツにおいて見いだされた統合としてのイデオロギー概念とを結びつけるものを規定しなければならない。イデオロギーがこれら二つの役割、すなわち、共同体の統合という非常に始原的な役割とさまざまな利害関心による思考の歪曲という役割とを果たすことは、いかにして可能なのだろうか。

マックス・ウェーバーが示唆したように、決定的な点は、ある所与の共同体における権威の使用ではないだろうか。われわれは少なくとも仮説としてだが、ギアーツとともに、生命の有機的過程はいくつかの遺伝的体系によって支配されている（216〔同書三九頁〕）のを認めることができる。しかし、すでに見たように、われわれ生物学的存在の適応性は、その社会的過程を組織化するために、文化的体系を必要とする。遺伝的体系による誘導はきわめて欠落の多いものであり、したがって文化的体系は、社会秩序に、現に存在する指導《リーダーシップ》体系の正統化という問題が起こったときに、もっとも必要とされることになる。ある指導《リーダーシップ》の正統化によって、われわれは、権威、支配、権力の問題、社会生活の階層化の問題に直面させられる。イデオロギーはここで、もっとも重要な役割を果たしている。イデオロギーが単に統合的なものと見なされる時には、それは拡散したものであるのかもしれないが、他方で、社会生活におけるイデオロギーの位置は、ある特別な集中化によって特徴づけられる。このようなイデオロギー的思考の特権的な位置は、政治のなかで生じる。すなわち、そこでは正統化のさまざまな問題が生じているのである。イデオロギーの役割は、自律的な政治を意味のあるものとするのに必要な権威的諸概念をもたらすことで、そのような政治を可能にすることである（218〔同書四二頁〕）。

権威の正統化の問題を分析するにあたって、私はマックス・ウェーバーの仕事を利用する。権威の問題をこれほど深く考えた社会学者はほかにはいないからだ。ウェーバー自身の議論は、支配（Herrshaft）の概念に集中している。この概念は英訳されたとき、authority（権威）とも domination（支配）とも訳された。この概念の説得力はまさしく、それが二つの意味を持っている点に由来する。ウェーバーの言うところでは、所与の集団において、支配する者と残りの者たちとの間に分化が生じてくるやいなや、支配する者は指導の力と、力を用いて秩序を課す権力とを持つのである（ウェーバーは後者を、特に国家の本質的属性として類型化している）。イデオロギーはここに介入する。なぜなら、支配のいかなる体系も、それがどんなに粗暴なものであれ、単に力によって、支配によって統治するわけではないからである。いかなる指導《リーダーシップ》組織も、物理的な従属ばかりでなく、私たちの同意と協力をも要求してくる。指導組織はそのとき、統治が単に支配のみを頼りとするのではないことを欲する。それはまた、その権威が正統であるという理由でその権力が根拠づけられることを欲するのである。この権威を正統化するのが、イデオロギーの役割である。より正確にいうと、われわれが先に見たように、イデオロギーは、統合を確かなものにする解釈のコードとして働くのだが、目のまえにある権威の体系を正統化することによって、そうするのである。

正統化の力としてのイデオロギーの役割が残り続けるのは、ウェーバーが示したように、絶対的に合理的な正統性の体系など存在しないからである。伝統の権威とも、カリスマ的指導者の権威とも完全に縁を切ったと主張する諸体系についても、同じことが言える。いかなる権威の体系も、権威の始原的かつ太古的な形象と完全に縁を切ることはできない。どんなに官僚化された権威体系でさえ、その正統性に対するわれわれの信仰《ビリーフ》を満足させるために、何らかのコードを作り上げる。いずれこの講義のなかで、ウェーバーが、タイプ別に正統性の体系にしたがって権威の類型論を記述しているやり方を、いくつか例示するつもりである。

しかしながら、全面的に合理的な権威組織など存在しないと主張するからといって、歴史的に判断したり予言すればいいということではない。正統化そのものの構造が、イデオロギーの必然的な役割を確たるものにしているのだ。

イデオロギーは、正統化の過程を特徴づけている緊張、すなわち、権力による正統性の要求と、市民たちが提供する正統性への信仰との間の緊張を制御しなければならない。こうした緊張が生じるのは、市民たちの信仰と権威の要求とは同じ水準になければならないのに、実際には信仰と要求との等価性はけっして完全に実現することがなく、むしろつねに多かれ少なかれ文化的捏造物だからである。こうして、集団の構成員たちが実際に抱いている信仰よりも、権力による正統性の要求の方がつねに大きいのだ。

要求と信仰とのこうした食違いは、マルクスが剰余価値（Mehrwert）と呼んだものの実際の出所を指し示しているのだろう。剰余価値は、生産の構造に必然的に内在しているわけではない。しかしそれは、権力構造にとって必要なのである。たとえば社会主義的体制においては、生産手段の私的な占有は許されていないにもかかわらず、権力構造が理由となってやはり剰余価値が生じる。こうした権力構造は、他のすべての構造と同じ問題を提起する。それは、信仰という問題である。政治指導者は、私を信じよ、と要求する。こうした、行なわれた要求と提供された信仰との間の食違いは、あらゆる権力構造に共通の剰余価値を意味している。正統性を要求するとき、いかなる権威も、構成員たちが信仰または信条という形で提供するもの以上を求めるのだ。剰余価値が生産において果たす役割は、それがいかなるものであれ、けっして否定されることはない。問題はむしろ、剰余価値の観念を拡張すること、そしてそれがもっとも執拗に位置を占めるのは権力構造のなかだということを示すことである。

われわれが直面している問題は、ホッブズに由来している。すなわち、社会契約の合理性および非合理性とはいかなるものだろうか。また、われわれはそこで何を与え、何を受け取るのだろうか。こうした交換において、弁明および正当化・正統化の体系は、つねに変わらず、イデオロギー的な役割を果たしている。われわれは権威の正統化の問題によって、統合という中立的な概念と歪曲という政治的概念との間の転換点に置かれる。イデオロギーの破損、改悪、病理は、社会のなかに現に存在する権威体系に対するわれわれの関係に起因する。イデオロギーは単なる統合を超えて歪曲と病理学へと向かうのだが、それは、イデオロギーが権威と支配との間の緊張を縮減しようとするのに応じてのことである。イデオロギーは、正統性の要求と信仰との統合を確実なものにしようとするのだが、それは、現に存在する権威の体系を、あるがままのものとして弁明することによってである。権威の正統化に関するウェーバーの分析は、媒介《メディエーション》というイデオロギーの第三の役割を明らかにしている。イデオロギーの正統化という機能は、マルクス主義的な歪曲としてのイデオロギー概念と、ギアーツの統合としてのイデオロギー概念との間の中間項である。

このことは、今後の講義のなかで探究されるべきイデオロギーの諸問題の締めくくりとなる。イデオロギーについての講義は、次のような順序にしたがって行なわれる。(12) 出発点は、青年期のマルクスの著作のなかで表現されているような、歪曲としてのイデオロギーの役割である。この研究は、『ヘーゲル法哲学批判』『経済学・哲学草稿』『ドイツ・イデオロギー』の、さまざまな箇所の考察からなる。これに続けて、現代フランスのマルクス主義者であるルイ・アルチュセールの著作を取り上げる。私の用いる主要なテキストは、彼の『マルクスのために』と『レーニンと哲学』である。次に、カール・マンハイムの『イデオロギーとユートピア』の一部分に注意を向ける。マンハイムのこの書についての考察は、そのあとのユートピアについての議論のなかでも行なう。マックス・ウェーバーおよび彼の『経済と社会』へと向かうことで、私の主要な考察は、権威の諸体系の正統化においてイデオロギーが果たす役割に関するものとなる。ウェーバーのあとにユルゲン・ハーバーマスについて、主として『認識と関心』の読解を通して議論する。イデオロギーについて論じた第一部では、最後にイデオロギーの統合機能の分析を行なう。私はギアーツの、主として彼の論文「文化体系としてのイデオロギー」に依拠しながら、さらに、いくつか個人的に気づいたことを記しておくつもりである。

イデオロギーからユートピアに移って、(13) 初めにユートピアの概念枠の見取り図を描きたいと思う。この講義の最初に述べたように、イデオロギーからユートピアへの移行などないように見える。一つの例外は科学的社会学、とりわけ、正統マルクス主義ヴァージョンの社会学によってもたらされたユートピアの扱いであろう。マルクス主義者たちにとっては、ユートピアは非科学的であるとして、それ自体がイデオロギー的なものと特徴づけられている。しかしながら、こうした還元は典型的なものではない。イデオロギーとユートピアを現象学的に考察するときには、すなわち提示されているものの意味深長さを記述的なアプローチによって説明するときには、イデオロギーとユートピアは、二つの区別された意味論的ジャンルに属するのである。

ユートピアはとりわけ、一つの公然たるジャンルであることによって際立っている。この点から、イデオロギーとユートピアの比較を始めるのがよいかもしれない。すなわち、ユートピアを自称するさまざまな作品が存在する一方で、いかなる作家も、自分の作品がイデオロギーであると主張することはない。トマス・モアは「ユートピア」ということばを、一五一六年に書かれた彼の有名な書物の題名としてつくりだした。知られているように、このことばは、どこにもない場所《ノーウェア》を意味している。それはどこにもない島、実際の空間のなかに存在することのない場所である。したがって、彼自身が書いているところによれば、ユートピアは自らがユートピアであるのを承知しており、ユートピアたらんと主張するのだ。このユートピアはまったく個人的で風変わりな作品であり、作者に固有の創造物である。一方、イデオロギーに対しては、いかなる固有名もその作者として張り付けられることはない。イデオロギーに結びつけられる名前は、すべて無名《アノニマス》である。その主体は単にひと(das Man)、無定形の「彼ら」なのである。

しかしながら、われわれがイデオロギーの問題を構造化したように、ユートピアの問題を構造化することはできないだろうか。言い換えれば、われわれは準‐病理学的なユートピアの概念から出発し、まさしくイデオロギーの統合機能と比較しうる何らかの機能へと降りていくことはできないだろうか。私の考えでは、この機能を果たすのはどこにもない場所《ノーウェア》という観念である。おそらく、われわれが自らの社会的役割に適用することのできる再帰性《リフレクシヴィティ》という根本構造は、われわれがそこから自分自身を見るような空虚な場所を考え出す能力なのである。

しかし、ユートピアのこうした根本構造を明らかにするためには、個々のユートピアに固有の内容の向こう側あるいは手前へと赴かなければならない。ユートピアは、非常に多くの、多岐にわたる主題――家族の地位や財産の消費、物の所有、公共の生活の組織化、宗教の役割など――について語るので、それらを単一の枠組みのなかで扱うのはきわめて難しい。実際、もしさまざまなユートピアを、その内容にしたがって考えてみれば、正反対のユートピアが見つかることさえある。例えば家族に関して、あるユートピアはあらゆる種類の性的共同体を正統化しているのに、別のユートピアは修道士の生活を支持している。消費について、あるユートピアは禁欲を弁護しているのに、別のユートピアはより豪奢な生活様式を奨励している。だから、われわれはユートピアを、それらの概念によって共通に定義することはできないのだ。主題的な統一性がないため、その機能のなかに統一性を探し求めなければならないのである。

そこで私は、ユートピアの主題的な内容を超えて、その機能的構造へと移行するよう提案する。つまり、「ユートピア」ということばそのものとトマス・モアの記述とが含意しているような、どこにもない場所《ノーウェア》という中心的観念から出発するよう提案したい。それは、実際にはどこにも存在しない場所、幻の都市、水のない川、人民のいない王子、といったものである。強調しておかなければならないのは、こうした特別な治外法権の利点である。この「場所なき場所《ノー・プレイス》」から、外的な一瞥がわれわれの現実に投げかけられ、この現実が突然なじみのないものになり、もはやなにも当然のものとは見なされない、ということになる。可能なものの領野が、現実的なものの領野の彼方へと拡げられ、その結果、それはもう一つの生活様式のための領野となる。

こうした、新しい、もう一つの視座の展開が、ユートピアのもっとも根本的機能を規定している。われわれの社会生活の本性を再考する手助けをすることによって、想像力そのものが――そのユートピア的機能を通して――構成的な役割を担っているとは言えないであろうか。ユートピア――外側への跳躍――こそが、われわれが、家族とは何か、消費とは何か、権威とは何か、宗教とは何か等々を根源的に再考するやり方なのではないだろうか。代替となる社会を空想し、それを「どこにもない場所《ノーウェア》」に外在化することは、存在するものについてのもっともすばらしい異議申し立ての一つとして働くのではないだろうか。もし私が、このユートピアの構造を、私がいま別のところで研究中の[14]想像力についての哲学における一つの主題と比較してみるならば、それはフッサールのいう、本質についての想像的変更のようなものだ、と言うことになるだろう。ユートピアは、社会、権力、政府、家族、宗教などの主題に、想像的変更を導入する。フィクションとしての想像力を構成する中立化が、ユートピアにおいて働いているのである。まさにこうした理由から、私は、この根源的な次元で理解されたユートピア、社会的あるいはシンボル的な行為の構成におけるどこにもない場所の機能としてのユートピアを、われわれの第一のイデオロギー概念の反対物である、と言いたい。社会の転覆なしに社会の統合はない、と言うことができるかもしれない。統合の過程の再帰性は、転覆の過程を介して生じる。どこにもない場所は、文化的体系に距離を置くことを可能にする。われわれは自分たちの文化的体系を、このどこにもない場所のおかげで、外側から見られるのである。

　ユートピアのもっとも根源的な機能はイデオロギーのもっとも根源的な機能と切り離せないという仮説は、双方の転換点が実際に同じ場所にある、つまり権威の問題のうちにある、ということから確証される。もし、あらゆるイデオロギーが最終的に、一つの権威体系を正統化しようとしているのだとすれば、もう一方の契機であるユートピアは、そのすべてが、権力そのものの問題に取り組もうとしているのではないだろうか。ユートピアにおいて結局のところ問題になっているのは、消費や家族、宗教ではなく、これらの制度のすべてにおける権力の使用なのである。正統化のあらゆる体系およびあらゆる権威のなかに信頼性が欠けているからこそ、ユートピアのための場所もまた存在しているのではないだろうか。別の言い方をすれば、権威のあらゆる体系が、私が先に述べようとしたように、その体系に対するわれわれの信頼とその正統性への信仰とをともに超え出ているようなところで信頼性の欠如を提示することが、ユートピアの機能なのではないだろうか。こうして、きわめてありそうなことだが、その統合機能から歪曲をもたらす機能へのイデオロギーの転換点は、ユートピア的体系の転換点でもあることになる。そこで私は、ユートピアにおける権力、権威、支配の機能に大いに注目したい。このとき私が問うのは、所与のユートピアにおいて権力を保持しているのは誰であり、またそこで権力の問題が転覆させられるのはいかにしてか、ということなのである。

　もっと不確かな仮説ではあるが、それでも大いにありそうなのは、イデオロギーの病理学が隠蔽である一方でユートピアのそれは逃走であるという意味において、両者は同じ点で病理学的となるということである。ユートピアのどこにもない場所《ノーウェア》は逃走の口実となりうる。所与の状況における権力の使用と権威の引き受けの両方の、矛盾と曖昧さから逃れる一つのやり方となりうるのである。ユートピアのこうした現実逃避は、すべてか無かという論理に属している。社会的現実の「ここ」と、ユートピアの「どこか別の場所《エルスウェア》」との間には、いかなる接点もない。この分離のおかげで、ユートピアは、所与の社会の現実のさまざまな困難に取り組むという責務を逃れることができるようになる。ユートピア的思想家がしばしば告発される、退行的特徴のすべて――過去や何らかの失われた楽園へのノスタルジーといった特徴――は、ここといま《ヒア・アンド・ナウ》からどこにもない場所《ノーウェア》への最初の逸脱に起因している。これ以上先回りしたくはないが、私の問題設定《プロブレマティク》とは、どこにもない場所《ノーウェア》の可能性としての想像力の奇矯な機能は、ユートピアのあらゆるパラドクスを含んでいるのではないだろうか、というものである。さらに、ユートピア的想像力のこの奇矯さは、同時に、まさしくどこにもない場所など考えることができないという理由で盲目かつ偏狭であるようなイデオロギー的思考の病理学に対する治療となっているのではないだろうか。

　次回の講義は、青年期のマルクスとともに始め、『ヘーゲル法哲学批判』と『経済学・哲学草稿』からのいくつかの節について議論を行なう。イデオロギーについての一連の講義に入るにあたっての私の関心は、後のマルクス主義において支配的になる、イデオロギーと科学との対置に先立つ、青年期のマルクスにおけるイデオロギーと実践との対置を考えることにある。

第一部　イデオロギー

第二回　マルクス『ヘーゲル法哲学批判』および『経済学・哲学草稿』

今回の講義から、青年期のマルクスの最初のイデオロギー概念に関して論じることにしたい。私がこれから展開する一般的な主題は、マルクスにおける最初のイデオロギー概念が規定されるのは現実との対置によってであり、マルクス主義の学説がやがて発展したときそうなるように、科学との対置によってではないということである（マルクス主義的科学との対置はこの時点では実際には不可能である、と言うことができるかもしれない。というのも、われわれが論じようとしている一八四三年から一八四四年の時期には、マルクス主義的科学はまだ存在さえしていなかったからである）。初期の仕事におけるマルクスの課題は、現実とは何かを規定することであった。こうした規定が、やがてイデオロギーの概念に影響を与えることになる。なぜなら、イデオロギーとは、現実ではないようなすべてのもののことだからである。こうした初期の仕事においてマルクスは困難な前進を成し遂げるのだが、それが完全なものとなるのは、ようやく『ドイツ・イデオロギー』において、現実と人間の実践（praxis）との同一視へと向かうことにおいてである。したがってマルクスの初期の著作は、現実と実践との同一視へと向かう運動であり、したがってまた、実践とイデオロギーとの対置を打ち立てることへと向かう運動なのだ。

初期のマルクス主義的なイデオロギー概念の発展において一つの主要な要素となっているのは、フォイエルバッハの人間学からの解放である。フォイエルバッハは自らの人間学の中心を類的存在（Gattungswesen）の概念に置いた。英語では、この概念は generic essence あるいは species being と訳されてきた。フォイエルバッハの人間学から解放されるためにマルクスが行なった悪戦苦闘はきわめて意義深い。というのも、類的存在としての人間的現実の概念が経験的実践に還元されるまでは、イデオロギーの概念が自らにふさわしい対立物を、したがってまた自らにふさわしい内容を受け取ることはないだろうからである。このことから、初期マルクスの著作は、ヘーゲル的「精神《ガイスト》」(Geist)を、フォイエルバッハのいう類的存在を介して、実践というまさしくマルクス的な概念へと徐々に還元しているのだと考えることができるだろう。したがって、われわれはすでに、マルクスがやがて概念のイデオロギー的批判と見なすことになるものの、一つのよい見本を手にしているのだ。それは、批判とは還元である、つまり、概念をその基盤《ベース》、現実存在の具体的な基盤へと還元することである、というものである。その具体的な基盤とは何かという問いは、初期の仕事における重要な問題である。イデオロギーはやがて、実践が自らの場から追い払うと同時に自らの内側から生み出してもいるような幻の世界として現われてくることだろう。のちに見るように、これがマルクスのイデオロギー概念の難しいところである。すなわち、一方では、イデオロギーは存在の具体的な基盤から締め出されているのだが、他方で、同時にこの基盤から何らかの仕方で避け難く生み出されたものでもあるのだ。

　私は、マルクスに関する最初の数回の講義において、彼のテキストにおける進展を概観してみるつもりである。こうした進展によって、彼のイデオロギー概念の展開が導かれるからだ。マルクスは『ドイツ・イデオロギー』まで、この概念にたどり着くことはなかった。この研究のための最初の重要な書物は、一八四三年に書かれた『ヘーゲル法哲学批判』〔以下『批判』と略記〕である。この草稿には非常に奇妙な歴史があり、一九二二年まで知られることがなく、一九二七年になって初めて出版された。われわれの用いるすばらしい英訳はジョゼフ・オマリーによるものであり、彼はこの書に非常によい序論を書いてもいる。マルクスのこのテキストは全体にわたって、ヘーゲルの『法哲学』の二六一節から三一三節について論じている。

　この草稿はもともと出版されなかったのだが、マルクスはこの草稿のほかに、企画されていたこの『批判』の改訂版に寄せて重要な序論を書いた。これは一つの試論であり、マルクスの存命中に実際に公表された。この試論は一八四四年、『独仏年誌』に「ヘーゲル法哲学批判への寄与――序論」という題名で掲載された。オマリーの編集によるマルクスの著作は、この改訂版のための序論と、もっと長い、もともと出版されなかった試論の両方を含んでいる。

序論の方はよく知られており、マルクスの著作のなかでもっとも有名なもののうちの一つである。私はこの序論から出発し、そのあとでテキストそのものに立ち戻るつもりである。というのもその序論は、マルクスの哲学的プログラムへの糸口を与えてくれるからである。

マルクスはこの序論を、よく知られた一節から始めている。「ドイツにとって、宗教の批判は本質的に果たされている。そして宗教の批判は、あらゆる批判にとって欠かすことのできない前提なのである」(131〔「ヘーゲル法哲学批判序説」城塚登訳、七一頁〕[1])。このように言うとき、マルクスは自分に先立つ仕事――フォイエルバッハの仕事――を支えとしている。「宗教の批判は本質的に果たされている」と主張するとき、マルクスは直接にフォイエルバッハに言及している。したがって、マルクスにおいて、宗教の批判は外部から持ち込まれたものである。彼はこの批判を、既に果たされたもの、立ち戻る必要のないものと見なしている。しかし、いっそう重要なのは最初の節の後半、「宗教の批判は、あらゆる批判にとって欠かすことのできない前提なのである」である。この印象的な宣言は、もっともふさわしい出発点を与えてくれる。ここでわれわれは、あらゆるイデオロギー批判のためのモデルを手にしている。フォイエルバッハにとって宗教とはあらゆる転倒現象の範例であるが、私が第一回の講義で指摘したように、マルクスにおける最初のイデオロギー概念はまさしくこのモデルにしたがって構成されているのである。人間の意識においては何かが転倒しており、われわれはその転倒を転倒させせなければならない。これが批判の手続きなのである。転倒した意識という範例《パラダイム》は、序論の最初のページに非常にはっきりと記されている。

反宗教的な批判の基礎とは、人間が宗教をつくるのであり、宗教が人間をつくるのではない、というものである。実際、宗教は、まだ自分自身を手に入れていない人間、あるいは再び自分自身を失ってしまった人間の、自己意識にして自己評価である。しかし、人間とは世界の外部にうずくまっている抽象的存在ではない。人間とは人間の世界であり、国家であり、社会である。この国家、この社会が、転倒した世界意識である宗教を生み出すのである。〔同書七一―七二頁〕

最後のいくつかの語を強調しておきたい。「イデオロギー」という言葉はまだ発せられておらず、マルクスはそれを『ドイツ・イデオロギー』まで用いることはない。しかし、推論のモデルはすでに現われている。マルクスは続ける。

この国家、この社会が、転倒した世界意識である宗教を生み出すのである。というのも、これらは転倒した世界だからである。宗教は、この世界についての一般理論であり、その百科全書的要綱であり、その通俗的な形での論理学であり、その唯心論的な体面上の問題（point d'honneur）であり、その熱狂であり、その道徳的承認であり、その厳粛な補完物であり、慰めと正当化の普遍的根拠である。それは（…）人間存在の空想的な実現である。〔同書七二頁〕

この「空想的な実現」という言い方に注意しよう。しかし何についてか――、「人間存在」（the human being）についてなのである。したがってこの段階で、マルクスは人間的現実について非常に抽象的な考えを持っているのだ。

〔宗教は〕人間存在の空想的な実現である。というのも人間存在は、真の現実に達していないからである。それ故、宗教に対する闘争は、間接的には、宗教という精神的な芳香をただよわせているこの世界に対する闘争なのである。（131〔同頁〕）

このテキストは典型的にフォイエルバッハ的である。「幻想を求めるような状況を捨て去ることを要求」〔同頁〕するというその実践的な結論を除けば、それはまだマルクス的ではない。だから、人間的現実を実際に可能にするような社会的諸条件へ向けて、すでに何らかの移動が行なわれているのだ。

私の考えでは、「人間が宗教をつくる」と述べているテキストの語彙、意味論的傾斜のことを強調しなければならない。マルクスはすでに、転倒させられた実践というモデルを手にしている。しかしこの点について、マルクスは問題を表象の領域から生産の領域に移動させていながらも、生産についてはまだ、そのすべてが意識という観念論的概念つまりヘーゲル的〈精神〉の残滓を含んでいるような、「自己意識」「世界意識」「自己評価」にかかわる問題に留まっている。とはいえ、マルクスの仕事のこの段階においては、意識がふさわしい場所なのである。というのも、マルクスの言うところでは、そこにおいてこそ驚くべき生産、つまり「人間存在の空想的な実現」が生じるのだからである。

それ故に、こうした枠組みのなかではあれ、マルクスは、あるタイプの思考と印象深いレトリックさえ用いて、すでに彼の主要な対置を掲げているのである。テキストにおける「抽象的存在（…）［としての］人間」と「人間の世界、国家、社会（…）［としての］人間」との間、「空想的な実現」と「真の現実」との間のぶっきらぼうな対照法《アンチテーゼ》に注意しよう。これらの対照法は数行あとで、次のような有名なイメージにおいてさらに強化されている。「批判は鎖から想像上の花を引き抜いてしまったが、それは、人間が空想や慰めのない鎖に耐えるようにするためではなく、人間が鎖を脱ぎ捨てて生きた花を摘むためなのである」（131–132〔同書七三頁〕）。現実の生活の生きた花が、幻覚による花すなわち宗教的シンボルの単に装飾的な機能と対照されている。

こうした転倒は、ときには、コペルニクス的革命の継続と発展といったカント的用語で提示されることもある。たとえばマルクスはこう述べている。「宗教批判は人間を迷いから覚めさせるが、これは、人間が幻覚から逃れ、理性を取り戻した人間として考え、行動し、自分の現実を形成するようにするためであり、自らの真の太陽として自分自身のまわりを公転するようにするためである」。理性はいまだ、幻覚に対照される重要な要素である。理性の呼び声は、合理主義への訴えである。これは言葉遣いにおいて典型的にカント的である。引用箇所はこう結論づけている。「宗教とは、人間が自分自身のまわりを公転することがない限りは、人間がそのまわりを公転する幻覚上の太陽にすぎない」（132〔同頁〕）。個々人は、自分自身にもう一度集中しなければならない。マルクスの方向づけはまだ、人間の意識と自律を世界の頂点に置くドイツ観念論の影響のもとにある。実際のところ、こうした意識の自律および自己主張の回復は、最終的にある種の無神論に至る。それは観念論的無神論である。というのも、人間の自己意識がこのような人間存在を重ねて主張することの核心にあるものだからである。ヒューマニズム的人間学が表明されている、と言えるかもしれない。ここで提示されている人間存在という概念は、『ドイツ・イデオロギー』がイデオロギー的と呼ぶような意味で抽象的なものにとどまっている。

したがってこれが、フォイエルバッハによって与えられたマルクスの出発点なのである。マルクスの取り上げている問題を突き止めたのは、彼が初めてというわけではなかった。しかしマルクスは、この批判を宗教から法律および政治へと拡張することが自分の特別な課題だと捉えている。

それ故に、真理の彼岸が消え失せた以上、此岸の心理を確立することが歴史の課題〔すなわち、マルクスがフォイエルバッハ以後、自らの課題たるべきものとして見いだしているもの〕である。人間の自己疎外の聖なる形態が仮面をはがされた以上、その世俗的形態における人間の自己疎外の仮面をはがすことが、何よりもまず、歴史に奉仕する哲学の課題である。こうして、天国の批判は地上の批判となり、宗教の批判は法の批判となり、神学の批判は政治の批判となる。(132〔同書七三頁〕)

しかしなぜ、神学の批判から政治の批判へ、天から地への移行がなされるのであろうか。それは、マルクスにとってドイツの政治が、とりわけブルジョワ革命が、すでに展開していたフランスと英国と比較して、時代錯誤的だったからである。ドイツの政治状況においては、人民は彼らの政治と経済を変化させることがなかったし、変化させることができなかったように見えるのであり、そこでは哲学は、ドイツ人たちが彼らの反省的な仕事を行なう隠遁所となっていた。彼らは、こうした時代錯誤の表現であり、その強化であるような、一つの哲学を練り上げていたのである。

古代の人々が彼らの過去の歴史を想像力のなかで、神話のなかで生きたように［われわれはここに想像力という興味深い言葉を見て取る］、われわれドイツ人はわれわれの未来の歴史を思想のなかで、哲学のなかで生きているのである。われわれは、現代の歴史的な同時代人ではなく、その哲学的な同時代人である。ドイツ哲学は、ドイツの歴史の理念的な延長なのである。（135〔同書八一頁〕）

「理念的な延長」という言い方に注意しよう。ここでも、「イデオロギー」という語は使われてはいないものの、その概念を構成する要素が寄り集まってきている。

マルクスはこの「理念的な延長」という観念を、ドイツ人たちの歴史に対する関係に適用している。それは、フォイエルバッハが西洋世界全体との関係にキリスト教を適用しているのと同じ構造である。ドイツの時代錯誤的な哲学の核は、マルクスが言うには、国家の哲学、政治哲学、とりわけヘーゲルの政治哲学である。政治哲学は、マルクスがドイツの「夢の歴史」と呼んだものを養う源泉である。「それゆえ、ドイツ国民は、その夢の歴史をその現在の状態と結びつけなければならないのであり、これらの状態だけではなくそれらの抽象的延長をも批判にさらさなければならない」（136〔同書八一―八二頁〕）。「神話」「夢の歴史」「想像力」「理念的な延長」といった用語を同じように使っているという点で、マルクスの哲学的用語は散漫であるかもしれないが、他方で、それらの用語は互いに補強し合っている。それらの用語が強められるのは、それらの違いや区別によってではなく、それらが蓄積されることで生じる力によってである。そして章句は、蓄積によって生じる誤解の余地のない力を持っている。

マルクスの政治哲学において攻撃されているのは、国家の観念からその構成要素へと進んでいく思弁的な法哲学である。マルクスにとって、これはイデオロギー的思考のモデルであり、観念から現実への運動であって、現実から観念への運動ではない。

思弁的な法哲学――この近代国家についての抽象的で途方もない思考、そしてその現実は別世界（たとえそれがライン川の彼岸であるにすぎないにせよ）のうちにとどまっている［マルクスはここでフランス革命の進展のことを言っている］――が可能だったのはドイツにおいてのみであったとすれば、逆に、現実の人間から抽象されたドイツ的な近代国家の思想像（Gedankenbild〔世界観〕）［これがイデオロギーである］が可能であったのも、ひとえにただ、近代国家それ自身が現実の人間から抽象されたから、あるいは、全体的な人間をもっぱら想像的な仕方で満足させるからであり、またその限りにおいてなのである。ドイツ人は、他の諸国民が実行したことを政治の上で思考したのである。ドイツ人は、他の諸国民の理論的良心であった。（137〔同書八四頁〕）

マルクスの主張は、イデオロギー概念への非常によいアプローチとなっている。というのも、ある思弁的な法哲学において国家が抽象物であるということは、現に存在する国家がそれ自身、生活からの抽象されたものであるという事実を示しているからである。ある種の歴史的イデオロギー、哲学者が国家についての理論のなかで単に反省するだけであるような何かが働いている。再び、さまざまな対立が明確になる。すなわち、「抽象的思考」対「現実」、「思想像」（Gedankenbild）対「現実の人間」、想像上の抽象物　対　マルクスが「現実の人間」とか「全体的人間」と呼んだもの、である。あとで見るように、この「全体的人間」という概念は基本的にフォイエルバッハの「類的存在」の概念に由来している。

この序論の結論について詳細に論じるつもりはないが、しかし、分析の転換点がどのように決定されているかを見ておくのは重要なことであろう。マルクスはこう結論づけている。現実を変化させることのできる唯一の批判は、思弁的な思索にとどまっているヘーゲル左派の者たちによってなされた批判のような、言葉や観念による批判ではなく、具体的な実践を含んだ批判である、と。マルクスはさらに、この具体的な実践的批判が実現されるのは、普遍性を代表する社会階級によって支えられるときだけである、と主張する。そして、普遍性の次元は、思考の領域から現実の階級へと移行させせられて、その階級が何も持たないがゆえに普遍的であるとされる。何も持たないこと、それがすべてなのである。マルクスの最初のプロレタリアートの概念は、このようにして構築されている。ここで指摘しておくべきなのは次の点である。すなわち、この概念は抽象的なのだが、それは、プロレタリアートというのが、何らかの特殊な利害を持たない階級、しかしすべてのものに由来することから、全体としての社会の現実の利害を代表している階級について言われるべきものだという点からである。

このプロレタリアートの概念は抽象的であり、円熟期のマルクスにはイデオロギー的と見えるだろう。この段階では、プロレタリアートは一つの構築物である。マルクスは、普遍的な思考によって占められる場所に続けて、普遍的な階級の欲求に対する場所を主張している。「革命には、受動的な要素、物質的な基礎が必要である。理論が一つの国民のなかで実現されるのは、それが、彼らの欲求の実現である限りにおいてのみである」(138〔同書八七頁〕)。さらに次のページにはこうある。「根本的な革命は根本的な欲求の革命でしかありえないのだが、そうした欲求の前提条件と誕生の地が欠けているように見える」(139〔同書八八頁〕)。欲求という概念、これはすでにある意味でヘーゲル的であるが、この概念が普遍的思考に取って代わっている。根本的な欲求が、根本的な思考に取って代わっているのだ。さらにもう一度、思考の抽象的な活動と現実の闘争との対置が見られる。こうした強調は、「根源的に鎖につながれた階級、市民社会には属さないような市民社会における一階級、あらゆる身分の解消であるような一身分、普遍的性格を持つ社会の一領域」(141〔同書九四頁〕)という有名な条りへと展開していく。おわかりのように、プロレタリアートの概念は基本的に一つの構築物である。それは社会学的な記述ではまったくない。プロレタリアートが普遍的思考に取って代わるという主張にもかかわらず、プロレタリアートはいまだに一つの哲学的概念である。マルクスはこの濃密で難解な序論を終えるにあたって、社会全体の現実の解放、その「積極的な可能性」を、根源的に鎖につながれた階級、「伝統的な権原《タイトル》ではなく、人間的な権原《タイトル》だけを主張することのできる」(141〔同頁〕)階級へと結びつけている。フォイエルバッハから借りてこられた人類についての抽象的な観念が、一貫して分析全体に対する人間学的支えとなっているのだ。

われわれはこの序論から、『ヘーゲル法哲学批判』そのものの本文のなかでマルクスが採用することになる中心的な方法を引き出すことができる。ジョゼフ・オマリーはこれを変形的《トランスフォーマティヴ》方法と定義している。(1) これはよい表現である。マルクスの方法は、フォイエルバッハが宗教に対して用いた方法と近い。それは還元的な方法であり、表象や思考の抽象的世界の、具体的、経験的な基盤への還元、神秘的な思弁の打倒である。還元とは転倒の転倒である。というのも、還元は、誤って上方へと投影されてきたすべての存在者――どのようなものであれ、永遠なるもの、論理的なもの、超越的なもの、抽象的なもの、聖なるもの――を捉えて、これらの投影をそのもともとの基盤へ戻してやることによって進められるからである。そのモデルはフォイエルバッハのそれであり、これはヘーゲルの論理学では述語の代わりに主語を置くこととして表現されている。現実においては、人類が主語であり聖なるものが述語である――すなわち、人間の思考の投影である――のに、宗教ではこの聖なる述語を主語、神へと変形させ、人間はこの絶対的な主語の述語となる。還元の過程は、こうした誤った主語を現実の主語の述語へと変形させる。しかし、現実の主語とはまさしく、青年期のマルクスが直面した問題である。青年期のマルクスの仕事のすべてが、上方へと投影されたこの述語を、現実の主語にするための戦いである。われわれはのちに、マルクスのイデオロギー概念がまさしくこの投影のモデルに拠っているのを見るだろう。転倒は幻覚を消し去るための全般的な方法となり、変形的方法はイデオロギーを、それ自体が転倒されることで解消される必要のある幻覚的転倒として暴露することになるだろう。マルクスの課題は、フォイエルバッハが神学批判において成し遂げたことを、哲学批判において成し遂げることである。すなわち、有限なもの、具体的なもの、現実的なものの優位を再び打ち立てることである。

マルクスの出版された序論から、彼のいっそう長い、出版されなかった試論へと眼を転じて、このテキストの短かい一節をマルクスによるヘーゲル批判の範例として取り上げることにする。『法哲学』の第二六二節についてのマルクスの批判に焦点を当てる。マルクスはこの節を引用している。

現実的〈理念〉とは精神(Geist)であるが、これはその概念の二つの理念的領域である家族と市民社会に分かれることで、有限な段階へと進む。しかしこれは、精神がもっぱらその理念性を超え出て無限の現実的精神となるためである。［われわれは観念の運動を、その有限の表現のなかに見て取る。「現実的〈理念〉」はその循環を終えて、その構成のなかとその構成の精神に執着している市民たちの自己意識のなかでの自己自身へと立ち戻る。］この結果、まさしくこれらの理念的領域に対して、現実的〈理念〉は、この有限的現実性の素材すなわち集団としての人間存在を割り当てる。この割当ては、いかなる個人であれ彼に割り当てられた機能が、諸事情や彼の恣意、自らの生活上の位置の選択によって媒介されて現われるという仕方においてなされる。(7〔「ヘーゲル国法論の批判」大内・細川訳、二三五頁[〔2〕][(2)]〕)

この段落に戦いを挑むのはたやすいことである。というのも、これはヘーゲルのテキストの展開から抽象されているからである。にもかかわらず、マルクスには、この段落はあらゆる思弁的思考のモデルであると思われた。というのも、ヘーゲルは現に存在する政治団体の諸機関を、一つの観念から引き出しているからである。しかし、われわれはおそらく、ヘーゲルが「現実的理念(idea)」によって意味していることを規定するのに、マルクスよりも注意深くあるべきである(流通している英訳とは異なって、私は「理念」(idea)を大文字の「I」にしないで翻訳する。それを大文字にするのがふさわしいのかどうか、私には確信がない)。とりわけ、「現実的」ということばの意味をはっきりさせるべきである。ヘーゲルは理念をwirkliche(現実的)と呼んでいるが、これはいかなる意味においてそう呼ばれているのだろうか。経験的という意味においてではなく、活動している、実効的な、という意味においてである。ドイツ語においてwirklichはwirkenをもとにしており、これは現実的であること、実効的であることを意味する。したがって、英語の「現実的」(actual)はwirklicheをかなりうまく翻訳している。これはそこにあること、Daseindeを意味するのではなく、歴史のなかで作動していることを意味している。したがって、ヘーゲルにおいて「現実的理念」とは、プラトンにおけるような理念《イデア》的なものでもなければ、マキャヴェリについて言われるような経験的所与のことでもない。それはむしろ、一つの芽として、歴史を通じて作動している何かのことである。理念は理念《イデア》的なものではないのだ。反対に、先の引用が示唆しているように、家族と市民社会のみが、こうした具体的存在の抽象であるという意味で、理念的なのである。ヘーゲルにおいて具体的存在とは、民族精神（Volkgeist）の制度的な具現化としての国家である。

しかし、マルクスは、ヘーゲルにおける理念（idea）のこうした非常に複雑な地位に気づかなかった。マルクスにとって wirkliche Idee（現実的理念）について語ることは、何かをわれわれの上方へ、無限の現実的精神あるいは「〈精神《スピリット》〉」として投影すること（フォイエルバッハにとって宗教の神がそうであるように）である。マルクスが言うには、結果として、活動的人間生活の現実的諸制度——家族と市民社会——は、観念の単なる容器あるいは外観、その上方に浮遊している他なる現実の具現となる。全体の調子を与えてくれる、マルクスの批判の一部を読んでみよう。

> 「現実的〈理念〉」（無限かつ現実的な精神）と呼ばれているものは、あたかも、それが特定の原理にしたがい、特定の目的に向かって活動していたかのように記述されている。それは有限の諸領域へと切り分けられるのであり、これは「自身へと回帰するために、対自であるために」なされる。さらにそれがなされるのは、それがちょうど実際にそうであるとおりにあるといった仕方でなされるのである。
>
> この箇所に、論理的で汎神論的な神秘主義が非常にはっきりと表われている。（7〔同書二三六頁〕）

これに、マルクスの批判が「これを散文に翻訳してみよう」という一文から始められていることを付け加えるべきだろう。彼はヘーゲルの注釈を、ある種の詩的なテキスト、翻訳されるべき何かと捉えているのだ（翻訳の必要に対する強調は、繰り返し行なわれている。たとえばこうである。「さて、この節全体を平易な言い回しに翻訳してみると、以下のようになる」（16〔同書二四六頁〕））。マルクスは、思弁を還元しようとしている。しかし、それは経済学にではなく、日常の経験にである。われわれは日常の経験そのものから、国家が（ヘーゲルにとってそうであったように）「現実的理念」の何らかの具現物ではなく、また、実際にはわれわれ市民が、検閲や拷問などを伴った国家のなかで生活しているのだということを学ぶ。運動は、たとえ日常の経験がまだ新しい理論的枠組みのなかに収められていないとしても、理念から日常の生活への運動なのである。したがって、「汎神論的神秘主義」(イデオロギーを表わすもう一つの語)に対するマルクスの反論はこうなる。

現実はそれ自体としてではなく、もう一つの現実として表わされる。通常の経験的存在は、それ自身の精神(Geist)を持たず、それとはなじみのない精神をその掟として持つ。他方で、現実的〈理念〉は、それ自身から展開された現実を持たず、むしろ、その定在としての通常の経験的存在を持っている。(8〔同書二三六頁〕)

ここで定在(existence)と訳された語はDaseinであり、これは、そこにあるもの、Da-seinを意味している。もっぱら思考でしかないものとの対比において、マルクスは、実際にそこにあるものが何であるかを強調する。フォイエルバッハとの類縁性は明らかである。マルクスは自分自身の言葉遣いを、主語 - 述語関係という言葉遣いに置き換えるのに何の困難も感じていない。

〈理念〉は、主語［すなわち、述語を有するもの］の地位を与えられる。そして、家族と市民社会の、国家に対する現行の関係は、その内的な想像上の働きであると把握される。家族と市民社会は国家の前提であり、実際に活動的なものである。しかし、思弁哲学では、それは転倒させられている。

再び、転倒の概念に注意しよう。私はこの概念がこれらの分析全体の中心的な導きの糸だと考える。「しかし、思弁哲学では、それは転倒させられている」。もう一度、転倒の転倒が起こる。引用箇所はこう結論づけている。

しかし、〈理念〉が［ヘーゲルによって］主体とされているとすれば、現実の主体——市民社会、家族、状況、気まぐれなど——は非現実的となり、〈理念〉の客観的契機という別の意味を帯びる。(8〔同頁〕)

用語としては記されていないが、イデオロギーとはすでに、現実のこの転倒のことを意味している。しかしながら、イデオロギーの概念に対するわれわれの研究のためのさまざまな含意は、イデオロギーそのものの対応物がいくらか抽象的なものにとどまっているため、まだ明らかではない。ここでは、家族と市民社会が活動的な力として現われてきている。この段階では、マルクスは転倒の概念そのものに、さらに焦点を合わせている。「条件が条件づけられるものとして打ち立てられており、規定するものが規定されるものとして、生産するものがそれ［自身］の生産物の生産物として定立されている」。「現実のものが現象となる。しかし、〈理念〉はこの現象以外の内容を持たない」(9〈同書二三八頁〉)。

マルクスのおかげで、この点での『ヘーゲル法哲学批判』についての私の考えを結論づけることができる。というのも、彼はこの議論を、次のような文で閉じているからである。「『法哲学』とヘーゲル哲学全般の神秘のすべてが、これらの段落のなかにある」(9〈同頁〉)。『ヘーゲル法哲学批判』は、そのモデルがどれほど抽象的であれ、マルクスが後にいっそう具体的な形で、イデオロギーの概念の展開のいたるところで用いることになる、転倒というパラダイムおよび変形的方法の両方を確たるものにしている。『ヘーゲル法哲学批判』の用語は周倒なものではないかもしれない。「神秘」「神秘主義」「抽象」および「想像上の活動」といった用語が混在している。しかし、ここで評価しておかなければならないのは、マルクスの分析の、弁別的な機能ではなく、累積が生み出す力である。

マルクスの『ヘーゲル法哲学批判』については主要な論点のいくつかを提示したので、これで十分であろう。そこでこれから、今後の二回の講義で検討するつもりのテキストである『経済学・哲学草稿』(『草稿』と略記)へのイントロダクションを行なっておきたい。『批判』と同じく、『草稿』はかなり最近になって初めて知られるようになったのであり、最初に出版されたのは一九三二年である。また、やはり『批判』と同じように、『草稿』はイデオロギーの概念を直接には考察していない。ドイツ語版の索引には「イデオロギー」という用語は表記されてさえいない。『草稿』はイデオロギー概念の描写ではなく、むしろ、それと対置される概念の練り上げに対して、すなわちイデオロギー的構築と対置される人間の生活の具体的な基盤となるものに対して、関心を向けているのだ。イデオロギーの概念は、われわれがそれに何を対置するか、それに何を対照させるかがわからない限り、完全なものとはならないだろう。

　ここでもっとも重要なのは、『草稿』がフォイエルバッハのGattungswesenすなわち「類的存在」の概念とともに、かつ、その概念に抗して悪戦苦闘している、ということである。私は、「類的存在」と格闘している数節に議論を限定するつもりである。この格闘はきわめて重要である。というのも、類的存在の概念が構築物であるとすれば、それ自体がイデオロギー的なものとして扱われなければならないからである。この問題の認識が、最終的には、『ドイツ・イデオロギー』におけるイデオロギー概念の出現を支配しているのだが、このテキストは第五回の講義で扱うつもりである。そこでマルクスが攻撃しているドイツのイデオロギーとは、ヘーゲルのことではけっしてない。そうした批判はすでに過去のものである。そうではなく、マルクスはまさしく、フォイエルバッハを含むヘーゲル左派を攻撃している。つまり、ヘーゲル左派の内部で分裂が起こっているのだ。われわれはマルクスがどのようにして、各々の個人のなかにある普遍的な類（おそらくは、神があらゆる被造物のうちにあると言われているように）としての人間性というフォイエルバッハの概念を用いると同時に、それを内部から溶解させているのかを検討するつもりである。したがって、イデオロギーの概念に対する基本的な対照物である現実の概念は、不確かなものであり続けているのだが、これは、フォイエルバッハの類的存在がそれ自身、実体のない概念として、そして実際のところ、ヘーゲル的〈精神〉、ヘーゲル的精神《ガイスト》の単なる貧しい言い替えとして、暴露されることがなかった限りにおいてのことである。

　マルクスは『哲学の貧困』のなかで、フォイエルバッハは結局ヘーゲルよりも貧しい、と述べている（164）[3]。このことが真であるのは、ヘーゲルが内容においてフォイエルバッハよりもたしかに豊かである限りにおいてである。フォイエルバッハによる宗教批判と、彼が弁護しているような無神論は、基本的な意味で、観念論的思考の頂点である。それらは最後には、人間の意識に聖なる力を与えるのだ。自己意識は、文化が発展させたすべての述語、主として宗教上の作り話を通して発展させた述語の支えとなる。文化の全体的構造および上部構造の隅石として、自己意識は、もっとも重要な観念論的概念である。フォイエルバッハにおいては、すべては人間の意識のなかで起こる。その外化《エイリネーション》とその解放の両方が起こるのである。したがって、すべては観念の領域、表象の領域で起こる。われわれは、意識の自律についてのカントとフィヒテの主張を放置するどころか、強化してきたのである。

カントとともに始まった他律に対する戦いはカント哲学と同じ循環のなかでその頂点に達し、またその循環に属している。人間は万物の尺度であるという主張――他律に対する自律の主張――が、最終的に中心的主張となる。このように強調されると、ときとして私は、意識という観念論的概念を、構造上、無神論的概念と考えたくなる。ラディカルな自律の主張と対比される場合には、従属とはもしかすると、宗教の唯一可能な真理であり、私の実存が受動性の要素を含んでいるのを告白すること、私が何らかの仕方で実存を受け取っているのを告白することなのかもしれない。私が哲学体系の頂点に自律を置くやいなや、すなわち自律というこのプロメテウス的次元をそれほどまで提唱するやいなや、自律は確実に、それ自身が神のごときものとなる。フォイエルバッハが自律を提唱したことで、他律は構造上、悪となる。その結果、自律でないものはすべて外化ということになる。実際にここで謎なのは、マルクスのような言い方をすれば、まず第一に、自己を措定する意識が自らを統御できなくなり、その統御が外化されるのはいかにしてかという点であり、第二に、この力がひとたび外化されると、いかにして再び統合されうるのかという点である。ある種の不可思議な物語が起こる、と言うことができるだろう。

『草稿』では、マルクスはフォイエルバッハに対する曖昧な関係を保ち続けている。こうした曖昧さが際立つのは、マルクスの、人間存在という概念の使い方である。こうした使い方を強調することが、われわれがマルクスのテキストを読むときの鍵となるだろう。マルクスはときとして、人間存在を生きた個人として記述する。しかし同時に、マルクスは、フォイエルバッハが人間存在に割り当てた特性を保持している。普遍的なもの、およそ考えうる性質の担い手およびそれらの理想的表象、というのがそれである。フォイエルバッハにとって、類的存在としての人間存在は無限である。他方で、個人はもっぱらその有限な表現でしかない。したがって、フォイエルバッハは人間存在という概念のなかに、完全なものについての述語を取り集めて集中させたのだと言うことができるだろう。彼は、完全なものの集合が、同時に自己を主張する主語である、と言うことによってそうしたのである。おわかりのように、こうした性格づけはヘーゲル的精神《ガイスト》からそれほど隔たっていない。しかしながら、フォイエルバッハの表現は、こうした描写が示すよりももう少し曖昧である。彼は実際、人間存在にのみ注目した超観念論と、哲学的唯物論の間でためらっている。たとえば、フォイエルバッハが「人間は、（彼が）食べるものである」（Der Mensch ist was er isst）と言うとき、である（ist）と食べる（isst）の言葉遊びが、「人間は、（彼が）食べるものである」という唯物論的関係を強調している。しかし、類的存在としての「人間」は現実的な無限者でもある。したがって、フォイエルバッハにおいては、人間存在はあるときは神であり、あるときは生きた食べる存在なのだ。

『草稿』は、こうしたフォイエルバッハの人間主義と、そのあらゆる観念論的な響きを自然化し、その意味において内部から溶解させるという、マルクスの試みを表わしている。人間存在の自然に対する関係と、人間存在の人間存在に対する関係が、やがて観念論的述語を吸収するだろう。またマルクスならばこれらの関係を、それぞれ、自然的関係および類的関係と言うことだろう（自然的関係への注目が、よりマルクス主義的な用語法となる。類的関係について語ることは、まだフォイエルバッハ的なものにとどまっている）。こうした曖昧な用語法のために、『草稿』は、同時に普遍の担い手でもある自然的存在の尊厳を保持することができている。「類」の個人への内在は、個的主体の孤立を弱める。同時に、個々の間主観的関係は、基礎となる類的機能を支える。そして、その関係が、類的存在あるいは属的本質の意味を育む。しかしながら、こうした相関関係は、自然主義というマルクス主義的な特質をもっている。このような自然主義と人間主義の奇妙な混合が、『草稿』のいたるところで見られるのだ。

こうした混合のために、最終的に『草稿』のマルクス主義的意義を否定する批評家は、以下の意味では正しい。すなわち、根本的にヘーゲル的な何かがその思考の全過程を支配している、つまり、自らを客体化し、それ自身をその生産物のなかで否定することにおける意識の役割を支配しているからだ。われわれはここでの働きのなかに、ヘーゲル的〈精神〉が自らを差異化し、対象化し、自らを自己として生みだしている否定的なものの仕事を認める。この対象化と実効的な否定性の過程は、徐々に労働の過程と同じものになっていくことだろう。青年期のマルクスの仕事のなかには、ある相互関係が成り立っていると言うことができるかもしれない。マルクスが、経済が哲学の方向づけの土台となっていると主張したように、ドイツの形而上学もまた、経済的過程についてのマルクス自身の描写のなかに入り込んでいる、と。

今回の講義を結論づけるために、この最後に指摘した方法論的意味は脇に置いておき、もっと一般的な趣旨を強調しておこう。つまり、われわれは、青年期のマルクスのなかに、彼の先行者たちのカテゴリーが残り続けていると言わざるをえない。次の引用がいっそうはっきりさせてくれるように、『草稿』はヘーゲル的概念、フォイエルバッハ的概念と後に特にマルクス的な概念となるものとの間の、強力だがいまだ区別されていない結びつきを明示しているのである。

> ヘーゲルの『精神現象学』およびその最終的な結末、すなわち、運動し産出する原理としての否定性の弁証法、これらの顕著な成果とは、まず、ヘーゲルが人間の自己産出を一つの過程として捉え、対象化を対象の喪失として、外化として、そしてこの外化の超越［Aufhebung、廃棄、克服］として捉えているということである。彼は労働の本質を把握し、対象的人間——現実的であるがゆえに真の人間——を、人間自身の労働の成果として理解しているのだ。人間の、類的存在としての自身への現実的、活動的方向性、あるいは、現実的な類的存在としての（すなわち、人間存在としての）彼の顕現は、人間が自らのうちに持っており、類に属しているものとして人間のものである諸力のすべてを用いること——このことは、人類のすべてが協力することを通してのみ、歴史の結末としてのみ可能であるのだが——によってのみ可能であり、また、人間がこれらの類的諸力を対象として扱うことによってのみ可能である。そしてこのことはまた、さしあたり、疎外の形態においてのみ可能なのである（177[4]〔『経済学・哲学草稿』城塚・田中訳、一九九頁〕）。

ヘーゲルの主要な概念（疎外《エストレインジメント》、対象化）と、フォイエルバッハの主要な概念（類的存在、類的諸力）は、ここでは定式化し直され、労働の構造のなかに位置づけられている。マルクスの企ては、労働の概念の再構築、哲学的再構築なのだ。彼は労働の概念を、記述的現象としてではなく、自らの対象のなか、生産物のなかに客体化する類的存在、またそのとき、自らをその生産物のなかに認知する類的存在を通して意味あるものとされた過程として、再構築するのである。これが、対象化と外化の過程である。

われわれは、ドイツ哲学における基本的な主題がマルクスにおいて反復されているのを見て取る。自己自身になるために、何か別のもののなかに自己自身を移し入れてしまうという考えは、マルクスからヘーゲルを通して、少なくともヤコブ・ベーメといったドイツ神秘主義者の時代にまでさかのぼるような主題である（おそらく、先行者は歴史的にパウロにまでさかのぼる。彼の『ピリピ人への手紙』は、神がキリストのなかに自己をすっかり移し入れてしまうことについて語っている）。マルクスが「これらの類的諸力を対象として扱うこと」と呼んでいるものは、ドイツ史における長い系譜につながっている。これは、自分自身を空にすることで自分自身を強く主張し、捉え直すという創造的な機能に反映されている。マルクスと知的先行者たちとの間の連続性と不連続性は、したがって、非常に重要である。『草稿』では、対象化、現実化、外化、疎外といったヘーゲル的およびフォイエルバッハ的概念が、人間存在の、その労働、労働の生産物、労働という活動、他の労働者、そしてその労働の意味を個人から奪うものとしての賃金に対する関係の根本にある構造を記述するといった、ゆるやかな仕方で用いられている。ここで作動しているあらゆる転倒が、われわれの主題であるイデオロギー概念の、マルクスにおける展開を予示している。

したがって、『草稿』に向かう時に心がけてもらいたいのは、ヘーゲルに由来する普遍性についての形而上学と、フォイエルバッハによる類的存在についての人間学的見方と、労働のなかに外化された労働者としての人間存在という真にマルクス的な問題設定との、この奇妙な混在を突き止めることである。われわれの目的は、マルクスの思索の展開から、イデオロギー概念にとって重要なものをさぐりだすことである。次回の講義では、この目的のために『経済学・哲学草稿』に立ち戻ることにしよう。

第三回　マルクス　『経済学・哲学草稿』「第一草稿」

この講義では、『経済学・哲学草稿』（以下『草稿』と略記）の「第一草稿」について論じることにしよう。そして、「疎外された労働」と題された節を中心に論じたいと思う。私が取り上げるテキストは、私の議論の主題であるイデオロギーの概念との関連に基づいて選び出されたものである。

『草稿』をイデオロギー研究とどのように結びつけることができるだろうか。イデオロギーという用語はテキストのなかには見当たらないし、『ドイツ・イデオロギー』のなかで前面に出てくることになる問題、つまり、あらゆるイデオロギー的な体系と対をなすものとしての、個々の労働者の生活への完全な還元は、まだ練り上げられていない。にもかかわらず、『草稿』は二つの理由から、われわれの研究にとって重要である。第一に、イデオロギーに対比されるべき現実の類型が、少しずつ特殊なものになっていっていることである。さまざまな抽象的超越的存在をイデオロギー的なものとして描き出すことが、いまや社会的背景のなかで生活し行動する存在としての人間を頼みにすることから区別されている。第二の、そしてもっとも重要な理由は、『草稿』は、偽りのものとされたイデオロギー的存在の発生を説明するための枠組みを提供していることである。いずれ講義のなかで論じるつもりであるが、イデオロギーという概念が、この転倒の過程を法、政治、倫理、芸術、宗教といった領域へと拡大させたものになるだろう。マルクスにとって、これらの領域がまさしくイデオロギー的領域ということになるだろう。『草稿』が提示するのは、人間の労働が異質の、なじみのない、見たところ超越的な存在、すなわち私有財産とりわけ資本へと転倒される典型例である。こうして、労働の主観的本質（これはいまだ非常にヘーゲル的な言葉遣いである）は廃棄されて、この本質が人間存在を支配しているように見える権力のなかで失われるという変形が、あらゆる類似の過程にとっての範例となる。何か人間的なものが、外部の、外面的な、上位の、いっそう力のある、ときには超自然的なものと思われるものへと転倒されるのである。

こうした転倒の概念は『草稿』のなかで非常に技術的な意味を持つことになるのだが、われわれはその概念のなかに、個人が自分自身を聖なるもののなかに移し入れるというフォイエルバッハの概念——われわれはこれを前回の講義で論じた——と、自らを金銭というなじみのない力へと転倒させる人間の労働との間の、あらゆる種類の交換を見て取ることができるだろう。それはあたかも、外化《エイリアネーション》のそれぞれの類型が別の類型のなかに反射され、また別の類型によって強化されているかのごとくである。のちに見るように、こうした関係は、『草稿』では派生というよりも類推とされている。マルクス主義のなかで少しずつ教条的となっている傾向として、一つの根本的な経済的外化からあらゆる外化が派生してくると主張する者がある。しかし『草稿』では、主張はつねに類推にとどまっている。それはけっして体系的な演繹や還元、派生とはなっていないのである。したがって、『草稿』ではどこでもイデオロギーについて直接には述べていなくて、いたるところで間接的に呼びかけていると言えるだろう。

「第一草稿」の「疎外された労働」(Die Entfremdete Arbeit)と題された節の最初のところで、われわれはただちに、ドイツ語のentfremdete〔疎外された〕を、その語源である-fremd、なじみのない、異質な、と訳すことの意味論的な困難に直面する。Entfremdeteは「疎外された」(estranged)と訳されてきたのであり、これはよい訳語である。Entfremdete〔疎外された〕は、ヘーゲルにおいてはある程度区別できるがマルクスにおいては同義であるような、テキスト上の二つの鍵となる語のうちの一つである。もう一つはentäusserteであり、その語根である-äusserteは外在化されたという意味である。entäusserteは通常、「外化された」(alienated)と訳されてきた。Entfremdung〔疎外〕とEntäusserung〔外化〕は、マルクスにおいては、少なくともその初期のテキストにおいては、厳密に同義である。われわれはいずれ理解することになるが、これら二つの用語の意味は、対象化(Vergegenständlichung)、対象への変形と対置されることで、いっそうはっきりする。この対象化の方は、マルクスが取り戻したいと考えている妥当な過程である。
「疎外された労働」におけるマルクスの方法は、「第一草稿」全体の場合と同様に、彼が経済学の諸前提と呼んでいるものから出発することである（106〔『経済学・哲学草稿』城塚・田中訳、八四頁〕）。マルクスは諸前提――ドイツ語ではVoraussetzungen、つまり前提要件、仮定のこと――について述べる。彼は、事実として把握されてきたものなどについて述べているのである。そうすると、これらの諸前提とは何だろうか。それは「私有財産という事実」である。ここで用いられているドイツ語が非常に強い意味を持っていることに注意しよう。それはdas Faktum〔事実〕であって、Tatsache〔事象〕ではない。つまり、何かしっかり確立したものなのである。

このことは、マルクスが彼に先立つイギリス経済学者たちの分析を前提としていることを意味している。彼はこれらの経済学者たちを信頼しており、その主要な発見、つまり、富は重農主義者たちが主張したように土地の肥沃さによって生み出されたのではなく、人間の労働によって生み出されたものであるという発見を信頼しているのだ。マルクスにとってこの経済学上の事実（Faktum）は、とりわけ、アダム・スミスによって突き止められたいくつかの帰結を含んでいる。第一に、農業はいまや産業の一部であり、土地の生産性や肥沃さから人間の労働の生産性への移行が生じたのだ。土地が生産的なのは、人間の労働がそれに働きかけたからにほかならない。第二の帰結は、動的資本の利益が生じてくることで、不動産としての土地の利益が失われる、ということである（古典経済学にとって、これは土地の賃貸しのことであった）。第三に、土地、地面は資本の一形態となるが、それは、土地がその所有者の利益に対する動産、動的資本の場合と同じ関係を有しているからである。こうして、われわれは、不動産としての土地の価値は消えてなくなった、あるいは、資本の特殊な審級として吸収された、と言うことができるだろう。

こうした変形を、マルクスは「第三草稿」のなかで私有財産の普遍化と表現している（132〔同書一二五頁〕）。このことは、誰もが所有者になることを意味しているのではいない。むしろ、私有財産が普遍化されるのは、あらゆる種類の所有がいまや抽象的になるという意味においてである。主張はその方向性においてヘーゲル的である。財産が価値を持つのは、資本として交換されるという能力においてのみである。したがって、不動産は特殊なものという地位を失い、普遍的な財産の一部、一側面となる。マルクスは「第一草稿」の「地代」と題された節のなかで、こうした変形を説明している。われわれの目的のために、この重要なテキストのいくつかの節を引用してみよう。

〔この進化の〕最後の帰結は、資本家と地主との区別の消滅である。こうして、住民の二つの階級――労働者階級と資本家階級――だけが残り続けることになる。土地所有がこのように掛け売りされること、土地所有が商品へと変形することは、古い貴族制の最終的な崩壊であり、貨幣貴族制の最終的な完成である。(100〔同書七五―七六頁〕)

こうした変形の結果、労働があらゆる種類の財産の唯一の源泉として現われてくる。財産の概念は労働の概念を基礎として統一される。これが、描写されている重要な結論である。マルクスは「地代」の一節の終わりのところで、フランスの古い標語である「貨幣は主人を持たない」がいまや真であるのは、「人間に対する死んだ物質の完全な支配」(102〔同書七八頁〕)が成し遂げられたからだ、と主張している。マルクスにとって、この「死んだ物質の完全な支配」は、イギリス経済学の偉大な発見である。したがって、この発見はもともとマルクスのものではない。

「疎外された労働」の節の出発点は、「死んだ物質の支配」がイギリス経済学によって事実として受け取られているが、それでもなお理解されていない、というものである。さらに、こうした発見は自己破壊的でさえある。経済学の主張は、人間の労働、人間の勤勉《インダストリー》だけがあらゆる富、あらゆる資本を生み出すというものであるが、それは現実には、資本が人間の労働を雇《ハイアー》いまた解雇《ファイアー》するという場合なのである。マルクスにとって、これは経済学の大きな矛盾である。その経済学は、財産のなかに聖なるものは何もないこと、財産は単に蓄積された労働であることを見いだしたが、それでも、財産――資本――は人間の労働を雇ったり解雇したりする力を持っているからだ。これら二つの発見は、経済学の分析の別々の成果として扱われてきた。しかし、これらの成果がいっしょにされるとき、一つの矛盾が生じる。この矛盾によって、われわれは、イギリスの経済学者たちよりも先へと進み、事実として受け取られてきたものの意味を問うように強いられる。マルクスは、単に事実として受け取られているものの意味を読み解くように試みることで、論を進めている。

経済学は私有財産という事実から出発するが、われわれにこの事実を説明してはくれない。それは、私有財産が現実にたどっている物質的過程を、一般的で抽象的な定式で表わす。そして経済学は、これらの定式を法則として捉えるのである。経済学はこれらの法則を理解〔概念的に把握〕することがない、つまり、それらの法則が私有財産の本性そのものからいかに生じてくるかを示さないのである。(106〔同書八四―八五頁〕)

「本性《ネイチャー》」という言葉は、ここではよい訳語ではない。英訳者は「本性《ネイチャー》」という言葉を用いることで、本質を意味するドイツ語の Wesen を取り逃してしまっている。マルクスは、本質的な分析を事実的な分析に対置したいと考えている。これは疑いのないことであり、そのためマルクスはここでヘーゲル的な Wesen を用いているのだ。

疎外あるいは外化の過程の分析は、労働が財産――富――の源泉であるとする理論と、賃金が労働に対する貨幣の力であるとする理論との間に矛盾を見て取るイギリス経済学の沈黙に対する、マルクスの答えである。マルクスは、Entfremdung〔疎外〕と Entäusserung〔外化〕いうヘーゲルの二つの概念を自分のものにし、それらがともに、まさしく、あらゆるイデオロギー的過程のモデルとしてわれわれの興味を引くような転倒を表現している、と主張している。

この事実は、労働が生産する対象――労働の生産物――が、何か疎遠な〔fremdes〕ものとして、生産者から独立した力として、労働に対立することを表わすものに他ならない。労働の生産物は、対象のなかに固定された、物質となった労働である。それは、労働の対象化〔Vergegenständlichung〕である。(108〔同書八七頁〕)

先に簡単に言及したように、労働の対象化は労働の外化と対比されており、この対象化は望ましい帰結である。対象化はマルクスにおける鍵概念であり、これを強調することで彼はヘーゲルにならっているのだ。対象化とは、何か内的なものが外在化され、またそうしたやり方で現実的になる過程であり、これは非常にヘーゲル的な考え方である。最初に世界のなかに入っていくとき、私は内的な生活しか持っていない。私が何かするときだけ、労働、行ない、何か公共的で他者たちと共有されるもの、私が自分で実現させあるいは実行するようなものが存在する。そのときだけ、私は実際に存在するようになる。対象化は、こうした実現の過程である。「労働の実現は労働の対象化である」(108〔同頁〕)。これが根本概念である。

しかしながら、「経済学の領域では」、そしてこれは、資本主義経済においては、という意味だが、「こうした労働の実現[Verwirklichung]は、実現の喪失[Entwirklichung]として現われてくる」。英語とフランス語ではVerwirklichungとEntwirklichungとの間の言葉遊びが分からなくなっている。われわれはこれらを実現(realization)と「脱‐実現」(de-realization)と訳すべきだろう。英訳者は「実現の喪失」(loss of realization)と表現しているが、これはよい選択である。「経済学の領域では、労働の実現は労働者たちにとって実現の喪失として現われてくる。対象化は対象の喪失および対象への隷属として現われ、領有は疎外、外化として現われてくるのだ」(108〔同頁〕)。領有(appropriation)と疎外は互いに対立している。なぜなら、領有とは所有者になることを意味するのではなく、余所のものを自分自身にとって固有のもの(propre)、自分のものとすることを意味するからである(これはまた、実際にはまったく異なる文脈においてではあるが、ガダマーの『真理と方法』における主要な対置である。一つのテキストを読むことはまた、ある種の外化、文化的な隔たりを乗り越えることであり、なじみのないものを自分自身のものとすることでもある)。したがって、領有と疎外あるいは外化との差異は、強力な哲学的含みをもっている。それどころか、そこに、われわれが何か外部のもののなかにわれわれの意味を預けるようなものとしての、労働の意味がある。

以前に見たことであるが、マルクスはここで、ヘーゲルが行なったのと同じようなやり方で進んでいる。すなわち、用語の区別によってではなく用語の積み重ねによって前進している。これが、マルクスの諸概念のまわりに豊かな意味が生じてくる理由である。現実的と訳される用語、実効的と訳される用語、そして客観的と訳される用語はすべて、多かれ少なかれ同義である。こうした累積的手続きはまた、対比されるさまざまな用語の豊かな範囲を生み出しもしている。実効的（efficient）と対比されているのは不充分（deficient）であり、なじみのない（foreign）と対比されているのは領有（appropriation）であり、疎外（estrangement）と対比されているのは再領有（reappropriation）である等々と続く。

こうしてマルクスの分析から明らかになるのは、経済学によって「事実」として捉えられた転倒とは現実には人間の本質の喪失だ、ということである。本来、人間の労働の対象化――本質――となるべきものが、経済学においては、代わりにその実現の喪失――疎外――として現われてくる。外化の分析を通して洞察が得られなければ、経済学の「事実」は意味のないものにとどまる。われわれは、かなり用心しながらではあるが、マルクスのここでの分析は経済学の一つの解釈学であると言うことができるだろう。それは批判的解釈学である。というのも、経済学は労働の過程がもともと持っている外化を隠蔽しているからである。「経済学は、労働者（労働）と生産の間の直接的関係を考察しないことで、労働の本性に内属している疎外を隠蔽している」（109–110〔同書九〇頁〕）。

マルクスは、外化において生じていることを宗教において起こっていることと比較することで、自らの分析を拡大している。彼は宗教を一つのメタファーとして用いている。宗教において生じていることは労働において生じていることに由来している、と主張しているのではない。彼はただ、二つの過程は並行している、と言っているのだ。「このことは宗教においても同様である。人間が神により多くのものを帰属させればさせるほど、人間が自分自身のなかに保持するものは少なくなる［これは非常にフォイエルバッハ的な主張である］」。労働者は自らの生命を対象のなかに注ぎ込む。しかし、彼の生命はいまや彼のものではなく、対象のものである」（108〔同書八八頁〕）。宗教と労働において、外化の過程は並行している。聖なるものにおける疎外であれ、資本における疎外であれ、疎外のイメージが共有されているのだ。

マルクスは『草稿』全体を通して、さまざまな仕方で、こうした並行論にしたがっている。印象的なのは、マルクスが「第三草稿」のなかでアダム・スミスを「経済学のルター」と呼んでいる箇所である（128–129〔同書一二〇頁〕）。この例にはあとで立ち戻るつもりだが、マルクスはルターを、カトリック教会によって要求されていた外面的従属を内面のものにしたと解釈しているのだ（これは当時のカトリシズムの理解であった）。マルクスは、ルターは超越の重荷、超越的権力の支配のもとにあるという重荷を取り除くことなしに、この内面化を実現した、と言い続けている。この重荷は、外面的従属の呼びかけから内面的従属の呼びかけへとただ変化させられたのだ。マルクスは、アダム・スミスも同じやり方で資本の主体的本質を発見した、と言う。資本の働きが労働の過程のなかに内面化されたのである。こうした新しい超越の重荷は、実際にそれを生み出したものを超えて、資本の力のなかで保たれている。マルクスの主張は非常に強力である。内面化された超越の過程が、どちらの場合においても生じているのだ。

ルターとアダム・スミスの例にはあとで立ち戻ることにするが、いまそれに言及するのは、一つの方法論的な点を強調するためである。この段階でのマルクスの著作には、宗教的外化は経済的外化から生じるという主張は見られない。相互作用は類似によるものであって、解釈をさらに進める必要はないというのだ。われわれは、逸脱の体系としてよりもむしろ、類似の体系を通しての外化である意味の下落と曲解とを考察しておくべきだろう。逸脱の理論は、いっそう強力な主張であるように思われるかもしれないが、それはまた、いっそう容易に反論することができる。他方で、類似に訴えるというのは、自己批判のためのよい道具である。同じことが、たとえば、フロイトのような思想家たちにもあてはまるだろう。フロイトが、宗教はある種の私的な神経症であり、神経症は公共の宗教だと主張するとき、(1)ここにも非常に強力な類似が存在する。しかし、それは一つのアイデンティティという意味でさらに押し進められてはならない。類似はもっと多くを語るのである。

「第一草稿」の最後に置かれた「疎外された労働」の節の、そのあとのページに立ち戻ろう。マルクスはそこで、外化の一般的な概念にさらに付け加えてはいない。しかし彼は、それをいくつかの表現で明確にしている。外化の概念の基本的な枠組みが詳細に描写され、マルクスはいまや、ヘーゲルが『精神現象学』で行なったようなやり方で歩みを進めている。すなわち、一つの姿、形を、そのさまざまな「契機」を構築することによって分析するのである。マルクスは外化の概念のなかでのこうした進展を、四つの契機に分ける。私は、これら四つの契機を同じように展開するつもりはない。そのそれぞれがイデオロギーにとってふさわしい範例の構築にかかわる限りで、それらを取り上げることにする。われわれの目的にとってもっとも意義のある契機は、第三と第四の契機である。

外化の第一の契機は、自分自身の労働に対する関係のなかで生じる（110〔同書九〇頁〕）。各人の労働の生産物の外化が、外化の概念全体についてのマルクスの描写のモデルとなっている。第二の契機は、生産行為における外化、生産能力そのものにおける外化である。表現を反転させる能力においてヘーゲルと歩みをともにしつつ、マルクスはこれら二つの外化の形態を、次のような言葉遊びで要約している。すなわち、それぞれ、活動の外化（Entäusserung der Tätigkeit）と外化の活動（Tätigkeitder Entäusserung）と表現している。

したがって、労働の生産物が外化であるとすれば、生産そのものは活動的な外化、活動の外化、外化の活動でなければならない。労働の対象の疎外においては、労働の活動そのものにおける疎外、外化が単に要約されているにすぎないのである。（110〔同書九一頁〕）

労働の外化は、労働が労働者にとって外的であることを意味する。それは本人の意志ではなく、強制された、あるいは課せられた労働なのだ。宗教との類似が再び展開される。

ちょうど宗教において、人間の想像力、人間の脳、人間の心の自発的活動が個人から独立して働くように（…）労働者の活動は彼の自発的活動ではないのだ。それは他人に属している。それは労働者の自己の喪失である。（111〔同書九二頁〕）

（ここでもう一度、想像力《イマジネーション》という語が用いられていることに私が関心を持っていることを記しておく。ここで用いられている語はEinbildung〔想像力〕ではなくPhantasie〔幻想〕であり、したがって、フィクションよりも幻想としての想像力のことである）。青年期のマルクスのヒューマニズムは、あとの講義で見るように、構造主義者たちに拒否されるのだが、そのヒューマニズムはこの一節において明らかである。マルクスの記述は、自発的活動が外化によって損なわれ、害され、破壊されているのが個人でなければ意味をなさない。少なくともこの段階において、マルクスは、個人の自発性に根源的な役割があると主張しているのだから。

しかしながら、われわれの目的にとってこれら二つの契機よりもいっそう重要なのは、疎外の第三の契機である。この段階は、イデオロギーが超越によって抽象化されるときの現実的基盤を突き止めるというわれわれの主要な目的にとって、もっとも啓発的なものとなるだろう。この第三の契機は、生産物や活動における疎外を超えて、労働者の人間性そのものの疎外へと移動する。労働者は自らのGattungswesenすなわち類的存在において損なわれ害されている。フォイエルバッハにおけるこの概念の重要性をもう一度強調しておこう。フォイエルバッハは、個々の人間が神へと進んでいくのだとはけっして言わなかった。むしろ、聖なる述語を担うのは人類全体のなかにある何かだ、と言ったのである。類的存在は外延において〔集団として〕と内包として〔包括的自然として〕の両方において、人類を表象している。人類はそのとき集団的存在であり、普遍性、無限性などの属性を有しているのはこの集団的存在なのである。こうした性格づけが与えられたとき、人間が神を発明したと述べてもそれほど不条理ではない。というのも、実際のところ、それはある種の人間的神あるいは神的人間だからである。フォイエルバッハの考えるところでは、人類が神を生み出すと主張するためには、人類という類的存在を神のレベルまで人為的に高めなければならない。そしてこのことは、われわれの宗教理解における現実の理論的前進ではない。いずれにせよ、マルクスは『草稿』において類的存在の概念を保持している。おそらくこれは、疎外の概念が広範囲にわたることを強調するためである。しかしそれはまた確かに、疎外を、マルクスがまさしく本質と呼んでいるもののレベルへともたらすことでもある。これがマルクスの目的であった。すなわち、経済上の事実から疎外の本質へと進むことがである。マルクスにとって、人間の本質に対する疎外の影響は決定的なのである。
マルクスは疎外された労働の第三の契機を次のように類型化している。

> 人間は一つの類的存在である。というのは、人間は実践および理論において、類を自らの対象とする（…）からばかりでなく、彼は自らを、現実の、生きた類として扱うからでもある。すなわち、彼は自らを、一つの普遍的な、したがって自由な存在として扱うからなのである。（112〔同書九三―九四頁〕）

この引用箇所の前半部はフォイエルバッハ的である。人間が類的存在であるのは、彼らが本質的なものについて考察しあるいは熟考するからではなく、彼ら自身が本質的だからである。類的存在におけるこうした本質と存在の同一性は、フォイエルバッハ読解においてずっと継続している問題のうちの一つである。こうしたフォイエルバッハ的な強調は、引用箇所の後半部において、ヘーゲル的な考え方へと引き継がれている。人間の自由は、個体性の単なる主張においてではなく、こうした主張が普遍性の領域へと移行されるときに生じる。こうした移行が生じるまでは、主張は恣意的なものでしかない。自由は、普遍性のあらゆる段階を通過しなければならない。これは、ドイツ哲学における自律の伝統である。すなわち、自己自身を普遍的なものとして主張するのである。疎外によって損なわれるのは、この普遍的であるという能力である。「疎外された労働は（…）人間から類を疎外する」（112〔同書九五頁〕）。あとで見るように、後期の著述のなかで、マルクスは分業の概念を、この類的存在の分散へと結びつけている。もし私が一人の労働者として、都市の一個人として、あるいは田舎の一個人として応じるのであれば、私はけっして普遍的ではない。分業は、それが類的存在という中心的概念に関係していることから、マルクスにおいて非常に印象的な要素となることだろう。

人間は類的存在であるという事実から、いくつかの重要な帰結が生じてくる。これらのフォイエルバッハからの影響は、『資本論』のマルクスが執筆した部分を通して残り続ける。最初の帰結は、動物と人間とを分割する線である。

マルクスはつねに、この差異を非常に強く主張している。たとえば、マルクスは『資本論』において、動物はそれぞれ同じ仕方で群れをつくるので動物の活動は労働ではない、と述べることになる。〔1〕人間だけが労働するというのだ。マルクスにとって、この違いは、動物の生活と人間の生活との根本的な分割線であり続ける。マルクスの言うところでは、この区別は、人間は普遍的なものを思考するばかりではなく、普遍的であるという使命を担ってもいるという事実に由来するのであり、このことが人間に、欲求からの一定の距離をもたらす。人間の意識は、単なる気づき《アウェアネス》よりも上位にある。反省に対する根本的な能力において、意識は人間と同一視される。『草稿』において、マルクスはさらにこう主張する。

植物、動物、岩石、空気、光などが、一部は自然科学の対象として、一部は芸術の対象として――人間が最初にそれを摂取し消化できるものにしなければならないような、人間の精神的な非有機的な自然［再び非常に観念論的な表現だ］、精神的な滋養物として――理論的に人間の意識［これは主観主義的観念論である］の一部を形成するように、実践の領域においてもまた、それらは人間の生活および人間の活動の一部を形成する。(112〔同書九四頁〕)

自然を自らの欲求に従わせるという人間の能力は、自然に対する人間の「精神的」優位から生じているのだ。しかしながら、人間の生活と動物の生活とのこうした違いは、人間が類的存在であるという事実、この普遍的本質の、もっとも重要な含意ではない。主たる帰結は、人間存在の、対象化の過程によって自らを生み出すという能力である。

生産的生活は類の生活である。それは、生活を生み出す生活である。類の性格全体――類的性格――が、その生命活動の性格のなかに含まれている。自由で意識的な活動が、人間の類的性格である。生活そのものは、生活手段

としてのみ現われるのである。〔113〔同書九五頁〕〕
したがって、人間が労働するのは、食べるためばかりではなく、この類的存在となるためでもあるのだ。
対象の世界を自らの実践的活動によって創造することにおいて、非有機的自然に対する労働において、人間は自身が意識的な類的存在であることを証明する。すなわち、自らが、類をおのれ自身の本質的存在として扱うような存在、あるいは自らを類的存在として扱うような存在であることを証明するのである。〔113〔同書九六頁〕〕
それ故、人間が、自分自身が類的存在であることを最初に実際に証明するのは、対象的世界に対する自らの労働においてである。この生産が彼の現実の類的生活なのである。この生産を通して、またこの生産のおかげで、自然は人間の労働および人間の現実性として現われてくる。それ故、労働の対象は、人間の類的生活の対象化である。〔114〔同書九七頁〕〕
対象化の概念と、生活（生命）を生産する生活という考えが、重ね合わされている。人類が自らを生産する仕方は、自らを対象化することによってである。再び、これは非常にヘーゲル的である。というのも、実際、行為においてのみ、人類の自己主張が生じるからである。
自己創造的、自己主張的であろうとするのが人間の使命であることから、外化の事実は非常に深い傷をもたらす。他者の権力に従属させられることは、自分を創造するのとは反対である。疎外は根本的に、対象化の創造的過程に対する人間の能力の転倒、逆転である。人間の類的存在は、対象化と自己創造との同一性の置き場所である。疎外において、この本質的存在は変形され、単に、生存しているという意味での存在に対する手段となる。かつては自己主張のための手段であったものが「目的」になる、つまり物理的に存在することとなる。

それ故、疎外された労働は、人間から彼の生産の対象を奪い取る〔entreisst〕ことによって、彼の類的生活を、類の構成員としての彼の現実的対象性を奪い取り、そして動物に対する人間の強みを、人間の非有機的身体すなわち自然が彼から取り去られるという弱みへと変えてしまうのである。(114〔同頁〕)

生産物における外化、生産のなかの外化、類的存在の中心での外化という、先行する三つの外化の段階をたどるとき、第四の、そして最後の外化の契機とは、人間の人間からの疎外、間主体性のレベルでの疎外である。外化のこの契機は重要である。なぜなら、それは類的存在の概念をいっそう具体的な仕方で再び方向づけるからである。外化のこの側面の描写とともに、われわれは「第三草稿」へと移行する。外化の第三段階から第四段階へはいかなる飛躍もない。なぜなら、フォイエルバッハにとってGattungswesen〔類的存在〕はすでに、この関係的側面をもっていたからである。Gattungswesen〔類的存在〕は人間にとっての人間である。こうした他者への方向づけ(other-directedness)は、われわれ一人ひとりにおける類への参加を表現している。私は、他者たちのなかに同じ人間性を認める限りで、類の一部なのである。

実際のところ〔überhaupt〕、人間の類的存在が人間から疎外されているという命題は、ひとりの人間が他の人間から疎外されているということ、各人が人間の本質的性質から疎外されていることを意味する。人間の疎外、そして実際には〔überhaupt〕、人間が自分自身に対して持つあらゆる関係は、人間が他の人間に対して持つ関係のなかではじめて実現され表現されるのである。(114–115〔同書九八頁〕)

なぜマルクスは、「実際のところ《イン・ファクト》」ではなく「一般に」を意味する「überhaupt」と書いているのだろうか。争点になっているのは、なぜ疎外「一般」が存在するのか、ということだからである。この問題に注意を向けることで、マルクスは、疎外が生じるのはいったい誰の利益のためなのかという問いへと、根本的な移行を行なうこととなった。ここまでは、われわれは、人間は何から疎外されるのか——自然からなど——を考察してきた。しかし、間主体的次元が導入されれば、われわれは誰のために疎外されるのかを問わなければならなくなる。「労働の生産物が私にとって疎遠なものであり、疎遠な力によって私に対立するとすれば、そのとき、生産物は誰に属しているのか」（115〔同書九九頁〕）。この問いは力強い移行である。賃金の問題、資本と賃金の関係が、誰のための疎外かという問いのなかには含まれている。経済学の矛盾の二つの部分——労働はあらゆる財産を生み出すのに、賃金という形で雇われている——が、まさしくこの問いに対する答えによって関係づけられる。疎外とはそれ自体が、疎外においてある者の力が他の者へと移され譲渡されることを知るための一つの間主体的な過程であるということを、われわれは理解しなければならない。

疎外についての理解におけるこの移行は、私有財産の威信を解消させるうえで決定的な一歩である。私有財産は、人間を支配する力を持っているように見える。マルクスの転倒は、私有財産が実際にはある者の別の者に対する一つの権力であることを明らかにした。労働ばかりでなく資本をも、人間の次元へと完全に還元したのである。マルクスは、これまで隠されてきたことを両面から明らかにした。すなわち、労働する者と労働の成果を享受する者の面からである。マルクスは資本と賃金の関係をヘーゲル的な主人と奴隷の関係の枠組みのなかに置こうとしている、と言うことができるかもしれない。お金と賃金あるいは財産と賃金の経済的関係は、物どうしの関係、あるいは最近のマルクス主義者たちが言うような、過程あるいは構造どうしの関係であるように見える。しかしながら、少なくとも青年期のマルクスにとっては、これらの見たところ「客観的な」謎は、主観的な過程へと還元されなければならなかった。主人と奴隷の関係への言及は重要である。なぜなら、主人と奴隷は物に対して同じ関係に立っていないからである。それがまさしく、われわれの扱っているテキストのなかに現われている関係である。「労働者の活動が彼にとって苦しみであれば、別の人間にとっては楽しみであり、生活の喜びということになる。神でもなく、自然でもなく、ただ人間だけが、人間を支配するこの疎遠な力でありうる」（115〔同書一〇〇頁〕）。

こうして、いまやすべてが、ある者と他の者との関係のなかに包含される。賃金と資本との関係におけるあらゆる詐術が暴き出される。マルクスは彼の議論を終えるにあたって、人間の疎外を含む、人間の労働として現われてくる全体的過程を、実践的なものと同一視している。疎外でさえ、人間の活動として現われてこなければならない。「疎外がそれを通じて生じる媒体は、それ自身実践的なものである」（116〔同書一〇一頁〕）。実践的なものという概念は、単なる行為ではなく、対象化と疎外の過程全体の発生をも含むまでに拡大されている。マルクスは、われわれは自分たちの作り出したものを変えることができると主張する。なぜなら、もしそれが自然の所与や法則、われわれの手の届かない法則なのだとしたら、革命を展望することなどは完全に狂気の沙汰となっただろうからである。しかしながら、もし外化がそれ自身われわれの作り出したものであるとすれば、外化の廃棄——これは「第三草稿」の主題である——もまたそうなのだ。

ほとんどフィヒテ的な意味で、マルクスは、実践的なものを創造の行為と同一視している。われわれが自分の創造しているものを知ることなしに創造しているとき、疎外が媒体となる。われわれが疎外を通して行なっていることを、われわれ自身は知らない。それが、われわれに隠されているものを明らかにしなければならない理由である。マルクスは言う、われわれは、それ自身が政治的・経済的であるような創造と隠蔽の行為を明らかにしなければならない、と。

こうして、疎外された労働を通じて、人間は生産の対象および行為に対する関係を、疎遠で自分に敵対的な人たち［これらは疎外の諸形態のうちの三つである］に対するものとして創造するばかりではない。人間はまた、他の人間たちが彼の生産と生産物に対して立つ関係、彼がこれら他の人間たちに対して立つ関係をも創造する。ちょうど、彼が自らの生産を、彼の現実の喪失として、彼の懲罰として創造するように、すなわち、彼が自らの生産物を喪失に、自らに属さない生産物として創造するように、彼は、生産および生産物に対する、生産しない人間の支配を創造する。ちょうど、自らの活動をおのれ自身から疎外するように、彼は疎遠な他者に、その人のものではない

活動を与えるのである。〔116〔同書一〇一頁〕、強調はリクール〕

マルクスの創造の概念の用法はきわめて重要である。というのも、それは生産の概念に、単なる経済学よりもずっと広い射程をもたらすからである。私はときどき思うのだが、正統マルクス主義があらゆるものを生産へと還元しているのは、彼らが、少なくとも青年期のマルクスにとって生産の概念は創造によって規定されていたのであってその逆ではなかったということを知らないか、あるいは忘れているからではないだろうか。自らの生活を創造し、自らの生活のための条件を創造するからこそ、人間は生産するのである。生産の概念はここでは、最初から経済的意味を持っているのではない。こうした還元にもっとも反対しているマルクス主義のいくつかの学派がマルクス主義における経済主義と呼んでいるものは、生産の概念のこうした均一化、平板化から生じている。しかし生産の概念は、ヘーゲルとフォイエルバッハにその起源をもっているために、いっそう広い意図を保持している。それ故に、マルクスの生産という語の用法が後に分裂するのは、非常に不幸なことである。あるときは、生産は消費と対置されて、単なる経済的過程となり、またあるときは、疎外と対置されて、より広い意味を持つことになる。生産という語の二つの用法の間にあるためらいが、マルクス主義学派のなかに劇的な冒険をもたらすことになる。これが、青年期のマルクスへと立ち戻ることに大きな意義がある第一の理由である。

マルクスは「疎外された労働」および「第一草稿」全体における彼の主張を結論づけて、こう述べている。「われわれは分析によって、私有財産を、疎外され外化された労働から導き出してきた」〔118〔同書一〇四頁〕〕。マルクスは彼の主張を、分析によって導き出されたものとして、こう要約している。「われわれが分析によって、私有財産を、疎外され外化された労働から導き出してきたように、これら二つの要因の助けを借りて、経済学のあらゆるカテゴリーを展開することができる」。私有財産の概念は導き出されたものなのだから、経済学のいう「事実」のように出発点と見えていたものがいまや分析の帰結となる、と言うことができよう。「まさに私有財産の運動の結果として、われわれは、経済学から（…）外化された労働の概念を得てきた」〔117〔同書一〇二頁〕〕。事実であったものが、いまや結果として現われてくる。「この〔外化された労働の〕概念を分析すると、神々がもともとは人間の知的混乱の原因ではなく結果であるように、私有財産は外化された労働の源泉、原因と見えても、むしろその帰結であることが明らかになる」（117〔同頁〕）。マルクスは静的な事実に一つの力動的な過程、疎外の過程を対比させる。静的な事実は、この力動的な過程が凍結された結果であるとされる。現実に、疎外は私有財産の源泉、原因、土台である。実証主義的な事実としてではなく、事実を支配している根本的な意味として、そうなのである。意味と事実との関係が支配しているのだ。「われわれは労働の疎外、外化を一つの事実として受け取り、この事実を分析してきた」（118〔同書一〇五頁〕）。一つの神秘、一つの謎が、このように、起源を結果の地位へと還元することによって解決される。これが、あらゆる Ideologiekritik〔イデオロギー批判〕のモデルである。

この結論はきわめて強力である。マルクスは、私有財産という事実、死んだ物質——資本——の人間に対する支配が、実際は、人間の本質、人間の類的存在の疎外の産物であるということを明らかにする。「第一草稿」は、疎外のさまざまな形態をはっきりと区別し、もっとも重要なことは、疎外がその根底において人間の活動そのものの帰結であることを論証している。この草稿において、マルクスは転倒、逆転のモデルを再確認しているばかりではない。彼はさらにこのモデルを、イデオロギー的存在の発生についていっそう正確な説明を与えることによって、つまりイデオロギーがそこから抽象されてくる現実的基盤をいっそう深く分析することによって、拡張してもいるのだ。

しかしながら、これらの力強い洞察にもかかわらず、マルクスは「第一草稿」の最後のところで、自分の結論にいくらかの不満を表明してもいる。「いかにして」という問題、すなわち人間が自らの労働を外化するようになるのはいかにしてかが、経済学の「事実」の分析によって解決されていないというのだ。こうしてマルクスは、自分の関心を、人間の本質の分析から歴史を問うことへと移さなければならないと決意する。この移行は、「第三草稿」の問題ばかりではなく『ドイツ・イデオロギー』の問題をも導入する。マルクスは、疎外はひとつの運動、私有財産の運動であるという自らの発見の含意を追求しなければならないと考えるようになる。問題は、一つの概念——本質——を歴史的な力へと変化させることである。ヘーゲルにおいて、概念は静的でなく動的であった。しかしながら、ヘーゲルにおいては、形、姿の領域において生じていることを、歴史的な諸例と関係づけることはつねに困難である。実例と概念、概念の労働との間には隔たりがあるのだ。歴史的なものへの問いを自ら提起するにあたって、マルクスは、この困難に足を取られないように非常に注意深くあろうとしている。それが、マルクスが次のように指摘することで「第一草稿」を終えている理由である。

われわれは労働の疎外、外化を一つの事実として受け取り、この事実を分析してきた。われわれはいまや、人間が自らの労働を外化し疎外するようになるのはいかにしてかを問う。この疎外が人間の発展の本性のうちに根を下ろすのはいかにしてなのだろうか。われわれはすでに、私有財産の起源の問題を、外化された労働と人類の発展の流れとの関係という問題へと変化させることで、この問題を解決するための長い道のりを進んできた。というのも、人が私有財産について語るとき、彼は、人間にとって外的な何かを扱っていると考えているからである。人が労働について語るとき、彼は直接に人間そのものを扱っているのである。この問いの新しい定式化が、すでにその解決を含んでいる。(118–119〔同書一〇五頁〕)

不幸なことに、草稿はこの記述のすぐあとのところで、未完のまま中断している。しかし、問題は本質的分析から歴史的分析へと移行する必要性であるということは理解される。次回の講義では「第三草稿」へと転じて、この問題と、イデオロギーの概念に対するそのさまざまな含意をたどっていくことにしよう。

第四回　マルクス『経済学・哲学草稿』「第三草稿」

今回の講義で、私はマルクスの『経済学・哲学草稿』〔『草稿』と略記〕の「第三草稿」について論じるつもりである。「第二草稿」は検討から外すが、これは、その大半が失われていて数ページしか残されていないからである。今回の議論で、『草稿』全体についての私の紹介は完結することになるだろう。

「第三草稿」は「第一草稿」に比べて、内容よりも方法のレベルにおいて際立っている。「第三草稿」は、外化《エイリアネーション》の概念そのものに重要なことはなにも付け足していない。外化は対象化のさまざまな様式の転倒であり続けている。この草稿でマルクスは、あらゆる財産とりわけ不動産を資本へと還元してしまうことに関して、イギリス経済学の洞察に再び根本的に同意している。財産の構造はその最終段階において、土地そのものではなく金銭に対する関係のなかに表われる。イギリス経済学は、あらゆる財産の資本への還元を成し遂げただけではない。その経済学はまた、資本を労働に、したがってまた主体的要因に、すっかり還元したのである。「第三草稿」の最初の数行において、主体的要因への還元は「主体的本質」への還元と表現されている。「私有財産の主体的本質――対自的な活動として、主体として、人格としての私有財産――は労働である」（128〔『経済学・哲学草稿』城塚・田中訳、一一九頁〕）。労働は、富のただ一つの本質である。これは、「第一草稿」で言われていたことの要約である。言葉遣いはまったくヘーゲル的である。外的な何かを内部化すること――この場合は、私有財産の主体的本質を描出すること――は、典型的なヘーゲル的手続きである。

マルクスは「主体的本質」の役割を別な仕方で表現して、経済学が近代産業を取り入れて「これを意識上の一つの力とした」（128〔同頁〕）と述べている。「意識」という語は、われわれが現在その語に与えている意味、つまり覚醒、気づきという意味では用いられていない。その代わりに意識は、ドイツ哲学において見られる、生産の中心といういっそう強い意味を担っている。こうした点で、意識はあらゆる存在の参照の中心なのである。哲学的な調子が際立っている。「意識上の一つの力」をこのように強調することが、まさしく、『草稿』と『ドイツ・イデオロギー』との大きな違いを徴しづけている。後者のテキストでは、分析の最終的な参照としての意識の機能が、現実的な、生活する個人、労働し受苦する個人の概念へと置き換えられている。意識の概念がまさしくイデオロギーの方へと退いており、イデオロギー的領域に属する概念の一つとなっているのだ。しかしながら、『草稿』では、意識はいまだ、イデオロギーが還元される審級である。意識は『ドイツ・イデオロギー』において初めて、もっと始原的で根本的なもの、すなわち現実的な生活する個人へと還元される。個人が意識の場所を占めるのである。

マルクスが「第三草稿」でアダム・スミスとルターを比較していることについては前回述べたが、この比較は、意識への還元についての一つの注釈である。前に説明したように、ルターが宗教的外化を内面化したとされているのとちょうど同じように、アダム・スミスは財産の力を実際に労働力として内在化した。しかしながら、アダム・スミスが指摘し損なったのは、マルクスが言うところでは、人間の労働力が外化されているということである。人間は、

私有財産という外在的な存在に対してもはや外面的な緊張関係に立つのではなく、私有財産の本質となった（…）。以前には自己に対する外在的な存在であったもの――人間の事物における外在化――が、単に外在化の行為――外化の過程――となったのである。（129〔同書一二〇頁〕）

再び、これは「第一草稿」の要約である。マルクスはもう一つ類似の表現を用いているが、それは、「本質」としての人間が「非本質」（130〔同書一二一頁〕）になった、ということである。ドイツ語はここでもいっそう強力で、比較されているのは、Wesen〔本質〕とUnwesen〔非本質〕である。労働の過程の外化が、本質としての人間存在を非

本質とするのだ。

　したがって「第三草稿」は外化の概念を改良してはいないが、それでもいくつかの理由で重要である。第一に、「第三草稿」は、「第一草稿」では抽象的で非歴史的なものに留まっていた概念に、一つの歴史的次元をもたらしたことである。財産の歴史の発展、したがって分業の歴史の発展が、外化それ自身に一つの歴史をもたらしているのだ。外化は、概念というよりも少しずつ一つの過程となっていく。「第三草稿」は、地代から抽象的財産への進化、産業への農業の還元について述べている。「すべての富は産業的な富、労働の富になった。そして、工場制度が産業の本質（…）であるのと同じように、産業は完成された労働である」（131〔同書一二四—一二五頁〕）。本質という表現は、もっと歴史的になっても、依然として残り続けている。前回の講義で指摘したように、本質というヘーゲル的概念は、一つの本質がいかに歴史的となるかを立証している。ヘーゲルにとって、本質は静的なものではなく、進化の細胞核である。本質という表現と歴史的発展という表現はともに保たれているが、これは、本質がそれ自体、歴史的発展の胚種だからである。したがって、マルクスにとって、「工場制度が産業の——労働の——成熟した本質であり、産業資本が私有財産の完成した客観的形態であるのと同じように、産業は完成された労働である」（131〔同頁〕）のだ。

　マルクスが本質ばかりではなく「成熟した」本質をも強調していることから、さらに別の仕方でヘーゲルと比較することができるようになる。エミール・ファッケンハイムが彼の著作『ヘーゲル思想における宗教的次元』のなかで示しているように、ヘーゲルは、自分が哲学することができるのは、啓蒙主義、リベラルなプロテスタンティズム、自由主義国家の成立といったいくつかの歴史的発展が生じたからだと考えていた。これと似た仕方で、マルクスは、別の歴史的な安定期《プラトー》が成就されたと考えている。イギリスに工場が成立することで産業の本質は「成熟した」、というわけである。一つの出来事の意味が明らかになり、理論化が可能になるのは、それが歴史によって成熟するときである。マルクスがこうした点を強調していることが、それに続く方法論的な記述を説明するのに役立つ。それは、ヘーゲル的アプローチからマルクス固有のアプローチへの移行としても、意義のある指摘である。「われわれはここではじめて、私有財産が人間に対するその支配を完成させ、そのもっとも普遍的な形態において世界史的な力となることができるのはいかにしてかを理解することができるのである」（131〔同書一二五頁〕）。ヘーゲルの体系とまったく同じように、一つの形態がその成熟に達したときに初めて、われわれはその本質について語ることができるのであろう。本質は、端緒的形態から成熟した形態への運動を回復する。これが、「われわれは労働の疎外を（…）受け取った（…）。われわれはいまや、人間はいかにして自らの労働を外化し疎外するようになるのかを問う」（118〔同書一〇五頁〕）と言って、「第一草稿」のなかで未解決のまま残されていた問いに対するマルクスの答えである。それは、一つの本質、産業の本質が歴史的に拡大することによって、というものである。

「第三草稿」がもたらしたものの二つ目——そしてわれわれにとってもっとも興味深い点だが——は、疎外の矛盾の抑制《サプレッション》を考察するアプローチの導入である。これもまた非常にヘーゲル的ではあるが、矛盾を理解するのはそれが乗り越えられつつある過程においてだ、と言うことができるであろう。われわれは矛盾を、その乗り越えという視点から見る。たとえば、ヘーゲルの『論理学』は、存在・非存在・生成の概念から出発しており、存在と非存在が単に死んだ対立ではなく創造的な矛盾となるのは、もっぱら生成の概念によってである。後ろを振り返ることは、矛盾そのものに対する抑制の過程から生じる。こうした観点は、「第一草稿」の諸問題にアプローチする仕方を決定的に変化させる。「第一草稿」は「諸事実」、つまりイギリス経済学が確たるものにした諸事実から出発し、これらの事実を分析してその本質を抽出した。分析は事実から本質へと遡行しているが、つねに「諸事実」のなかにあり、つねに「事実」を土台としていた。しかし「第三草稿」では、アプローチは矛盾そのものの抑制を乗り越える運動から生じている。「第三草稿」ではこう述べられている、「自己疎外の超越〔止揚〕は、自己疎外と同一の道筋をたどっていく」（132〔同書一二六頁〕）。自己疎外の超越が「同一の道筋をたどっていく」ことから、われわれは疎外の意味を、その抑制の意味のなかに読み取ることができるだろう。

したがって、「第三草稿」では、マルクスはヘーゲルのAufhebung〔止揚〕の概念を、自己疎外との関係において定式化し直しているのである。英訳ではAufhebung〔止揚〕が「超越」（transcendence）と訳されているのは不幸なことである。私には、英語でいう超越のなかに超越する運動を聞き取ることはできないように思われる。しかし、ドイツ語のAufhebungに対するよい訳語がないのである。ヘーゲルにおいては、Aufhebungは矛盾の乗り越えを意味しているが、この乗り越え《オーヴァーカミング》、抑制《サプレッション》は、〔弁証法における〕最初の項の積極的な意味を保存している。最初の項は、その乗り越えにおいておのれ自身となると言われているのだ。したがって、止揚《アウフヘーブング》は、最初の項を乗り越える解決のなかで矛盾の強さを抑止すると同時に保存してもいるのである。ここで理解されるように、ヘーゲルの概念は非常に複雑である。しかし『草稿』では、止揚《アウフヘーブング》が単に廃棄を意味していることは疑いない。ヘーゲルからマルクスに至るなかで、止揚《アウフヘーブング》の意味が廃棄に、とりわけ実践的廃棄に還元されている。マルクスにおいては、保存としての止揚《アウフヘーブング》の役割は消えてなくなり、抑制としての止揚《アウフヘーブング》のみが強調されるようになっている。こうした理由から、私は、『草稿』においては、止揚《アウフヘーブング》の最良の訳語は超越ではなく抑制《サプレッション》であろうと考えるのである。

「第三草稿」において、共産主義は自己疎外の止揚《アウフヘーブング》――超越、抑制――を意味することになるだろう。「共産主義」という語は、後にそれが持つようになる特別な政治的および組織的な意味をまだ持っていない。この点で、その語は曖昧な仕方で、もっぱら矛盾が消え去る歴史の段階のみを指している。したがって、ここで言われている共産主義がソヴィエト連邦といったものを表わしていると述べることはできない。こうした区別は、一般にマルクスに対するわれわれの関係にとって重要である。われわれのマルクスに対する関係が中立的であるべきだということではなく、フロイトやニーチェといった他の思想家たちに対する関係と同じように非政治的でなければならないということである。

それでは、自己疎外の止揚《アウフヘーブング》、抑制は、いかにして生じるのであろうか。すでに引用したように、マルクスは、「自己疎外の超越〔抑制〕は、自己疎外と同一の道筋をたどっていく」(132〔同書一二六頁〕)と述べている。「同一の道筋をたどっていく」ということは、乗り越えの過程が部分的段階から全体的段階へと進んでいくということを意味している。部分的段階――農夫と土地所有者の関係――から全体的段階――労働者と抽象的普遍的資本の関係――へと運動していく疎外の道筋と同じように、疎外の乗り越えは部分的でばらばらの乗り越えから抽象的で普遍的な乗り越えへと進んでいくのであろう。そしてマルクスは、乗り越えのさまざまな側面を、彼が疎外の諸形態を分析したのと同じ仕方で、展開させることになる。

止揚《アウフヘーブング》の過程は部分的から全体的な乗り越えへと移行するはずだということから、われわれは、マルクスが粗野な共産主義と呼んでいるものに対する、彼の苛烈で、多くの面でわれわれを驚かせる攻撃を、いっそううまく説明することができる。彼は「いまだまったく粗野で無思想な共産主義」(133〔同書一二七頁〕)と述べている。彼がこうしたきびしい批判をしているのは、体制との部分的な断絶──たとえば自然への回帰や、土地に対して前に持っていた関係への回帰──は、労働の抽象性のあらゆる帰結を突き止めることがなく、したがってまた、疎外と同じレベルでの解放を成し遂げることができないからである。抽象的な疎外に対して具体的な解放で応えても、解決にはならない。解決は、問題のレベルに対して応答するのでなければならない(ここで産業体制に対する解決策を見いだすためにはその産業体制の外に出なければならないと主張する合衆国およびヨーロッパの人たちとマルクスとの間で、一つの興味深い比較を行なうことができるだろう)。マルクスの考えでは、疾患を雲散霧消させるためには、産業体制をその最終的な帰結にまで推し進めなければならない。したがって、過去の労働状況に対するロマン主義的ノスタルジーは見当違いなのである。一つの仕事を完璧にやり遂げる職人労働者は、市場を支配してはいなかった。労働の価値を決めていたのは、誰か別の者だったのである。粗野な共産主義についてのマルクスの批判は強力だが、これは、「妬み」や「貪欲」(133〔同書一二八頁〕)──これは不公平な言い方ではあるが──という形での財産に対する関係が、まだ保たれていたからである。

ここでのマルクスの立場が人間の Gattungswesen すなわち類的存在についての問いを含んでいるのは確実である。マルクスにとって、人間の類的存在を保持することには、前回の講義で見たように、人間と動物の間、文化と自然の間の強力な対立を必然的に伴うのである。もし財産との訣別がこうした二分法を保持していなければ──たとえば自然への回帰は人間と動物との差異を曖昧にするであろう──、解決は遡行的なものである。私有財産を万人の私有財産によって無効にするというのは、文化の世界の抽象的な否定にしかならない。たとえ原始共産制の資本によって等しい賃金が支払われたとしても、全体としての共同体が「万人の資本家」(134〔同頁〕)となる。マルクスが「万人の資本家」によって意味しているのは、万人のものになるのは疎外の関係でしかないということである。労働者階級だけではなく、万人が疎外されるようになるのだ。実際のところ、こうした普遍化はイデオロギー的と呼ぶのが適切かもしれない。マルクスは、「この〔労働と資本との〕関係の両側面は、想像上の普遍性へと高められている」(134〔同頁〕)と述べている。「想像上の」と訳したドイツ語の原語はvorgestellte〔表象された〕である。したがって、普遍化が生じるのは、表象においてだけである。マルクスにとって、解決は想像上のものなのである。

マルクスは自らの主張のテストケースとして、男性と女性の関係を取り上げている。この関係がテストケースなのは、それが自然と文化の境界線上に存在しているからである。この種の関係においてもっとも重要なのは、自然と文化の違いを保持することである。というのも、それは所与のものではないからである。この問いは、男性と女性の関係は共同体の生活へと至る「自然な」道筋だと述べているヘーゲルを思い起こさせる。真のセクシュアリティは自然に属しており、かつ親族関係を通して文化に属してもいる。もしここでマルクスをレヴィ＝ストロースの眼で読めば、男性と女性の関係は非常に強い印象を与えるものになるというのも、それが同時に類的存在の関係を維持しなければならないような自然な類的関係だからである。マルクスは、男性にとって「女性が共同体的な共通の財産になる」ような「女性の共有」という概念に恐れを抱いている(133〔同書一二七頁〕)。女性の共有は、文化と自然、人間性と動物的生活の区別を曖昧にするからだ。

人《パーソン》の人《パーソン》に対する直接的、自然的そして必然的関係とは、男性《マン》と女性の関係である。この自然的な類的関係のなかでは、人間《マン》の自然に対する関係は無媒介に人間《マン》の人間《マン》に対する関係であり、これはちょうど、人間《マン》の人間《マン》に対する関係が無媒介に人間《マン》の自然に対する関係――人間自身の自然的規定――であるのと同様である。したがって、この関係においては、人間の本質がどの程度人間にとっての自然となったか、あるいは人間にとっての自然がどの程度人間の人間的本質となったかが、感性的に明らかにされ、観察可能な事実へと還元されるのである。こうして、人間はこの関係から、人間の発展の全レベルを判断することができる。この関係の性格から、人間が類的存在として、人間としてどのくらい自分自身となり、また自分自身を理解するようになったかが明らかとなるのである。
（134〔同書一二九頁〕）

この引用箇所の英語は不十分なものであり、人間と、女性から区別された男性の両方を表わすのに「man」という一つの語しか用いられていない。それ故、男性と女性の関係の例が示しているのは、次のことである。「私有財産の最初の積極的な止揚である粗野な共産主義は、積極的な共同体として自らを定立しようとする私有財産の卑しさが現われる一つの現象形態にすぎない」（134–35〔同書一三〇頁〕）。マルクスは、こうした財産の関係を一般化することは、いまだ財産の関係の内部にとどまることだと強調している。これが、普遍的な資本家の状況である。後にマルクスは、万人を小さな資本家として財産を分配しようとするようなあらゆる試みに対して、強く反発している。というのも、それらは財産の廃棄を妨げようとすることだからである。こうした理由で、共産党およびマルクス主義の他の多くの分派は、関係そのものを廃棄することなしに財産の領野を分配ないし拡大するようなあらゆる種類の改良主義に反対して闘うことになるだろう。

粗野な共産主義とその改良主義に対する闘いから、「第三草稿」がもたらしたものの三つ目が導き出されてくる。それは、完成された共産主義の概念の発展である。完成された共産主義は、自己疎外の抑制についての議論において、完成された外化が自己疎外の道筋に関する「第一草稿」の分析のなかで果たしていたのと同じ役割を果たしている。しかしながら、この並行論は完全なものではない。というのも、マルクスの時代のイギリスの工場には、完成された外化の姿、シンボルが存在したのに、他方で、完成された共産主義の概念は、こう言ってよければ、分析の上方を漂っているからである。こうした違いを考えると、私としては完成された共産主義の概念はこのテキストのなかで一つのユートピアの役割を果たしていると言いたい――それは一つの解釈であり、それをテキストのなかに読み取ることはしたくないのだが。そのとき、われわれは外化について別の視点をもつとは言えないだろうか。つまり、われわれは外化をユートピアのどこにもない《ノーウェア》場所から見て、判断することはできないだろうか。イデオロギーについてのあらゆる判断は、ユートピアのどこにもない場所《ノーウェア》から生じてくるのではないだろうか。こうした見解に対するマルクス主義者たちの答えはわかっており――私の立場は批判ではなく、一つの理解の試みである――、彼らはユートピア的な性格づけを拒むことだろう。しかも、一つの根本的理由から。あらゆるユートピアは、「どこにもない場所《ノーウェア》」、「どこか別の場所《エルスウェア》」という想像力の飛躍に依存しているが、マルクス主義者たちは、自分たちは疎外そのものからそれ自身の乗り越えへと進む内的な運動を頼りとしているのだと強く主張する。マルクスにとって、ユートピアの島へのいかなる空想的な跳躍も必要はない。矛盾の抑制は矛盾そのものから生じる。ユートピア的な性格づけという告発を免れるのは、分析のヘーゲル的性格を強めることによってである。すなわち、矛盾は必然的に自身の乗り越えへと進んでいくダイナミズムを持っている、という主張によってである。

　これが、最終段階についての問いに対する一般的なマルクス主義的アプローチである。つまり、この最終段階は考案されたものではなく、むしろ疎外の自己超克の運動を見ることによって突き止められる、と主張するのである。マルクスの言うところでは、その結果は次のようになる。

> 人間の自己疎外としての私有財産の積極的な超越［乗り越え、抑制］としての共産主義、したがってまた、人間による人間のための人間的本質の現実的な［想像上のではなく現実的な、wirkliche］領有としての共産主義。したがって、人間の、社会的（すなわち人間的）人間としてのおのれ自身への完全な還帰、意識的となった、先行する発展の全成果のなかで成し遂げられた還帰としての共産主義。この共産主義は、完成した自然主義として、ヒューマニズムに等しい（…）［これは、自然主義が最終段階においてヒューマニズムと等しいのであり、それは、自然が人間的となり人類が自然的となるからだ、と述べる有名なテキストである］。それは、人間と自然、人間と人間との衝突の真の解決であり、現実存在と本質、対象化と自己確認、自由と必然性、個と類の争いの真の解決である。共産主義は解き明かされた歴史の謎であり、それは自らこの解決であることを知っている。（135〔同書一三〇―一三一頁〕）

最後の一節はいかにもヘーゲル的である。歴史の謎が解き明かされるというのは、『精神現象学』の観点そのものだからである。最終段階は、それに先立つ諸段階の矛盾を乗り越え、包摂する。この最後の解決は、それが矛盾そのものに根を下ろしていることから、「自らこの解決であることを知っている」とマルクスは言う。この知はまさしく、ヘーゲルの〈絶対知〉の等価物である。その過程は、諸矛盾の系列を乗り越えるというものであり、〈絶対知〉は過程全体の自己反省以外の何ものでもない〔過程全体の自己反省という主題は、ジャン・イポリットの『ヘーゲル『精神現象学』の生成と構造』において詳細に論じられている〕。マルクスはヘーゲル主義を転調させているかもしれないが、立てている問いは同じものである。問題になっているのは、自己反省に取り組んでいる者の位置である。ヘーゲルにとって、区別はつねに過程の、「対自」すなわち結末を知る哲学者たるわれわれの「対自」と「即自」との間にある。われわれは、哲学者たちの「対自」がさまざまな「即自」的形象の解釈過程を導いているのと同じやり方で、疎外の問題の解決は、矛盾そのものの解読についての理解を促進していると言うことができるだろう。「第三草稿」においては、完成された共産主義はヘーゲルの「対自」と同じ役割を果たしているのである。

こうした類似は、興味深いばかりでなくかなり魅力的でもあるようないくつかの含意を伴っている。特に、これらの含意のうちの一つを強調したい。完成された共産主義の概念は、その主たる具体的な成果として、全体、全体性という意味の回復を成し遂げているのだ。分業においては、人類そのものが分割される――ある者は所有者であり、別の者は労働者であるといった具合に。これとは対照的に、全体性の概念は一つの全体の再構築を目指している。ここでは統合と、人類の統合が主導概念となっている。こうした点に対する強調は、マルクスの次のような言葉のなかに暗示されている。「したがって、歴史の全運動は、共産主義を生みだす現実的〔wirklicher〕な行為であるとともに（…）共産主義の思考する意識にとっては、その生成が概念的に把握され認識される過程でもある」〔135〔同書一三一頁〕〕。ここでは、ヘーゲルの場合と同じく、現実であるものと思考であるものとが等置されている。生みだすという行為は wirkliche〔現実的〕であり、したがって、効果があるという意味で現実的であることから、それは begriffne und gewusste、概念的に把握され認識されることができる。思考のなかには過程が反映されているのである。

全体性のレベルでの、現実的ということと概念的に把握されるということとのこうした等置は、主として、ルカーチと、マルクス主義のオーストリア＝ハンガリー派によって展開されている。ルカーチは『歴史と階級意識』において全体性の概念に大いに依拠しており、この概念を強調することで、マルクス主義のアプローチは実証的アプローチから区別されるのだと主張している。分析のみによって、つまり諸部分の分析のみによって進められる後者の立場とは対照的に、ルカーチは、われわれは諸部分を全体の観点から考察しなければならず、諸部分を用いて全体を再構築しなければならない、と述べている。同様の観点はサルトルにおいても見られる。サルトルは『弁証法的理性批判』のなかで、分析的関係を全体への帰属と対置している。外化によって結局のところ破壊されるのは、この、全体への帰属である。サルトルはそのとき、人類の総合的運動を破壊する分析的過程としての外化という新しい概念をもたらす。「第三草稿」において全体性の概念が強調されていることが、「第一草稿」との大きな違いである。探求が事実から概念へと移行することはもはやない。その代わりに、循環的な関係が、「歴史の謎」と「自らこの解決であることを知っている」解決との間に打ち立てられるのである。

こうした循環的なアプローチ、外化の過程を抑制《サプレッション》という観点から考察すること、これはさらに、重要な方法論的含意を持っている。第一に、始まりが終わりによって解釈されるのを見て取るということは、マルクスが非常に哲学的であると主張することである。ハイデガーが言っているように、優れた哲学的な仕事はどれも、始まりが終わりに属しているという意味で循環的である。問題は、循環的運動に正しく入ることなのである[1]。したがってわれわれは、その分析が有限な状態での予想によって規定されているのでよい哲学的説明ではない、と言ってマルクス主義に反対することはできない。

マルクスの循環的アプローチの第二の方法論的含意は、テキストと解釈の問題に関心を持っている者にとって、特に興味をそそるものである。マルクスの次のような指摘は、きわめて意義深い。「この、歴史のうちでもっとも同時代的で感性的に近づきやすい部分なのに閉じた書物のままとなっているような心理学は、本物の、内容豊かで現実的な科学となることはできない」(142〔同書一四二頁〕)。マルクスは、経済学に対して分析的にアプローチする者たちを批判している。分析的アプローチは、最初に賃金の理論、続いて財産の理論などというように、章ごとに理論をたてるが、さまざまな矛盾を見ることはない。マルクスの言うところでは、このような分析の過程で社会の概念が破壊され、人類は「閉じた書物」となる。したがって必要なのは、閉じた書物を公けのものとすること、あるいはその封を切ることである。こうした強調は、主として、ハイデガー以後のマルクス主義者たち、ハーバーマスやその他の人たちによって発展させられている。彼らはマルクス主義を、説明の側よりも解釈の側に置く。もし説明をアメリカ社会学だとすれば、ドイツの Ideologiekritik〔イデオロギー批判〕はある種の了解である。マルクスは、閉じた書物には通俗的な必要以上のことはなにも記されていないと述べている。行為というテキストは黙したテキストであると見ているのだ。これと対照的に、マルクスの言うところでは、

産業の歴史と産業の生成しおわった対象的存在は、人間の本質的諸力の開かれた書物であり、感性的に提示されている人間的な心理学であるのは明らかである。しかしこの心理学は、人間の本質との切り離しがたい連関においてではなく、もっぱら有用性という外面的関係においてのみ理解されてきた。なぜなら、人びとは、疎外の内部を動くことで、人間の一般的な存在様態――政治、芸術、文学などの抽象的一般的性格における宗教や歴史――だけを、人間の本質的諸力の現実として、人間の類的活動として考えることしかできなかったからである。(142〔同書一四二頁〕)

すべてを外側から、外面的関係において捉える方法にとっては、産業の歴史は閉じた書物である。この閉じた書物という概念は、正統マルクス主義のなかで一般に広まっている、イデオロギーと科学との対置の源泉であろう。科学は、産業の閉じたテキストを読んでいることになる。しかしながら私は、テキストを開かれたものと見るときにのみ、われわれは疎外の領域から出られるのだと主張したい。おそらく科学は、封印された書物の封を切るために、ユート

ピアに支えてもらう必要があるだろう。マルクスのこれらの文章のなかにあまりに多くのものを期待しようとは思わないが、こうした記述を見いだすことがあれば読者にとって努力のしがいがあろう。

「第三草稿」がもたらしたものの四つ目は、先立つ諸段階を啓発するために最終段階の回顧的使用を超えたところへわれわれを導き、抑制《サプレッション》という包括的な概念のもっとも重要な含意を提示する。マルクスの抑制（Aufhebung〔止揚〕）の概念は、疎外の物質的および精神的側面を二つの分離可能な形態として包含している。再び、正統マルクス主義との対照が明らかになってくる。正統マルクス主義においては、宗教における疎外は経済における疎外へと進むと主張されている。しかしながら、ルカーチとサルトルにしたがって、ここでのマルクスの立場は全体性のカテゴリーを具現化していると考えるならば、むしろ、われわれは全体を構成する部分的な形態を手にしているのだと主張できることになる。こうした方向づけの変化は、さまざまな形態の間の類似の土台を変化させる。さまざまな形態の間の類似を十分に用いることはできるかもしれないが、そのとき、一つの形態が別の形態に基づいているとか、別の形態から生じてくる、と主張してはならないのである。

したがって、私有財産の積極的超越〔積極的廃棄〕は、人間的生活〔これはグローバルな概念である〕の領有として、あらゆる疎外の積極的超越である――すなわち、人間が宗教、家族、国家などからその人間的な、つまり社会的な存在へと還帰することである。宗教的疎外それ自体は、意識、人間の内面的生活の領域でだけ生じるが、経済的疎外は現実的生活において生じる。（136〔同書一三三頁〕）

したがって、経済的疎外と精神的疎外は類似した形態なのである。われわれは全体的な人間存在の概念、まさしく一つの全体として解放された存在という観点から、それらの統一性を見て取ることができるだろう。あるいはまた、部分的な疎外を、全体的な領有《アプロプリエーション》という観点から考察することができるだろう。

しかし、マルクスはこの文脈のなかで、一つの類推以上のものを表わしているのだろうか。先に引用した箇所の直前のところでマルクスは書いている。「宗教、家族、国家、法律、道徳、科学、芸術などは、生産の特殊なあり方にすぎず、生産の一般的法則のもとにある」(136〔同頁〕)。さまざまな形態の間の類似が、あらゆる形象を経済的なものに還元して形を変えられているように見える。しかし、これは引用箇所の正確な読解ではない。ドイツ語では、Produktion〔生産〕という語は対象化と同じだけの豊かさを備えている。したがって、マルクスの主張は経済主義を表わすものではないのだ。しかしながら、言葉の曖昧さが古典的マルクス主義の還元主義を強化している。Produktion〔生産〕は、一般的には創造的活動、現実化としての活動を、特に経済活動、つまり疎外の物質的で知覚される形態を意味している。エンゲルスとレーニンの両方の影響のもとで、全体性のカテゴリーは忘れられ、生産という経済学的概念が、生産一般の概念、『草稿』においてはいまだ力を持っているこの概念の他のすべての次元を呑み込んでしまっているのだ。一つの移行が生じて、全体という意味から離れていくこととなった。領有の概念そのもの、つまり人間生活のあらゆる側面をカバーする領有の概念と同じ射程を持つ「生産」という語の広い射程から、離れていったのである。その代わりに、生産の概念が一つの経済的基盤へと切り詰められ、人間のあらゆる活動がこの基盤に関係づけられた。したがってわれわれは、このような還元がいまだなされていないさまざまなテキストを、注意深く扱わなければならない。全体性のカテゴリーによってのみ、生産を単なる経済的概念へと還元するのを免れることができる。マルクス主義において広まっている下部構造と上部構造との不幸な区別は、生産の概念を、このように単なる経済的概念へと還元してしまったことの帰結なのである[2]。

これとは対照的に、人間を生産する人間という概念が、この還元に対する限度となっている。この概念を練り上げたことが、「第三草稿」の主要な成果のうちの五つ目になるが、こうした練り上げは、先に述べた、人間の活動とこの活動が達成する目的の想定との間の循環的関係と結びついている。ここでの強調は、目的そのもの(疎外の廃棄)よりもむしろ、人間を生産する人間の概念がこの目的を想定したうえでのみ意味をなすことに置かれている。マルクスは言う、「われわれはこれまで、積極的に止揚された私有財産という想定のもとで、どのように人間が人間を、すなわち自己自身と他の人間を生産するか(…)を見てきた」(136〔同書一三三頁〕)。これは経済的概念ではなく、むしろ人間学的概念、経済以前の段階における人間学的概念である。私は、マルクスの「想定」の用法を強調しておく。これは、目的とはある種のユートピアであるという私の解釈と関係している。想定はドイツ語の原語ではVoraussetzung であり、前提という意味である。われわれはのちに『ドイツ・イデオロギー』のなかで、マルクスが展開している類の人間学は Voraussetzunglos ではない、すなわち前提を持たないわけではないことを見ることになるだろう。前提とされているのはまさしく、解放された人間である。したがってそれは、対象的記述ではない。その記述は、解放の過程によって動機づけられている。「人間が人間を生産する」のは、まさしく「積極的に止揚された私有財産という想定［Voraussetzung］のもとで」なのである。

もし、対象化を「人間が人間を生産する」過程と考えるならば、この概念が何を意味するかがいっそう適切に理解されよう。前回の講義で論じたように、対象化とは、マルクスが疎外と対置するとともに再構成したいとも考えている外面化の形態である。マルクスがここで立証しているのは、たとえ領有が歴史的帰結、外化の乗り越えの帰結としてのみ現われるにせよ、領有の理論は、外化の理論に論理的に先立つということである。論理的な出発点は、実際の歴史的結末である。対象化における過程の起源について述べることは、外化の結末の予見である。領有を想定することによってのみ、われわれは本来の人間活動、「人間が人間を生産する」ことを理解するのだ。したがって、対象化という根本概念が明らかになるのは、疎外の止揚を想定することにおいてなのである。

こうした観点をとることで、一連の講義における私の仮説の一つを再び提起することができる。それは、ユートピアの効用とはイデオロギー批判のための道具になることである、というものである。われわれが外化について語ることができるのは、外化された人間がどこにもいない場所《ノーウエア》からではないか。もっと正確にいえば、もしわれわれが外化の起こらない状態をまったく予見できなければ、外化によって苦しむなどということがありうるだろうか。こうして、結末の予見は後方へと投影される。われわれが「第一草稿」の方法、つまり、経済学の事実の足下を掘り進めていき、マルクスが言うように、事実の分析によって先へと進むというやり方のみを用いたのでは、われわれは対象化について多くを語ることができないだろう。しかし、こうした事実の分析の背後に、結末の予見が存在しているのだ。こうしてわれわれは、マルクスがすでに対象化の過程によって意味していたものの覆いを取る一つの批判的概念として、外化の止揚《アウフヘーブング》、抑制を導入しなければならない。いまや人間は自らを対象化すると言うことができるのは、いかなる意味――外化されていない労働という状態（そうしたものが可能であるとして）、あるいは賃金の終焉、市場の終焉など――においてであれ、外化〔疎外〕が終焉したあとでしかないのである。

「人間が人間を生産する」という対象化の概念は、マルクスにおける社会的次元の重要性に注意を喚起する。この社会的次元に訴えるということが、マルクスが全体性の概念を保持する一つのやり方なのである。マルクスが何かが社会的と言うとき、彼はつねに、それが人間と人間からなるものであれ、人間のさまざまな活動と能力からなるものであれ、一つの全体をなしているということを意味しているのだ。それは、紐帯《ボンド》の概念である。人間は社会的だと述べることは、したがって、一つの決まり文句以上のものである。すなわち、帰属は、力動的ですべてを取り込む概念なのである。「自然の人間的本質は、社会的人間にとって初めて存在する。（…）したがって、社会は、人間と自然との存在の統一であり、自然の真の復活であり、人間の貫徹された自然主義と自然の貫徹された人間主義なのである」（137〔同書一三三頁〕）。「社会的」という語は、デュルケーム派や社会学者の意味においてではなく、全体性、全体の概念の光のもとで解釈されなければならない。社会とは、こうした全体性のことを意味している。私はこれ以降、全体性の概念を、鍵概念として使うつもりだ。

そのことばそのものは用いられていないものの、イデオロギーはここで、社会的なものである、すべてを受け容れるこの生産の一つの側面を表わしている。イデオロギーの機能について記述するとき、マルクスは Tätigkeit すなわち活動という語を用いている。Tätigkeit はフィヒテの鍵概念だが、フィヒテにおいては、人間であるとは streben、奮闘努力し、熱望する生産活動である。このテキストがフィヒテのことをほのめかしているのは、確かである。たとえば、フランスの思想家ロジェ・ガロディは、マルクスに対するフィヒテの影響はヘーゲルの役割に注意が払われるなかですっかり忘れられてしまっているが、『草稿』はフィヒテの光のもとで解釈されなければならない、と強く主張している。(3) 人間の活動に関するマルクスの記述のフィヒテ的性格は明らかである。

現在、普遍的意識は現実的生活からの一つの抽象であり、またそのようなものとして現実的生活に敵対的に対抗しているが、私の普遍的意識は、現実的共同体、社会的建造物がその生きた姿であるようなものの理論的な姿であるにすぎない。だから、私の普遍的意識の活動［Tätigkeit］は、一つの活動として、社会的存在としての私の理論的存在でもあるのである。（137〔同書一三四頁〕）

精神の生活は経済的生活に還元されはしない。そうではなく、マルクスは、一方を他方に対立させるような抽象を除こうとしている。ここでもまた、この分析を司っているのは全体性を再建しようとする視座なのである。精神の生活が一つの抽象であるというのは本当である。われわれは皆、現実の人々や現実の生活にではなく、書物にのみ関わりを持つことが何を意味するかを知っている。これは、マルクスがイデオロギーについて――いまだ名指ししてはいないにせよ――語るとき、告発している類の抽象である。それは、精神の生活の価値の否定ではなく、精神の生活と仕事・労働との分離を引き起こしている悪弊である。「人間は類についての意識において、自らの現実的な社会的生活を確認し、また、自らの現実的存在を思考のなかで反復するにすぎない。類的存在は、それとはちょうど反対に、類的意識のなかでおのれ自身を確認し、思惟する存在として、自らの普遍性のなかで対自的に存在するのである」（138〔同書一三五頁〕）。このテキストは、しばしば正統マルクス主義によって、意識の概念を単に現実的生活の反映――鏡像――として描き出すために用いられてきた。反映としてのイデオロギーの概念は、こうした種類の主張に由来している。しかしながら、引用されたテキストについての私の解釈は、少しばかり異なっている。マルクスが「人間は（…）自らの現実的存在を思考のなかで反復するにすぎない」と言うとき、「反復する」という語は、実践、実践的生活のなかに根を持たなければ、精神の領域にはなにも現われることがない、ということを意味している。したがって、反復が生じるのは、鏡という意味においてではなく、おのれ自身のうちに根を持たないという意味においてなのである。マルクスは書いている、「こうして、思考と存在とはたしかに区別されてはいるが、同時に、相互の統一のなかにあるのである」（138〔同頁〕）。

　こうした展開を要約するために、マルクスとともにこう言うことができるだろう。「人間は自らの全体的本質を、全体的な仕方で、つまり一個の全体的人間として、おのがものとする」（138〔同書一三六頁〕）。私は、これが、マルクスによってここで明確に述べられた展開の核心だと思う。マルクスが「人間は自らの全体的本質を（…）おのがものとする」と言うとき、「全体的本質」のドイツ語原語は Allseitiges Wesen、つまり全面的な本質なのである。それは、一面的なものと対比された全面的なものである。一面的なものとは一つの抽象である。そしてわれわれは、全面的なもの、全体的であるようなものについての予見を持たなかったなら、一面的なものの概念も持つことはできなかったであろう。優位にあるのは、教条主義的な還元主義ではなく、全体性のカテゴリーである。ユートピアのための場所があれば、それは全体性のユートピアであろう。おそらくこれは、ヘーゲルの和解の概念からそれほどかけ離れてはいないだろう。

　領有の全体性に対するマルクスの注目は宗教的思考を思い起こさせる、と言う必要があるだろうか。私はこの側面を強調したくない。というのも、そうすることは、あたかもマルクスが宗教的思考の一つの世俗化を説いたかのごとくに、神学者たちに、マルクスを扱う一つのやり方をあまりに安易に提供することになるだろうからである。われわれはマルクスを、彼が解放と呼ぶものについて新しい語彙で語ろうとしたという観点から、正確に理解する必要がある[4]。私はすでに、「自然の真の復活」（137〔同書一三三頁〕）という表現を引用した。たしかにここには、復活祭についてのキリスト教神学の追憶がしっかり刻み込まれている。ユルゲン・モルトマンが示唆しているように、贖《あがな》いとは人類の復活祭なのだ。われわれはマルクス主義とキリスト教とを混合してはならないが、おそらく両者に関して創造的なやり方で思考しなければならないのだ。ハイデガーが、詩と哲学は二つの異なる頂点の上に坐しており、同じものを見ているわけではないと見て取っているように[5]、われわれは、マルクス主義とキリスト教についても同じことを言うべきなのである。

　解放についてのマルクスの準宗教的な言語のリリシズムは、〔マルクスの〕この節をユートピア的なものとして読む勇気をわれわれに与えてくれる。マルクスは、所有という専制からの、人間の感覚としてのあらゆる感覚の解放について述べている（139〔同書一三六—一三七頁〕）。マルクスの同時代人であるモーゼス・ヘスは、この所有のカテゴリーを哲学のなかに導入した（このカテゴリーは、ガブリエル・マルセルに回帰することになる）。『二十一枚の手稿』のなかでヘスは、人類にはいまや存在はなく所有だけがある、と述べている。対置されているのは所有と存在である。マルクスにとって、所有の関係は非常に明確な意味をもっていて、私有財産が支配しているときの支配的な関係である。マルクスはヘスから、所有とは抽象的形態における疎外ではなく人間のあらゆる感覚の現実的外化としての疎外であるというアイデアを借りている。私有財産の廃棄のみが、人間のあらゆる感覚と性質とを解放するだろう。マルクスが『ドイツ・イデオロギー』のなかでフォイエルバッハを批判しながら指摘しているように、自然の性格でさえ、社会の産業と国家の生産物なのである（62[1]〔邦訳『ドイツ・イデオロギー』廣松渉編訳、一〇二頁〕）。人間がかつて伐採したり植えたりしたのでない木がどこにあるだろう。われわれはおそらく、人類以前の自然を砂漠のなかにしか見いださないだろう。それ故、われわれが知っているのは、人類化された、つまり脱人類化された自然なのである。その結果、われわれの眼そのものが、人類自身による自然の醜い改変を見ることによって疎外されるのである。人間の眼とは自然の見るもののことであり、自然の見るものは、財産との関係によってすでに改変されているである。ショーウィンドウのなかに陳列された品物は、われわれがそれを買うことができるかどうかによって、違ったものに見える。純粋な光景などというものはないのだ。これが、この節の意味である。再びわれわれは、フォイエルバッハがいうような抽象、知覚心理学的な抽象を退けるために、人間の感覚でさえ全体性の過程のなかに置かなければならない。

　主観的な用語でいうならば、解放とは、人間のあらゆる感覚を含む人間のあらゆる力、人間のあらゆる本質的な力を回復することを意味している。重要なことだが、マルクスは人間の感覚のうちに、「単に五感だけでなく、いわゆる精神的諸感覚」（141〔『経済学・哲学草稿』一四〇頁〕）を組み込んでいる。この個所の英訳はかなり穏やかである。ドイツ語では geistigen Sinne（精神的諸感覚）と書かれている。精神的諸感覚とは、「実践的諸感覚（意志、愛など）、一言でいえば、人間的感覚」のことである。全体性のカテゴリーを通して、われわれは感覚の概念をその狭さから救い出すのだが、それは、全体性が単に一つの抽象であるような人間的枠組みをつくり直すことによってである。全体性のカテゴリーは、われわれを還元主義から保護しているばかりではない。それはまた、還元主義に反対することを公言してもいるのである。還元主義は人類を、観念、労働、財産その他のものへと還元する。人類化された自然や自然化された人類の概念——人間のあらゆる感覚と性質の概念——は、現実を読むための批判的道具となる。

こうした立場の帰結は、われわれの精神的諸感覚の行使としての自然諸科学は、産業から分離されれば、それら自体が抽象だ、というものである。

> 自然科学は産業の媒介を通してますます実践的に人間的生活に入り込み、それを変化させ、人間の解放を準備してきた。しかし、直接的には、人間の脱人間化をいっそう進めることになった。産業は人間に対する自然の、したがってまた自然科学の、現実的、歴史的な関係である。（142–143〔同書一四二頁〕）

この引用箇所は、マルクーゼやハーバーマス、そして、それぞれの認識論的な場の中心に「関心《インタレスト》〔利害〕」があると語るすべての人たちにとって、非常に強い印象を与えるものである。ハーバーマスを読んだことのある人であれば知っているように、彼は、われわれがさまざまな関心を持っており、そのなかには、自然を統御することへの関心もあるということ、そして後者が経験諸科学を支配していることを述べている。経験諸科学は、前提なしにはありえない。それらは、われわれが産業によって開発を行なっている一つの自然を前提としている。ハーバーマスにとって、産業は自然諸科学の前提である。われわれは、産業を通して自然諸科学にこうした実践的関係を持たなければ、それらに関心を持つことはなかったであろう。最近の多くの潮流が主張しているように、諸科学に対して自律していることは不可能である。それらはすべて、関心のこうした全体性に属しているのである。「産業は人間に対する自然の（…）現実的、歴史的な関係である」。こうした歴史的関係は、諸欲求の歴史にもとづいている。『ドイツ・イデオロギー』が直面している問題は、すべてが、労働の過程を通したわれわれの諸欲求の歴史によって媒介されているのはいかにしてか、というものである。労働のなか、産業のなかで打ち立てられたわれわれの諸欲求の歴史から離れたとき、われわれは自然とは何かを知らない。人間的生活に対する基盤と科学に対する基盤は別だと述べることは、マルクスによると、嘘なのである。人間の歴史のなかで発展する自然、産業を通して発展する自然は、人間学的な地位そのものを持っている（143〔同書一四三頁〕）。自然諸科学は自律的ではない。自分勝手に存在することはできないのである。

全体性に対する強調のもう一つの系は、分業がイデオロギーの概念への一つの鍵だということである。分業はそれ自体が疎外の一形態である。「分業は、疎外の内部での労働の社会性についての経済学的な表現である」（159〔同書一六八頁〕）。労働の細分化は人間の細分化である。こうした細分化は、われわれが対象化の意味、労働におけるおのれ自身の表現を知らないのはなぜかを説明してくれる。すでに見たように、イデオロギーは、精神的生活を人間存在の残りの部分から抽象するような分業を表現しているのである。

結論をいえば、「第三草稿」を読んだあとに残る問題の一つは、人類による、そのばらばらにされた諸力の領有を予見させる全体性の概念の地位である。したがって、それ自身が批判的な道具であるような領有（appropriation）の概念の地位が問題になってくる。この問題は、主にフランクフルト学派によって提起されることになるだろう。これらの思想家たちは、われわれが、解放の企てなしに批判的社会諸科学をもつことができるかどうかを問題にする。われわれはこの問題を、少なくとも一つの企ての内容として理解することができるだろう。こうした企てがなければ、人間は蟻か蜂にすぎない。人間は観察、記述、分析などを行なうだけであろう。再領有（reappropriation）への歴史的運動がなければ、人間はそれ以上のものではない。創造の概念に最終的に意味を与えるのは、領有の概念なのである。ここで、われわれが創造的なのは領有という企てを持っている限りである、ということが再発見される。

キリスト教とマルクス主義との間の根本的議論は、ここで述べたようなレベルで行なわれるべきであったと思う。マルクスの主張によれば、領有の企ては実際に考えられるなかでもっとも無神論的な企てであり、それは、人間の強さとその力の領有が、同時に宗教的概念としての創造の概念の廃棄だからである。マルクスはもっとも断固たる無神論者であるが、それは、彼が唯物論者であるときではなくヒューマニストであるとき、すなわち彼が完全なヒューマニストである限りでのことである。この主題に関する彼の非常に興味深い議論のなかで、マルクスは、ヒューマニズムや共産主義が完成されたとき、人々はもはや無神論者である必要はないだろう、と述べている〔144-146〔同書一四三―一四八頁〕〕。そこではもはやなにも否定する必要はないだろう。むしろ、積極的に主張するべきだろう。何かに対する反抗がそうであるように、無神論は宗教とともに廃棄されるだろう。〔マルクスの〕この節のユートピア的性格は、疎外の否定がもはや人間の自己主張の側にはないような時代を予見することによって強められる。創造の概念は、対象化の過程を記述する際のその用法に共鳴する仕方で再領有されるであろう。マルクスにおいては、ここでもまた、最終的帰結が出発点を教えるのである。

マルクスは、創造という宗教的概念の廃棄と無神論の廃棄は、さらに宗教によって提起された問い、起源の問いの廃棄を伴っていると、繰り返し主張している。マルクスは、起源の問いは抽象から生じると言う。彼の主張では――そして、私にはそれが正しいかどうか分からないのだが――問いそのものが撤回されなければならないのだ。人間の前に存在していたものについての問いを立てることは、私は存在しない、私はそれを為すことができないと想像することである。人間はあらゆる問いの中心にあるので、人類が存在しないと想定するような問いを立てることなど私にはできないのである。

君はそれら［自然と人間］が存在しないものとして措定しながら、私に、それらが存在するものであると証明するよう求めているのだ。そこで私は君に言おう。君の抽象をやめたまえ、そうすれば君は君の問い［自然からの抽象］もやめることだろう。それとも、もし君が君の抽象に固執したいのなら、首尾一貫したまえ。そしてもし君が人間と自然を存在しないものと考えるのなら、君もまたたしかに自然であり人間であるのだから、君自身が存在しないものと考えたまえ。考えるなかれ、問うなかれ、なぜなら、君が考え、問うやいなや、君が行なっている自然

と人間の存在からの抽象は無意味となるからである。（145〔同書一四六—一四七頁〕）

したがって、問いそのものが、私がいま存在しており自然の一部をなしているという事実からの一つの抽象として、イデオロギー的なのである。

そのとき、われわれは、なぜ無ではなく何かがあるのかというライプニッツの問いを抑制するところまで進まなければならないように思われる。マルクスの立場は、『理性の本質』のなかで、何かが実際に存在するという理性の原理への問いは哲学的問いそのものだと述べているハイデガーの立場を迎え撃つものでもある。マルクスの主張は、彼のここでの立場が非常にフィヒテ的であるという私の主張を確証してくれる。フィヒテの哲学全体が、起源の問いを人間の自己主張に還元することに基づいている。マルクスにとって、なぜ無ではなく何かが存在するのかという問いは、最終的には、完成された共産主義によって乗り越えられる問題なのである。

マルクスの、労働を通しての人類の創造という概念は、カントにおける自律の概念で始まり、フィヒテにおける自己措定する自己主張、ヘーゲルの自らについて確信している〈精神〉の概念、フォイエルバッハの類的存在(Gattungswesen)を含むような運動の最終点である。全体的運動は無神論的である。あるいはむしろ、その運動は、神の否定がもはや必要とされず、人間の自己主張がもはや否定の否定を含まないような国家へと向かっている。宗教は、この運動が単に無神論的ヒューマニズムではなく何か別のものを含んでいる限りで、なおおのれの権利を主張するのかもしれない。もしかしたらこの運動が無神論を超えた無神論を具現化しているのと同じやり方で、神を超えた何らかの神とともに、最終的な論争に立ち向かうことになるのかもしれない。これら二つの主張の間には何らかの結びつきがあるかもしれない。しかし、それはまた別の問題である。ここでは、宗教の問いにそれとなく言及するだけにしておきたい。われわれはマルクス主義を、キリスト教擁護論へと変形してしまってはならない。それは、われわれがなしうる最悪のことである。われわれは葛藤《コンフリクト》の意味を保持しなければならない。そして、ことがらを誤った仕方で混ぜ合わせてはならない。

次回の講義では、『ドイツ・イデオロギー』に取りかかるつもりである。そこでは、フォイエルバッハの自己意識に取って代わった、現実的個人の概念に、分析の焦点を当ててみようと思う。やがて理解されるように、フォイエルバッハとの葛藤は、まさしく、意識から現実的個人へと強調点が変化したことを中心としているだろう。

第五回　マルクス『ドイツ・イデオロギー』(1)

今回と次回の講義では、『ドイツ・イデオロギー』を検討するつもりである。この二回の講義で、私のマルクス分析は完成するだろう。そのあとで、マルクス主義の運動全体の内部で展開されてきたイデオロギー解釈について論じることにしよう。マルクス主義のなかで私が特に関心を持っているのは、イデオロギーについての構造主義的な解釈といわゆるヒューマニズム的な解釈との間で行なわれた論争である。ヒューマニズム的観点――ルカーチやガロディのような人たち――を分析するのにもっと多くの時間を費やしたいとこれまで考えてきたのだが、今回議論の焦点を当てるつもりなのは、一連のアプローチの範例となった、ルイ・アルチュセールの仕事における構造主義的アプローチである。こうした検討に続いて、われわれはマンハイム、さらにウェーバーへ、とりわけウェーバーの権威の正統化の問題へと進んでいくつもりである。ウェーバーのあと、われわれはハーバーマスについて検討し、最後にギアーツに言及することで、イデオロギーについての議論を終える。ギアーツについて論じる際、いくつか自分の考えを提示するつもりである。

さて、『ドイツ・イデオロギー』に見いだされるのはマルクス主義のテキストであって、けっしてマルクス主義以前のテキストではない。こうした理由から、テキストの概念枠を正確に位置づけることがきわめて重要である。マルクスの初期の著作を検討から外す傾向にあるアルチュセールのような人たちにとってさえ、これは移行期のテキストである。したがってわれわれは、『ドイツ・イデオロギー』を、マルクスの正真正銘のマルクス主義的テキストすべてにとっての基盤ではないにせよ、少なくとも移行期のテキストだと言うことができる。問題は、初期マルクスのイデオロギー的かつ人間学的テキストと、円熟期のテキストとの間の裂け目、あるいはアルチュセールが後に認識論的切断と呼ぶことになるものを正確に位置づけることで、『ドイツ・イデオロギー』が切断のどちら側にあるのかを決定することである（『ドイツ・イデオロギー』はマルクスとエンゲルスの共同作業による著作であるが、議論の都合上、『ドイツ・イデオロギー』の著者としてはマルクスの名前だけをあげることにする）。

この切断という問題は決定的なものである。というのも、『ドイツ・イデオロギー』は、同時に二つの視点を開いているからである。二つの選択肢のいずれが上位に置かれるかによって、マルクス主義の解釈は決定的に異なってくるであろう。『ドイツ・イデオロギー』が何と縁を切ったかは非常にはっきりしている。それは、意識、自己意識、類的存在といった存在であり、これらの概念はすべてフォイエルバッハ的な思考様態に属しており、したがってまたドイツ哲学におけるヘーゲル的趨勢に属しているのである。しかしながら、これらの概念がいまや乗り越えられるのだとしても、どのような新しい概念を求めての戦いなのかについては、それほど明らかではない。『ドイツ・イデオロギー』が提示している第一の選択肢〔視点〕は、古い概念を生産の諸様態、つまり生産力、生産関係、階級といった典型的なマルクス主義の語彙によって置き換える、というものである。こうしたアプローチにしたがえば、これらの客観的な存在を、個別的主体に対して、したがってまたこれらの主体の外化に対してまったく言及することなしに規定することができる。もしこちらの選択肢が採られる場合には、マルクス主義の実際の出発点には、現実的基盤という考えが出てくることになる。現実的基盤が下部構造となり、イデオロギーはこの基盤に対して上部構造として関係づけられる。あとで見るように、正統マルクス主義の主要な趨勢は、これらの、現実的基盤と上部構造、下部構造と上部構造という概念に焦点を当てている。これらの過程のなかに含まれている諸個人を除いた客観的な存在が強調されるのだ。この観点から、『ドイツ・イデオロギー』は、意識を中心とする観念論的諸表象および諸幻想の代わりに無名の存在者の物質的基盤を前面に出しているという意味で、マルクス主義的である。意識は完全にイデオロギーの側にあるものと見なされている。意識のいかなる含意も、現実の物質的基盤それ自体のなかに存在すると言われることはないのである。

『ドイツ・イデオロギー』によって開かれた第二の視点は、かなり異なった方向性を持っている。階級および他の集合的存在――生産の諸様態、生産諸形態、力、関係など――は、究極の基盤と見なされてはおらず、むしろ客観的科学のための基盤とのみ見なされている。この視点が主張するところでは、こうしたより根本的なアプローチにおいては、客観的存在は、生活する現実の諸個人の現実的生活に支えられている。現実の諸個人が送っている現実的生活という概念に中心的な地位が与えられているのである。この場合、マルクスにおける認識論的切断は、イデオロギー的なものとしての意識の世界と、いくつかの集合的な無名の存在との間ではなく、人類という概念そのもののなかで生じる。区別は、意識としての人類に対して若きヘーゲル主義者たちが行なっている強調と、マルクスが『ドイツ・イデオロギー』のなかで現実の生きた諸個人としての人類に対して行なっている強調との間にある。もし、マルクスにとっての切断線がここにあるのだとすれば、マルクス主義の全体的意味の解釈はまったく違ってくる。『資本論』の構造は、もはや究極の基盤ではない。その代わり、『資本論』は、究極的には諸個人の生活に根を下ろした方法論的抽象を反映していることになるのである。こうした解釈に立脚することはとりわけ重要である。というのも、このテキストのなかでマルクスが用いているイデオロギーの概念は、科学とではなく現実的なものと対立しているからである（われわれは、マルクス以後にやって来るマルクス主義の諸形態についていずれ行なう講義のために、イデオロギーの概念が、現実とではなく科学と対立させられたときにいかなる変容をこうむるかという問題を残しておくことにする）。『ドイツ・イデオロギー』では、イデオロギー的なものは現実的なものと対置された想像的なものである。その結果、イデオロギーの概念の定義は、それが対照される現実――階級あるいは個人――が何であるかに依存することになる。

今回と次回の講義では、『ドイツ・イデオロギー』のテキストに、可能な限り近づくつもりである。二つの読解の可能性を保持することで、われわれは実際に、テキストが許容している曖昧さを見ることになるだろう。こうした仕事は、ウィトゲンシュタインにおけるアヒルとウサギのイメージに似ている（この場合にどちらがウサギになるのかはわからないが）。われわれはこれを、現実の生活における現実の諸個人についてのテキストとして、あるいは階級についてのテキストとして、もはや生活という語彙ではなく生産という語彙として読むことができる。私は『ドイツ・イデオロギー』についての分析を、次のようなやり方で進めるつもりである。まず、いくらかの追加の導入的な注釈を行なう。それによって、このテキストが提起したイデオロギーの問題を明確にし、それから、この作品の六つか七つの基本概念を考察する。最後に、テキストに現われている二本の思考の糸について論じる。今回の講義では、基本概念の提示を中心にして、二つの二者択一的な読解の比較は次回に残しておくことにしよう。

テキストそのものについていえば、われわれが論じている英訳版は、ドイツ語の原本の第一部のみについての翻訳である。翻訳について一つ注釈しておくべきだろう。さまざまな節の順序は、ドイツ語のテキストとまったく同じわけではない。編者がより教育的になるような順序に直したものであり、このことによって、オリジナルのように別の節と続けて読まれるべきいくつかの節の趣旨が失われている。テキストそのものはマルクスが出版のために準備したものだが、彼の存命中は実際に出版されることがなかったのだ。永い間失われていたテキストが再発見されて、一九三二年に初めて出版された。これは『ドイツ・イデオロギー』に補足のテキストとして付け加えられたものである。とはいえ、これらのテーゼは非常に謎めいたものなので、フォイエルバッハの書物の節と一緒に読まれなければならないのだが。もっとも、これらのテーゼのうちの一つは、これから始めようとしている問題設定を位置づけるのに役に立つ。「フォイエルバッハについてのテーゼ」は次のような有名なテーゼで終わっている。すなわち、「哲学者は世界をただassociatedまざまに解釈してきたにすぎない。肝心なのは、世界を変革することである」(123〔『ドイツ・イデオロギー』廣松渉編訳、二四〇頁〕)。解釈することなしに変革することができるのかどうか、これが問題である。これがまさしく、イデオロギーについてのわれわれの探究における問題なのである。

『ドイツ・イデオロギー』の序文で、このテキストにおけるイデオロギーの意味について最初の示唆がなされている。根本的には、この用語は青年ヘーゲル学派のことを指しており、したがってヘーゲルの体系が分解されることによって生じたすべてのものを指している。まさしくこうした土台から、イデオロギーの概念は、本来は経済的ではない生産のあらゆる形態、すなわち法、国家、芸術、宗教、哲学へと拡張されている。そのときけっして忘れてはならないのは、ある思想の学派に対して向けられた論争的な言葉としての、この概念の最初の土台である。マルクスは次のように始めている、「人間たちはこれまでずっと、自分自身に関して、自分たちが何であり、また何であるべきなのかに関して、誤った考え方をしてきた。人間たちは、自分たちの観念にのっとって、自分たちのさまざまな関係を律してきた」〔同書一三頁〕。われわれが「考え方」および「観念」と訳したドイツ語は Vorstellungen（表象）である。Vorstellungen とは、われわれが自分自身を見つめるときの仕方であり、われわれがことをなしたり、行為したり、存在するときの仕方ではない。「人間たちは、神や規範的人間について自分たちのつくった観念にのっとって、自分たちのさまざまな関係を律してきた。彼らの頭がつくり上げた怪物は、彼らの手を離れた。彼ら造物主は、自分たちの被造物を前に、身を屈してきた」〔同書一三―一四頁〕。再び、われわれは転倒のイメージを手にしている。生産物だったものが主人となるのだ。外化のモデルが、そうと明示されない形で姿を表わしている。このことを見逃してはならない。なぜなら、外化の概念はこの著作からは姿を消したと主張するような注釈者もいるからである。マルクスは続ける。

人間たちを、彼らがその軛《くびき》のもとで嘆き暮らしているさまざまな妄想、観念、ドグマ、想像の産物から解放してやろう。これらの思想の支配に反逆しよう。これらの仮構を人間の本質にふさわしい思想に置き換えることを彼らに教えよう、とある者が言う。そうした仮構に批判的態度をとることを教えよう、と別の者が言う。それらを頭のなかから叩き出すことを教えよう、と第三の者が言う。そうすれば、目の前の現実は崩壊するだろう、というわけである。(37〔同書一四頁〕)

ここで批判されているイデオロギーが主張しているのは、人々の生活を変革するためには彼らの思考を変化させれば十分だ、ということである。引用箇所の最後の一節が挑んでいる人物は、それぞれフォイエルバッハ、ブルーノ・

バウアー、シュティルナーである。

マルクスのテキストの第一部では、フォイエルバッハは、思い出してみれば、彼が宗教的諸表象を人間の諸観念へと還元するよう主張したという限りで、ドイツのイデオロギーに対するテストケースとなっている。マルクスによれば、フォイエルバッハの還元はある意味で一つの宗教的な観念にとどまっている。というのも、意識は、諸観念の宗教的枠組みから保持されたあらゆる属性をともなっているからである。マルクスが、現実を解釈するという青年ヘーゲル学派たちの要求と呼んでいるものは、彼らがつねに思考の領域のなかで動いているという、彼らに対する批判を含んでいる。すなわち、彼らは思考の一つの類型を別の類型へと還元しているが、思考の枠組みのなかにとどまっているのだ。「意識を変革せよという〔青年ヘーゲル学派たちの〕この要求は、つまるところ、現実を別のやり方で解釈せよという要求、つまり現実を別の解釈によって認識せよという要求に帰着する」(41〔同書四一頁〕)。こうして、解釈はつねに、さまざまな解釈の間を動き回っている。ここでのマルクスの観点は、すでに引用したフォイエルバッハに関する第十一テーゼ——「哲学者は世界をただrealさまざまに解釈してきたにすぎない。肝心なのは、世界を変革することである」(123〔同書二四〇頁〕)——をさらに説明してくれるのに役立つ。解釈とは、表象の内部で生じる一つの過程であり、したがって、ある意味においてイデオロギー的なものであり続ける。マルクスにとって問題なのは、答えを変えるために動きだす以前に、問いの様態を変化させ、問いを移動させなければならない、ということである。「これらの哲学者たちの誰ひとりとして、ドイツ哲学とドイツの現実との連関、彼らの批判と彼ら自身の物質的環境との関係については、問うてみることも思いつかなかった」(41〔同書四二頁〕)。

この一節に「物質的」という語が現われていることから、『ドイツ・イデオロギー』の基本概念についての研究を始めることができる。それを解釈する代替的なやり方を考えるまえに、テキストの語彙を調べてみたい。中心的な用語は「物質的」であり、これはつねに「観念的」と対比されている。この著書のなかで、物質的なものと現実的なものはまさしく同義であり、観念的なものと想像的なものも同義である。次の節は、マルクスの方向づけのハイライトをなしている。

われわれが出発点とする諸前提は、なんら恣意的なものではなく、ドグマでもなく、仮構のなかでしか無視できないような現実的な諸前提である。それは現実的な諸個人であり、彼らの営為であり、そして、彼らの眼前にすでに見いだされ、また彼ら自身の営為によって創出された、物質的な生活諸条件である。それゆえ、これらの諸前提は、純然たる経験的手法で確定することができる。(42〔同書二五頁〕)

最初に、形容詞「現実的」が諸前提を変容させていることに注意しよう。諸前提とはVoraussetzungenすなわち前提要件である。これらの現実的条件に、抽象と想像力は対立している。マルクスが、彼が出発点としている現実的諸前提とは「現実的な諸個人であり、彼らの営為であり、物質的な生活諸条件である」と続けるとき、『ドイツ・イデオロギー』を解釈するための二つの可能性がすでに現われている。現実的諸個人と物質的諸条件がいっしょにされている。おそらく、基礎的なのは最終的には、物質的諸条件のうちにある諸個人である。これは、二つの読解を保持する一つのやり方なのかもしれない。いずれにせよ、物質的諸条件と現実的諸個人は二つの根本概念である。私が、マルクスの主張について最終的に言いたいのは、これらの現実的諸前提を経験的に検証できると彼が主張するとき、われわれは、それらは最初は前提であり、次に検証されるということに気づくべきだ、ということである。

マルクスの宣言を土台として、まず強調されなければならない点が一つある。物質的諸条件といった無名の構造を、マルクスは、現実的諸個人によってそれらの構造に与えられた支えと直接に対にしていることである。物質的諸条件は、つねに諸個人にとっての条件である。マルクスは、生きている諸個人の免れ難い役割を強調している。「人類史全般の第一の前提は、いうまでもなく、生きた人間諸個人の生存である」(42〔同頁〕)。マルクスはこの役割を、人間たちが彼らの物資的諸条件に対して行なう貢献を指摘することで、豊かなものにしている。こうした観察は、物質的条件そのものの概念を拡大するように働いてもいる。「人間は、自分の生存の手段を生産することによって、間接的に自分たちの物質的な生そのものを生産する」(42〔同書二六頁〕)。主体はまだ人間である。物質的諸条件を人間の活動領域なしには定義することはできない。

したがって、最初から、人間の活動と人間の依存との間には微妙な相互関係がある。一方で、人間は自らの物質的条件を生み出すよう行為する、他方で、人間はまた自らの物質的諸条件に依存してもいる。重要なことだが、ここには、観念論となるかもしれないような意識の独立もなければ、諸条件の自律もない。条件とはつねに、ある仕方で行為するための条件である。マルクスが「それゆえ、諸個人が何であるかということは、彼らの生産の物質的諸条件に依存する」(42〔同書二七頁〕)と言うとき、それはけっして、こうした依存関係のなかにさえ残っている個人の本性なのではない。おわかりのように、こうした個人的生活の概念は、対象化——したがって外化されている——といういくぶん形而上学的かつ抽象的な概念とはまったく異なっている。いまだヘーゲル的であった対象化の概念は、その活動のための既定事項であるような諸条件のもとで生産を行なう個人的生活の概念へと置き換えられる。活動の意志的な側面と、条件の非意志的な側面との間には、一つの関係がある。至高の自己意識との切断は、まさしく諸条件を決定する物質的諸条件へのこうした依存から生じている。それでも、諸条件はつねに活動の概念と対になっている。考慮されている最初の概念、物質的かつ現実的なものと、諸個人あるいは諸条件との結びつきについては、おそらくこれで十分であろう。こうしてわれわれは、このテキストの二つの可能な読解を保持するのである。

次に論じるのは生産力の概念である。この概念は重要である。というのも、この概念は議論の全体に歴史を導入するからである。歴史は、マルクスが生産力の発展と呼んでいるものを通してわれわれが検討したばかりの人間学的基盤と関係している。この概念の役割は、イデオロギーの概念にとって重要な含意を持っている。ある過激で非常に強い主張——あとからもっと詳細にこれに立ち戻るつもりである——のなかで、マルクスは、イデオロギーは歴史を持たない、と述べている(47〔同書三一頁〕)。歴史の過程はつねに下方からやって来る、そしてマルクスにとって、これはまさしく、生産力の発展によるのである。生一般は歴史をもたない。蜂や蟻のような生物は、つねに同じやり方で家をつくる。しかしながら、人間の生産には歴史がある。

こうした生産力の概念には、生産の諸様態の概念が結びついている。これは、後の著作で生産関係と呼ばれているものである。生産力と生産の諸様態の関係が意義あるものであるのは、マルクスについての構造主義的で反ヒューマニズム的解釈が、主として力と形態との相互作用、生産力と生産関係との相互作用に依存しているからである。生産関係は、主として法的な枠組みであり、財産、賃金の体系などである。したがって、それらは、技術的な過程が進んでいくときに従う社会的な規則なのである。マルクスの主張は、生産力のみを含む技術は、それ自身において、またそれ自身からなるものとして記述することはできない、というものである。生産力は、それ自体としては「どこにも《ノーウェア》」存在しない。それはつねに、ある法的な枠組み、国家などのなかで把握される。したがって、生産力と生産の諸形態はつねに互いに結びついている。マルクスの典型的な進化的図式は、このレベルにおいても適用される。マルクスは歴史の過程全体を、生産力の発展として、それに対応する諸形態の発展と結びつけながら記述している。分業と、所有権の諸形態――部族の、共同体の、封建制度の、そして資本主義の財産というように連続的に進化していく発展――を特徴づけるなかで、財産制度の地位は、諸力がそのなかで発展するような形態をつくり上げる（43-46〔同書一二九―一三七頁〕）。正統マルクス主義のなかで進展して一つの趨勢となっているのは、解決を要する唯一の問題は〔生産の〕諸形態と諸力との不一致だ、という主張である。その論拠は、資本主義体制は生産力の発展を阻害しているというものである。したがって、革命とは〔生産の〕諸形態と諸力が調和するようになる過程だ、ということになるだろう。

われわれが三番目に考察するのは階級の概念であり、これは、諸力と諸形態との相互作用から結果する統合、連合の様態である。この概念は、われわれの研究にとって非常に重要なものである。というのも問題は、階級がイデオロギーの理論にとって究極の要件であるかどうか、ということだからである。いくつかのテキストは、イデオロギーとはつねに階級のイデオロギーだと述べている。この場合、階級はイデオロギーの理論の根底にある概念である。しかしながら、別の種類の分析にとっては、階級の系譜学がありうるかもしれない。そうなると、階級の役割は、われわれがその概念をマルクスの理論のなかにどのように位置づけるかによって決まる。『ドイツ・イデオロギー』でマルクスは、階級を次のような仕方で導入している。

> したがって、事実は、一定の様式で生産的に活動している一定の諸個人が、この一定の社会的・政治的諸関係に入り込むのである。（…）社会構造と国家は、つねに一定の諸個人の生活過程から発展してきている。ただしここでいう諸個人とは、自分や他人の想像力《イマジネーション》［Vorstellung］のなかに現われる［erscheinen］ような諸個人ではなく、現にそうであるような諸個人、すなわち、活動し、物質的に生産するような、それ故、彼らの意志とは独立した一定の物質的な諸制限、諸前提、諸条件のもとで活動しているような諸個人である。（46-47〔同書二八頁〕）

翻訳を少し修正しよう。Vorstellungとは想像力《イマジネーション》ではなく、むしろ概念、観念、あるいは表象である。マルクスは、ある事物が現象としてつまり表象のなかに現われる（erscheinen）様式と、それが現に存在している様式とを対比している。われわれはVorstellungという語を保持しておかなければならない。というのもそれは、イデオロギーが実際に意味していることについての基本概念だからである。

引用した一節を根拠として、私は再び、ここでの鍵概念は諸条件のもとにある個人であると推測する。ただしここでは、諸条件は個人の構造に属している。階級構造は、人々がそうであるところのものに属しているのであって、人々が「想像している」もの、人々が単に自分はそうであると理解しているものに属しているのではない。したがって、この構造は存在論的構造だと言うことができるだろう。それは、人々が自分たちの状況を表象する様式に先立つ、ともに在ること《ビーイング・トゥゲザー》の一つの様態なのである。オリジナルのドイツ語テキストは、この点をさらに強く示している。マルクスが「人々が現にそうであるような」と言うとき、「現に」を表わすドイツ語はwirklichであり、これはwirkenと語源を同じくし、「人々が活動するように」と訳されてきた。したがってドイツ語では、現実的であることと活動することは同じことなのである。在るとは活動しているということであり、階級とはともに活動する一つの様式なのである。いま一度、活動する諸個人の概念が、階級の概念を支えている。すなわち、構造にとって必要なのは、「一定の［bestimmter、明確な、決まった］諸個人の生活過程」である。ここには、いわゆる上部構造といわゆる下部構造との関係の、最初の予見がある。階級は下部構造であるが、ともに在ることの一つの様態として、それはまた、諸条件のもとにある活動なのである。

それから、テキストはわれわれを史的唯物論という〔四番目の〕重要な概念へと導いていく。とはいえこの用語は、マルクスにおいては用いられておらず、実際に見つからないのであって、後のマルクス主義のなかでのみ用いられているものである。[1] この概念は、それなしでは歴史が存在しないような物質的諸条件の記述に由来している。『ドイツ・イデオロギー』にとって、史的唯物論とは人類に歴史を与える物質的諸条件についての記述である。英訳の編者はこの節に「歴史——根本的諸条件」という見出しをつけている[1](48)。史的唯物論はいまだ一つの哲学、理論、学説、ドグマではない。それは人間の活動の物質的諸条件を基盤とした人間の生活を読む一つの様式なのである。

マルクスは、史的唯物論によって表わされる歴史的発展の本性を三点に要約している。史的唯物論は、まず、人間の物質的欲求を満足させる手段の生産を具現化している(48〔同書五三頁〕)。マルクスの言うところでは、経済学者たちが欲求について語るとき、彼らは、一つの抽象であるような存在について語っているのである。彼らは、欲求がその歴史的次元を受け取るのはそうした欲求を満たす手段の生産からにほかならない、という事実を知らない。もっと正確には、物質的生活の生産そのものは歴史的であるが、諸欲求はそうではない。これが正しいのは、この歴史の第二段階が新しい欲求の生産である限りにおいてである(49〔同頁〕)。われわれが、現に存在している欲求を満たす手段のみを生産するとき、この生産は、これらの所与の欲求の地平に限定されている。歴史的帰結の第二の基本要素は、新しい欲求の生産においてのみ生じてくる。このときはじめて、欲望の歴史が生じる。すなわち、現代の広告においてよく知られているように、売上げのためにたえず欲求が生み出されつづけるといったことが行なわれるのである。

歴史的発展に入ってくる第三の契機は、家族を通しての人類の繁殖〔再生産〕である(49〔同書五四頁〕)。この主題についてマルクスとヘーゲルとを比較するのは有益である。ヘーゲルの『法哲学』では、家族は、もっとも自然で直接的な段階における社会構造を表わしている。経済生活は、そのあとで考慮される。しかしマルクスにとっては、家族構造は生産の歴史の一部として、諸欲求の歴史から生じるのである。ここで家族の歴史とは、それがまず経済的な細胞組織だということであり、そして産業によって破壊される、……ということである。家族は、生産力の流れのなかで保持されているのだ。すると、史的唯物論は、人間と、つまり人間の基盤と完全に断絶していると言うべきなのだろうか。もしわれわれが、「社会的ということでわれわれが理解するのは、いかなる条件のもとであれ、またいかなる様式、いかなる目的においてであれ、諸個人の協働のことである」(50〔同書五五頁〕)という根本的な宣言を心に留めていれば、そのようなことは言えない。Zusammenwirken(協働)は、つねに集団的存在の背後にあるのである。史的唯物論の対象である集団的存在を、マルクスは一貫して、それらを生産する諸個人に帰している。

われわれはこのテキストの五番目の主要概念として、イデオロギーの概念そのものを導入しよう。マルクスにとってイデオロギー的なものとは、諸表象によって反射されたものである。それは、歴史的な世界に対置された表象的な世界である。前者は、活動、活動の諸条件、諸欲求の歴史、生産の歴史のおかげで一貫性を保持している。現実の観念は、史的唯物論という表題のもとに記述することのできるあらゆる過程を包含している。ここで再び、現代のマルクス主義においてのように、イデオロギーが科学に対置されているということではまだないが、イデオロギーは現実に対置されている。イデオロギーに関する中心的なテキストとして、すでに引用した数行を再び記しておく。「社会構造と国家は、たえず、一定の諸個人の生活過程から発展してきている。ただしここでいう諸個人とは、自分や他人の想像力〔Vorstellung〕のなかに現われる〔erscheinen〕ような諸個人ではなく、現にそうであるような諸個人(…)である」(46〔同書二八頁〕)。イデオロギーの概念は、歪曲ばかりでなく、あらゆる表象、あらゆるVorstellungen〔表象〕を包含するのに十分なくらい大きい。イデオロギーはときには中立的な概念であり、たとえば東欧の共産主義が、ブルジョアのイデオロギーと対照的な共産主義のイデオロギーについて語るほどに中立的である。したがって、イデオロギーという言葉は必ずしも否定的な響きを持つわけではない。それは単に、現実的な、実際の、wirklichなものと対照させられているのだ。これは歪曲に非常に近いものとして理解することができる。というのも、現実的でないというのは、歪曲される可能性のことだからである。しかし、これら二つの契機の違いは保持しておかなければならない。

こうした違いを保持するならば、歪曲が不適当な形態におけるイデオロギーであるという可能性を取り除くことができないことが理解されよう。このことは、最初の、もっとも単純なイデオロギーであるかもしれないような現実的な生活の言語が存在しうるのかどうか、という問いへと導く。マルクスはある段落でこれに答えており、私はそこをほとんど一行ごとに読み進めていこうと思う。「理念、表象、意識［der Ideen, Vorstellungen, des Bewusstseins］の生産は、当初は直接に、人間たちの物質的活動と物質的交通、現実的な生活の言語に編み込まれている」（47〔同書二九頁〕）。この現実的な生活の言語という概念は、われわれの分析にとって根本的である。というのも、イデオロギーの問題は、それが表象であって現実的な実践ではない、からである。分割線は真と偽の間ではなく、現実的なものと表象の間、実践とVorstellung〔表象〕の間にあるのである。

ここでギアーツとともに、私はイデオロギーの分析全体を、次のような譲歩——少なくともマルクス主義の言語では一つの譲歩になるようなもの——に接ぎ木したい。つまり、あらゆる歪曲以前に存在する現実的な生活の言語、絶対的に始原的かつ不可避な行為の象徴的構造があるということである。マルクスは続ける。


表象することや思考すること、つまり人間たちの精神的交通《インターコース》は、この段階では、彼らの物質的行動の直接的な流出［Ausfluss, e-menation］として現われる。一民族の政治、法律、道徳、宗教、形而上学などの言語に表わされるような精神的生産についても、事情は同じである。人間たちの表象や理念などの生産者は、人間たちである。それは現実の、活動している人間たちであり、彼らは、自分たちの生産力とそれに対応する交通［Verkehrs］との一定の発展、そのもっとも進んだ形態への発展によって条件づけられている。（47〔同書二九—三〇頁〕）

「交通《インターコース》」という語は、このテキストにおけるドイツ語のVehkehrの訳である。Vehkehrはマルクスの語彙からはやがて消えてしまい、Verhältnisに取って代わられることになるのだが、こちらの方は「関係」または「関係性」と訳されている。この段落はさらにこう続く。「意識とは意識された存在以外の何ものでもありえない。そして、人間の存在とは人間の現実的な生活過程のことである」。ここでのドイツ語には言葉遊びがあるのだが、英語もフランス語もそれを再現できない。マルクスは、意識（Bewusstsein）とは意識された存在（bewusstes Sein）である、と強調しているのだ。再び、意識は自律的ではなく、人間の「現実的な生活過程」と結びつけられている。

イデオロギーに歪曲が起こるのは、われわれの思考が生産物であることを忘れる限りにおいてである。転倒が起こるのはここにおいてである。マルクスは、暗箱《カメラオブスキュラ》についてのよく知られた一節のなかでこれについて説明している。われわれが論じてきた段落の最後の節である。「もし、あらゆるイデオロギーにおいて、人間と彼らの諸状況が、暗箱のなかでのように倒立して現われるとすれば、この現象は、網膜上における諸対象の倒立が人間の物理的な生活〔生命〕過程から生じるのとちょうど同じように、人間の歴史的な生活過程から生じるのである」（47〔同書三〇頁〕）。これは、正統マルクス主義において大きな役割を果たしているテキストである。像は物理的なものである――われわれはそれをどうすることもできない――のであり、また確かに、カメラにおける像は倒立している。したがってそこにあるのは、実際にはメタファーでしかないものにおける、イデオロギーの問題に対する機械論的なアプローチである。それは、像の倒立というメタファーであるが、四つの項からなる比較関係として生じている。イデオロギーの生活過程に対する転倒した関係は、知覚像の網膜に対する関係と同じである。しかし、網膜における像が何であるかは、私は言うことができない。というのも、そこには意識にとっての像しかないからである。それゆえ、このメタファーは興味をそそるものであるが、人を惑わすものかもしれない。

われわれはのちに、ルイ・アルチュセールが、カメラの像の転倒との比較を実際にどのように排除しようとしたかを見るつもりである。彼の言うところでは、像は転倒されてもやはり同じ像なのである。このことからアルチュセールは、倒立像はオリジナルの世界と同じイデオロギー的世界に属しているとまで言う。それ故に、われわれは転倒とはまったく異なる概念、つまり認識論的切断の概念を導入しなければならない、と彼は主張する（アルチュセールは、こうした観点をはっきり出しているよい例として、スピノザを引用する）。アルチュセールの思い描いているのは、われわれは太陽が昇ることについての日常的な知覚とは切断されて、限られた知覚的な意味のほかには日の出や日の入りは存在しないという天文学的に正確な観察へと進まなければならない、ということである。そうした変化は転倒ではなく切断、裂け目（coupure）である（coupureという語をフランス語に持ち込んだのはガストン・バシュラールであるが、彼はこの語を用いて、あらゆる科学的進歩は認識論的切断を通して生じるというみずからの主張を表現した）。こうして、アルチュセールの考えでは、認識論的切断という概念が暗箱の概念の代わりに置かれなければならない。というのも、倒立像はつねに同一のものだからである。ヘーゲル主義を逆転させると反ヘーゲル的となるかもしれないが、この転倒はヘーゲル的枠組みのなかに留まり続けているのである。

　しかしながら、こうしたアルチュセールの洞察は、マルクスのテキストについて私が強調したいことではない。私がここで関心を持っているのは、倒立像の誤った明晰さではなく、マルクスの分析によって保たれているさまざまな可能性の領域、現実的生活の言語から徹底的な歪曲へと拡がっている領域である。イデオロギーの概念がこうした領域全体をカバーしていることを強調しておこう。同じく私が関心を持っているのは、どのイデオロギーが、マルクスが現実的な生活過程と呼ぶものと関係づけられているのか、という点である。この生活過程が究極の参照点なのである。人間存在はつねに参照点であるが、それは歴史的諸条件のもとでの人間である。

　いずれにせよ、カメラ、暗箱という不適切なイメージは、他のいくつかの不適切な性格づけにも及ぶ。テキストにおいては、それらはイメージ以上のものではないが、正統マルクス主義のなかで堅固なものとされてきた。私はとりわけ、「反映《リフレックス》」と「反響《エコー》」という用語のことを考えている。「われわれは、現実の、活動している人間たちから出発する。そして、彼らの現実的な生活過程を土台として、この生活過程のイデオロギー的反映と反響の展開も叙述される。人間の頭脳のなかで形づくられた幻影は、彼らの物質的な生活過程の必然的な昇華物でもある」（47（同書三一頁））。人々は生活しているが、彼らの頭脳のなかではこうした生活過程が反響している。ここでイデオロギーは、ある種の煙か霧として、生産に関しては二次的な何かとして、現われてくる。「昇華物」（sublimates）という語がテキストのなかに現われていることにも注意しよう。この語はフロイトを通して広く知られるようになったが、暗箱や網膜像と同じように物理的な起源を持っている。昇華物とは、何らかの化学的過程（化学というよりも錬金術の過程）のなかで消えてなくなるもののことである。それは、容器の上部に溜まったもので、生産物の蒸発物である。反映、反響、昇華物、網膜像といった表現はすべて、別のものから発する何かを伴っている。

後期のマルクス主義において、現実と反響・反映との間に打ち立てられた関係によって、自律的な知的活動はすべて軽んじられるようになる。こうした観察の証拠は、知的活動は歴史を持たないというマルクス自身のよく知られた主張のなかに見いだすことができる。

こうして、道徳、宗教、形而上学、その他のイデオロギーおよびこれらに対応する意識の諸形態は、もはや自立性という見かけを保てなくなる。これらのものは歴史を持たない。すなわち、これらのものは発展を持たない。むしろ人間たちが、自分たちの物質的な生産と物質的諸交通［Vehkehr］を発展させることで、彼ら自身の現実とともに、彼らの思考と彼らの思考の産物を変化させていくのである。（47〔同書三一頁〕）

マルクスは「その他のイデオロギー」という言い回しを用いることで、表象一般、あらゆる文化的産物——芸術、法律など——を含むあらゆる領域を考えている。その射程はきわめて広い。しかしながら、テキストは見かけほどには強力でない。というのも、マルクスは「人間は、自分たちの物質的な生産（…）を発展させることで、彼ら自身の現実とともに、彼らの思考と彼らの思考の産物を変化させていくのである」と述べているからである。したがって、そこには影の歴史があるのだ。

マルクスの主張は、人々はまず生き、それから話し、考えるのだという自明の理と、結局のところたとえば芸術の歴史など存在せず、ましてや宗教の歴史など存在しないというような誤謬との間を揺れ動いている。自明の理とは、引用した箇所のすぐあとに続く、「意識が生活を規定するのではなく、生活が意識を規定する」（47〔同頁〕）という、よく知られた、こう言ってよければすばらしい主張のことである。これは、マルクス主義における一つの古典的な主張である。もし、現代英語でいう意味での意識、これは気づき《アウェアネス》とおおよそ同義だが、これを意識と呼ぶのではなく、対象を投射する能力を意識と呼ぶとすれば、意識という語が意味するのは、対象を持つこと、表象において対象的世界を組織することに関するカント的かつヘーゲル的世界だということになる。つまり、それは、精神が構築したものとしての現象界全体のことなのである。フロイトは意識のこうした意味を保持している。すなわち、フロイトが意識について語るとき、それは現実性の検証といったようなもののことなのである。マルクスの主張によれば、現実性の検証とは何か自律的なものではなく、むしろ、生きる個人のプロセス全体の一部をなすものである。意識によって規定された生と、生によって規定された意識とのこうした対照を分析しつつ、マルクスは次のように書いている。「第一の考察法では生きた個人とみなされる意識から出発するのに対して、第二の、現実の生活にしたがう考察法では、現実の生きた個人そのものから出発し、そして意識を彼らの意識としてのみ考察する」（47〔同頁〕）。したがって、マルクスの主張を、意識においてはなにも生じないというもっと狭い意味で理解するとすれば、それはあまり興味深いものではない。他方で、それをもっと広い意味で、現実の個人の意識のことだと理解しても、その主張の印象が薄れてしまうかもしれない。

後のマルクス主義におけるイデオロギー理論は、こうした曖昧さと格闘しつづけている。今後の講義で見るつもりだが、それはエンゲルスのよく知られた命題のなかに平衡のとれた立場を見いだそうとしている。すなわち、経済的状況は最終審級における原因であるが、上部構造もまた下部構造に影響を与え返す、というものである。イデオロギー的諸領域の自律性は保持されるが、経済的なものの優位はいまなお主張されている。こうしてマルクス主義者たちは、意識やイデオロギーの歴史は存在せず、生産の歴史だけが存在するという主張と、それでもイデオロギー的諸領域はある自律性をもっているという主張との間に、道を見いだそうとしているのだ。

イデオロギーがフォイエルバッハのいう意味での宗教よりもずっと大きな領域をカバーしているということは、科学もまたイデオロギー的領域の一部だという事実によって証明される。科学にとっての問題は、われわれがすでに論じたのと同じ問題、すなわち、現実的な科学が可能なのはそれが現実的な生活のなかに含まれるときだ、ということである。科学が現実的なのは、現実的な生活についての科学であるときである。その点で、これは表象（Vorstellung）ではなく、人間の実践的活動、実践的過程の提示である。この問題についてのマルクスの注釈はきわめて重要である。なぜなら、その注釈が彼自身の書の地位を規定するからである。その書は、それが生活ではなく生活の提示であるという意味で、それ自体が一つのイデオロギー的な仕事である。マルクスは書いている、「思弁の終わるところ──現実的生活のなか──で現実的で実証的な科学が始まる。人間たちの実践的活動、実践的な発展過程の表象が始まるのだ」（48〔同書三二頁〕）。したがってわれわれは、この現実的な実証的科学を、マルクスがその前のページで「現実的な生活の言語」（47〔同書二九頁〕）と呼んだものに結びつけることができるだろう。

ここで、われわれは、この一節の英訳のなかの一つの重要な誤りを訂正しておかなければならない。英訳が「実践的生活の表象」と記しているところで、「表象《リプレゼンテーション》」という訳は正確ではない。ドイツ語の原文ではその語は「Vorstellung」ではなく「Darstellung」、生活の描写だからである。マルクスのDarstellungの用法は、ヘーゲルにその先例を持っている。ヘーゲルは『精神現象学』の有名な序文のなかで、哲学の課題は過程全体のDarstellung〔描写〕を与えることだ、と述べている。したがって、マルクスはここで、歪曲された表象を超えたところに現実的な描写が存在するという重要なヘーゲル的概念を保持しているのだ。マルクスはそうした概念のための余地を残しておいたにちがいない。なぜなら、『資本論』は、イデオロギーに対するその認識論的な地位を正当化しなければならないからであり、その地位とは実践的な活動、実践的な過程の提示、Darstellung〔描写〕だからである。「意識についての空疎なおしゃべりはやみ、現実的な知がそれに取って代わらなければならない。現実が叙述されるとき、知の独立した部門としての哲学は、その存在の場を失う」（48〔同書三二頁〕）。「叙述された」（depicted）という語が、ドイツ語でDarstellung〔描写〕を動詞形にしたものの訳である。英語で、叙述（depiction）というのがフィクションに非常に近いものなのかどうか、私には確信がない。しかしその語は、ウィトゲンシュタインの『論理哲学論考』の英訳のなかでも用いられている。[2] したがって、少なくとも、哲学がマルクスの批判しているドイツのイデオロギーのなかでのように意識の哲学である限り、哲学に取って代わるような何かが存在するのだ。現実的生活の科学のための場所が存在し、そしてその科学は、現実的生活の言語の地位、実践の言説の地位を引き受けなければならないのである。

このことから、われわれは今後の講義のなかで次のような問いへとたどり着くことだろう。すなわち、われわれは、それ自身の言語を持ちまたそれを受け取るようにするために、最初からシンボル的次元をもたないような実践の概念をつくり上げることができるかどうか、という問いである。もしこの言語がすでに行為から成っているのでなければ、ケネス・バークのシンボル的行為という概念を当ててみても、イデオロギーの積極的な概念を持つことはできない。われわれは、現実的な生活の言語、Darstellung〔描写〕としての現実的な科学のためにのみ、余地を残しておかなければならないのではない。こうした現実に対して生じる何らかの論理的な活動、すなわち抽象、神話的な抽象を打ち立てることの必然性のためにも、余地を残しておかなければならないのだ。われわれがこれらの神話的抽象のために余地を残しておかなければならないのは、労働におけるあらゆる概念――マルクスの場合は生産、生産の諸条件など――が構築されたものだからである。

『ドイツ・イデオロギー』では、こうした論理的活動は、明確に超越論的な言語によってではないにせよ、少なくとも記述の可能性そのものを条件にもつ言語によって予見されていた。「〔哲学に〕取って代わることができるのは、せいぜいのところ、人間の歴史的発展の観察から抽象される、ごく一般的な結論の総括ぐらいでしかない」（48〔同頁〕）。私としては、この主張は、マルクスが彼の唯物論的な方法の「前提」と呼んだもの（42〔同書二五頁〕）の認識論的な地位を類型化している、と言いたい。前提を避けることはできない。われわれは、単にものごとを見るだけで出発することはできないのだ。われわれは他の諸現象も読まなければならない。そして、それらを読むために、いくつかの鍵を必要とする。マルクスはこう続けている、「この抽象は、現実の歴史から切り離されて見られたとき、それら自身においてはまったく価値を持たない。それらはただ、歴史的な資料の配置を容易にし、その切り離された層の連なりを指し示すのに役立てることができるだけである」（48〔同書三二―三三頁〕）。これは、マックス・ウェーバーが理念型と呼んだものからそれほどかけ離れていない。社会学においては、肉眼のみによって先へと進むことはできない。われわれは、諸力や諸形態といった概念を持たなければならないが、これらは現実においては与えられず、構築されるのである。したがって、現実的生活のイデオロギー主義者としてのマルクスは、まずは現実的生活の言語を頼りとし、次に、実践の現実的科学を、第三に、この科学の構築を可能にするいくつかの抽象を頼りとしなければならない。そしてマルクスは、これらの要因はすべて、逆に人間におけるその起源へと差し向けられなければならない、と言う。彼の方法は前提を持っており、「その前提とは人間である……」（47〔同書三二頁〕）。

ここまでイデオロギーの概念についてかなり長く論じたので、ここからは意識の概念に目を転じることにしよう。意識の概念は、ドイツのイデオロギーの中心的概念である。マルクスは、この概念に与えられた意味に反対するために『ドイツ・イデオロギー』を書いたのであった。このテキストの最初の部分がフォイエルバッハを論じたものであるのは、フォイエルバッハが自己意識――意識による人間の自己生産――を鍵としたからである。マルクスにとって、意識は、われわれがそこから出発する概念ではなく、われわれがそこに到達しなければならないような概念なのだ。意識についての問いが発されるのは、先行する四つの契機を考察したあとでしかない。その契機とは、物質的生活の生産、欲求の歴史、生活の再生産、社会的存在における諸個人の協働である（48-50〔同書五一―五六頁〕）。したがって、意識とは土台ではなく一つの結果なのである。

> 始原的な歴史的関係の四つの契機、四つの側面を考察したあとで、いまや、われわれは人間が「意識」をも所有していることを見いだす。しかし、そうではあれ、その意識は内在的でも、「純粋」でもない。「精神」は最初から、物質を「負わされる」という呪いに苦しめられているのであり、この物質はここでは攪拌された空気や音の諸層、要するに言語という形で現われてくる。（同書五六―五七頁）

言語は、いわば意識の身体として現われてくる（私は講義では取り上げなかったが、『経済学・哲学草稿』のなかの類似した一節が同じ指摘をしている[3]［143］）。

言語は、意識と同い歳である。言語は、他の人間たちにとっても現実に存在する、それゆえに私自身にとっても現実に存在する、実践的な意識である。そして意識と同様に、言語は他の人間たちとの交通に対する欲求と必要性からのみ生じる。(50–51〔同書五七頁〕)

これは、言説《ディスコース》としての言語である。私の考えでは、言語についてのマルクスの記述全体が、ここでは、階級の理論ではなくある根本的な人間学に属している。というのも、あらゆる人間は語るからであり、彼らはみな言語を持っているからである。このことは、交通《インターコース》の概念そのもの、すなわち交換《エクスチェンジ》の概念が、意識という意味ではなく、生活、生きた個人という意味におけるこのラディカルな人間学の層に属していることを証明している。「一つの関係が存在するところでは、それは私にとって存在する。動物は何に対しても「関係する」ことがなく、またそもそもいかなる関係も持たない」(51〔同書五八頁〕)。『草稿』を特徴づけている人間と動物との切断が、ここでも、言語を土台として提起されている。いまならマルクスは、ミツバチなどにおけるある種の言語の発見について何と言うだろうか。

私の検討したい最後の概念は、分業の概念である。基本的諸概念をすっかり数え上げることで、われわれはこの概念へと導かれる。それは、このテキストにおける外化の位置を占める用語である。われわれが論じる必要があるのは、分業が外化の位置を占めるのは同義語としてなのか、代替物としてなのか、という点である。この問いは、マルクス主義者たちの間でもいまだに論争となっている。たとえばルイ・アルチュセールは、外化の概念は『ドイツ・イデオロギー』から消えてなくなっていると主張している。彼によれば、それは分業の概念に取って代わられており、こちらの概念は生産の諸様態と同じ領域に属している。私自身がこれから示そうと思っているのは、分業の概念は実際には、マルクスにおいて、より人間学的諸概念と、階級や生産の諸様態といった抽象的諸構造との結びつきをもたらしている、ということである。というのも、分業を通してこそ対象化された存在が現われるからである。したがって、私はこのことに満足しているのだが、分業の概念は外化の役割を果たしており、おそらく外化の別の名前なのである。『草稿』では、分業は原因というより結果と見なされている。それは主として、財産を抽象的なものにする過程の結果である。労働は、私有財産を生み出す力を忘れてしまい、私有財産はその重みで労働者を押しつぶす。労働は、資本によって雇い入れられると破壊されてしまう。労働は、あれこれの労役のために雇い入れられるのだ。労役のこうした断片化は、財産の抽象化の一つの結果である。分業が中心的な概念となるのは、それが労働そのものの活動の断片化だからである。『草稿』がその第二段階と呼んでいるものにおける外化の概念、すなわち現実の外化を考察するならば、われわれは、『草稿』から『ドイツ・イデオロギー』への進化をたどることができるだろう。分業は、この第二段階の同義語である。実際、分業の問題はもしそれが人間の断片化でなかったなら私の関心を引かなかっただろう。その場合には、分業は単に技術的な現象となったことだろう。そのとき、人々は特有のやり方で働く、そしてその特有の働き方は生産体系の一部である、ということになる。しかしながら、労働は人々が行なうことなのだから、分割され、分解され、断片化しているのは人々の活動なのである。分業とは全体としての人類そのものの断片化である。したがって、分業の概念は、全体としての人類という観点から理解されなければならず、よってまた全体性の概念を基盤として理解されなければならないのである。

分業についてのマルクスの主要なテキストは一つの長い段落の一部として示されているが、これを詳細に引用しよう。

最後に、分業は次のことについての最初の例を、われわれに提供してくれる。すなわち、人間たちが自然発生的な社会の内にある限り、したがって、特殊な利害と共通の利害との間に分裂が存在する限り、したがって、活動が自由意志によってではなく、自然発生的に分掌されている限り、人間自身の行為が人間にとって疎遠な力、すなわち人間がそれを支配するのではなく人間を隷属させるように人間に対抗する力となるのはいかにしてか、ということである。同じく労働が分業化され始めると、各人は自分だけの活動［Tätigkeit］領域を持つようになり、それを押しつけられてそこから抜け出せなくなる。彼は猟師、漁夫、牧人あるいは批判的批評家であり、生活手段を失いたくなければ、それであり続けざるをえない。それにひきかえ、共産主義社会では、誰も排他的な活動領域を持たず、自らの好む分野で自分を磨くことができる。共産主義社会は生産全般を統制しており、まさしくこの故に、私は今日はこれをし、明日は別のことをし、朝は狩をし、午後は漁を、夕方には家畜を追い、夕食後には批判をすることができる。したがって、けっして猟師、漁夫、牧人、批評家となることなしに、そうすることができるようになる。自分の好みにしたがって社会的活動のこうした自己膠着、われわれ自身の生産物がわれわれに対する対象的な力へと凝固すること、われわれの統制を逃れ、われわれの期待を裏切り、われわれの目算を無に帰するようにする対象的力へと凝固すること、これが、従来の歴史的発展においては主要な契機の一つをなしているのである。(53〔同書六六―六九頁〕)

このテキストを根拠に外化の概念が消えてなくなっているとどうして言うことができるのか、私にはわからない。それどころか、いまやこの概念はいっそう具体的に記述されているのだ。たしかに以前に比べて、形而上学的な過程、転倒した対象化としては現われなくなっている。分業の概念が、外化の概念に物質的基礎を与えているのだ。人間の活動(Tätigkeit)の役割が中心的になる。つまり、分業の帰結がわれわれの活動に対比されることが、まさしく問題になっているのである。

ドイツ語版では、外化の概念がこのテキストでは消えてなくなっていることを示唆する記述は、いま引用したばかりの段落の次の段落から始まっている(英語版では数頁あとに現われている)。マルクスは書いている、「この「外化」(哲学者たちに理解可能な言葉を使うとすれば)は、もちろん、二つの実践的な前提のもとでのみ止揚〔廃棄〕することができる」(56〔同書七二頁〕)(その二つの前提については、すぐあとで論じる)。こうして「外化」という語は、『ドイツ・イデオロギー』の語彙からは消えていく。それは哲学的な用語であり、フォイエルバッハの知的な世界に属しているからだ。この語はここでは引用符で括られているにせよ、同じ概念がさまざまな語で表現されている。一つの用語が別の用語に置き換えられているのは、その概念が排除されたのではなく、むしろその概念に対するアプローチがいっそう具体的になったからなのである。疎外のあらゆる特徴は、われわれが活動において分割されるやり方のなかに現われている。したがって、分業で生じる疎外は個人としてのわれわれに関わる何かなのである。それは単に、社会における一つの過程ではなく、現実の個人の切断の一形態なのである。『ドイツ・イデオロギー』は「外化」という語を拒否しているかもしれないが、それは、この語が観念的だからであって、この概念の意味を否定しているわけではない。疎外の廃棄についてのあらゆる記述が、このテキストのなかでは繰り返されている。

外化の概念が分業という言い方に転換されたことで観念論的でなくなったとすれば、同じことは、共産主義社会の概念についても当てはまる。これに先立つマルクスの著述においては、共産主義社会は多かれ少なかれ一つの夢であった。ここでも、それはまだ夢ではあるが、少なくとも現実の諸条件によって規定されているという理由で、現実の可能性と見なされている。マルクスが「この「外化」(…)は(…)二つの実践的な前提のもとでのみ止揚することができる」と言うとき、二つの前提とは、世界市場の発展と、世界のいたるところに見いだされる一つの普遍的階級の形成である。マルクスにとって、共産主義的社会がユートピアではないと言うためにはこれらの前提があれば十分である。というのも、ユートピアを特徴づけているのは、それが歴史へと導き入れられるためのなんの手がかりももたらさない、ということだからである。ここでは分業の乗り越えが、求められている歴史的条件である。

共産主義というのは、われわれにとって、創出されるべき一つの状態〔マルクスにとってこれはユートピア的なものである〕、現実がその上に適合させられなければならない理想ではない。われわれは、ものごとの現在の状態を止揚する現実的な運動を共産主義と呼ぶ。この運動の諸条件は、いま現に存在している諸前提から生じる。(56–57〔同書七一頁〕)

再び、現実的なものの概念が中心となっている。分業の止揚のためには現実の諸条件が必要なのであり、それらは「現に存在している諸前提から生じる」のだ。

次回の講義では、今学期の主要な問題であるテキストの二つの可能な読解の問題を導入する一つのやり方として、分業の概念に手短かに立ち戻ることにする。われわれは『ドイツ・イデオロギー』を、物質的諸条件か現実的個人のどちらかを導きの糸とすることによって、読むことができるだろう。私はそれらの仲立ちするつもりである。それはもちろん、個人的な読解法であろう。続く数回の講義において、さらにあとの時代のマルクス主義のテキストへと向かう。残念なことだが、私はそれを最近になって初めてグラムシのなかで読んだのであった。というのも、結局のところ、グラムシはイデオロギーというわれわれの主題にとってもっとも興味深いマルクス主義者だからである。彼は、正統マルクス主義のなかに広まっている粗野な機械論に陥っていない。しかしいずれにしても、これらの講義はマルクス主義における順路をなすものではない。というのも、講義は、いくつかのマルクス主義のテキストの読解でしかないからだ。

第六回　マルクス『ドイツ・イデオロギー』(2)

前回の講義の主たる目的は、『ドイツ・イデオロギー』の基本概念を数え上げることであった。このことによって、テキストの解釈に関するさまざまな問いがあと回しになった。これらの問いが、今回の講義の主題である。分業の概念へと手短かに立ち戻ることが、今回の議論の導入になるだろう。

最初に述べておきたいのは、『ドイツ・イデオロギー』における諸概念の階層秩序《ヒエラルキー》のなかで、分業の概念がまさしく、先に『経済学・哲学草稿』(以下『草稿』と略記)において外化《エイリアネーション》の概念に与えられていた位置を占めているということである。マルクスが看取しているように、イデオロギーの概念でさえ分業の概念によって導入されていると言うことができるであろう。この点に関するマルクスの力強い主張から、議論を始めることにしたい。「分業は、物質的労働と精神的労働の分割が現われる瞬間から、初めて真に分業となる」(51〔邦訳『ドイツ・イデオロギー』廣松渉編訳、五九―六〇頁〕)。現実的生活と表象との分割それ自体が、分業の一つの事例である。したがって、この概念はきわめて広い適用範囲を持っている。実際のところ、分業は外化と同じ適用範囲を持っていると私が考える理由の一つは、われわれは同一の意味論的表面、同一の意味の格子のうえで外化を分業によって置き換えるからだ、というものである。マルクスは続けて言う、「この瞬間から、意識は、現に存在する実践の意識とは別のものであり、それが、何か現実的なものを表象しないでも現実に何かを表象していると、思い込むことができるようになる」〔同書六〇頁〕。こうした特徴づけは、プラトンにおけるソフィストの定義と比較することができる。ソフィストとは、存在する何ものかについて語ることなしに、何ものかについて語る者のことである。この場合、われわれは現実を表象の、意識の世界のなかで括弧に入れる可能性をもっている。「この瞬間から、意識は、自己を世界から解放して、「純粋な」理論、神学、哲学、道徳などの形成へと進んでいくことができるようになる」(51-52〔同頁〕)。労働と思考との間の分業の概念が、像《イメージ》の転倒という概念を完全に説明してくれることはないかもしれないが、現実の転倒した像を持つことになる事情は、思考の領野が実践の領野から隔離されることによってもたらされる。

現実とイデオロギーの二重の関係——イデオロギーは現実から分離されていると同時に遮断されているが、しかしまた現実によって生み出されてもいること——の認識は、この学期の残りの講義で中心的に論じる予定の、決定的な問いへと導く。すなわち、イデオロギー的過程はいかなる現実的基盤に還元されるのか、という問いである。すでに述べたように、テキストは二つの可能な読解を許すように見える。一方では、われわれは、階級、生産力、生産の諸様態といった無名の存在を現実的基盤として理解することができる。他方で、これらの存在がそれ自体としていっそう始原的な何かに還元することができるのかどうかを問うことができるだろう。もしかしたらこれらの存在が自律性を持つのは、われわれの社会の状態においてのみなのかもしれない。いいかえれば、一般的な、いわゆる経済的条件の自律は、もしかしたらそれ自体が外化の——たとえこの語を用いないとしても——状態の産物なのかもしれない。『ドイツ・イデオロギー』には二つの異なる読解があるとして、第一のものを客観主義的、構造主義的な解釈と呼ぶことができるだろう。この解釈の道筋は、アルチュセールその他の人たちへと通じている。彼らにとっては、個人は少なくとも根本諸概念のレベルから消えてなくなる。むしろ、根本諸概念は、無名の諸構造の機能に関連しているのである。エンゲルスなどにとっては、現実とイデオロギーとの関係は疑いなく下部構造と上部構造との関係であり、個人と意識の関係ではない。他方で、テキストに対する第二の読解における、現実的基盤とは、究極的には、マルクスが一定の諸条件における個人の現実的生活と呼んでいるものである。ここでは、階級は一つの媒介概念であり、これを切り離して取り出すことができるのは方法論的な抽象、構築物のためでしかない。マルクスは現実の科学がこれらの構築物を用いるのを許しているが、それは、これらの構築物が実際に抽象にとどまることを知っているかぎりにおいてである。これらの構築物は、無名の構造が支配しているように見える疎外の段階にいっそう適している、とマルクスは主張する。階級といった概念は認識論的抽象であるのか現実的基盤をもつのかという問いによって、二者択一的な読解を要約することができる。

これらの二者択一を提示するにあたって、まず解釈の構造主義的な線をたどることにしたい。われわれはこの読解の端緒をなす意味を、次のようなイデオロギーについての根本的な言明から手に入れることができる。この言明は、私がここまで取っておいたものである。

> 一定の生産力が適用可能となる諸条件は、社会の特定の一階級の支配の諸条件である。この階級の社会的な力はその財産に由来しており、それぞれの場合において、国家形態のうちにその階級の実践的・観念論的な表現をもつ。それ故に、いかなる革命的な闘争も、それまで支配してきた階級に直接向けられるのである。(94〔同書八二―八三頁〕)

支配階級の概念が、イデオロギーの理論にとっての直接的な支えとなっている。したがって、イデオロギーを暴き出すことは、その背後にある支配の構造を明るみに出すことになる。イデオロギーの背後にあるのは個人ではなく社会の構造である。

支配階級と支配的観念との結びつきが、次のテキストに現われる。

> 支配階級の思想が、どの時代においても、支配的な思想である。すなわち、社会の支配的な物質的威力である階級が、同時に、その社会の支配的な精神的威力である。物質的生産の手段を手中にしている階級が、そのことによって、同時に精神的な生産の手段を手中にする。それゆえ、精神的生産の手段を持たない人たちの思想は概して、この階級に従属させられている。支配的な思想とは、支配的な物質的諸関係の観念的な表現、支配的な物質的諸関係が思想として把握されたものにほかならないのである。(64〔同書一一〇―一一一頁〕)。

この一節において、物質的諸関係が精神的生産の基盤であることは疑いない。支配的利害が支配的思想となるという考えについて、われわれの見るところでは、その関係は明白なものではなく、根本的な曖昧さがあるのだが、この点は今後の講義のために残しておくことにする。あらかじめ予告しておけば、この問題は主としてマックス・ウェーバーについての議論のなかで再び登場してくるだろう。ウェーバーにとって、権力、権威その他のどんな体系もつねに自らを正統化しようとする。だから、彼の言うところでは、イデオロギーが生じるのは権力の秩序を正統化する体系のなかにおいてである。私がウェーバーを頼りとしつつ問題にするのは、われわれは正統化の問題を因果性——下部構造の上部構造に対する因果性——の観点で言いかえることができるのか、それとも、別の概念枠つまり動機づけの枠組みを通して表現しなければならないのか、という点である。正統化の体系は、因果性ではなく動機づけの一形態ではないだろうか。この問題には、あとから立ち戻るつもりである。これとは対照的に、少なくとも私が引用したテキストのなかでは、イデオロギーはその基盤と同じくらい無名である。というのも、「支配的な思想とは、（…）思想として把握された支配的な物質的諸関係の観念的な表現にほかならない」からである。支配的な物質的関係と支配的な諸観念との関係が、正統マルクス主義におけるイデオロギーの理論の導きの糸となる。そして、それは少しずつ機械論的な用語で解釈されるようになり、正統化の過程という用語で解釈されることはまったくなくなる。それでもなお、この過程はある種の知的な手続きなのだが。したがって、無名の存在を基盤としたテキストの読解にとっての最初の命題は、支配的な思想の支えとして支配階級の概念が演じる役割から生じてくる。

〔構造的読解を支持する〕二番目の主張は、支配的地位が今度は、マルクスが歴史の現実的土台あるいは現実的基盤と呼ぶ要素を参照している、というものである。この基盤は、諸力と諸形態の間あるいは諸力と交通（Verkehr）——後のテキストでは関係（Verhältnisse）となる——の間の相互作用として表現されている。マルクスは、「現に存在する生産諸力によって規定され（…）、かつまた同時に生産諸力を規定するような（…）交通形態」（57〔同書七四頁〕）を検討している。したがって、社会の歴史を、諸個人に言及することなく、代わりにもっぱら諸力と諸形態を頼りにすることによって書き上げることは十分に可能なのである。基盤《ベース》の概念についても、マルクスは環境(Umstände)という別の語を用いている。彼は次のように語っている。

生産諸力、資本、環境の総和、これらは一方では、新しい世代によって変容させられるが、他方では、その新たな世代に自らの生活の諸条件を定め、一定の発展、特殊な一性格を付与する。これは、人間が環境をつくるのとまったく同じ程度に、環境が人間をつくるのだということを示している。(59〔同書八八頁〕)

最後の一節には、いっそうバランスのとれた表現が見いだされる。つまり、関係は一方向のみでなく循環している、というのである。正統マルクス主義は、下部構造は最終審級において支配的要因でありつづけるが、上部構造は下部構造に反作用すると述べることで、この相互性を保持しようとするだろう。われわれは次回以降の講義でいっそうくわしく検討するつもりであるが、「最終審級において」という言い回しを実際に伴なっていることを確かめることが、後のマルクス主義内部の多くの理論的衝突の核心なのである。いまの文脈では、環境が人間をつくるが人間もまた環境をつくる、というのがその考えである。マルクスはまた、これらの環境は実際には、哲学者たちが「実体《サブスタンス》」(59〔同書八九頁〕)と呼んできたものであるとも述べている。哲学は、あらゆる変化を本源的に存在している何かへと関係づけたいと考えている。そして、実体の概念がこの役割を果たしているのだ。マルクスが言うところでは、哲学者が実体と呼んでいるものは、彼が具体的基盤と呼んでいるもののことである。

構造的読解を支持する三番目の主張は、マルクスの経験的記述のなかで都市や農村といった集団的存在に対して与えられている非常に重要な位置から生じる。マルクスにとって、都市と農村の関係は分業の一側面である。この関係は、中国のマルクス主義において大きな役割を果たしている。すなわち、その関係はそこでは分業にとって中心的な根本的対立の一つなのである。あるとき、スターリンもまた、農村と都市の分割の問題に取り組もうとした。マルクス自身、次のように書いている、「物質的労働と精神的労働との分業の最たるものは、都市と農村との分離である」

(68–69〔同書一四〇頁〕)。こうした分割は、物質的なものと精神的なものとの分割に重ね合わされている。というのも、より精神的に方向づけられた活動は都市に集中していると言うことができるからである。こうした収斂は、それ自体が、都市と農村の出会いと衝突のレベルで歴史を読むべきだという、さらにもう一つの理由となっている。

　この歴史の偉大な登場人物たちが集合的存在であることを示すことによって、この三番目の主張の線をさらにたどっていくことができる。おそらく、主要な構造的動作主――階級としてのプロレタリアートに加えて――は、マルクスがマニファクチュアあるいは工場と呼んでいるものである（工場の誕生を近代の誕生としたイギリスの経済学者たちの分析を、マルクスが大いに賞賛していたことを思い出そう）。マルクスは次のように述べている、「ギルドから自由になったマニファクチュアによって、所有関係もただちに変化した」(73〔同書一五二頁〕)。「商業とマニファクチュアの拡大は可動的資本の蓄積を加速した」(74〔同書一五六頁〕)。経済構造の演出法《ドラマツルギー》がここに現われている。すなわち、一つの構造が崩壊し、可働的資本の蓄積（これは後に『資本論』において鍵概念となる）という無名の現象などの別の構造によって置き換えられる。これらの節を引用するとき私が問題にしているのは、マルクスの記述が正確かどうかではまったくない。私はそのような問題に関心もなければ、そうした判断を行なう能力もない。そうではなく、私が関心をもつのは労働の認識論的構造である。私は、テキストにおける歴史的行為主体《エージェント》を明らかにしたいのである。マルクスが、歴史の役者たちである集団的諸存在について記すとき、彼はつねに、歴史をもつ存在とは観念ではなく取引、商業、財産、労働などであることを心に留めている。したがって、もし集団的諸存在を歴史的行為主体《エージェント》として語るとすれば、これらの存在が演じており、行動しているあらゆるテキストを正当に評価するべきなのである。マニファクチュアや産業の活動と連合した、ある種の演出法があるのだ。

　これらの保護手段にもかかわらず、大工業は競争を普遍的なものにした（…）。それはイデオロギー、宗教、道徳などを最大限に破壊し、それができないときは、それらを見え透いたまやかし物にした。大工業は、あらゆる文明国家や、その国家に住むあらゆる個人を、自らの欲求を満足させるために世界全体に依存させるようにし、また、それまでは自然的であった、ばらばらの諸国民の排他的な性格を破壊することで、初めて世界の歴史を生み出したのである。大工業は、自然科学を資本に従属させた（…）。それは、あらゆる自然発生性を破壊した（…）。大工業は、都市の農村に対する勝利を完全なものにした（…）。一般的にいえば、大工業はいたるところで、社会の諸階級の間に同一の関係を創出した（…）。大工業は、資本家との関係のみならず労働そのものをも、労働者にとって耐え難いものにする。（77-78〔同書一六三―一六六頁〕）

大工業、すなわち顔を持たない構造は、歴史の役者であり、論理的主語《サブジェクト》＝主体である。われわれが先に人間の断片化として提示した分業でさえ、いまや、産業的な階級構造の一つの側面として現われてくる。

われわれがすでに先ほど（…）従来の歴史の主要な諸力の一つとして見いだした分業は、支配階級においても、精神的労働と物質的労働との分割として姿を現わす。その結果、この階級の内部で、一部はこの階級の思想家として現われる（この階級のおのれ自身についての幻想を完成させることを、主たる生業とする、能動的で立案者的なイデオローグたち）。一方で、別の者たちは、これらの観念や幻想に、いっそう受動的でより受容的な態度をとる。というのも、彼らは現実においては、この階級の能動的な構成員であり、自分たち自身についての幻想や観念をつくり上げるための時間をあまり持たないからである。（65〔同書一一二―一一三頁〕）

テキストの構造的読解のためのもっとも強力な主張は、もしかしたら、四番目の主張かもしれない。それは、政治闘争の必然性は個人間ではなく階級間の衝突にあることを強調するものである。ここでは、プロレタリアートの概念は、まさしく集団的存在として現われる。プロレタリアートが産業の発展とともに第二の主要な歴史的行為主体《エージェント》となる限りにおいて、われわれは歴史を、諸個人にではなくもっぱら構造と形態にのみ言及することで、大工業とプロレタリアートとの衝突として書くことができるだろう。

> もし、ある完全な革命のこれら物質的諸要素（すなわち、一方では現に存在する生産力であり、他方では、従来の社会の個々の条件に対してだけではなく、旧来の「生の生産」そのものに対して、つまり社会の基礎である「活動の総体」に対しても革命を起こすような革命的大衆の形成）が、現に存在していなければ、実践的な発展に関するかぎり、共産主義の歴史が証明しているように、この革命の理念がすでに何度も表明されていたとしても、それは絶対的に重要性をもたないのである。（59〔同書八九頁〕）

一つの革命は一つの歴史的力であり、意識の生産ではない。変化を求めるいかなる意識も、一つの階級に支えられている。それは、「社会の全構成員の多数者を形成しており、またそこから根底的な革命の必然性の意識が生じてくるような、一つの階級」（94〔同書八二頁〕）である。正統マルクス主義は、フロイトが『文化への不満』のなかで生と死の闘争に関して、ギガントマシー、すなわち巨人たちの争いと呼んでいるもの[1]を使って、こうした構造間の衝突を展開させる。われわれは歴史を、資本と労働との激突、存在どうしの論争的関係、歴史的亡霊の衝突として読み、書くことができるだろう。

われわれはこうした構造的読解を、五番目の最後の主張によって閉じることができるだろう。それは、歴史を、その意識にしたがってではなく現実的地盤にしたがって読む、という方法論的決意である。歴史家は研究している時代の幻想を共有すべきでないという主張が、いくつかの点に関して行なわれている。以下のテキストはマルクスの批判の一例である。

> したがって、［古典的な］歴史観をもつ代表的人物たちは、歴史のなかに、王侯たちと国家の政治的行為や、宗教的およびあらゆる種類の理論的な抗争しか見ることができず、とりわけ歴史上のそれぞれの時代において、その時代の幻想を共有せざるを得なかった。たとえば、ある時代が、自分は純粋に「政治的」あるいは「宗教的」な動

機によって規定されているると想像しているとすると、「政治」や「宗教」はその時代の真の諸動機の形式にすぎないにもかかわらず、歴史家はその見解を受け容れるのである。(59-60〔同書九〇頁〕)

王侯と国家の政治的行為と、さまざまな宗教的および理論的闘争について書くうえで、古典的アプローチが留意するのは歴史の表面だけである。そのアプローチは、おなじみの例を引用すれば、ノルウェイの王の背後にニシンとニシン取引があるということを無視している。歴史家たちが誤りを犯すのは、検討している時代の諸幻想を受け容れるときである。別のところで、私が懐疑派と呼んだもの[1]にマルクス主義を結びつけたのは、この種の批判にもとづいてである。一つの時代の幻想を分かち合わないということはまさしく後方を振り返ること、あるいはドイツ人たちが言うように、背後を hinterfragen〔問い尋ねる〕ことである。

このことは、『ドイツ・イデオロギー』の構造的な読解について私が述べてきたことの結論となるが、ただ最後の一つの引用を除いてである。私は結末のために、おそらく、このテキストの構造的解釈を支えている、もっとも強調された主張を取っておいた。すなわち、「こうして、歴史上のあらゆる衝突は、われわれの見方にしたがえば、生産諸力と交通形態との矛盾のなかにその起源をもっている」(89〔同書一六七―一六八頁〕)という主張である。この主張は、古典的な正統マルクス主義の立場となるようなものを規定している。生産諸力は技術的発展を土台として変化するが、交通の諸形態はそれに抵抗する。たしかに、抵抗は生産諸関係――財産の法的形態がよい例である――においてばかりではなく、これらの構造に与えられた諸観念の体系においても生じてくる。革命的状況が生み出されるのは、生産諸力と交通の諸形態とのこの衝突・矛盾が、決裂するほどの緊張にいたるときである。われわれの目的にとって、ここでもっとも重要なのは、矛盾に耐えている諸個人を完全に括弧に入れることである。

『ドイツ・イデオロギー』の客観主義的な読解を支える文章のなかからいくつか拾ってきたわけだが、いまから、さまざまな条件のもとにある現実の諸個人が究極の基盤として強調され重視されている節へと目を転じたいと思う。これによって、マルクスが、支配階級のようなカテゴリーを最終的な範例的要因として扱ういかなるアプローチにも、その内在的な批判のための道具をもたらしていることが理解されるだろう。まず、支配階級はつねに支配的観念の背後にいるという一見明白な主張に立ち戻ってみよう。われわれは、マルクスの議論のはじめに導入した次の主張を思い出す。「支配階級の思想が、どの時代においても、支配的な思想である。すなわち、社会の支配的な物質的威力である階級が、同時に、支配的な精神的威力である」(64〔同書一一〇頁〕)。しかし、マルクスにとって、支配階級と支配的思想とのこうした結びつきは機械的なものではない。それは、反響や反映といった鏡像ではないのだ。こうした関係は、おのれ自身についての精神的な過程を必要とする。

というのも、以前の支配階級に取って代わる新しい階級はいずれも、単にその目的に到達するためにすら、自らの利害を社会の全成員の共同的利害として示す必要に迫られるからである。すなわち、観念的に表現すれば、この階級は自らの思想に普遍性の形式を与え、それを唯一理性的な、普遍妥当的な思想として示す必要に迫られるからである。(65–66〔同書一一五頁〕)

さまざまな思想それ自体のなかに一つの変化が生じている(思想の形で「表現される」ということが利害関心《インタレスト》にとって何を意味するのかについては、ギアーツなど、いかなる利害関心においてもすでにシンボル的な構造が存在していると主張する人たちについて論じるまでは、検討しないでおく)。一つの理想〔観念〕化の過程が生じている。というのも、ある特殊な利害関心に結びついた思想は、普遍的観念として現われなければならないからである。このことは、社会の他の人たちによる受容を要求する正統化の過程もまた生じていることを含意している。したがって、特殊な利害関心が普遍的な利害関心へと移行するなかには思考の実際の働きが含まれているのである。

こうした移行は、思考の実際の努力を要求するばかりではない。それは、さまざまなやり方で続けられていくのである。たとえば、十八世紀の合理主義は上昇階級であるブルジョアジーの利害関心を表現していたと言うとしても、この命題から、デカルト、スピノザ、カントの差異を導き出すことはできない。こうして、ある利害関心を理念的な意味で表現しても、実際には、思想の巨大で複雑な過程の要約にならざるをえない。ルカーチの弟子のリュシアン・ゴルドマンは生涯にわたってこの問題と格闘した。彼は十七世紀のフランス社会の内部にあった、たとえば軍隊や法曹界といった集団の競争的な利害関心を区別することで、マルクス主義のモデルを洗練させようとした。ゴルドマンは、法曹界の企てが、パスカルの隠れたる神によって表現できる特殊な矛盾を抱えていると主張した。ご存知のように、この仕事に着手することは非常に難しい。しかし、さまざまな利害関心の体系と思想の体系との結びつきをいっそう明らかにすることは、諸観念についてのマルクス主義的な歴史の大いなる挑戦の一つである。

私としては、一つの利害関心のありのままの主張と、哲学的あるいは神学的体系の洗練された形態との間には、多くの媒介となる結びつきあるいは段階があると主張したい。もう一つの例として、予定説と自由意志についての、宗教改革におけるカルヴァン派とイエズス会との間の衝突をあげることができるだろう。ある程度まで、この衝突は、経済生活においては統御されることのない諸力を扱う一つのやり方であると言うことができる。しかし、経済的な諸矛盾とその神学的表現との間には非常に多くの段階があるので、その直接的な結びつきは、用いられているモデルが機械論的自然学から借りられたものである場合にはとりわけ、自明の理か誤謬のどちらかになる。後期のマルクス主義のように、基盤の実効性について語るべきなのであろうが、この議論は、アルチュセールについての読解のために残しておくことにする。私の考えでは、このことは、利害関心と思想におけるその表現の関係を正統化の体系によって解釈するとき、いっそうはっきりする（再び、私はマックス・ウェーバーによる用語を用いている）。こうした枠組みを利用するには、動機の概念を導入し、さらに、この動機を持つ個々の行為主体《エージェント》の役割を導入しなければならない。なぜなら、正統化の体系は、権威の体系を正当化する一つの試みだからである。その過程は、要求と信仰、つまり権威の側の要求と社会の構成員たちの側の信仰との、複雑な相互作用である。動機づけの過程は非常に複雑なので、下部構造と上部構造の間の粗い関係のなかに具現化するのはきわめて難しい。正統的なモデルは、それが最終的に破綻するほどにまで洗練されなければならない。

階級の役割に目を転じてみよう。これまでと同様、私は社会の歴史家としてのマルクスについては論じない。一つの階級が別の階級に取って代わると言うとき彼が正しいのかどうかを、私は問わない。私が問うのは、マルクスが階級ということで何を意味しているのか、である。とりわけ、階級が最終的なカテゴリーであるとはどの程度なのかを問いたい。マルクスは多くの文章のなかで、階級は実際に自らの歴史をもち、個人に対するその自律自体が、諸思想をその基盤から切り離す過程に似た一つの過程である、と示唆している。したがって、階級の概念を最終的な原因として用いる歴史の理論は、観念論者が諸観念の独立という幻想の虜になっているのとちょうど同じように、自律という幻想の犠牲者なのだと言うことができるだろう。マルクスは書いている、「個々の個人が一つの階級を形成するのは、他の階級に対して彼らが共通の闘争を行なわざるをえない、という限りにおいてでしかない」〔同書一七二―一七三頁〕。一つの系譜学が、別の種類の言説では最終的な要因となるようなものに対して与えられる。二つの言説は互いに交差しているのだ。一方にとっては、階級が歴史的行為主体《エージェント》であり、他方にとっては、社会学的存在の人間学的還元あるいは系譜学が出現するのである。マルクスは続けて言う。

> 他方では、階級の側は、個人に対して自律するようになるので、諸個人の側は自分たちの生活諸条件をあらかじめ決定されたものと見なし、自らの社会的地位と自らの人格的発展を階級から割り当てられたものとして受け取り、階級に従属するようになる。これは、個々の個人が分業に従属するのと同じ現象であり、私的所有と労働そのものの止揚によってのみ除去することができる。個人の階級へのこの従属が、あらゆる種類の思想などへの従属をもたらす次第については、すでに何度も指摘しておいた。(82〔同書一七三頁〕)

思想を現実的生活から切り離すのと同じ過程が、階級を個人から切り離す。したがって、階級それ自身が一つの歴史を持っているのである。

別のいくつかの箇所で、マルクスは環境あるいは条件としての階級について述べている。われわれが認識しなければならないのは、個人にとってのみ条件や環境が存在するということである。したがって、われわれはイデオロギーから階級への還元の場合と同じやり方で、階級から個人への還元を行なわなければならないのである。一つの人間学的還元が経済学的還元を支えているのだ。人間学的還元は、現実の諸個人とは関係のなかに入っていく個人のことだという、マルクスがずっと行なってきた主張のなかに含まれている。

もし、哲学的観点から、諸個人のこうした発展を、歴史的な連鎖をなす諸身分や諸階級に共通する生存諸条件において、またそれに伴う彼らに課された一般的諸構想において考察するならば、これらの諸個人のうちで類や「人間」が発展してきたとか、諸個人が「人間」を発展させてきたとか、たしかに簡単に思い込むことができる。こうした思い込みは、歴史に平手打ちを食らわせるようなものだ。そう思い込んでしまうと、これらのさまざまな身分や階級は、普遍的表現の特殊な用語として、類の下位区分として、「人間」の発展の諸段階として、了解されることになる。（83〔同書一七三―一七四頁〕）

マルクスは、階級構造の人間学的解釈を行なっている。実際には、マルクスの主張はさらにもっと力強いものである。共産主義革命の目的は階級の廃棄であると主張することは、階級が犯すべからざる構造、所与のものではなく、むしろ歴史の産物であるということを前提としている。それは生み出されてきたのと同じように、壊されもするのである。階級の廃棄という考えが意味をもつのは、階級が還元不可能な歴史的要因ではなく、人格的諸力の対象的諸力への変化の結果である場合しかない。「分業による、人格的諸力（諸関係）の対象的諸力への変化は、頭のなかからそれについての全般的な観念を消し去ることによっては、一掃することができない。そうではなく、諸個人がこれらの物質的諸力を自分たちのもとに再び従属させ、分業を廃棄する場合にのみ、廃棄することができるのである」（83〔同書一七四頁〕）。分業、階級構造の真の犠牲者は、諸個人である。彼らは、階級構造と分業を廃棄するという企てに着手することができる。なぜなら、物質的諸力へと変形させられてきたのは、彼ら自身の人格的諸力だからである。階級と分業は、われわれの人格的《パーソナル》諸力の変形である物質的諸力が顕在化したものである。人格的力の概念が前面に出されている。

マルクスは次のように言うことで、この命題を拡張している。「諸個人はつねに自分自身から出発した。といってももちろん、彼らに与えられた歴史的諸条件と諸関係という枠内での自己からであって、イデオローグたちのいう意味での「純粋な」個人からではないが」（83〔同書一七五頁〕）。このテキストによって私は、青年期マルクスと古典的マルクスとの間の切断が、個人の廃棄にあるのではなく、反対に、意識という観念論的概念から個人が出現することにあると納得させられた。アルチュセールの解釈に対して私が主張したいのは、ヒューマニズムとマルクス主義との切断が理解可能なのは、われわれがヒューマニズムを、現実的個人の主張ではなく意識の主張に関連させて理解する場合のみだ、ということである。切断は意識と現実的個人の間にあるのであって、人間と諸構造との間にあるのではない。

切断をこうした仕方で位置づけるならば、分業が苦痛に満ちたものであるのはそれが個人の内部における分割だからだ、というのをよりよく理解できよう。

歴史が進展していくうちに、そしてまさに分業の枠内では不可避的な社会的諸関係の自律化によって、各個人の生活のうちに乖離《かいり》が現われる。彼が人格的である限りでの生活と、彼が何らかの労働部門やそれに付随する諸条件に服属している限りでの生活との乖離である。（83–84〔同書一七五―一七六頁〕）

分業が問題をはらんでいるのは、それがわれわれを二つに分離させるからでしかない。すなわち、一方にはわれわれの内的生活があり、他方には、われわれが社会や階級などに与えているものがあるからなのである。「人格的個人と階級的個人との分離、個人にとっての生活の諸条件の偶然性は、それ自体がブルジョアジーの生み出したものである階級によって初めて現われる」（84〔同書一七六頁〕）。この一節は、テキストに対する二つの解釈上のアプローチの両方と一致するように読むことができる。個人の内部での分割は階級によって生み出されるが、階級はそれ自身、個人における裂け目、個々の存在の個人的な部分と階級的な部分との裂け目によって生み出される。したがって、分割線はそれぞれの個人を貫いているのだ。

自分たちは個人であるという人々の主張は、解放、廃棄の過程を理解するうえで根本的なものである。解放は、集団的存在に対して行なう個人の主張である。革命の根本的な動機は、少なくとも『ドイツ・イデオロギー』においては、個人の主張である。個人主義の主張が、テキストのなかへ読み込まれるのではなく、そのなかに読み取られるのである。

こうして、逃散農奴たちは、すでにそこにあった彼らの生存諸条件を自由に発展させてそれをひとかどのものにしたいと望んだにすぎず、それゆえ結局のところ、自由労働にありついたにすぎない。これに対してプロレタリアたちは、自分たちのことを個人として主張するためには、彼ら自身のこれまでの生存条件を(…)つまり労働[賃労働]を、廃棄しなければならないであろう。こうして、プロレタリアたちは、社会を成り立たせている諸個人がそれまで集団的表現としてきた形態、つまり国家に対しても直接対立する立場に立っているのだ。したがって、彼らは、自分たちを個人として主張するためには、国家を転覆させなければならないのである。(85〔同書一八〇頁〕)

最終的な構造が階級だとすれば、最終的な動機づけの力は個人である。このテキストのなかには、構造に根拠づけられた説明と、これらの構造の背後にある諸個人の最終的な動機に根拠づけられた説明との葛藤がある。問題になっているのはプロレタリアの動機づけだけではなく、彼らの連合《アソシエーション》の形態もまたそうである。マルクスは、一つの機械、官僚制ではなく自由な組合《ユニオン》のような集まりを心に描いている。結びついた諸個人という観念が、このテキストにおける一つの定数〔不変のもの〕である。マルクスはこう主張している。労働者たちは、たとえ労働の過程においては歯車でしかなく、階級的諸個人として行動しているとしても、組合《ユニオン》のなかで仲間に出会うときには現実の諸個人としてなのだ、と。彼らは、こうした別の関係のなかに入っていくとき、階級の関係から自分たちを引き出すのである。労働者たちは一つの階級の構成員として苦しんでいるのだが、個人としてそれに反応しているのだ、と言うことができるだろう。

これまで述べてきたすべてのことから明らかなように、ある階級の諸個人が入り込んだ、そして第三者に対する彼らの共同的利害によって規定されていた共同社会的な関係は、つねに、これらの諸個人がただ平均的個人としてのみ、しかも彼らが彼らの階級の存在の諸条件のなかで生きていた限りでのみ所属した共同社会だった、つまり彼らが個人としてではなく階級の一員として参入した一関係だった。これに対して、自分たちの生存諸条件と社会の全成員の生存諸条件を自分たちの支配下に置くにいたった革命的プロレタリアたちの共同社会の場合は、まさしく正反対であって、諸個人は諸個人としてそこに参加するのだ。(85〔同書一八一頁〕)

階級が見かけ上自律しているのは、その関係の様態が抽象的だからである。労働者は働き、無名の構造的関係にもとづいて賃金を与えられる。自由な連合《アソシエーション》というのが、階級のなかでの強いられた連合という異議申立てに対するマルクスの答えである。共産主義のさまざまな成果の一つに、この自由な連合という運動がある。

共産主義が従来のあらゆる運動と異なる点は、それが従来のあらゆる生産諸関係・交通諸関係の基礎を転覆するところにある。そして、自然的諸条件として前提になっていたあらゆるものを、それまでの人間たちによって創出されたものとして、初めて意識的に取り扱い、諸前提にまといついていた自然的性格を取り去って、それらを連合した諸個人の力にしたがわせたところにある。(86〔同書一八二―一八三頁〕)

注意が向けられているのは、結びついた諸個人の力に対してであり、集合的存在が問題なのではない。マルクス主義的解釈を諸力と諸形態の体系に還元することは、それを超え出ようとする運動についてのあらゆる説明の妨げとなる。というのも、この運動は、自分たちを結びつけている諸個人の自己確証のなかに根を下ろしているからである。諸個人の役割の優位性はずっと保持されている。

こうして、ここに二つの事実が見られる。第一に、生産諸力が諸個人から引き剝がされたまったく独立のものとして、諸個人と並ぶ独自の世界として、現われる。このことの理由は、諸個人の諸力こそが生産諸力であるのに、彼らは分裂した諸個人として、互いに対立しながら存在しているからであり、ところが他方、これらの諸力は諸個人の交通と連合のなかでしか現実的な力ではないからである。こうして、一方の側には、生産諸力の総体があり、この諸力はいわば物質的な姿になってしまって、もはや諸個人自身にとっては、諸個人の力ではなく私的所有の力、したがってもっぱら私的所有者であるような諸個人の力である。以前のいかなる時代にも、生産諸力が諸個人としての諸個人の交通にとってどうでもいいような、こんな姿だったことはない。というのも、彼らの交通そのものがまだ限定されたものだったからである。（91-92〔同書一九五頁〕）

マルクスが、生産諸力が現実的力であるのは諸個人にとってのみであると言うとき、諸個人の優位性がこのうえなく強力に主張されている。もっとも抽象的な条件においてさえ（テキストにない用語であるため、外化された条件と言うことは差し控えるが）、諸個人は消え去るのではなく抽象的な個人となる。そして「まさにそのことによって初めて、彼らは、諸個人として相互的な関係に入ることができる立場に立つのである」（92〔同書一九五―一九六頁〕）。あらゆる結びつきをこのように断片化することで、それぞれの個人は自分自身へと送り返され、諸個人の連合のなかに他者たちを迎え入れることができるようになる。

諸個人の役割に与えられた優位性に関して、この役割のもっとも重要な側面は自己活動（Selbstbetätigung）である。自己活動は一つの根本概念で、私にとってはテキストのこの時点での基礎になる概念である。自己活動が強調されていることが、『草稿』と『ドイツ・イデオロギー』との間に完全な切断が存在しないことを証明している。「いまなお

〔諸個人を〕生産諸力と彼ら自身の生存とを結びつけている唯一の連関――労働――は、自己活動のあらゆる輝きを失ってしまい、生活を不快にさせることによってそれを支えるだけになる」（92〔同書一九六頁〕）。『草稿』との連続性を確かなものにしているのは、領有《アプロプリエーション》の概念が維持されていることである。「こうしていまや事態は、諸個人が眼前の生産諸力の総体を領有しなければならないところにまできている」（92〔同書一九七頁〕）。「外化《エイリアネーション》」という用語は消えたが、「領有」という用語がこの移行のあとにも残り続けている。マルクスは「外化」という用語を放棄したが、それは、その用語が意識および自己意識の言語にあまりに強く属しており、いまや観念論の語彙に見えるほどだからである。しかしながら、諸個人の自己主張の基本構造によって置き換えられたとき、非観念論的な趣旨が回復される。実際、『草稿』のあらゆる概念は、以前は多かれ少なかれ自己意識のイデオロギーのなかに収まっていたのだが、いまや自己主張、自己活動の人間学のために回復される。「一切の自己活動から完全に排除されている現代のプロレタリアたちだけが、もはや局限されない完全な自己活動を成し遂げられる立場にある。この自己活動は、生産諸力の一総体の領有、およびこれと相即する諸能力の一総体の発展からなる」（92-93〔同書一九七―一九八頁〕）。マルクスのあらゆる主張は、ここでは、自己活動の運動、自己運動の喪失、自己活動の領有のなかに根を下ろしている。Selbstbetätigung〔自己活動〕は根本概念なのである。

　限定された諸条件のなかで生活する諸個人という鍵概念は、おそらくいまやよりよく理解される。というのも、この概念は単なる個人としての個人の概念、単なる偶然的な条件としての個人の概念と対置されているからである。マルクスは、『草稿』において外化が果たした役割を『ドイツ・イデオロギー』において果たしている分業に、個人が従属していると主張することで、あらゆる社会的状況からの個人の抽象を性格づけている。分業は外化と同じ役割を果たしている。なぜなら、それらは同じ構造を持っているからである。ただし、それが意識の言語で表現されることはもはやなく、生活の言語で表現されている点を除いてであるが。自己活動の概念が、意識の概念に取って代わったのである。

　この分析が正しければ、「人間」、類、意識といった存在が退いていることをもって、階級、諸力、諸形態が優位になったと結論づけることは、完全な誤解であることになる。というのも、後者の諸存在は分業の段階においてまさしく対象となっているものだからである。したがって、これらの認識論的抽象が現実的基盤であると認めることは、実際には、疎外のゲームを行なうことになる。実際には生産物である存在が行なう自己主張として、このテキストが示している一つの例が、国家である。（80〔同書一七〇—一七一頁〕）。別の例は、市民社会である（57〔同書二〇〇頁〕）。市民社会はここではつねに、やがて次は基盤となる前の結果として提示されている。それは、ある系譜学にとっては結果であり、ある説明にとっては基盤である。再び、『ドイツ・イデオロギー』によって提起された困難な問題は、二つの読解、すなわち人間学的還元あるいは系譜学と経済学的説明との間の正確な連関である。これらの読解は、互いに交差することのない並行した二つのレベルを進んでいる。われわれが個人あるいは階級のどちらかを参照するのは、さまざまな説明のためである。あれこれの言語ゲーム、現実的個人の言語ゲーム、あるいは階級、諸力、諸形態の言語ゲームを適用するための方法論的諸規則が存在する。しかし、経済学的言語のために人間学を排除することは、実際には、現在の国家を乗り越えがたいものとして受け容れることになる。

われわれの目的にとってもっとも重要な一節を私はまだ引用していない、と言われるかもしれない。それはこのテキストのなかで、私の知る限りでは、「上部構造」という語が用いられている唯一の箇所である。それは、マルクスが市民社会について論じているところに現われる。「市民社会としての市民社会は、ブルジョアジーとともに発展するのみである。しかし、生産と交通から直接に発展する社会組織は、どの時代においても国家およびその他の観念論的上部構造の土台をなしている」（57〔同二〇〇—二〇一頁〕）。私には、マルクスがここではじめて「上部構造という」語を用いたと言うことはできない。そのように言いうるほどに、私はマルクスのテキストの専門家ではないからだ。しかし、少なくとも『ドイツ・イデオロギー』においては、この語が現われるのはこれが最初である。そして私の知る限り、この語がこのテキストの第一部に現われるのはこの一度きりなのである[2]。観念論的上部構造は、いくつかの条件のもとにある現実的な生活する諸個人の言語ゲームと対比させて、私が生産諸力の言語ゲームと呼んだものに属している。実際、ここでのマルクスの偉大な発見は、限定された諸条件のもとにある個人という複雑な概念だ、と考える。というのも、この読みから第二の読解の可能性が導かれるからである。個人を括弧に入れて、諸条件から出発し、諸条件が原因であると強く主張することができるだろう。しかしながら、そうすることで、個人と条件の弁証法を破棄することはない。なぜなら、個人はつねに、ある状態《コンディション》のなかに、あるいはある条件《コンディション》のもとに存在しているからである。

最近、フランスの哲学者ミシェル・アンリの書いたマルクスについての重要な著作を読む機会があった。[2] アンリは、現出(manifestation)の概念についての大著を書いている(『現出の本質』)。そして、この著作のなかで彼は、そこで強調されている同じ概念、具体的な身体的行為あるいは努力の概念をめぐるマルクスのテキストを再編成しようとした。彼は、もう一人の哲学者であるメーヌ・ド・ビランだけが、こうした観点を予見していたと主張している。アンリの考えでは、努力の過程はある条件を負っている。すなわち、努力はつねに抵抗と結びついているのだ(努力と抵抗とのこの結びつきは、メーヌ・ド・ビランの仕事の人間学的な核である)。アンリによれば、われわれは、こうした関係を土台として矛盾なしに諸条件の歴史の対象的言語へと移行することができる。そしてこの諸条件は、いまや現実的な歴史的諸力や行為主体《エージェント》として自律的に作用している。したがって、この二つのレベルを正確に結びつけることができれば、もはや二つの読解ではなく、むしろ歴史的諸力と現実的諸個人の概念についての弁証法的読解を手にできるのである。しかしながら、アンリが手に入れようと骨折っている結びつきがそれほど簡単に到達しうるものかどうか、私には確信がない。いずれにせよ、スピノザのテキストなどと同じように、マルクスのテキストも開かれたテキストである。われわれは、共産主義やあらゆる種類の党派に賛成か反対の立場に立つ必要はない。マルクスのテキストはよい哲学的テキストであり、他のすべてのテキストと同じやり方で読まれなければならない。したがって、マルクスについては多くの解釈を行なう余地があり、アンリの解釈は称賛に値するもののうちの一つである。

次の講義において、私はマルクスからルイ・アルチュセールに目を転じる。まず、『草稿』および『ドイツ・イデオロギー』についてのアルチュセールの読解を提示し、それから、上部構造の理論についての彼自身の解釈と、認識論的切断の概念に置き換えることで転倒の概念を取り除こうとする彼の試みについて論じる。アルチュセールは、認識論的批判を土台としたマルクス主義の変形を提案している。彼の言うところでは、転倒の概念は逃れ難く観念論の枠組みの内部にとどまっている。やがて理解されるように、アルチュセールはこの解釈のために、高い代価を払わなければならなくなる。それは、いかなる種類のヒューマニズムもイデオロギーの側に置かれなければならない、というものである。

少なくとも青年期のマルクスにおける分割線が実践《プラクシス》とイデオロギーの間にあるとすれば、のちの分割線は科学とイデオロギーの間にある。イデオロギーは現実的生活の反対物ではなく、科学の反対物となるのだ。この立場の重要性は、マルクス主義のさまざまな文献資料それ自体を科学的な集合体、あるいは少なくとも科学的であると主張している集合体として構成することと結びついている。青年期マルクスにとって、こうした反対物は存在せず、イデオロギーは現実的生活に対置されていた。しかしながら、マルクス主義そのものが一つの文献資料となるとき、イデオロギーに対する反対物がもたらされる。こうした変化は、一つの概念としてのイデオロギーの歴史における重要な移行を徴しづけることになろう。

第七回　アルチュセール（1）

これから三回の講義には、「イデオロギーと科学」という題をつけることができるだろう。マルクスのイデオロギー理論では、イデオロギーはもはや現実と無関係とされるか、あるいは現実とだけでなく科学とも関係づけられているのだが、そのようなマルクスのイデオロギー理論における変化について考えてみたい。そして、こうした運動を促進したさまざまな主たる変化について述べることで、ルイ・アルチュセールの『マルクスのために』の議論を紹介したいと思う。この発展を歴史的に追うとルカーチのような著作家たちへたどり着くことになるが、私は歴史的順序ではなく、論理的な順序をたどるつもりである。論理的というのは、少なくとも私が述べたいと考えている問題に関して論理的だということである。しかし、こうした順序は必然的なものではまったくないし、ましてや強制的なものではない。

マルクスの理論のなかに見られる三つの主要な変化を強調したい。これらの変化は今後三回の講義のための導きの糸となってくれることだろう。第一に、以前に述べたように、イデオロギーは一つの異なる概念を背景にしている。それは現実の実践的生活の過程――これは『ドイツ・イデオロギー』の言い回しである――よりもむしろ、科学のことである。後のマルクス主義にとっては、マルクスの書き残したものの全体が、科学の範例となる。「科学」という語のマルクス主義的用法を分析するとき、この語の実証主義的な意味を脇に置いておかなければならないことに注意しよう。実証主義的な意味はこの国〔合衆国〕では特に支配的であって、この語の射程はドイツ語の Wissenschaft〔学〕よりもずっと狭い。ドイツ語の Wissenschaft は、ギリシア語の epistēmē〔知の体系〕の意味をいくらか残している。たとえば、われわれは、ヘーゲルが彼の百科全書《エンサイクロペディア》を『哲学的諸学のエンチクロペディー』と呼んだことを思い起こすべきである。マルクス主義の理論においては、「科学」という語は概して、ポパー的な意味、つまりその真偽が検証されうるような認識の総体という経験的意味では、使用されていない。そうではなく、科学とはむしろ一つの根本的な理論のことである（実際に、アルチュセールが理論という語を好むのはこの理由からである）。科学とは根本的認識である。したがって、イデオロギー概念における変動は、マルクス主義的「科学」のなかに具現化されたものとしての科学性（scientificity）の規準にしたがって測られなければならない。初期の正統マルクス主義は、ブルジョワ科学からプロレタリアート的科学を区別することでこうした趨勢を表現したが、アルチュセールはこの主張を見下し、拒絶している。こうした対置は、共産党や党によって支配された国々内部での知的生活に対して、きわめて害のあるものだった。というのも、その結果、いわゆるブルジョワ科学における遅れと、いわゆるプロレタリアート的科学の硬直化の両方が生じたからである。アルチュセールが試みているのは、まさしく議論のレベルを上げることである。マルクス主義の学派のなかにどのような違いがあるにせよ、マルクスの理論における最初の全般的な変化は、イデオロギーと科学との対置の展開についてである。

　二番目の重要な変化は第一の変化とつながっており、歴史の現実的基盤（real basis）をつきとめることとかかわっている。われわれは『ドイツ・イデオロギー』におけるこの現実的基盤という概念に注目し、この概念をめぐる二つの異なる解釈の間のためらい――あるいは少なくとも、そうした二つの異なる解釈の余地があること――を見て取った。一方の解釈は、現実的基盤とは究極的には、決定的なあるいは明確な諸条件のもとにある現実的諸個人だと主張し、もう一方の解釈は、現実的基盤とは生産諸力と生産諸関係との相互作用だと主張する。正統マルクス主義は後者の解釈をとっており、このことはイデオロギー理論にも影響を与えている。もし、イデオロギーを現実と対置させ続けたいのであれば、現実は、マルクス主義的科学が現実的基盤だと見なしているものによって規定されていることを認めなければならない。したがって、マルクス主義が現実的基盤を経済構造として解釈することと、科学が必然的な極として現われてくることとは、論理的に一貫したことなのである。というのも、このいわゆるマルクス主義的科学が対象とするのはまさしく、現実的基盤の正確な認識だからである。

科学の概念と現実的基盤――すなわち経済構造――とのこのような結びつきが、史的唯物論の核をなしている。「唯物論」という語は、エンゲルスが用いるような意味での一つの宇宙論《コスモロジー》、すなわち自然についての一種のスコラ学である自然哲学を、必ずしも含意しているわけではない。エンゲルスの立場は、弁証法的唯物論と見なされる方がよい。これと対照的に、「史的唯物論」という用語は、科学とその対象すなわち現実的基盤との結びつきによって方向づけられている。イデオロギーは科学と現実的基盤の対極であると言われていることから、それはまた史的唯物論とも対置されている。その結果、正統マルクス主義では観念論と唯物論とがやはり対置されるのであり、これはあたかも、実際に色を塗るときに二色のうちのどちらかしか選ぶことができないかのごとくである。このような対置が、「あなたが史的唯物論者でなければ、あなたは観念論者だ」という対照のなかには本質的に含まれている。観念論者と言われることは、保証つきの唯物論者ではないことしか意味しないのだ。私は最近、ロシアの非常にすぐれた哲学者I・S・コンによって書かれた歴史哲学についての書物のなかで、こうした観点の現代における事例に偶然に出くわした。コンはその著作『哲学的観念論と、ブルジョワ的歴史思想における危機』のなかで、歴史哲学は二つの陣営しか持たず、その一方はブルジョワ的歴史哲学である、と述べている。彼によれば、この陣営にはジャン＝ポール・サルトルも含まれる。したがって、帰属は消去法の問題で、一方の側にいなければ、必然的にもう一方の側にいることになるわけである。

マルクスの理論における三番目の変化はわれわれの議論にとって特に根本的なものであるが、それは、現実的基盤とイデオロギーとの関係が、土台《ベース》と階層《フロア》を備えた建築物という一つの根本メタファーをもつ言語によって表現されるようになる、ということである。この構造的《トポグラフィック》特徴を持つメタファーは、すでに一つの現実的基礎のイメージのなかに含まれている。このメタファーによって思考しないこと、文化的諸現象を階層（layers）を使わないで記述することは、非常に難しい。実際、マルクス主義者たちだけがこうした比喩的描写を用いているわけではない。たとえば、これはフロイトにも見られる。エス、自我、超自我といった彼の概念構造は、それ自体が構造的《トポグラフィカル》特徴を持っている。こうした構造的特徴《トポグラフィック》を持つモデルに関して問題なのは、メタファーを文字通りに捉えたときそのメタファーによってどれくらい欺かれるか、ということである。古典的マルクス主義は、現実的基礎と上部構造との間に、決定あるいは実効性（efficacité）という言葉で定義された諸関係の複合的体系を導入することで、このメタファーを発展させてきた。

　別な仕方でいえば、マルクス主義における下部構造と上部構造との関係は、二つの側面をもつある複合的な相互作用によって統御されている、ということである。マルクス主義の主張するところでは、一方には因果関係があり、上部構造は下部構造によって決定される。しかし他方には、多かれ少なかれ最初の関係〔因果関係〕を規定している二番目の関係がある。すなわち、マルクス主義のいうところでは、上部構造は相対的な自律性を備えており、その基盤に反作用を及ぼすことさえできるのである。われわれはそこにWechselwirkung〔相互作用〕という古典的概念を認めことができる。この概念は長い歴史を持っている。これは力の相互関係を説明しようとしたニュートンの試みに始まり、カントやヘーゲルといった人たちにおいても見られる。カントのカテゴリー表では、Wechselwirkung〔相互作用〕は実体と因果性に続く第三のカテゴリーである。ヘーゲルの『論理学』では、量のあとに作用、反作用、相互作用などが続く。マルクス主義では、相互作用は一方向的な関係の観念のなかに包含されており、それがこの関係を性格づける一つのやり方である。マルクス主義にとって、イデオロギー理論の要石は、一方向でのみ生じる作用に相互作用が従属することからなっている。

　マルクス主義者たちの間でなされているスコラ的議論の多くは、『ドイツ・イデオロギー』に由来する、イデオロギーは固有の歴史を持たないとか、歴史の全体的な推進力は基盤から生じるといった根本的主張と、それでも上部構造はその基盤である下部構造に対して効果を及ぼすという主張との間の、こうしたパラドクスや緊張についてのものである。エンゲルスは、最終審級における決定という有名な概念を導入することによって、さまざまな解釈を平和的に合意させようとした。年長のエンゲルスは、マルクス主義学派のなかの「経済学者たち」に抗してその概念を提示したのである。この「経済学者たち」は、イデオロギーは歴史を持たないのだから、イデオロギー的形成は影でしかなく、空中をただよう幽霊以上のものではないと主張した。こうした立場にとっては、私が前回の講義で述べたように、ノルウェーの歴史はニシンの歴史以外の何ものでもない。エンゲルスは、最終審級において下部構造による根源的な決定がなされることと、経済的土台に対する上部構造の影響が残り続けることとを、ともに保持するような穏健なやり方を提示した。エンゲルスの注釈は、ヨセフ・ブロッホ宛の有名な書簡のなかに現われるが、アルチュセールはこれを『マルクスのために』のなかで引用している。

> 一八九〇年に老エンゲルスが、新しい関係が問題になっていることを理解しなかった若き「経済学者たち」に対してことがらを再び明確にしているのを聞くことにしよう。生産は規定的要因であるが、それは「最終審級において」のみである。「マルクスも私も、それ以上のことは主張しなかった」。「この言葉を曲解して」、経済的要因が唯一の規定的要因であると語る者は、「この言葉を空虚で、抽象的で、馬鹿げたものに変えてしまうであろう」。そしてエンゲルスは次のように説明する。「経済的状況は土台である。しかし、上部構造のさまざまな要素――階級闘争の政治的形態とその結果――、ひとたび闘争に勝利した階級によって打ち立てられる諸制度など、法律的諸形態、また、闘争に参加した者たちの頭脳におけるこれら現実の闘争すべての反映、政治的、法律的、哲学的諸理論、宗教的見解、さらには教義体系へのその後の発展、これらが等しくその作用を歴史的闘争に及ぼし、多くの場合、優越的な仕方でその闘争の形態を決定する（…）」。(111–112〔邦訳『マルクスのために』河野・田村・西川訳、一八二―一八三頁〕)[1]

上部構造のさまざまな要素が歴史的闘争の形態を規定する助けとなるということは、下部構造に形を与える可能性のうちに可塑性があることを意味する。イデオロギー理論が自律性を持つのは、こうした制限のなかにおいてであるが、それは下部構造による最終決定に対する相対的な自律性である。

私がどこに向かおうとしているのかについて述べておきたい。私自身の根本的な主張はこうである。すなわち、こうした「実効性《エフェクティヴィティ》」という概念枠は、正統性を要求する権力の体系というような問題を扱うには適しておらず、これらの事象は、因果性よりも動機づけの枠組みにおいての方がよりよく理解されるということである。このように主張することで、私はマックス・ウェーバーを、土台と上部構造との関係の代替的解釈としてではなく、一つのよりよい解釈として、導入するつもりである。何か経済的なものが観念に因果的な仕方で作用すると言うことは、完全に無意味である。何か物質的なものの経済的な力は、別な種類の効果が別の概念枠つまり動機づけの概念枠のなかで生じるのでなければ、効果を持つことができない。こうした枠組みを確たるものにするために、私は、正統性に対する要求および正統性への信仰という概念を採用しようと思う。これは、さまざまな動機の衝突という言葉で表現される、支配する者と支配される者の間の複合的な交代《インターチェンジ》である。私の考えでは、動機づけの問いがいっそう意味をなすのは、それを、われわれの権力、権力の構造などに対する関係という形で議論する場合である。このような理由から、私はあとで、こうした異なる種類の語彙にいっそうの注意を払うつもりである。アルチュセールは改良をもたらしたが、実効性、最終審級における決定といった根源的な構造をけっして変化させてはいない、と私は考える。そして、その構造が最終的に意味をもつのかどうかは、私には定かではない。

　したがって、私がウェーバーに興味を抱くのは、彼が、正統性に対する要求と正統性への信仰を持たない支配権力（階級、国家そのほか何であれ）は存在しないことを見て取ったからだけでなく、こうした要求と信仰との関係は、行為主体《エージェント》、目的、動機などを扱う理解社会学の枠組みを要求することを見て取っていたからでもある。下部構造と上部構造の言語ゲームは、最終審級における決定について、あるいはイデオロギー領域の相対的実効性についての見込みのない議論には不十分なものであると同時に、その議論に対して責任があるかもしれない。特に疑わしいのは、この文脈における実効性の用法である。というのもそれは、土台と上部構造とを持つ建造物のメタファーを強固にしているからである。構造的《トポグラフィック》特徴を持つイメージは、根本的に機械論的なモデルについての際限のない特徴づけへと導かれる。現実的基盤は特定の諸条件のもとで現実の個人のなかに残り続けると主張したならば、青年期マルクスとの間に一致した考えを保ち続けられたかもしれない。しかし、この現実的基盤は、動機づけという概念枠としか両立できないのである。

したがって一般に、もしわれわれが、第一に、イデオロギーは科学としてのマルクス主義の理論的な主張に対置されていること、第二に、イデオロギーは経済構造の言葉で表現された現実的基盤の上部構造であること、第三に、下部構造と上部構造との間には実効性の関係があること、これらを心にとどめるならば、われわれは、マルクス主義のイデオロギー理論における諸変化についての議論の枠組みを手にすることになる。私がこの議論の焦点としてアルチュセールを選ぶのは、彼がこれら三つの変化のもっとも根源的な帰結を描き出しているからである。われわれは彼の著作を、とりわけ、最初の変化のあらゆる帰結を描き出すための努力として読むつもりである。アルチュセールはこうした努力のなかで、マルクス主義の理論構造を、実践や歴史的運動ではなく理論であると主張することで強化し、科学をイデオロギーの反対の極に置いた。第二の変化によって、アルチュセールは一貫して、歴史の現実的基盤から現実の個人への言及をすべて取り除こうと試みている。個人は構造的概念ではないので、あらゆるヒューマニズムとともにイデオロギーを支持しているとして拒否されなければならない。ヒューマニズムは定義上イデオロギー的だというのである。第三の変化について、アルチュセールは下部構造と上部構造の関係のいっそう洗練された解釈を企てている。これは彼の根本的貢献であり、非ヘーゲル的意味と非機械論的な意味の両方において、思考の構造的《トポグラフィック》特徴を持つ因果主義的枠組みを改良しようとしているのである。私の考えでは、ここにアルチュセールのすべてがかかっている。

要するに、正統マルクス主義の三つのテーゼと、私が明確にしようとしている三つのテーゼとの間には一貫した類似性がある、と言うことができるだろう。イデオロギーと科学との対置は、イデオロギーと実践との対置と対比することができる。歴史の現実的基盤としての生産力および生産関係に対する強調は、特定の諸条件のもとでの現実の個人に対する強調と対比することができる。そして最後に、下部構造と上部構造との間の実効性の関係は、正統性の要求と正統性への信仰との間の動機づけの関係と対比することができる。

議論をアルチュセールに戻すならば、アルチュセールがマルクス主義のイデオロギー理論にもたらした変化のそれぞれについて、念入りに描写しなければならない。われわれの議論は、これらの変化を連続的にたどっていくことによって展開されるだろう。まず最初に、アルチュセールが理論に訴えていることを考察することから始めよう。その理論的立場では、マルクス主義の内部ですでに主張されていた科学とイデオロギーとの対立が、転倒よりもむしろ認識論的切断という用語で記述されている。イデオロギーは科学の反対物であるというのが本当だとすれば、それら二つの間に転倒の関係はありえない。アルチュセールは転倒の概念を放棄しなければならない。というのも、それは十分に認識論的ではないからであり、かつ、転倒されたものの枠組み内にある意味でとどまる原因となるからである。何かを転倒させ、さかさまにしても、同じもののままなのである。それに対して、認識論的切断は何か新しいものを導き入れる。こうした提示の第二の部分で、われわれは、アルチュセールが認識論的切断の概念をマルクスの著作そのものに適用し、その結果いかにしてそれらの著作のなかでマルクス主義固有のものとそうでないものとの間に分割線を引くのかを見ることになるだろう。決定的なのは、その線が、私が行なったように『経済学・哲学草稿』と『ドイツ・イデオロギー』との間に引かれるのではなく、『ドイツ・イデオロギー』と『資本論』との間に引かれているという事実である。私は、意識と現実的個人との間に移行があるとしたが、アルチュセールは、これらは同じ側にあると主張している。アルチュセールにとって、マルクスにおける認識論的切断は、(意識および現実的個人としての)人間存在に対する関心と、生産力と生産関係という用語で表現された歴史における現実的基盤との間にある。現実的基盤は客観的構造のなかにあるのであって、想定された個人的諸力にではない。現実的基盤からの個人的諸力の排除が表わしているのは、過程の担い手としての現実的個人に対するいかなる参照もいまだイデオロギー的だと見なされなければならない、ということである。アルチュセールについてのわれわれの議論の第三の、そして最後の部分として、彼がいかにしてマルクスの下部構造と上部構造の理論を洗練させているかを見ることになるだろう。ここでわれわれは、厳密な意味でのアルチュセールのイデオロギー理論、特にその拡張と機能を参照することになるだろう。したがって、アルチュセールを検討するために提案する教訓的な次元として、認識論的切断の意味するところを理解するために、彼が理論に訴えていることから出発することにしよう。

アルチュセールは『マルクスのために』の序文のなかで、それを書いた一九六五年までのフランス・マルクス主義における状況について詳細に論じることで、理論を強調するという方向性を明確にしている。アルチュセールはこの歴史を要約して、「ハイネの「ドイツ的貧困」を真似て、「フランス的貧困」と呼ぶことのできるもの、すなわちフランス労働運動の歴史における理論の現実的修養の、深刻な根本的欠如」(23〔同書三〇—三一頁〕、強調は原文)と記している。マルクス主義理論によって党の寄与が重要なものとなったドイツ、ロシア、ポーランド、イタリアとは対照的に、フランス共産党における状況は一つの理論的貧困であった。アルチュセールが自らの主張を押し立てるのは、こうした理論的真空に対してである。アルチュセールは言う、フランス共産党は、次のことに気づくほどに十分な哲学的素養のある人たちを引きつけてこなかった。すなわち、

マルクス主義は、単に政治的学説、分析と行動の「方法」であるばかりでなく、同時に科学である以上は、社会科学やさまざまな「人文諸科学」ばかりか、自然諸科学や哲学の発展にも欠かせないような、根本的な探究の理論的領域であるべきである。(26〔同書三五頁〕)

この主張は、後にアルチュセールの講義「レーニンと哲学」において詳細に展開されることになる。この講義は、同じ題名の書物のなかに収められている。

アルチュセールは、この主張がいくつかの帰結を伴うと指摘している。その第一の帰結は、マルクス主義が、青年期のマルクスの一つの傾向に抵抗しなければならない、というもので、マルクスは当時、哲学はヘーゲル以後死んだのであり、その後にくるものはけっして哲学ではない、と述べていた。アルチュセールはそれに対して、政治的活動とは現実化された哲学であるというのが本当だとすれば、マルクス主義はまさしく現実化された哲学なのだ、と注釈した。われわれが哲学の死について語らなければならないとすれば、それは哲学的な死でなければならないというのだ(29〔同書四一頁〕)。この主張の重要性は、次のような事実から引き出される。すなわち、もしマルクス主義の理論的構造が保持されなければ、マルクス主義におけるあらゆる実証主義的趨勢が優位となるだろうという事実である。

これらの趨勢において鍵になるのは、マルクスのフォイエルバッハに関する第十一テーゼ、すなわちこれまで哲学者たちは世界を解釈してきたが重要なのは世界を変革することだ、というテーゼに対する信頼である。こうした観点にしたがえば、解釈のための時間は終わり、行動のための時間が来たのである。

二番目の帰結は、マルクス主義の理論は単なる批判へと還元されることに抵抗しなければならない、というものである（こうした批判はフランクフルト学派に対して行なわれることがあるが、アルチュセールはこの学派のことを知らないようだ）。アルチュセールはこう主張する、マルクス主義哲学の課題は空想を批判することだけではない、というのも、批判はそれを行なうだけで、単なる科学についての意識に吸収され、またそうした意識になってしまうからである、と。アルチュセールはそれを、「批判的意識の引き継がれた死」（30〔同書四三頁〕）として語っている。これとは対照的に、アルチュセールの言うところでは、「自らの歴史の理論を創設するという行為そのものをとおしてマルクスによって構築されたマルクス主義哲学は、その大部分がいまだ形成途上にある」（30-31〔同書四四頁〕）。したがって、アルチュセールは、フランス・マルクス主義の悲惨な空白状態を、実践面を過剰に強調することから生じた理論上の弱さとして断罪するのである。

では、マルクス主義理論についてのアルチュセールの主張とはどのようなものであろうか。彼は、この理論は二つのレベルを有すると述べている。第一に、それは歴史の理論――史的唯物論――である。これは『資本論』の主要な構造、すなわち階級、生産の諸様態、生産関係などをその対象としている。第二に、それは哲学的学説であり、理論そのものを支配している諸概念の二次的体系である。それは根本的カテゴリー、カテゴリー的構造についての理論であり、フロイトが臨床的概念（欲動、衝動、備給など）に関するメタ心理学について語っているのと同じやり方である。この第二のレベルでは、マルクスの理論とは弁証法的唯物論のことであるが、アルチュセールはこれをエンゲルスの自然哲学に対置している。後者は貧弱なヘーゲル主義者、さらにいえば、十八世紀フランスの唯物論の貧弱な再構成だという。アルチュセールによれば、マルクス主義のあらゆる実証主義的還元において見落とされてきたのは、史的唯物論と弁証法的唯物論との区別である。『ドイツ・イデオロギー』でさえ、こうした混同を残している。「『ドイツ・イデオロギー』は、哲学を実証主義の空虚な一般性にではないにしても、科学の弱々しい影に（…）還元することで、こうした混乱を公認してしまっている。この実践的な帰結は、その誕生から今日に至るマルクス主義哲学の注目すべき歴史を解く鍵の一つである」（33-34〔同書四九頁〕）。アルチュセールは、マルクス主義のそれまでの学派だけでなく、マルクス自身のなかに見いだされる何かに対しても抵抗している。

　歴史の理論としてだけではなく、学説のカテゴリー的構造を検討する理論としても、理論に対するこうした強調が認識論的切断の概念を支配している。科学とイデオロギーとの間の切断において、イデオロギーを根本的に性格づけているのは、自らを自らの理論のなかで二重化する（reduplicate）ことができないということである。これが、イデオロギーの概念に接近することのもっとも意義深い点である。われわれはあとで、アルチュセールにとってのイデオロギーの内容、何がイデオロギーに属するのかを記述するために立ち戻るが、差し当たってわれわれには少なくとも一つの規準がある。イデオロギーは、たとえ体系的であっても、自らについて説明することのできないような仕方で体系的なのである。イデオロギーはおのれ自身の思考法を説明できないのだ。

　こうした批判はヘーゲル以上にスピノザを思い起こさせる。ヘーゲルの場合、一つの言語において言われてきたことは別の言語において回復させることができる。すなわち、われわれは一つの思考様態の内的要素を発展させて、それを次の様態のなかに保持することができるのである。ところが切断の概念は、まさしく反ヘーゲル的である。ここでは、スピノザを参照するのがいっそう適している。一つの段階を別の段階において保持するよう訴えるのとは対照的に、スピノザは、認識の諸様態の継起について述べている。例えば第一段階の、太陽が昇るという広く受け容れられた見方は、第二段階の天文学によって乗り越えられる。天文学は最初の見地を必要としないし、それを統合することもない。こうした認識の第一の様態と第二の様態との関係を土台とした、アルチュセールとスピノザとの間のさらなる類似性は、後ほど理解されることだろう。すなわち、真理の秩序は作者を持たず、合理性は自らを支えるのであり、第一段階はある恒常性を持っているのである。最後の点は、とりわけイデオロギーに対するわれわれの関心に関係がある。天文学者は自分の仕事を離れたところで、日の入りと日の出について語り続ける。そしてイデオロギーもまた、ある種の恒常性を持っている。このことは実際に、アルチュセールの学説の最後の段階となるだろう。科学的であることに対して高い要求をすると、生活のかなりの部分をイデオロギー的なものの方に追いやることになる。スピノザに対するアルチュセールの重要な言及は、次の脚注のなかに見られる。

科学は、いかなる資格においても、ヘーゲル的な意味でイデオロギーの真理と見なされるわけにはいかない。もし、この点に関してマルクスの哲学的な祖先を見いだそうとするならば、われわれはヘーゲルよりもむしろスピノザを考えなければならない。スピノザは、第一種の認識と第二種の認識との間に、その直接性（もし神における全体性を捨象するならば）のうちに、まさしく根源的な非連続性を前提とするような一つの関係を打ち立てた。第一種の認識が理解可能となるのは第二種の認識のおかげだとしても、第二種の認識はその真理ではない。（78 n.〔同書一四一頁、注39〕）

真理は第二種の認識の側にあり、第一種の認識のなかにはない。これは強い主張である。第二種の認識は自らを養うのであって、自らの乗り越えたものから借りてくることはない。これは反ヘーゲル的な立場である。あとで見るように、この種のラディカリズムは最終的には支持できないかもしれないが、私としては、少なくともアルチュセールの立場の知的大胆さを大いに賞賛したい。

認識の二つの様態の間に「根源的な不連続性」があるからこそ、イデオロギーと科学との切断はけっして逆転とか転倒という言葉で表現することができないのである。転倒の過程は、最初の領域の内容に対して生じる。つまり、内容は同じだが、上下がひっくり返っているのだ。アルチュセールはここで転倒のイメージをあまりに推し進めてしまっているかもしれないが、このことはその概念が含意していることである。アルチュセールは転倒の概念について、さらに別の脚注のなかで論じている。脚注はアルチュセールの仕事のなかで、つねにきわめて興味深いものである。なぜなら、彼は〈党〉〔共産党〕に対する厄介事を避けるために、そうした脚注を用いているからである。真理はページの底辺部にあるのだ。

マルクスが『ドイツ・イデオロギー』において、まさしくフォイエルバッハに反対して、フォイエルバッハがヘーゲル哲学を「転倒」したと主張しているまさにそのときに、彼が依然としてヘーゲル哲学に囚われていたという批判を行なったのは、注目すべきことである。マルクスは、フォイエルバッハがヘーゲルの問いの諸前提そのものを受け容れたこと、また、さまざまな答えを与えはしたが、それは同じ問いに対してであったことを批判したのだ。哲学においては、問いのみが秘密をあばくのであり、これは、答えがものごとを解き明かす日常生活とは反対である。ひとたび問いが変えられてしまえば、転倒について語ることはけっしてできなくなる。なるほど、問いと答えの新しい関係的順序を古い順序と比較することで、なお転倒について語ることはできる。しかし、それは類推によってである。というのも、問いはもはや同じではなく、また問いが構成する諸領域は、すでに述べたように、教育的な目的を別にすれば、比較されえないものだからである。(72-73 n.〔同書一三九頁、注35〕)

問いがもはや同じではない場合には、その問いが構成する諸領域はもはや比較できないという、この切断の観念を考え抜くことは困難である。ヘーゲルを足で立たせるには、ただ、ひっくり返されたものを元に戻せばいい。「頭で立っていた人間が、最後に足で歩いていたところで同じ人間に変わりはない」(73〔同書一一三頁〕)。アルチュセール自身がメタファーによって惑わされているのかどうかはわからないが、われわれがここで受け容れなければならないのは、問題設定《プロブレマティック》における変化という観念である。われわれはいま、新しい問いを立てつつあるのだ。われわれはもはや、人間の意識とは何かとか、人間の条件とは何かについて問いを立てることはない。その代わりに、たとえば、階級とは何かを問うのである。アルチュセールにとって、これら二つの様態の問いかけの間にはなんの関連もない。ましてや、ヘーゲル的止揚(Aufhebung)は適当ではない。われわれはこのことを、あとの講義でくわしく論じるつもりである。その際、アルチュセールにしたがって、上部構造と下部構造との関係と、あらゆる種類の弁証法との間の根源的な裂け目について論じることになるだろう。アルチュセールは言う。

［マルクスによる］ヘーゲルの「超克」とは、ヘーゲル的な意味でのAufhebung〔止揚〕、つまり、ヘーゲルに含まれているものの真理の陳述ではけっしてない。それは、ヘーゲル的真理を目指しての誤りの超克なのでなく、反対に、現実を目指しての幻想の超克なのであり、さらに適切には、現実を目指しての幻想の「超克」というよりもむしろ、幻影の一掃であり、一掃された幻想の、現実を目指しての後ろ向きの回帰である。したがって、「超克」という用語にはもはやなんの意味もない。（77-78〔同書一一九―一二〇頁〕）

Aufhebung〔止揚〕の概念において重要なのは、一つのレベルから別のレベルに移行するにあたって、媒介の過程を通して最初のものの内容を保持するということである。もしわれわれが、主人-奴隷の関係性をヘーゲル的止揚《アウフヘーブング》の一例とするのであれば、われわれはこうした関係性が、ストア派のなかで乗り越えられているのを知っている。再認の一つの契機が主人と奴隷の間で生じ、これによって、より以前の関係性の何ものかもまた保持されるのである。しかしながらアルチュセールによると、われわれは、一つの項がその否定を通して保持されるのとはまったく異なる何かを思考しなければならない。一つの空想が消えてなくなることについて思考しなければならず、またこのことはまったく別の言語で表現されなければならないのだ。止揚《アウフヘーブング》は実体的な連続性を含んでいる。というのも、最初の項が、その「否定」を通して第三の項として立ち戻ってくるからである。他方でアルチュセールは、諸概念が思考の別の領域に移っていくことについて思考しなければならない、と述べている。科学は、それに先行するものの真理ではない。それは、同じものがいっそう真となるのではなく、むしろ何か別のものなのである。したがってわれわれの問題は、そうした根源的な切断が思考できるのかどうか、ということになるだろう。私は当面、この問いを中断しておく。というのも、切断を思考することが可能かどうかについては、下部構造と上部構造との間に一つの因果関係が、したがって何らかの避け難いやり取りが存在するというアルチュセールの主張と結びつけて考えなければならないからである。あとで、この二つの領域の避け難いやり取りからもたらされる、さまざまな途方もない帰結について論じるつもりである。

ここからは、アルチュセールについてのわれわれの議論の二番目の主要な点へと話を移していきたい。われわれはそれを、マルクスを読むためのアルチュセールの解釈学的原理と呼ぶことができるかもしれない。この原理は、マルクスに生じたと言われている認識論的切断に由来するものである。これは、現実的なものから想像的なものを切り離すのではなく、科学的なものから前科学的なものを切り離す。マルクス主義は、自らを反省する理論的能力を持っているると言われているのだから、自らの出発点を理解し、おのれ自身の理論的あるいは認識論的切断をも行なうような学説である。アルチュセールはまさしくこうした分析を通して、マルクス主義者たちの間で行なわれている、時期の区分の問題とマルクスにおけるさまざまな仕事の継起の問題についての古典的な議論――ときとして退屈かもしれない議論――を解決しようとする。アルチュセールはこの問題を取り上げ、それを認識論的切断の概念へと適用する。こうして、最初はマルクス主義の全体をその先行者たちから切り離すために用いられていたこの概念が、いまやマルクス主義者の集団そのもののなかに適用される。マルクス主義の歴史において、科学的な意味で真にマルクス主義的であるものと、そうではないものとの間に認識論的切断があると主張される。『マルクスのために』に収められている一連の試論のなかで、アルチュセールは青年期マルクスから出発して、成熟期の学説へと話題を進めている。私はこの順番を逆転させたい。というのも、われわれがマルクスに認識論的切断の概念を適用するときの原理は、円熟期の学説とそれ以外の著作との関係から生じてくるからである。

「認識論的切断」という用語についてひとこと述べておくべきだろう。この概念はガストン・バシュラールに由来する。彼は、美学と詩学についての仕事によって、今世紀になってその名を広く知られるようになったが、彼には『否定の哲学』という重要な認識論的著作もある。バシュラールは、否定が連続的に行なわれることで科学は発展すると主張している。そこには、おそらくクーンのいうパラダイムの転換のような、一つの飛躍がある。実際、クーンとバシュラールを比較すれば、認識論的切断の概念をいっそうよく把握することができるだろう。しかし、ここではアルチュセールと〔マルクスの仕事の〕時期の区分問題に話を限定することにしよう。アルチュセールは、マルクスの著作を四つの段階に分けるよう提案している。初期の仕事（一八四〇―四四年）、切断期の仕事（一八四五年）、移行期の仕事（一八四五―五七年）、円熟期の仕事（一八五七―八三年）である（35〔同書五一―五二頁〕）。われわれの目的にとって特に興味深いのは、『ドイツ・イデオロギー』が、曖昧であるという理由で二番目の時期に置かれていることである。私の理解では、このテキストの構成要素をなすものが、ここでは、進行中の切断の徴候とされている。切断が進行中であるというのは、個人という古い言葉と階級闘争という新しい言葉の両方が用いられているからである。アルチュセールは、切断が否定的な段階にとどまっているのは古い言葉で表現されているからだ、と述べている。アルチュセールが『ドイツ・イデオロギー』について述べている箇所を引用するが、これは、私がこの本をイデオロギー理論の範例と見なしているからである。

われわれは、［イデオロギー的なものから科学的なものを切り離す］こうした変化が、それが端緒をなしている新しい理論的な問題設定《プロブレマティック》を、歴史理論においても哲学理論においても、完成された積極的な形で一気に生み出すことはできなかった、ということを心に留めておかなければならない。実際、『ドイツ・イデオロギー』は、マルクスが拒否したイデオロギー的な問題設定のさまざまな形態についての、たいていの場合否定的で批判的な解説なのである。（34〔同書五一頁〕）

アルチュセールは、現実の個人に関するあらゆる実証的な概念をそれほど強調していないが、それらの概念は新しい用語法の周囲に置かれている。

したがって、われわれは、アルチュセールの行なっている種類の読解について十分に意識的でなければならない。というのも、人はつねに何らかの解釈学的規則にしたがって読むものだからである。アルチュセールはマルクス主義者の集団に、マルクス主義的解釈学を適用している。つまり彼は、理論の一般的な諸原理をその理論自身に適用しているのである。アルチュセールの読解は〔ありのままを見る〕肉眼によるものではなく、またそうであると主張してもいない。それどころか、一つの批判的読解なのである。すなわち、円熟期のマルクスの構造が、その構造そのものの初期へとさかのぼって適用されることで、初期との裂け目が導入されるのである。アルチュセールが批判的読解を主張しているのは妥当であると思う。あらゆる読解は、一種の暴力である。われわれは、単に反復しているのでなければ、解釈しているのだ。ハイデガーや他の多くの人たちは、あらゆる生産的読解は回帰的であり循環的であると主張している。原理がその対象に対して回帰することについてのアルチュセール自身の主張は、次の一節に示されている。

〔マルクス主義理論の還元不可能な特殊性についての〕こうした定義を、マルクスの著作のなかに直接読むことはできないということ、円熟期のマルクスの現実的諸概念のありかを確認するためには、それに批判的な予備作業が欠かせないということ。これらの概念を識別することはその概念が存在する場所を識別することと一体となっているということ。あらゆる解釈に絶対的に先行する予備作業であるこの批判的作業は、それ自体、理論構成の性質とその歴史にかかわる最小限の暫定的なマルクス主義的理論概念を用いることを前提にしているということ。マルクスを読むことは（…）それ自体がマルクス主義の哲学であるような認識論的歴史の理論を、先行条件としているということ。こうした操作は、それ自体、必要不可欠な円環を構成しており、そこでは、マルクス主義の哲学をマルクスに適用することは、マルクス理解の絶対的な先行条件として現われてくるのであり、また同時に、マルクス主義哲学の構築と発展の条件としても現われてくるのであること、これは明白である。しかし、この操作が含意している円環は、この種のあらゆる円環と同様、その対象を試練にかけることで自らをその対象の試練にかけるような理論的問題設定から出発して、ある対象の本性に対して提起される問題についての弁証法的な円環にすぎない。
（38〔同書五八頁〕）

こうしてわれわれは、マルクスの著作を少しずつ前方へと読み進める代わりに、後方へと、つまりわれわれの知っているマルクス主義的であるとはどういうことかから出発して、真にマルクス主義的ではないものを構築するという仕方で、マルクスを読むのである。

アルチュセールは自らの読解を循環的なものとして記述している。実際、ある読解を補強している原理と、読解の対象との間には循環性がある。こうした解釈が「この種のあらゆる円環と同様」であるとアルチュセールが記しているることから、われわれはハイデガーの解釈学的循環を思い起こす。とはいえ、彼がこの循環を念頭においているかどうかは、非常に疑わしいのだが（実際のところ、アルチュセールはほとんどハイデガー的ではないように見える。ハイデガーは、アルチュセールのような人間にとって、最悪のイデオローグであるにちがいない）。いずれにせよ、アルチュセールは読解のこうした循環性を認めているという限りで、自らの読解をテキストに投影させているとして彼を批判する人たちに対して、あらかじめ用意された答えを持っているのだ。こうした批判は読解の仕方のなかに含まれているのだから、反論とはならない、というわけである。したがって、アルチュセールが青年期のマルクスについて行なっている読解に反対して、マルクスはアルチュセールの主張しているようなことは実際には言っていないというかたちで反論するのは難しい。アルチュセールはこう答えるからである。すなわち、自分は諸概念がそれら自身の真理を反映しているところから出発しているのに対して、青年期のマルクスは自分が実際に言おうとしていることをまだ知らないのだ、と。『ドイツ・イデオロギー』の場合、彼の読解が古い諸概念を「言葉通りに」（36〔同書五五頁〕）とるとは主張していない、とアルチュセールは記している。『ドイツ・イデオロギー』は、読解のための鍵を渡してくれないテキストである。そのため、この著作に属していない鍵とともに読まなければならない。アルチュセールは、「〈切断期〉の著作の、見かけ上は親しみのある諸概念の、偽りの、おそらくはいっそう危険な明証性」（39〔同書五九頁〕）について述べている。

しかしわれわれは、『ドイツ・イデオロギー』に対する鍵がこのテキストのなかに見いだされないというのは本当かどうかを議論しなければならない。青年期のマルクスを読むやり方は、ただ一つしかないのだろうか。われわれはマルクスを、円熟期のマルクスの諸概念にしたがって読まなければならないのだろうか。われわれはこれらのテキストに対して、あたかもそれらが、あとからの編集を通して読むだけではなく、それら自身が語っているように読む自由も持っているのではないだろうか。理論に対する内的な原理としての認識論的切断とその歴史的適用とを、区別することはできないのだろうか。これらはもっとも意義のある問題であり、われわれのアルチュセール解釈にとってばかりではなく、われわれが展開しようとしているイデオロギー理論にとっても重要な問題である。アルチュセールは、のちの問題設定《プロブレマティック》を読み込んだために、意識の哲学と人間学的哲学――この哲学にとっては、歴史の主体は「具体的な現実の人間」(37〔同書五五頁〕)である――との決定的な切断を見落としていないだろうか。同じ理由で、彼は疎外から分業への移行について、後者が「イデオロギーの理論のすべてと科学の理論すべてを支配している」(37〔同頁〕)のを認めていても、その移行の重要性を否定してはいないだろうか。アルチュセールは分業について、その役割が「曖昧である」(37〔同頁〕)としか語っていない。『ドイツ・イデオロギー』に先立つ著作の場合には、強調されている諸概念――意識、類的存在、疎外――がフォイエルバッハ的であると言うのはやさしい。マルクスはそこでは、青年ヘーゲル学派の世界にとどまっているからだ。私の考えでは、マルクス主義の出現に対する先例《テストケース》は『ドイツ・イデオロギー』であり、それが固有の諸条件のもとでの現実の個人の概念に注目していることである。しかしながらアルチュセールにとって、この概念はもはやそれのみで何かを語ることはない。それは不透明な観念であり、マルクスののちの問題設定から持ち込まれた方法によってのみ透明となる、というわけである。アルチュセールの方向性は、私が強調した『草稿』と『ドイツ・イデオロギー』との差異が重要ではなくなるという、根本的な帰結にいたる。〔そうした方向性では〕『草稿』が意識を前面に出しており、『ドイツ・イデオロギー』が現実の個人を前面に出しているという点は重要でないのだが、それは、これらの概念がともに人間学的であり、人間学的イデオロギーの一部となっているからなのである。

アルチュセールは人間学的なイデオロギーの概念を鍛え上げて、それが、意識という言い回し、あるいは現実的生活、実践という言い回しにおいて、全体としての人間存在が問題になるような場全体に適用できるようにしている。

私はこれを受け容れることができない。それどころか、私は、『ドイツ・イデオロギー』におけるマルクスの偉大な発見は、現実的生活と意識とを区別したことであると考えるのだ。しかし、アルチュセールは、すでに見たように、真の理論はおのれ自身を説明しなければならないという理由で、ここに決定的な断絶はないと言うのが正当だと考えている。理論という概念そのものから出てくるのは、イデオロギー的なものは自らのことを理解していない、という想定である。つまりアルチュセールは、「イデオロギーの世界はそれ自体が固有の認識原理である」(57〔同書八六頁〕)という〔マルクスの〕見解に反対しているのだ。

アルチュセールの解釈の偉大な貢献は、彼が、マルクスを読むための原理をもたらして、他のマルクス主義的読解の「折衷主義」(57〔同頁〕)にもっとも挑戦する一貫した読みをもたらした、という点である。「若きマルクスについて」と題する試論のなかで、アルチュセールは、青年期のマルクスのなかにある唯物論的な——したがって真にマルクス主義的な——要素をいまだヘーゲル的あるいはフォイエルバッハ的な諸概念から解放しようとしている、東欧のいくつかの解釈を批判している。アルチュセールの言うところでは、諸要素についてはけっして語ることができず、一つのイデオロギーは一つの全体を構成するものとして捉えなければならないのである。認識論的切断は全体と全体との間にあるのであって、さまざまな部分や要素の間にあるのではない。それは、古い思考様態と新しい思考様態との間、一つの全体性と別の全体性との間にあるのだ。

アルチュセールが、彼に反対するマルクス主義者たちに対して、マルクスの初期の著作に一つの結末を読み取る権利を拒み、これらの反対者たちはいくつかの要素を捨てて目的論的モデルを全体に適用していると告発するとき、彼がどのような弁明を行なっているのかを問うことで、彼に反論することができるかもしれない。アルチュセール自身が、青年期のマルクスを、円熟期のマルクスのものであるさまざまな基準にしたがって読んでいるのではないだろうか。アルチュセールは主に三つの点について答えている(62–63〔同書九五—九六頁〕)。これらの答えの詳細についてはあとで論じるつもりであるが、簡単に要約しておこう。第一に、アルチュセールが言うには、マルクス自身に認識論的切断を適用することは、彼のテキストの各段階の固有さを保持することである。というのも、「その意味を変化させることなしには、一つの要素も抽出できない」(62〔同書九五頁〕)のだから。第二に、青年期のマルクスの仕事は、円熟期のマルクスの仕事によってではなく、その時代のイデオロギー的な場にそれが属していることによって説明される。第三に、発展の原動力となる原理は、イデオロギーそのものではなく、イデオロギーの基礎に横たわっているもの、つまり実際の歴史である(この主張はすでに、下部構造と最終審級における決定の理論を含んでいる)。アルチュセールが主張するところでは、こうした注意をしているかぎりでのみ、説明は科学的であり、けっしてイデオロギー的ではない。真理は誤謬の尺度であるのだから、円熟期のマルクス主義は、青年期のマルクスについての真理であるが、すでに青年期のマルクスの真理である必要はない。

第三点についてはあとで立ち戻ることにして、いまは第二点について論じてみたい。イデオロギーが一つの全体であるということは、それが何か個別的あるいは個人的なものであることではなく、それが一つの場であることを意味している。さまざまな仕事が共通して備えているものを定義するには、それらがいかなる共通のイデオロギー的な場に属しているかを識別することが要求される。イデオロギー的な場という観念は、認識論的切断の一つの帰結である。われわれは、これこれの個別的著作とではなく、思考法全体と縁を切るのである。結果として、イデオロギーの概念からは、思考法における個別性や個人性が減少していき、ますます無名性が増大していく。それが、今度は大きな困難を引き起こすことにもなる。それは、こうした場のなかで個々の著作はいかに位置づけることができるのか、場から独自性へといかにして移行することができるのか、という点についてである。

場の概念を強調することは、アルチュセールの著作に対する構造主義の一つの影響を表わしている。この場の概念は、ゲシュタルト心理学と、場〔=地〕と対象との対照に由来している。一つの対象――ここでは個別の著作――は、場という背景の上に置かれている。アルチュセールは、マルクス主義的というよりも構造主義的に見える多くの表現を用いているが、そうした表現は彼のテキストのなかでマルクス主義的なものになる。アルチュセールにおける構造主義的響きは、次の引用にはっきりと見て取ることができる。グレマスとフランスの構造主義者たちが述べたような意味でのテキストの概念に対するほのめかしに注意しよう。

> 自分の生きた思想がわれわれに示されるようなテキストの題材そのものをなしている、交換と論争の次元では、あたかもこれらの思想の著者たち自身が不在であるかのごとくにすべてが進行する。不在というのは、思想とテキストのなかで自己を表現する具体的な個人が不在なのであり、現存するイデオロギー的な場において表わされる現実の歴史が不在なのである。著者が、思想の厳密さだけを求めて、公表された自分の思想の前から消え去るように、具体的な歴史もまた、体系だけを求めてイデオロギー的主題の前から消え去るのだ。この二重の不在についても、問題にする必要があるだろう。しかし当面は、特定の思考の厳密さとイデオロギー的な場の主題的体系との間で、すべてが演じられる。(64〔同書九八―九九頁〕、強調は原文)

テキストの著者の消滅という観念は、著者を失った個々の作品と、定義上作者を持たないイデオロギー的な場との間の移行をもたらす。把握するのがとても難しいもの、すなわちある明確なイデオロギー的な場を構成する問題設定《プロブレマティック》の概念、ある意味で、誰も提起したことのない問題であるものについて思考するよう、われわれは要求される。われわれが問いと呼ぶものは、それを提起する思考者を要求するが、ここでは、誰によっても表現されることのない何かとしての問題設定《プロブレマティック》のことを考えなければならない。問題設定とは「一つのテキストの深い統一性、イデオロギー的思考の内的本質」(66〔同書一〇二頁〕)である。

アルチュセールのこうした方針は、意味の理論にとって破滅的な結果をもたらさないだろうか。というのも、誰によっても意味を与えられていないのなら、一つの場のなかで何かが意味されることはないからである。アルチュセールは、自分は意味の概念も用いていると答えるかもしれない。場の典型的な体系的構造について語るとき、彼は言う。その決定された内容は、「考察されるイデオロギーの「諸要素」の意味［sens］を理解させてくれると同時に、このイデオロギーを、思想家が生きている歴史的時代によってその思想家に与えられ、あるいは課せられる諸問題と関連させることを可能にする」と(67〔同書一〇二頁〕)。こうして、問いを立てているのは個人ではなく、歴史的な時代ということになる。このことは、われわれがアルチュセールの三番目の方法論的原理と考えたものと一致する。すなわち、構造の理論——下部構造と上部構造の関係——に置かれた強調、主体なき無名の存在者に与えられた重要性である。しかし〔そうなると〕、労働者の苦しみをどのように表現することができるのだろうか。疎外され疎外に苦しむ者が誰もいなければ疎外は存在しないのだから、疎外という語彙はすっかり消えてなくなるはずだ。アルチュセールの概念枠は、われわれがこの種の場、構造、存在者について語ることができるようにしてくれる。

イデオロギーの概念に対する解釈のいくつかの帰結を描き出すことで、アルチュセールが場の概念を強調しているのをいっそうはっきりさせることができるだろう。第一に、すでに見たように、イデオロギー的な場の概念は、『ドイツ・イデオロギー』と『草稿』との違いをそれほど強調しないように仕向けがちである。それが、この概念の主要な帰結である。『ドイツ・イデオロギー』と『草稿』とは同じイデオロギー的な場に属しているのであって、これらは異なる範囲、異なる概念を持つ個別的な仕事ではない、というわけだ。人間学的イデオロギーの概念は、少なくともアルチュセール的な意味ではマルクス主義的でないすべての仕事にとっての、支配的な概念となる。これらの人間学的なテキストの統一性は、共通の問題設定《プロブレマティック》に基礎づけられている。「ある思想の問題設定は、その著者が扱った諸対象の領域に限定されるものではない。というのも、その問題設定は思想を一つの全体性として抽象することではなく、一つの思想の、そしてまたその思想のなかで可能なあらゆる思考の、具体的で限定された構造だからである」(68〔同書一〇五頁〕)。ここで理解されるように、人間学的イデオロギーは非常に難解な概念である。そこでわれわれは人間学的イデオロギーを、フォイエルバッハや『草稿』、『ドイツ・イデオロギー』を含むさまざまな種類の思想を生み出す一つの場と考えなければならない。その場のなかではそれぞれの仕事の同一性《アイデンティティ》は失われる。このことがとりわけ重要なのは、意識という観念論的概念と、所定の諸条件のもとでの現実的個人の概念、つまり私が高く評価してきたマルクスの人間学的リアリズムとの間の根本的な区別が失われることに対してである。

アルチュセールの読解の第二の重要な含意とは、一つのイデオロギーは思考されるものではなく、むしろわれわれがそのなかで思考するようなものなのだから、誰かが引き受けるような一つの思考として論じられるべきではない、というものである。これは決定的で、おそらくは避け難い結論である。それはまた、必ずしもマルクス主義的というわけでもない。このことは、たとえばオイゲン・フィンクによって、主題的概念と操作的概念についてのよく知られた論文のなかでも強調されていた[1]。この洞察の重要な点は、われわれはわれわれの思考に含まれるすべてのものを思考することはできない、というものである。われわれは、いくつかの概念とともに、いくつかの概念によって思考する。これが、われわれが思考するものについて徹底的な透明性に到達することのできない理由かもしれない。われわれは何ものかを主題化することはできるが、そうするためには、そのとき主題化されていない他の諸概念を用いなければならない。少なくとも、概念を使用している限りは、そうである。私なりの言い方をすれば、絶対的な反省性（reflexivity）は不可能なのである。われわれが用いることができるのは全面的な反省《リフレクション》ではなく、部分的な反省だけなのだ。したがって、われわれはわれわれのあらゆる概念について反省することはできないというのが、イデオロギーの概念の重要な点なのであろう。われわれがそれを通して思考するような概念、あるいはわれわれがそれとともに思考するような概念が存在する。アルチュセールは問題設定《プロブレマティック》について、「一般に、哲学者は、問題設定そのものについて考えることなく、問題設定において考える」（69〔同書一〇六頁〕）と述べている。このことは、イデオロギーは意識あるいは自己意識によって支配されていないという意味において無意識的である、ということを含意している。アルチュセールは次のように付け加えている。イデオロギーにとって、「それ自身の問題設定は自己を意識していない」のであり、その「「理論的諸前提」について［も］意識していない」（69〔同頁〕）。もしかすると、ここには何か根本的なものがあるのであり、それはマルクス主義の用語においてというわけではない。つまりわれわれにとって、すべてを意識のレベルへともたらすことは不可能なのである。われわれは遺産や伝統や、われわれが思考することや生きることの手助けをしてくれる多くのものを頼りとしており、これらのものが、思考することに対するわれわれのアプローチを支配しているのだ。この意味において、イデオロギーは乗り越えがたいものである。アルチュセール的なマルクス主義者であれ、彼らの思考のすべてを把握しているわけではない、と言わねばならない。おそらくこれが、場の概念の最良の用法である。すなわち、われわれの思考はまた一つの場でもあり、一つの対象というだけではないのだ。おそらくはフロイトも、これと同様のことを述べている。

私の考えでは、すべては明らかだ、根源的な透明さは可能だ、と主張することは、こうした観点に対する反論とはならない。そうではなく、反論が生じるのは、われわれが動機づけの枠組みや概念枠を持たない場合に、場と思考との間にいかなる関係が存在するかを問うことによってである。もしこの関係を因果性という用語で考えれば、すべては漠然としてしまう。反対に、われわれの動機はすっかり明らかなわけではない、と言えば、関係性ははっきりしてくる。動機づけの場は、こう言ってよければ、われわれの背後あるいはわれわれの下方にある。ここでは、フロイトのエス（Es）――〔エスの英訳である〕イド（id）――という概念が非常に役に立つ。われわれは、社会的なエスもまた存在する、と言うこともできるかもしれない。私としては、単独の思想と場との関係は、自らの場の諸条件のもとで生きる個人を要求する、と主張したい。一つの場は、個人のさまざまな状況の条件の一部をなしている。したがって、『ドイツ・イデオロギー』の言い回しを用いて、思考者は諸環境のもとにあると語ることは、自分が統御していない状況、自分にとって透明ではない状況のもとにある場合には、いっそう意味のあることだと思われる。いいかえれば、場の概念は、因果関係よりも動機づけの関係に、いっそう有用で助けとなる仕方で属しているのではないだろうか。

場と思考との関係に関するアルチュセールの別のテキストは、私が主張してきた解釈により近い解釈の可能性を開いてくれるように思われる。


以上の考察を要約しよう。イデオロギーの発展についての理解は、イデオロギーそのものの水準で、ある思想が発生し発展するイデオロギーの場についての同時的な結合した認識を含んでいる。それは、この思想の内的な統一性、つまりその問題設定《プロブレマティック》を明らかにするということでもある。イデオロギーの場の認識は、それ自体が、互いに組み合わさり、また対立するさまざまな問題設定の認識を前提とする。考察されている個人の思想に固有の問題設定と、イデオロギーの場に属するさまざまな思考に固有の問題設定とを関係づけることではじめて、その思想の作者

の種差が何であるか、つまり、新しい意味が生まれるかどうかを決定することができるのである。〔70〔同書一〇七頁〕〕

再び、『ドイツ・イデオロギー』の「類的差異」の問題が現われている。そこには「新しい意味が生まれ」てはいないだろうか。より一般的には、この引用は、もし誰かが新しい観念をもたらせば、それは新しい意味が一つの場に出現したことを意味する、ということを支持している。したがって、われわれは場について機械的な言葉で考えることはできない。そうではなく、可能な思考のある種の蓄え、一つの源泉として考えなければならないのだ。思考と場の関係性が意味を持つのは、われわれが力ではなく意味という用語で思考する場合のみである。さらに、われわれが、作者を持たない場とこの場のなかにある個人の思考とは厳密に同時であるというアルチュセールの主張にしたがうとすれば、われわれはつねに、個人の思考の場、あるいは集団的場における個人の思考について語らなければならない。このように、場と個人の思考との間には相互性がある。われわれは、その相互性を概念化できなければならない。ここで再び、状況における現実の個人という『ドイツ・イデオロギー』の言い回しが役に立つだろう。すなわち、場とはこれらの状況のうちの一つ、おそらくはもっとも根本的な状況の一つなのである。おわかりのように、私はここでも、隠すことなく『ドイツ・イデオロギー』に助けを求め、アルチュセールの全般的な言葉遣いに反対している。

個人の思考とイデオロギー的な場とがともに「これまでのところ主体を持たなかったこれらの思想の真の作者たち」〔71〔同書一一〇頁〕〕を参照していることに関して、われわれは「マルクスの進化の方向と、その「原動力」」〔72〔同書一一一頁〕〕の問いへと送り返される。「原動力」という語は引用符に括られてではあるが、それでも用いられている。そこで〔アルチュセールが〕言いたいのは、歴史の現実的基盤のなかにではなくイデオロギーの歴史のなかに「原動力」を見いだすような説明は、それ自身イデオロギー的である、ということである。とすれば、認識論的切断はどうなるのだろうか。切断はそれ自身一つの問題である。誰が切断を行なうのか。それは、問題設定の切断なのか、それとも問題設定における切断なのか。アルチュセールは、イデオロギーの自己意識ばかりではなく、マルクス自身と切断との関係をも問うところまで進まなければならない。「現実の歴史について語ること（…）は、「マルクスの歩んだ道」を問うことである」（74〔同書一一四頁〕）。イデオロギーの決定的な層をマルクスが突破していることの意味は、マルクス自身の意識によっては与えられない。しかし、ドイツのイデオロギーをドイツの政治と経済の後進性に結びつけること、ドイツにおけるイデオロギーの過大な発展を歴史の不十分な発展に結びつけることは、すでに困難なことではないか。ましてや、切断そのものをそうした歴史的諸条件に帰属させることは、いっそう困難なことである。「現実の歴史の再発見」「現実の歴史への回帰」（76〔同書一一八頁〕）は、思想の働きではないのだろうか。さらに、もしこの回帰がヘーゲル以前的なものへの「後方への回帰」、「自らのイデオロギーの意味をそれらに課すためにヘーゲルがこっそり持ち込んだ諸対象の現実への」（77〔同書一一九頁〕）後退運動だとすれば、この回帰は思想の定義そのものではないだろうか。発展した資本主義と階級闘争をイデオロギーの下部に見いだすのは、一つの思想の作用である。アルチュセールにおいては、場の概念にあまりに多くのものが付与されている。場は、「現実の歴史の諸問題を哲学的問題へと歪曲する」（80 n.〔同書一四三頁注43〕）というイデオロギー的問題設定を避けるための一つの重要な手段をもたらしているが、切断の概念には、哲学的諸問題を提起するための能力が保持されているのである。

そこで、現実の目の前に身を置く能力、マルクスによる「彼を盲目にしていたイデオロギーの不透明性という現実」（82〔同書一二四頁〕）を発見することは、新しい意味の出現と、思考者と思想の現前とを伴っている、と言うことはできないだろうか。終わりがすでに始まりのなかにあると前提するようなヘーゲル的止揚《アウフヘーブング》のなかよりも、現実の発見のなかにより多くのものがある、とアルチュセールが言うとき、彼は自分が思っている以上に正確なのである。しかし、「実質的経験と現実の出現の論理」「イデオロギーそれ自体への現実的歴史の侵入の論理」（82〔同書一二五頁〕）とは、いかなるものでありうるのか。ここには、イデオロギー的な場のための場所はない。反対にアルチュセールは、この論理が最後にはマルクスの「個人的スタイル」「現実との出会いの一つ一つ」によって明らかにされる彼の「具体的なものに対する鋭い感覚」（82〔同頁〕）に何らかの意味を与える、と述べているのである。

この「現実の出現」についてのマルクス主義者の説明とは、「それ自身の経験的な諸条件の結果にすぎない」（83 n.〔同書一四五頁注47〕）、というものである。この観点にしたがえば、イデオロギー的なものに由来することはありえない。そこで、この出現は何か絶対的な始まりのようなものだ、ということが結論となっているように思われる。残るのは、幻想の巨大な諸層を通しての切断というメタファーである。マルクスと彼のさまざまな起源との関係は、連続性の関係ではなく、「驚異的な切断」である。マルクスのたどった道は、彼の時代の「神話から自己を解放すること」の一つであり、彼は「現実の歴史についての経験」を突破したのである（84〔同書一二六頁〕）。アルチュセールは出現《エマージェンス》というメタファーを再び頼りとしながら、次のように記している。「この「マルクスの発見の」出現それ自体は歴史に関するあらゆる偉大な科学的発見と同様であ」り、それは「意味の新しい地平」（85〔同書一二九頁〕）を開いたという点においてなのだ、と。

アルチュセールは少なくとも、切断という妥協抜きの概念に一つの留保を与えている。彼の見るところでは、マルクスは、ヘーゲルとの接触から学ぶところがあったが、これは、その接触が「抽象化の実践」「理論的な総合の実践、および、ヘーゲル弁証法が彼に抽象的で「純粋な」「モデル」を与えた過程の論理の実践」（85〔同書一二八頁〕）をもたらしたからである。マルクスの切断に対するこの例外は、アルチュセールによるかなりの譲歩である。しかしながら、アルチュセールは、その役割を「理論形成の役割より理論への形成の役割、つまりイデオロギー自体に関する理論形成を通しての理論的な精神の一種の教育課程」（85〔同頁〕）であると主張することで、この譲歩を最小限のものにしようとしている。こうした「理論形成」はマルクスに、「諸体系の有効性とは独立した、［ドイツ精神の］諸体系の抽象的な構造を取り扱う修練」（85〔同書一二九頁〕）をもたらした。したがって、切断は絶対的ではないように見える。形式主義に関するある連続性が残り続けているように思われるのだ。しかしながら、アルチュセールの反対者たちが主張していることは、こういうことなのだろうか。アルチュセールは、円熟期のマルクスにおける分析の諸対象の変化は、彼の方法の本性をも変化させた、と応答している。この問題は、今後の講義における私の議論を先取りしている。そこで、われわれが記憶にとどめておかなければならないのは、支配的イデオロギーに抗してマルクスが歴史的現実を発見したことを、アルチュセールがどのように見ているか、である。アルチュセールは、マルクスのなかに「意味の新しい地平」(85〔同頁〕)が出現している、と言う。このことは、アルチュセールの意図に反して、一人の思想家と一つの思考過程とを含意しているように思われる。

第八回　アルチュセール（2）

アルチュセールについて論じた前回の講義では、彼の認識論的切断の概念と、その認識論的含意について述べた。とりわけ、アルチュセールが初期のマルクスの仕事を再検討し、それを一つの人間学的イデオロギーとして再解釈したことに言及した。今回の講義では、アルチュセールのイデオロギー概念そのものについて論じようと思う。この議論は三段階で行なわれる。まず、イデオロギーの問題が上部構造と下部構造という枠組みのなかにどのように位置づけられているか。第二に、宗教やヒューマニズムといった特殊なイデオロギーについて何を言うことができるか。第三に、一般的にイデオロギーの本性とは何か、である。

第一の主題に関して、アルチュセールのもっとも重要な貢献の一つは、彼が、エンゲルスから借りた下部構造および上部構造というモデルを洗練させ改良しようとしたことである。思い返してみれば、このモデルは、経済的基盤――この基盤は目的因であり、第一運動者である――の最終審級における実効性と、上部構造の相対的自律性の両方によって要約される。つまりそれは、基盤と上部構造との相互作用（Wechselwirkung）の一つのモデルなのだ。アルチュセールの考えでは、われわれはまず、エンゲルスのモデルの価値がどうであれ、このモデルがエンゲルス自身の意図に反して、ヘーゲルの弁証法とはかけ離れているということを理解しなければならない。われわれはすでに、転倒のメタファーに対するアルチュセールの批判を強調した。ここでは、アルチュセールの批判は、このメタファーに対するエンゲルスの注釈に集中している。アルチュセールは『マルクスのために』のなかで、エンゲルスが出典としている『資本論』の後記でのマルクスの文章を引用することで、議論を始めている。「「[弁証法は］ヘーゲルにおいては逆立ちしている。その神秘的な外皮のなかに合理的な核心を見いだすためには、それを再び転倒させなければならない」」（89〔『マルクスのために』河野・田村・西川訳、一五〇—一五一頁〕[1]、括弧は原文）。アルチュセールの主張するところでは、この宣言は見かけほど解釈が容易ではない。エンゲルスは誤って、ヘーゲルとマルクス主義との間に共通の要素、「合理的な核心」があると考えており、また、「神秘的な外皮」だけを捨て去ればよいと考えている。こうした考えはマルクス主義者たちの間にしばしば見られるものである。彼らは、ヘーゲル弁証法を保持し続けることが可能であり、またそれを、ヘーゲル的〈精神〉にではなく新しい対象つまり社会や階級などに適用することが可能であると考えている。ともに弁証法的議論を用いていることで、議論としては、ヘーゲルとマルクスとの間に少なくとも形式上の連続性があることになるのだろう。

しかしながら、アルチュセールにとっては、これでもまだ譲歩しすぎているのであり、それには十分な根拠がある。弁証法とは事物そのものの運動であるとヘーゲルは繰り返し述べているのだから、ヘーゲル弁証法を空虚なあるいは形式的な手続きとして扱うことはできないのである。まず思考方法を確たるものにし、そのうえで、形而上学の問題を解決することへと移られるようにしてくれる、そのようないかなる種類の形式主義にも、ヘーゲルは反対している。ヘーゲルがカントを退けているのはまさにここにおいてである。『精神現象学』の序文全体がまさしく、われわれはまず方法を持ちそれから哲学するのでなければならないという主張に反対している。ヘーゲルにとって哲学とはまさしく方法であり、それは自らの内容の Selbstdarstellung（自己提示）である。方法を保持しながらそれを新しい内容に適用するために、方法を内容から切り離すということは、不可能なのである。したがって、ヘーゲルにおける弁証法の構造（否定、否定の否定）さえも、マルクスにおける弁証法の構造には異質なものと見なされなければならない。もし方法を内容から切り離すことができないというのが正しければ、そして私はそう確信しているのだが、マルクス主義の弁証法は、ヘーゲルの弁証法とは「弁証法」という用語しか共有していないようなものとして規定されなければならない。そこで、問いはこうなる。なぜ同じ語なのだろうか。実際のところわれわれは、この用語を厄介払いするなり、ヘーゲルには弁証法はないとかマルクスには弁証法はないと言うべきであろう。しかし、これはまた別の問題である。

ヘーゲル弁証法の代わりに、アルチュセールは重層的決定（overdetermination）の概念で置き換える。この概念は明らかに、フロイトから借りてこられたものであるが、ラカンとの関係もある（ラカンの影響はアルチュセールのあらゆる仕事につねに見られるのであり、後期の論文になるとそれはいっそう明らかである）。重層的決定の概念を導入するために、アルチュセールはレーニンによる一つの指摘から始めている。レーニンはこう問いを立てた、ロシアはもっとも進んだ産業国ではなかったのに、どのようにして社会主義革命が起こりえたのだろうか、と。レーニンの答えは、革命がもっとも進んだ産業国で起こるはずだと主張することは、経済的基盤が最終審級において決定的であるばかりでなく唯一の決定因であることを含意している、というものであった。それ故われわれは、経済的基盤はけっしてそれのみで働くわけではない、ということに気づかなければならない。経済的基盤はつねに、民族の性格、民族の歴史、伝統、国家的出来事、歴史の偶発事――戦争や敗戦など――といった他の要素と結合して作用するのだ。革命のような出来事は、基盤からの自動的な帰結ではなく、「社会構成体のさまざまな水準と審級」（101〔同書一六五頁〕）のすべてを含んだ何かである。それは力の複合体なのだ。こうした結合をアルチュセールは重層的決定と呼び、ヘーゲルの矛盾《コントラディクション》と対置しているのである。

しかし、この点に関するアルチュセールとヘーゲルとの違いを正確に位置づけることは難しい。ヘーゲルにも重層的決定があると言うことができるかもしれないからだ。『精神現象学』のどの章でも、どの比喩的表現《フィギュール》も非常に多くの矛盾した要素をもっているので、弁証法が別の比喩的表現《フィギュール》へと進んでいかなければならなくなっている。アルチュセールは、ヘーゲルには異なる要因を含んだ本当の重層的決定は存在しないと言う――私はこの主張にあまり納得していないのだが。ヘーゲルにおける歴史的形態は複雑ではあるが、その原理は実際にはシンプルである。ヘーゲル的比喩的表現《フィギュール》の内容はシンプルではないかもしれないが、その意味はシンプルである。というのも、最終的にはそれは一つの比喩的表現《フィギュール》であり、その統一性はその形態に内在しているからである。アルチュセールの言うところでは、ヘーゲルにおいては、一つの時代《エポック》が「内的精神的原理」を持っており、これは「時代《エポック》の自己意識、つまり、その宗教的あるいは哲学的な意識、すなわち、自らのイデオロギーのもっとも抽象的な形式以外の何ものでもない」(103〔同書一六九頁〕)。「神秘的な外皮」は、合理的と推定された「核心」に影響を及ぼし、汚染《コンタミネイト》する。したがって、アルチュセールにとって、ヘーゲルの弁証法は典型的に観念論的である。たとえ歴史的時代が複雑な要素を持っていても、それは一つの観念によって支配されており、おのれ自身の統一性を持っている。したがって要点はこうである。すなわち、もしわれわれがアルチュセールとともに、主人と奴隷の関係やストア主義といったレッテルのなかに詰め込んでしまえるようなヘーゲル的形式のシンプルさを受け容れるとすれば、それはマルクスの矛盾の複雑さと対照をなすことになる。ロシア革命を引き起こしたさまざまな矛盾の複雑さは、マルクスの理論においては偶発事ではなく、むしろ通例なのである。さまざまな矛盾はつねにこのような複合体だ、というのがその論拠である。

この重層的決定という概念を、基盤による最終審級と上部構造による基盤への応答における因果性というエンゲルスの概念とあわせて理解するならば、因果性についてのいっそう豊かな概念を得られる。実際には、下部構造はつねに他のすべての構成要素によって規定されているのが理解される。さまざまなレベルと構造の結合が存在するのだ。忘れてならないのは、こうした立場は、もともとマルクス主義における機械論的な傾向——とりわけドイツの社会民主党に代表されるような——に反対するために発展させられたということである。こうした機械論は、歴史の宿命論的あるいは決定論的観点を支持していたが、これはグラムシの興味深い主張のなかで批判されたのであり、アルチュセールはこの主張を再生させているのだ。グラムシは言う、決定論を信じるのは、つねにもっとも活動的な意志を持つ者たちである、と。彼らは歴史の宿命論のなかに、彼ら自身の行為の確証を見いだしているのだ(ある意味において、これは、カルヴァンの予定説と非常によく似ている)。支持者たちは、彼らが歴史の選ばれた民であり、したがって歴史の運動にはある必然性があると信じているのだ。アルチュセールは、宿命論は「実践の哲学のイデオロギー的「香気」」(105 n.〔同書二〇〇頁注23〕)であったという、グラムシの力強い主張を引用している。「香気」という語で、ヘーゲル『法哲学』についてのマルクスの初期の試論にさりげなく言及されている。マルクスがそこで宗教の霊的香気の幻想を批判したのとちょうど同じように、〔アルチュセールは〕ここで宿命論に対して同じ批判を行なっているのである。

アルチュセールによる重層的決定の概念の導入は、何らかの仕方で、下部構造と上部構造という因果論的枠組みに取って代わっている、と言うことができるだろうか。しかし実際には、この枠組みは、彼の分析によって修正を加えられているというよりも、いっそう強化されている。アルチュセールは、下部構造と上部構造の概念が重層的決定に意味を与えるのであってその逆ではない、と繰り返し主張している。彼は、重層的決定という自分自身の概念を実際に支配しているのはエンゲルスの定式だということを知っているのだ。それはひょっとすると正統マルクス主義への譲歩なのかもしれない――私にはそれは定かではない――が、アルチュセールはこの点について非常に明確である。（上部構造に由来する）実効的な諸決定が経済による最終審級での決定のうえに積み重ねられることについて述べているところで、アルチュセールはこう書いている。「このことは、わたしの提起した重層的に決定される矛盾という表現を明確にしてくれるように思われる。それはとりわけ、重層的決定の存在がけっして一つの単純な事実なのではなく、われわれがそれを本質的なものとして、その基礎に関係づけたからである」（113〔同書一八四頁〕）。重層的決定の概念は、下部構造と上部構造という概念の弱さを克服する手助けとはならない。というのも、この概念は同一の主張についての一つの注釈にすぎないからである。因果性の枠組みはまったく損なわれていないのだ。

因果性の枠組みがいまだにアルチュセールにとっての悩みの種となっているという印しとして――彼のテキストはどれも、非常に誠実かつ謙虚である――アルチュセールはこう述べている。すなわち、経済による最終審級における決定と、上部構造による下部構造への反応とを一緒にするとき、われわれは「鎖の両端」（112〔同書一八二頁〕）しか保持していない、と。この表現は、神による決定と人間の自由意志による決定の間の問題をはらむ関係性についてのライプニッツの記述に対する暗示になっている。こうしてマルクス主義は、典型的に神学的なパラドクス、すなわち最終決定のパラドクスを反復しているのだ。問題になっているのは、別のところで別な誰かによって決定された芝居での、自立した役者たちの相対的な有効性ということになる。

上部構造やその他の「状況」の独自の有効性の理論は、大部分が今後練り上げられるべきものであると言わなければならない。そして、それらの有効性についての理論のまえに、あるいはそれと同時に(…)上部構造の種差的な諸要素に固有の本質についての理論が練り上げられなければならないのだ。(113-114〔同書一八五—一八六頁〕)

重層的決定の役割は、一つの解決以上のものであり続けている。それは、まったく不透明なままにとどまっている概念に、修正を加える一つのやり方なのである。

以上のような理由から、重層的決定というフロイト-アルチュセール的概念から出発し、その概念をそれ自体として捉えて、下部構造と上部構造という枠組みとは異なる理論的枠組みを含んでいないかどうかを検討することが、いっそう役に立つように思われる。私の代替案は、動機づけの枠組みである。というのも、〔重層的決定という〕この構造はおそらく、われわれが意味の重層的決定について語ることができるのは、実際には、諸動機と動機づけという用語によってだ、ということを理解させてくれるからである。おそらく、意味の概念がなければ、われわれは重層的決定について適切に語ることができないだろう。私の考えでは、重層的決定の概念は、必ずしも因果論的枠組みを必要としない。こうした変更の試みを裏づけてくれるのは次の点である。すなわち、アルチュセール自身にしたがえば、われわれは上部構造の領域の相対的な自律性に何らかの意味を与えざるをえないのである。

〔社会の〕構造における革命は、その事実だけで現存する上部構造、とりわけ上部構造を一瞬にして変える、ということはない(もし経済が唯一の決定要因であったとすれば、そうなるであろうが)。というのも、上部構造は、その生命の直接的な文脈の外で生きながらえ、さらに、代用物としての存在諸条件を一時的に再び作り出し、「分泌する」のに十分な堅固さを備えているからである。(115-116〔同書一八九頁〕)

上部構造は、それ自身の堅固さと、最終的にはそれ自身の歴史を備えている一つの層である。「生存」についてのマルクスの魅力的な理論が考察しようとしているように、たとえば、なぜブルジョワ的道徳が社会変革のあとでさえも存続するのかを、われわれは理解しようとしなければならない。そうした実践が広く行なわれ続けるとすれば、それはまさしく一連の動機が社会的枠組みのなかでの変化を通して生き延びるからなのだ、と私は主張したい。少なくとも私には、さまざまなイデオロギーの独立、自律、一貫性は、上部構造と下部構造の枠組みとは別の枠組みを前提としているように思われる。

しかし、こうした主題から、われわれがアルチュセールにもっとも興味を抱く主題へと転じることにしよう。それは、さまざまなイデオロギーそのものの理論、それら自身のためのイデオロギーの理論である。アルチュセールはこうした試みを二段階で行なっており、私の問題の取り上げ方にも表われている。すなわち、彼はまず個別のイデオロギーについて述べ、それからイデオロギー一般について論じようとしているのである。これら二つの主題の違いは、『マルクスのために』のなかではそれほどはっきりしておらず、むしろ、後に書かれた「イデオロギーと国家のイデオロギー諸装置」という非常に抽象的な論文のなかに現われている。この論文は『レーニンと哲学』に収められており、イデオロギー一般についてのアルチュセールの理論を論じるときに中心的に取り上げることになるだろうが、ここでは、アルチュセールが問題のなかに区別をどのように導入しているかを示すために、手短かに引用しておきたい。「もし私がイデオロギー一般にかんする理論の計画を提起することが可能であり、またもしこの理論が諸イデオロギーに関する諸理論が依拠する要素のひとつであるとすれば、そのことは、私がイデオロギーは歴史をもたないという言葉で表現している、一見逆説的な命題を含んでいる」（159〔「イデオロギーと国家のイデオロギー諸装置」『再生産について』（下）西川長夫ほか訳、二二〇頁〕強調は原文）[2]。再び主としてフロイトとラカンの影響のもとで、アルチュセールは言う。われわれはイデオロギー一般についての一つの理論を追求する必要があるのであり、これはちょうど、メタ心理学が無意識一般の理論であって、心の病、芸術、倫理学、宗教などの個別領域において見いだされる無意識の表現の特別な取扱いから切り離された研究であるのと同じだ、と。あとで見るように、イデオロギー一般が歴史をもたないのは、それが恒常的な構造だからである。フロイトのメタ心理学は、個別イデオロギーとイデオロギー一般の関係に対するアルチュセールのモデルである。われわれの目的にとって、イデオロギー一般の本性の検討はいっそう興味深い問題である。このことから、私は個別イデオロギーの問題はかなり手短かに扱うつもりである。

個別イデオロギーの分析を通してイデオロギー〔一般〕の理論へとアプローチすることは、多かれ少なかれ、マルクス主義のモデルによって課されていることである。そのモデルでは、イデオロギーはつねに、枚挙という仕方で提示されている。マルクス主義者にとっては親しみのあるこれらのテキストが指摘してきたことは、マルクス自身がイデオロギーを論じるときはつねに、括弧を開いて、個別の——つまり宗教的、倫理的、美的、政治的——イデオロギーに言及している、ということである。マルクスがもっと一般的な分析を構築するのは、これらの形態を枚挙することによってであるが、このやり方はコギトについてのデカルトの分析に非常によく似ている。マルクスもまた、宗教の批判から哲学の批判へ、さらに政治の批判へと、同じような過程によって歴史的に前進していることを、われわれは忘れるべきでない。諸イデオロギーの消失は問題の重要な側面、すなわちイデオロギーが複数存在するという事実の重要な側面である。しかしながらわれわれは、マルクスのさまざまなテキスト全体のなかでこの問題に対する応答の枠組みがつねに同じというわけではないことに、注意すべきである。あるテキストでは、「イデオロギー」という語は、経済的ではないすべてのものを覆うように用いられているのに対して、別のテキストでは、経済、政治、諸イデオロギーの間で区別がなされている。アルチュセールは、後の著作での彼自身のイデオロギーの包括的概念において、政治的構造を一つの個別イデオロギーとして扱っている。

こうした枚挙という手法をアルチュセールが適用している二つの例を挙げてみよう。それは、彼がヒューマニズムと国家を扱う仕方においてである。『マルクスのために』では、個別イデオロギーの範例はヒューマニズムである。ヒューマニズムは一つのイデオロギーとして、そして明確な限界をもつイデオロギーとして扱われている。それは、特殊な人間学的な場として規定されているのだ。したがって、それは一つの文化的パターン、すなわち、ある人々が属しており、別の人たちは属していないような何かである。個別イデオロギーは、イデオロギー一般と対照させることができる。後者は一つの歴史的パターンではなく、フロイトの無意識のように恒常的な構造をもつ。再び、フロイト的諸概念の引力がもっとも重要になる。イデオロギーの概念は他のものと並ぶ一つの問題設定《プロブレマティック》と見なされたときには限定されたものなのに、イデオロギー一般の構造をかなり明らかにしてくれる。というのも、実際には、アルチュセールにおけるイデオロギーの一般的構造は、いずれ見ることになるように、ヒューマニズムの構造を反復しているからである。

ヒューマニズムの事例は別の観点からも重要である。というのもそれは、『ドイツ・イデオロギー』を、それに先立つ諸テキストと同じ人間学的な場のなかに置く権利をもたらしてくれるからである。ヒューマニズムは、たとえ社会主義的ヒューマニズムと呼ばれるものであれ、どちらも同じイデオロギーに参画していることによって定義される。したがってアルチュセールは、現代のマルクス主義のなかにヒューマニズムが再生しているのを、フォイエルバッハや初期マルクスへの回帰と見なしているのだ。それは同じ人間学的な場に属している、というわけである。ヒューマニズムについてのアルチュセールの分析は、イデオロギーと科学との概念的混合を彼が非妥協的に否定していることの、一つの中心的な実例である。「「社会主義-ヒューマニズム」という一組の言葉はまさしく、理論上のめだった不釣合いをふくんでいる。つまり、マルクス主義の考え方［もちろんアルチュセール自身の考え方である］の文脈では、「社会主義」という概念はたしかに科学上の概念であるが、「ヒューマニズム」の概念はイデオロギー上の概念でしかないのである」（223〔『マルクスのために』三九六頁〕）。アルチュセールにとって、ヒューマニズム的社会主義というのは奇怪な概念なのである。不幸にも、こうした立場はしばしばきびしい政治的結果を伴うことになった。たとえば一九六八年のチェコスロヴァキア侵攻の間、アルチュセールは沈黙を通したが、彼の立場から可能であったのは、改革の運動は悪しきものだ、と純粋に理論的に主張することでしかなかった。チェコスロヴァキアの社会主義者たちは、存在しえないもの――ヒューマニズム的社会主義――を実現させようとしている、すなわち、彼らは不純な概念に訴えた、というわけである。

ヒューマニズムの概念を社会主義の概念へと結びつけることに反対する論拠は、前者は「現に存在しているものを指示してはいるが、それらの本質を与えることはない」（223〔同頁〕）というものである。こうした論拠はプラトン主義的であり、ヒューマニズムは現実存在――人間、生活など――について語っており、概念的構造について語ってはいない、という反論である。アルチュセールの観点は、『経済学・哲学草稿』の意識の観念論と『ドイツ・イデオロギー』の具体的人間学とを、ともに同じ――そして悪しきものの――側に置く、認識論的切断の必然的帰結である。マルクスの理論的な反ヒューマニズムについてのもっとも強い主張のなかで、アルチュセールは述べている。

したがって、厳密に理論的な見地からのみ、マルクスの理論面での反ヒューマニズムについて明白に述べることができるし、述べなければならない。そして、この理論面での反ヒューマニズムのうちに、人間世界そのものの（肯定的な）認識およびその実践的な変革にかんする、絶対的な（否定的な）前提条件を見ることができなければならない。すなわち、われわれが人間について何かを認識することができるのは、人間についての哲学的な（理論的）神話を灰燼に帰せしめるという絶対的条件においてのみである。だから、何とかして理論の領域で人間学やヒューマニズムを再建しようとしてマルクスに救いを求めるようなことがあれば、理論的には、その思想は灰燼に帰すほかはないだろう。（229–230〔同書四〇八頁〕）

おそらくここでアルチュセールと同じ側にいるのは、フランスの構造主義者のグループと、「人間についての哲学的な（…）神話」は灰燼に帰すに違いないと考えたミシェル・フーコーのような人たちであろう。しかし、こうした方向で、たとえば諸権利の裏切りに対して抵抗することがどのようにして可能となるのか、私にはわからない。サハロフのような人たちはイデオロギー主義者として扱われるに違いない。しかしアルチュセールなら、ノーベル賞はイデオロギー主義者たちに与えられており、さらにいっそう確実なこととして、イデオロギー主義者たちによって与えられているのだ、と言うことだろう。

それにもかかわらず、ある対象の認識は対象に取って代わったりその存在を消し去ったりすることはできないと、アルチュセールが言うとき（230〔同書四〇九頁〕）、われわれはこの分析のなかに何か別のもののヒントを手に入れるのである。何かが理論的に灰燼に帰すほかはないということが意味しているのは、それが本当は存在しないと主張することはその現実を変化させることとは異なる、ということである。イデオロギーが理論的な地位を持たないと認識しても、それを廃棄することにはならない。再びここでも、スピノザのこと――第二種の認識のなかに第一種の認識が保持されていること――だけではなく、治療過程においては、力の――抑圧などの力の――バランスがそれとあわせて変化しないのであれば、知的に理解するだけでは不十分だ、と述べたフロイトのこともまた、思い起こされている。誰かに、その人がイデオロギーに囚われていると言うだけでは十分でない。イデオロギーは状況を変化させないからだ。何かが「理論的には灰燼に帰すほかない」という主張は、条件つきの主張でしかないのである。

その結果、われわれは、奇妙な必然性を扱わなければならない。すなわち、われわれはヒューマニズムが理論的にはそれほど重要性を持たないのを知っているが、それでも、事実上は存在しているからだ。アルチュセールの言うところでは、ヒューマニズムをその存在の条件に関係づけることで、イデオロギーとしてのその必然性を認識することができる。アルチュセールの奇妙な言い回しにしたがえば、それは「条件つきの必然性」(231〔同書四一〇頁〕)を持っている。アルチュセールはこうした用語を用いざるをえないのだが、というのも、もし、マルクス主義が一つの科学以上のものであり政治であって、政治がそれ自体、人間は確かな権利を持つという主張に基づいているとすれば、マルクス主義は、何かを実践的に成し遂げるためにイデオロギー的領域から何かを取ってこなければならないからである。イデオロギーと科学の結合は、行為によって求められる「条件つきの必然性」であるが、この実践的な結合が、イデオロギーと科学との理論的切断を廃棄することはない。おわかりのように、非常に難しいのは、理論的には廃棄されているのに、行為しようとするといまだにそれに頼らなければならない、という仕方で存在しているようなものがあるのを理解することである。

アルチュセールにおける、部分的あるいは領域的イデオロギー――こうした言い回しはいくぶんフッサール的である――の第二の例は、国家である。ここでもアルチュセールは、マルクス主義の理論にいくつかの重要な変更を導入する。アルチュセールの主要な改良点は、イデオロギーを政治的機能に、つまり体制の再生産の問題、生産の諸条件の再生産の問題に結びつけることによってもたらされる。これは、現代のマルクス主義者たちの間で非常によく知られた問題である。彼らの見解は、マルクスは生産の諸条件を研究したが、体制の再生産の諸条件についても考察されなされなければならない、というものである。検討されなければならないのは、体制の構造を強化し再生産する機能を有する、あらゆる制度についてである。

　この再生産の概念を理解するために、アルチュセールは、レーニンに由来するマルクス主義の厳密な国家の概念を改良しなければならない。『国家と革命』のなかで、レーニンは国家を単に圧政の構造と見なしている。国家の機能とは抑圧である、というわけである。自らを政体を通しての市民であると知っている諸個人の統合としての国家という、ヘーゲルの観念論的な国家の概念は、跡をとどめていない。それどころか、レーニンの国家観はきわめて悲観的である。国家とは支配階級の利益のための抑圧・圧政の道具である、というのだから。プロレタリアートの独裁は、こうした圧政の道具を転倒することにあり、また、変容した国家の敵に対してこの道具を用いることにあるだろう。スターリンは実際に、国家のブルジョワ的構造をその敵に対して用いただけだと主張しながら、彼自身の立場を強化するためにこの転倒の概念を用いた。これらの敵が消滅したときには国家はもはや不要になるだろう、と彼は言ったのである。

『レーニンと哲学』におけるアルチュセールの貢献は、国家権力の二つの側面を実際に区別しなければならない、と述べたことである。第一の側面は、抑圧的かつ圧政的な国家装置である。政府、行政機構、警察、裁判所、監獄などがそうである。第二の側面は、イデオロギー的な国家装置である。宗教、教育、家族、政治体制、コミュニケーション、文化などがそうである（143〔「イデオロギーと国家のイデオロギー諸装置」一八九頁〕）。国家の構造は、抑圧的であり、かつイデオロギー的である。国家の理論にイデオロギーを導入することは、公的でない私的な何かを持ち込むことになる、と反対する人たちがいるかもしれないが、アルチュセールはそういう人たちに、公的と私的という区分はブルジョワ的概念だと答える。私有財産の概念に依拠したブルジョワ的諸概念を否定するならば、国家は、行政的機能をはるかに超えて広がる諸装置の体系と見なされなければならない。ブルジョワ的意識《メンタリティー》にとってのみ、私的領域と公的領域が存在するのだ。マルクス主義の理論にとって、これら二つの領域は同じ機能の異なる側面を表わしているのである。

われわれは国家のイデオロギー装置としての重要性を、再生産という体制の必要そのものの問題と結びつけることができるが、それは、こうした再生産が教育というイデオロギー的国家装置を通して生じるのを理解することによってである。ヨーロッパの――ドイツやイタリア、フランスの――多くの左翼的教育者たちのなかには次のように主張する人たちがいる。すなわち、学校の機能とは、技術的能力を教えることによってばかりではなく、体制の規則を生徒たちのなかに再生産することによって体制を再生産することなのだと、彼らはこの再生産の概念を用いて主張するのである。体制は、その規則を再生産することで維持される（再びフロイトとの交差が見られる。イデオロギー的な国家装置は超自我のなかにその対応物を持っているからだ）。

したがって、労働力の再生産は、その必要不可欠な条件（sine qua non）として、単に労働力の「専門技能」の再生産のみならず、同様に労働力の支配的イデオロギーに対する服従の再生産、あるいはこのイデオロギーの「実践」の再生産を現出させる。もっとも、厳密にはこの「単に……のみならず、同様に……も」という言い方は十分ではない。というのも、労働力の専門技能の再生産が保証されるのは、イデオロギー的従属の諸形態のなかにおいてであり、またこの形態のもとにおいてであるということは明らかだからである。（133〔同論文一七四―一七五頁〕）

圧制の体制は、個人を従属のもとに置きながら、まさにそれと同時に体制を維持し再生産するイデオロギー装置のおかげで、生き延び、広がっていく。体制の再生産と個人のイデオロギー的抑圧とは、まったく同じものなのである。ここでのアルチュセールの分析は、非常に強力である。われわれは二つの考えを結びつけなければならない。それは、国家が権力によってばかりではなくイデオロギーによっても機能するということと、国家がそうするのは、それ自身の再生産のためだということである。

マルクス主義のほかにも、こうした分析と並行するものがある。たとえばプラトンにおいて、ソフィストの役割が、純粋な力によって支配する主人はいないということを証明している。支配者は納得させなければならず、魅惑しなければならない。権力の行使にはつねに、言語の歪曲が伴っている。むき出しの権力は、けっしてその力を行使しない。政治権力の使用には、イデオロギー的媒介が避け難くかかわっている。したがって私が問いたいのは、アルチュセールの問いが良いものかどうかではまったくない。私はマルクスに対してそうした問いを立てることはなかったし、ここでもそうである。その代わりに、私にとって興味深いのは、用いられている諸概念である。そしてこの文脈においては、とりわけ装置（apparatus）の概念である。この概念は、上部構造と下部構造と同じように、無名《アノニマス》の言語に属している。アルチュセールが自らの用語として制度《インスティチューション》ではなく装置を用いているのは偶然ではない。というのも、装置のほうがより機械的だからである。装置とは機能するもののことであり、したがって、構造と再生産、構造的言語一般と、より多くの概念的つながりをもっている。これらの機能はすべて無名で、それ自体によって存在することができ、機能し続けることができる。しかしながら、もしわれわれが、これらの機能はどのように働くのか、という問いを立てれば、われわれは再び、説得や、したがってまた動機づけの魅力《キャプチャリング》といった要素を導入しなければならないのではないか。そこで再び、正統性、正統性の要求、正当化の過程が問題になるのである。そして、これらの主題が装置という言い回しのなかでどのように働いているのかはわからない。私が困難を覚えるのは、他の――動機づけの――枠組みの方がもっと役に立つと考えられるようなところでの因果性の概念枠についてである。因果的枠組みは、最終審級における決定要因という概念によって最初から課せられている。その結果、アルチュセールがマルクス主義の理論のなかに導入した新しくて非常に興味深い変更のすべてが、この強制的《インペラティヴ》な枠組みのなかに必然的に置かれることになる。

しかし、この点は脇に置いておいて、アルチュセールの分析のもっとも興味深い部分、すなわち、イデオロギー一般の定義を与えようという彼の試みへと向かうことにしよう。この試みは、以降の講義にとって決定的なものとなるだろう。アルチュセールの試みのおかげで、われわれは、諸イデオロギーの地理学と呼ぶことのできるものからイデオロギーの理論へと移行できるようになる。アルチュセールの議論は二つの主要なテキスト、つまり『マルクスのために』の二三一頁から二三六頁まで〔『マルクスのために』三九九―四〇七頁〕と、『レーニンと哲学』の一五八頁から一八三頁まで〔「イデオロギーと国家のイデオロギー諸装置」二〇八―二五〇頁〕のところで行なわれている。後者は、「イデオロギーと国家のイデオロギー諸装置」〔以下、「イデオロギー諸装置」と略記〕の「イデオロギーについて」と題された節であり、これは、アルチュセールのもっとも議論の対象となっているテキストである。このテキストは次回の講義のために取っておくことにする。

『マルクスのために』のなかでアルチュセールは、イデオロギーの三つないし四つの実践的定義を提示している。ただこれらは一つの試み、検証であり、それ以上のものではない。というのも彼は、この試みがそれ以前のマルクス主義理論においては着手されてこなかったと考えているからである。やがて見るように、アルチュセールのさまざまな定義は互いに結び合わせるのがそれほど簡単ではないかもしれない。しかし、最初の定義は直ちに理解される。それは、科学とイデオロギーとの区別を適用したものだからである。

イデオロギーの徹底的な定義をここで企てることは、問題ではない。きわめて図式的に、次のことを知っておけば十分である。すなわち、ある一つのイデオロギーとは、ある所与の社会内において歴史上の実在と役割とを与えられた諸表象（場合によって、イメージ、神話、観念、概念）の一つの体系（固有の論理と厳密さを保持している）であるということを。さらにまた、ある一つの科学とその過去（イデオロギー上の）との関係という問題には立ち入らないとしても、諸表象の体系としてのイデオロギーが、科学と区別されるのは、イデオロギーにおいては実践的―社会的機能が理論的機能（あるいは認識の機能）に優越しているという点であることは言っておきたい。
（231〔『マルクスのために』四一一頁〕）

ここには、〔イデオロギーについて〕四つあるいは五つの重要な考え〔特徴〕が述べられている。第一に、イデオロギーは一つの体系だということであるが、これは、アルチュセールが場――たとえば人間学的な場――あるいは問題設定《プロブレマティック》と呼んでいるものと一致している。これらの概念はみな重なり合っている。それでは、イデオロギーは何の体系なのだろうか。それは表象の体系である。これが第二の特徴である。アルチュセールは観念論的伝統に属する語彙を用いているが、これは、観念論に属する語彙は、表象（Vorstellung）としてのイデオロギーという定義のなかに保持されているからである。第三の特徴は、イデオロギーは歴史的役割をもつ、というものである。イデオロギーは、いくつかのマルクスのテキストにおけるように、影なのではない。というのも、それは歴史的過程のなかで一つの役割を果たしているからである。それは、重層的決定の過程の一部なのである。したがってわれわれは、イデオロギーは歴史的存在であるという考えを、さまざまな出来事の重層的決定に対するイデオロギーの概念の貢献に結びつけなければならない。これらの特徴はすべて、非常に首尾一貫している。イデオロギーの第四の特徴はいっそう問題をはらんでいるが、それは、アルチュセールがイデオロギーの理論的機能に比べてその実践的社会的機能に与えている相対的重要性である。この特徴を受け容れることは、より困難である。というのも、もしたとえば、われわれがヒューマニズムを一つのイデオロギーと呼ぶとき、そこには確かにかなり理論的な主張があるからである。別の事例を考えるならば、ヘーゲルの仕事より理論的な仕事にどのようなものがあるというのだろうか。アルチュセールの指摘は、理解するのが非常に難しい。というのも、観念論より理論的なものはないからである。フォイエルバッハと若きマルクスがヘーゲルの仕事に反対したのは、それが理論であって実践ではなかったからである。しかしながら、アルチュセールは唐突に、実践はイデオロギー的であり、科学のみが理論的だとした。アルチュセールの指摘をどうやって支持することができるのか、私にはわからない。

アルチュセールによるイデオロギーの二番目の定義は、さらに、幻影的なものと現実的なものとの対立という枠組みのなかにある。以前の講義のことを思い返してみるならば、この分析は青年期のマルクスのなかにいくつかの根拠をもっている。アルチュセールのこの二番目の定義は、彼の後のテキストのなかで展開されることになろう。以下の引用のなかにある、「生きられた（vécu）関係」という言い回しに注意しよう。これはフッサールとメルロ＝ポンティの用語であり、実存主義的現象学の言い回しである。

したがってイデオロギーは、人間と世界との間の生きられた関係にかかわる。この関係は、無意識的であるという条件においてのみ、「意識的な」ものとして現われるのであり、それと同様に、複合的であるという条件、すなわち、単純な関係ではなく諸関係の関係、二次的な関係であるという条件においてのみ、単純なものであるように思われる。〔同書四一五頁〕

これは、イデオロギーが想像上の関係という形式のもとで、現存する関係つまり世界に対する人間の関係であるような何ものかをすでに反映しているということの、苦しまぎれの言い方である。生きられた関係はイデオロギーとして反映している。テキストのより重要な部分はこうである。

実際、人間はイデオロギーにおいて、自らの実在条件との関係を表明するのではなく、自らの実在条件との関係をどのように生きるかという、その方法を表明するのである。その場合、前提とされるのは、現実の関係と同時に「生きられた」「想像的な」関係である。そこで、イデオロギーとは、人間と自らの「世界」との関係の表明である、つまり、自らの現実の実在条件に対する現実的関係と想像的関係との（重層決定された）統一体なのである。イデオロギーにおいては、現実的関係が、不可避的に想像的関係のなかに包まれている。というのは、想像的関係は、一つの現実を記述している以上に、一つの意志（保守的、順応的、改革的あるいは革命的な）や希望あるいは郷愁をも表明しているからである。（233-234〔同頁〕）

ここでの言葉遣いは非常に興味深いが、それは、われわれが生きられた関係の概念を持っているからであるばかりではなく、この関係が想像的な様態で生きられているからである。一つのイデオロギーにおいて、この関係を生きる仕方は想像的なものである。この定義は、一見すると青年期のマルクスの語彙と似ているものの、そこからの重要な移行を導入している。青年期のマルクスにおいては現実的なものと想像的なものとが対置されていたが、ここでは、生きられたものと想像的なものとが対にされている。一つのイデオロギーは生きられ、かつ、想像的なものである。それは、想像的なものとして生きられている。したがってわれわれは、想像的な関係のなかで歪曲されている現実的な関係をもっている。われわれの後の議論を先取りしつつ記しておけば、この定義をアルチュセールの他の仕事に適合させるのは困難である。というのも、アルチュセールはここで、現実の個人が基本的な現象には属さないにせよ、現実の個人の現実的な関係について語っているからである。しかし、より一般的には、イデオロギーを説明するために、われわれはイデオロギーの言語を話さなければならない。自らの現実の生活を生きる代わりに夢を構築する個人について語らなければならないのだ。

アルチュセールはまた、この点において、けっしてさまざまな審級の関係——上部構造と下部構造の諸要素の関係——にではなく、現実的なものと想像的なものとの関係に適用されるような、重層的決定の概念を導入している。重層的決定の概念は、マルクスよりもフロイトに近い文脈で用いられている。現実的なものと想像的なものとの混合は、フロイトが妥協形成と呼んでいるものであり、まさにこの概念が、ここでのアルチュセールの分析を支配しているのだ。「想像的なものによる現実的なもの、そして現実的なものによる想像的なものの重層的決定においてこそ、イデオロギーは原則として活動的である」(234〔同書四一五—四一六頁〕)。したがって、イデオロギーは何か悪いものではない。それは、われわれが自らの背後に隠そうとするような何かではなく、われわれを押しだす何か、すなわち動機づけの体系である。イデオロギーは、現実的なものと非現実的なものとのはっきりした区別の欠如から生じるような、動機づけの体系である。

アルチュセールは、彼のイデオロギーの第三の定義のなかで、イデオロギーを、さまざまな層、審級という言い回しで表現されるものとして記している。アルチュセールは、イデオロギーの現実性、歴史におけるその現実的実存を保持するために、こうした言い回しをしているのだ。現実的なものとして、イデオロギーは、単に想像的な要素ではなく、現実的審級、現実的層を含んでいなければならない。想像的なものは、ある種の非存在（inexistence）を有している。後の「イデオロギー諸装置」論文のなかで、アルチュセールは、幻想の用語と歴史的存在の用語をともに含むようにイデオロギーの定義を調整しようとしており、イデオロギーはその物質性を、よく知られたイデオロギー的装置のなかに有している、と主張している。装置は、これらの夢に、確かな物質的存在を与えてくれることだろう。しかしながら『マルクスのために』の時期には、アルチュセールはまだ、彼の諸定義の間のこうした微細な不一致を解決していなかった。彼のイデオロギーの第三の定義は、生きられたものという言い回しから、審級（instance）という言い回しへと移行している。

したがって、イデオロギーはそれ自体で、あらゆる社会的全体性の有機的な一部分となっている。あたかも人間社会というものは、イデオロギーというこの特別な形成物、この表象体系（さまざまなレベルにおける）がなければ存在することができないかのようである。いわば人間社会は、その歴史的呼吸と生とにとって欠かせない要素および大気として、イデオロギーを排出する。イデオロギー本位の世界観のみが、イデオロギーなしの社会を想像することができたし、また、イデオロギー（歴史上の諸形態ではなく）が痕跡を残すことなしに消滅し科学に取って代わられるような世界についての、ユートピア的観念を認めることができたのだ。（232〔同書四一二頁〕）

このテキストは、イデオロギーに関してかなり積極的である。それは、イデオロギーが不可欠であるという認識を求めているのだ。アルチュセールは、自分たちがいまやイデオロギーの時代を超え出ており、イデオロギーの死について語ることができると思っている技術官僚《テクノクラート》たちのユートピア的見解に反対している。ヨーロッパとアメリカでよく見られるこの主題に対して、アルチュセールは、イデオロギーはつねに存在する、なぜなら人々は自分たちの生活を理解しなければならないからだ、と強く主張している。このような課題は科学の仕事ではないし、科学はすべてを為すことはできないからだ。むしろそれはイデオロギーの機能なのである。アルチュセールは、イデオロギーの積極的な評価の方向へと進んでいく。しかし、イデオロギーを幻想（アルチュセールの第二の定義）として考えながら、同時に、社会の歴史的生活に本質的な現実的審級として考えることは困難である。媒介となるのはおそらく、われわれは生活のつらさを生き延びるためには幻想が必要だ、人間存在のありのままの真理を見たら死んでしまうだろう、というニーチェ的見解である。人々はイデオロギーを欲している、なぜなら科学は人生に意味を与えることはないからだ、という悲観的な観点もまた、ここに含まれている。アルチュセールは非常に反実証主義《アンチ・ポジティヴィスト》的であり、科学はいつの日かイデオロギーに取って代わるだろうという実証主義の見解を再びユートピア的なものと見なしている。

こうしたユートピアが、たとえば、その本質においてイデオロギーである倫理が科学に取って代わられるだろうとか、隅から隅まで科学的になってしまうであろう、という考えの背後にある原理である。あるいは、宗教が科学によって消滅し、科学がいわばその代わりとなるであろうといった考えや、芸術が認識と同化するとか、「日常生活」となるであろう、といった考えの背後にある原理なのだ。（232〔同頁〕）

道徳、宗教、芸術は原始的な非科学的時代の「過去の遺物」、残存物であると主張する人たちに対して、アルチュセールは、それらはあらゆる社会に必要な要素であると主張する。イデオロギーは欠かせないものであり、科学がすべてにとって代わることはできないというのである。

私としては、アルチュセールのこうした思考的転回を、次のように解釈したい。すなわち、もしわれわれが科学の必要性を高く掲げれば、科学はわれわれの手の届かないものになってしまう。実際、われわれが科学という概念を高く掲げれば掲げるほど、イデオロギーの領野は広がる。というのも、科学とイデオロギーは、お互いに規定しあっているからである。もし、理論が科学的であることを求めすぎれば、われわれは、日常生活を意味づけるその能力を失う。したがって、イデオロギーの領域がこのように広いのは、まさしく科学の領野が狭いからなのである。少なくとも、以上が、ここでのアルチュセールの議論についての私の解釈である。アルチュセールによる科学とイデオロギーとの区別は、彼がイデオロギーを、真ではないが必然的に生き生きしたものであり、生きた幻想という未決定な地位にある何かとして、積極的に認識している点を説明してくれる。こうした観点は、階級社会において支配的な諸観念は普遍性の形式をとるはずだというマルクスの主張を解釈する一つのやり方をもたらしてくれる。こうした必然性は嘘でも罠でもない。というのも、それは、想像的な構造それ自体によって不可避的に課されたものだからである。誰も、自分の思考していることが何らかの意味で真であると信じることなしに、思考することはできない。こうした幻想は、必要な幻想なのである。

イデオロギーという幻想の存続は、階級のない社会という仮説にまで広がっている。「階級のない社会」が何を意味するのであれ――そして、政治についてここでもう一度議論することはしないが、理解可能性というそれ自身の条件にしたがって――それはある永遠性を及びている（アルチュセールの「イデオロギー諸装置」論文では、「永遠」という語が回帰しており、これが無意識の無時間性についてのフロイトの記述と比較されている）。同様に、イデオロギーは無時間的である。「（大衆の諸表象の体系としての）イデオロギーはあらゆる社会にとって、人間たちを形成し、変化させ、彼らの生存条件の要請に呼応できるようにするうえで、不可欠である」（235〔同書四一八頁〕）。ここで示唆されているのは、あらゆる社会において、仮説上階級闘争がけっして存在しないような社会においてさえも、現実のさまざまな要請とそれらに立ち向かうわれわれの能力との間にはつねに不適合な状況が存在するだろう、ということである。思い出されるのは、死と生のつらさ、現実に対する代償があまりに大きすぎるという事実に対するフロイトの注釈である。現実の条件からの要請は多く、現実に適合するわれわれの能力は限られている。

階級のない社会が、世界との関係の不適合／適合を生きるのはイデオロギーにおいてである。そうした社会が人間の「意識」、つまり、人間の態度や行動を変化させ、人間をその課題と実在条件のレベルにまで到達させるのは、イデオロギーにおいて、そしてイデオロギーによってである。（235〔同書四一九頁〕）

われわれはここで、イデオロギーについての四番目の定義をほとんど手中にしている。それは、われわれが社会全般における変化の実際の諸条件に対して自らの変化の能力を適合させようとするときの、さまざまな手段の体系、というものである。したがって、イデオロギーはある倫理的な機能を持っている。イデオロギーは、人生のさまざまな偶発事、現実存在の骨の折れる諸側面を理解できるものにしようとする。われわれは、現実存在に関する言葉遣いを導入しなければならない。すなわち、われわれが矛盾について語るとき、問題になっているのは、論理的な矛盾、さまざまな構造の間の衝突ではなく、生きられた矛盾、われわれの適合能力と現実の諸要請との間の矛盾なのである。

私の考えでは、アルチュセールのイデオロギー全般についての定義から、次のように問いたくなる。最大の疑問はこうである。アルチュセールの分析の重要性を受け容れたとき、われわれは、イデオロギーについて単に非科学として語ることができるようになるのだろうか。この主題のもとに、いくつかのより部分的な問いが続く（今後の講義で立ち戻るつもりである）。第一に、イデオロギーの準倫理的な機能は、科学と同じくらい評価しうるものなのだろうか。第二に、もし現実的なものがすでにシンボルによって媒介されていなければ、想像的なものという観念をわれわれはいかにして理解することができるのだろうか。第三に、イデオロギーのもっとも原始的な機能——階級のない社会に出現すると言われている機能——は、歪曲的というよりも統合的なものではないだろうか。そして最後に、もしイデオロギーが基礎的人間学に属している、というのでないとすれば、われわれはいかにしてイデオロギーを認識することができるのだろうか。言い換えればアルチュセールのさまざまな定義づけの語彙——「人間」「生存条件」「要請」「態度と行動」——が意味をもつのは、そうした哲学的人間学のなかにおいてでしかないのだろうか。そうなると、いかなる歪曲よりもいっそう根源的であるような、生きられたものと想像的なものとの間の始原的な結びつきは存在しないのだろうか。

アルチュセールの表現のポイントは、それがヒューマニズムの語彙に属している点にある。イデオロギーについて語るためには、ヒューマニズムの語彙を刷新しなければならない。彼の分析を結論づける一節——おそらくは読者への譲歩であるような一節だろうが——のなかでさえ、アルチュセールはこうした語彙を頼りとしている。「階級のない社会にあっては、イデオロギーは、人間とその実在条件との関係が万人の利益のために生きられる場合の媒介、あるいは媒介の要素《エレメント》なのである」（236〔同書四一九頁〕）。われわれはみな、人間とその実在条件との関係が万人のために生きられているような社会を夢見ていること、これ以上のことを誰が言えるだろうか。しかし、これはまさしくイデオロギーの言説である。われわれは少なくとも、イデオロギーについて語るために、イデオロギーの言説を部分的に引き受けなければならない。それはあたかも、イデオロギーについて、イデオロギー自身の言語とは別の言語で語ることはできないかのようである。科学についてのアルチュセールの言葉遣いを用いるならば、われわれは装置や審級、構造、上部構造と下部構造についてしか語ることができず、「実在条件」や「態度と行動」などについて語ることはできない。したがって、少なくともあるところまでは、イデオロギーのみがイデオロギーについて語ることができるのだろう。

「さまざまな歴史的課題とそれらの条件との不釣合い」（238〔同書四二四頁〕）がイデオロギーの必然性を正当化する、というアルチュセールの主張について、さらにいくつかの指摘を行なっておく必要がある。こうした〔不釣合いな〕関係は、矛盾となり、科学的に扱えるようになるためには、生きられなければならない。不釣合いの関係は、疎外の概念の威信を強めもする。すでに見たように、アルチュセールは、疎外の概念を捨て去ることができると主張しているが、われわれは、この概念を理論的に拒絶し、実践的に保ち続けることはできるのだろうか。生きられた矛盾は、いわゆる現実的諸関係の矛盾ではないのだろうか。それに対してアルチュセールはこう答える。もしわれわれが疎外という言葉遣いに回帰するとすれば、それは、イデオロギーについての科学をいまだ手にしていないからだ、と。それは、適合する言語がないときの暫定的な言語なのだ。「イデオロギーに依存するということは、いくつかの制限をつければ、実際に、理論に依存することの代わりを果たしていると考えられるかもしれない」（240〔同書四二七頁〕）、あるいは、「不十分な理論の代わり」（241〔同書四二九頁〕）として考えられるかもしれない。アルチュセールは、あらゆるマルクス主義的思想家たちの理論的な弱さを告発したが、イデオロギーについて積極的な言葉で語るために、自らもある理論的な弱さを引き受ける。彼は次のように述べている。われわれの理論のなかに現在ある弱さのために、イデオロギーについて語るためには、イデオロギーの言語に助けを求める必要がある。しかし、われわれの理論はいつの日か十分に強力となり、イデオロギーの言語を捨て去ることができるだろう、と。このような主張は、私の考えでは、アルチュセールの主張のなかでもっとも議論の余地のあるものである。問題は、イデオロギーと科学的理論との混同と言われているものが、問題そのものによって要請されているのかどうかである。こうした「混同」は、実際には、生きられた矛盾と現実的基盤との間に線を引くことの不可能性を表わしてはいないだろうか。イデオロギーについて意味のある仕方で語るためには、ある状況下にある人々や諸個人の動機について語り、人間の行動とその条件との釣り合ったあるいは不釣合いな関係について語らなければならないのではないだろうか。これらの問題について語りたいのであれば、一つの問題として哲学的人間学の立場を無視することはできないのである。

次回の講義では、アルチュセールの「イデオロギー諸装置」論文を取り上げ、そこではっきりと述べられているイデオロギー一般についての理論を分析する。この分析によって、アルチュセールについての議論に結論を与えることができるだろう。

第九回　アルチュセール（3）

アルチュセールについての講義では、導きの糸としてイデオロギーと科学との対照を取り上げた。アルチュセールに代表されるマルクス主義の趨勢は、イデオロギーと科学との間の切断を強調することによって、その理論的主張の科学的性質を強めている。科学的に表現されえないものはすべてイデオロギー的だと言われているのである。こうしたマルクス主義の科学を規定しているのは、人間学的な基盤を持つ諸概念から、生産力、生産様式、生産関係、階級などの、まったく別の種類の諸概念への方向転換である。言葉遣いはここでは、はっきりと非人間学的である。二種の概念の間の認識論的切断が、イデオロギーの理論にとって主要な枠組みを提供している。アルチュセールはこの枠組みのなかで、上部構造と下部構造に関するエンゲルスのモデルを洗練させ、改良しているが、これは、イデオロギーの概念が上部構造的なものと見なされているからである。アルチュセールは、上部構造と下部構造との相関関係に非ヘーゲル的な外観を与えようと努力している。なぜなら、思考のヘーゲル的様態——Aufhebung〔止揚〕、矛盾の克服——は、いまだに主観の哲学と結びついており、イデオロギーの側に置かれなければならないからである。アルチュセールはイデオロギーそのものに、ある内容をもたらそうと試みており、その際、イデオロギーは幻の世界ではなくそれ自身の現実を有する、と想定されている。アルチュセールの後の著作が扱っているのは、幻想をもたらすものの現実性という概念である。前回の講義では、アルチュセールが個別イデオロギーについて述べるところからイデオロギー一般の概念へと移行する段階に到達した。アルチュセールが『マルクスのために』のなかでこの主題に対して行なっている指摘を検討するところで、考察を中断したのであった。『レーニンと哲学』におけるアルチュセールのその後の計画について検討することで、彼についての考察を終えたいと思う。

イデオロギーの包括的な概念を提示するというアルチュセールのもっとも先進的な試みは、『レーニンと哲学』に収められた「イデオロギーと国家のイデオロギー諸装置」という試論のなかに見られる（「イデオロギー諸装置」と略記。邦訳では『再生産について』（下）に収録）。思い起こしておくべきなのは、この試試の目的が、イデオロギーの根本的機能とは体系の再生であり、体系を支配している諸規則のもとで個人を訓練することだと主張する点にあることである。マルクスの掲げている生産の問題に、再生産の問題を付け加えなければならない。この再概念化をもとにして、レーニンの国家の概念――それは強制という点からのみ定義されている――を、アルチュセールがイデオロギー的国家装置と呼ぶ観念を付け加えることで、定式化し直さなければならない。管理的あるいは政治的であるだけではなく、特にイデオロギー的であるような国家の次元があるのだ。上部構造は特殊な制度的装置を通して再生産に関係づけられており、イデオロギーの一般理論の問題は、この再定式化と結びつけて提示されている。

アルチュセールはこのテキストでは、科学ではないような積極的機能のすべてをイデオロギーに帰属させるまでになっている。同時に彼は、想像力の幻想をもたらす性格をかつてないほど強調している。アルチュセールはここでスピノザから、第一種の認識はもっぱら、われわれと世界との関係の歪曲された考え方であるという主題を借りている。アルチュセールはまた、いっそう重要なことだが、フランスの精神分析家ジャック・ラカンが行なった想像的なものと象徴的なものとの区別も借用している。意義深いことに、アルチュセールは、鏡像関係をモデルとして理解された想像的なものの概念を保持するために、象徴的なものの概念を捨ててしまう。想像的なものとはナルシシズムの段階における鏡像関係であり、人が物理的な鏡のなかにもっている自分自身のイメージや、さらにまた、自分のイメージが他者たちによって反射されるような人生のあらゆる状況において人がもっている自分自身のイメージのことである。

テキストに目を転じて、われわれはとりわけ、アルチュセールの試論の「イデオロギーについて」と題された節に焦点を当てることにしよう。アルチュセールは彼の立場を、『ドイツ・イデオロギー』におけるマルクスの立場と対比させることから始めている。ここでアルチュセールは、マルクスは想像的なものの現実性《リアリティ》というパラドクスを真剣にとっていなかったと主張する。

『ドイツ・イデオロギー』では（…）イデオロギーは純粋な幻想、純粋な夢、つまり無と見なされている。そのあらゆる現実性は、それ自身の外部に存在するのだ。したがってイデオロギーは、フロイト以前の著者たちにおける夢についての理論的規定と正確に同じような規定をもつ、想像上の構築物と考えられている。こうした著者たちにとっては、夢とは純粋に想像的なもの、つまり無であり、恣意的な、ときには「転倒した」、別の言い方をすれば「無秩序な状態」にある構成と秩序のなかで示される「昼間の名残」の帰結であった。彼らにとって、夢とは想像的なものであり、それは空虚、無であって、恣意的に「でっちあげられた」(bricolé) ものなのであった。(159–160〔「イデオロギーと国家のイデオロギー諸装置」『再生産について』(下) 西川長夫ほか訳、二一一頁〕)

〔『ドイツ・イデオロギー』という〕この純粋に否定的なテキストに抗して、アルチュセールは、イデオロギーはそれ自身の現実性、すなわち幻想をもたらすものという現実性を持つ、と主張する。この主張は、イデオロギーは歴史を持たないという『ドイツ・イデオロギー』のもう一つの主張に挑戦するものであるように見える（思い出してみれば、その主張は、経済的歴史のみが実在する、というものであった。これが、歴史に対する正統マルクス主義のあらゆるアプローチの枠組みとなったのである）。アルチュセールは実際に、イデオロギーは非歴史的であるが、それは『ドイツ・イデオロギー』で主張されているのとはかなり違った意味においてだ、と主張している。イデオロギーは非歴史的であるが、正統的なアプローチが言っているように、その歴史がイデオロギーにとって外的なものだからではなく、イデオロギーがフロイトの無意識のように歴史全体にわたるものだからなのだ。再び、フロイトの影響がかなり強まっている。フロイトは彼の「無意識」という論文のなかで、無意識は無時間的 (zeitlos) だと述べているが、これは、無意識が超自然的だという意味ではなく、いかなる時間的秩序あるいは結びつきにも先行しており、言語や文化などのレベルに先行しているからなのである（それよりもまえに、フロイトは『夢の解釈』第七章のなかで類似の主張をしている〕。アルチュセールにおけるイデオロギーと無意識との間の明白な並行関係はこうした根拠にもとづいており、無時間性を永遠なものと考えることで、さらに一歩前進している。「無意識とまったく同様に、イデオロギーは永遠である」（161〔同論文二一四頁〕）。アルチュセールは、フロイトが無意識一般の理論を——症状のレベルで現われている無意識のあらゆる文化的な姿の根底をなす構造として——もたらそうとしたのと同じ仕方で、彼自身、部分イデオロギーの根底をなすイデオロギー一般の理論を提示しているのである。

こうした基盤のうえで、イデオロギーの想像的な要素は規定され、改良されなければならない。ここで二つの点を指摘しておく。第一に、歪曲されているのは、現実性それ自体、現実の生存諸条件ではなく、これらの生存条件に対するわれわれの関係である。われわれは、世界内存在という概念からそれほど遠いところにいるわけではない。歪曲されているのは、現実性に対するわれわれの関係なのだ。「いまや、すでに私が提出したテーゼ、「人間」がイデオロギーのなかで「描き出す」のは、彼らの存在の現実的諸条件や彼らの現実世界ではなく、何よりもまず、人間たちに対して描き出されるこれらの存在の諸条件に対する彼らの関係であるというテーゼに、立ち戻ることができる」（164〔同論文二一八頁〕）。このことは、もっとも重要な洞察へと導く。というのも、存在の諸条件に対する関係とは、すでに一つの解釈、シンボル的に媒介された何か以外のものではないからである。世界に対するわれわれの関係について語るには、シンボル的構造を必要とする。そうすると、私の主要な主張は、もしわれわれが最初からわれわれの存在に対するシンボル的構造を持っていないとすれば、なにも歪曲されることはありえない、ということになる。アルチュセール自身が見て取っているように、「あらゆるイデオロギーにおいて観察しうるあらゆる想像的な歪曲の基礎をなしているのは、この関係の想像的な性質である」（164〔同頁〕）。われわれは、想像的なものの問題に対するアプローチにおける完全な転倒から、それほど遠くないところにいる。初めに歪曲の基礎をなしてさえいるような世界内存在の原初的な想像的構造がなかったら、歪曲されたイメージが存在することを理解できなかっただろう。想像的なものは、存在の歪曲された形態のなかで現われるばかりではない。というのも、それは、歪曲された関係のなかにすでに存在しているからである。想像的なものは、世界に対するわれわれの関係を構成しているのだ。そこで、私の主要な問いの一つは、このことが、想像力の歪曲の機能よりもまえに、想像力の構成的な機能を意味していないどうか、というものである。あるいは、ラカンの言葉遣いを用いるならば、想像力のナルシシズム的構成要素からは区別されるような、すなわち鏡像関係の意味において理解された想像的なものから区別されるような、想像力の象徴的な役割がないだろうか、というものである。

第二に指摘したいのは、われわれの存在の諸条件に対するこうした関係が、因果性の枠組みのなかにすんなり収まるということはけっしてない、ということである。この関係は因果的あるいは自然主義的ではなく、むしろさまざまな動機の間、さまざまなシンボルの間の相互作用なのである。それは、われわれの経験の全体に帰属しているという関係、動機づけという仕方で関係づけられているという関係である。アルチュセール自身は、この関係は、因果性によって表現された上部構造と下部構造の一般的な枠組みを破壊する、とほのめかしている。彼は、ここでわれわれは「因果性という言葉遣いをしない」(164〔同頁〕)ことが必要だ、と述べている。

こうして、想像力の二つのレベルを導入しなければならない。一つは、歪曲をもたらすものであり、もう一つは、歪曲されるもの、したがって原初的なものである。

あらゆるイデオロギーは、その必然的に想像的な歪曲において、現存の生産諸関係(およびそれに由来するその他の諸関係)を表わしているのではなく、何よりもまず、生産諸関係およびそれに由来する諸関係に対して諸個人がもつ(想像的な)関係を表わしているのだ。したがって、イデオロギーにおいて表わされているのは、諸個人の存在を統御する現実的な諸関係の体系ではなく、諸個人がそのもとで生きる現実的な諸関係に対するこれら諸個人の想像的な関係である。(164–165〔同論文二一九頁〕)

もっと簡潔に表現すれば、このことは、現実においてわれわれは存在の条件、つまり階級などと呼ばれているものに直接的に関係づけられることはけっしてない、ということを意味している。これらの条件は何らかの仕方で表現されているにちがいない。すなわち、動機づけの領野に、われわれの想像の体系のなかに、したがって世界についてのわれわれの表象のなかに、その痕跡を残しているにちがいない。いわゆる現実的原因は、人間的存在のなかでそのものとして現われることはけっしてなく、つねにあるシンボル的な様態において現われるのだ。二次的に歪曲されているのは、このシンボル的様態である。こうして、原初的で基本的な歪曲という考えは疑わしいものとなり、おそらくまったく理解不可能なものとなる。もし、すべてが歪曲されているのなら、なにも歪曲されていないのと同じことである。歪曲の概念を掘り下げなければならない。そうすることで、『ドイツ・イデオロギー』がある状況のもとに位置づけられた現実的生活あるいは現実的個人として記述しているものから、最終的にそれほど離れていない一つの層が再発見される。しかしながらアルチュセールは、こうした人間学的アプローチを否定し、それ自身がイデオロギー的であると主張する。結果として、この言説は基盤を欠いて浮遊しながら、無根拠な(en l'air)ままにとどまる。なぜなら、われわれは、われわれの生存の諸条件に対する、こうした原初的な、避け難くシンボル的に媒介されている関係について述べるために、いわゆるイデオロギーの言語、人間学的な言語を用いなければならないからである。

おそらくこうした困難を見越してであろうが、テキストは突然、まったく異なるアプローチをとる。アルチュセールは表象という用語を放棄し、装置《アパラタス》という用語で置き換える。彼は、イデオロギーの物質的基準を考察するために提起した問いから離れてしまう。ここでの彼のテーゼは、イデオロギーは物質的な存在を持つ、というものである。その主張はこうである。すなわち、いかなるマルクス主義者も、何らかのいっそう想像的な層のなかにある歪曲の根に関してイデオロギー的でないようなことを言うことはできないが、他方で、それでも、歪曲が行なわれているイデオロギー諸装置について科学的に語ることができるのだ。ただ想像的なものについてのマルクス主義の言語は、存在論的、人間学的に根を下ろしていることにではなく、国家装置や制度のなかに具現されていることにかかわる。したがってわれわれは、シンボル的構造としての想像力についてではなく、制度化されたものとしての想像力についての理論をもっている。

国家のイデオロギー諸装置とその諸実践について論じる際に、これらのイデオロギー装置はそれぞれある一つのイデオロギーの現実化である、と述べた（…）。私は、一つのイデオロギーはつねに一つの装置のなかに、さらにはその装置の実践、あるいは諸実践のなかに存在する、というテーゼに立ち戻る。この存在は物質的である。（166〔同論文二二〇―二二一頁〕）

唯物論的アプローチは、イデオロギーはいかなる装置において働いているかを問うのであって、人間の根本構造にしたがえばイデオロギーはいかにして可能なのかを問うのではない。後者の問いは、イデオロギー的な言語に属している。基礎をなす想像的なもの――歪曲されていないか、歪曲される前の想像的なもの――についての問いを、諸装置についての問いのために撤回しなければならない。装置は公的な存在であり、個人に対する言及をけっして含まない。アルチュセールは個人の信仰について、「イデオロギー的な「概念的」仕掛け（dispositif）」（167〔同論文二二二頁〕）に属しているものとして語っている。フランス語で dispositif〔仕掛け〕はそれ自身で機能する何か、行動を形づくる何かの観念を表わしている。

しかし、たとえば信仰を持つ者の実践を単に装置という用語で語ることは、その装置が行動を支配している規則のなかで考えるのでなければ、難しい。信仰を持つ者――これはアルチュセールの提示している例である（167〔同頁〕）――の行動を形づくるイデオロギー装置は、関係する個人の態度、したがってまた動機に対して訴えかけるものでなければならない。われわれは装置を、個人にとって意味のあるものと結びつけなければならない。しかしながら、装置は作者を持たない外的な存在であるから、装置の概念を実践の概念に結びつけ、交差させることは難しい。実践の概念は、つねに誰かの実践である。跪《ひざまず》き、祈り、装置によってその気にさせられることを為すのは、つねに何らかの個人なのだ。

イデオロギーについてイデオロギーの言語で語るために、アルチュセールは実践の概念を行動主義の枠組みへと導入しなければならない。そうすることで、この枠組みはマルクス主義の装置の概念ともっとうまく結びつくのである。

アルチュセールは言う、イデオロギーの言語は「諸行為について語るが、私は実践のなかに挿入された行為について語ろうと思う。そして、これらの実践が、一つのイデオロギー装置の物質的な存在のただなかでそのなかに刻み込まれている(…)さまざまな儀式によって支配されていることを指摘するつもりである」(168〔同論文二二四頁〕)と。アルチュセールにとって、行為の概念はあまりに人間学的である。実践は、より客観的な用語である。最終的に、実践を理解させてくれるのはイデオロギー装置の物質的な存在のみである。装置とは一つの物質的な枠組みであり、そのなかで人びとは特定のことがらを為すのである。

アルチュセールにおける行動主義的な響きは、次の引用箇所にはっきり表われている。

したがって私はこう言おう。一個の主体のみ(…)に関していえば、この主体の信仰についての諸観念の存在は物質的である。それは、この主体の諸観念が物質的諸実践のなかに挿入された物質的行為であり、これらの実践は、主体の諸観念が由来している物質的なイデオロギー装置によって規定されている物質的な儀式によって支配されているという点において、そうなのだ。(169〔同論文二二五頁〕)

ここでは「物質的」という言葉が四通りの仕方で用いられている。たとえば跪《ひざまず》くといった物質的行為、宗教的行動として跪くといった物質的実践、崇拝の奉仕の一部として跪くといった物質的儀式、そして制度としての教会のような物質的なイデオロギー装置である。アリストテレスが「存在」は複数の意味をもつと言ったように、アルチュセールは物質にいくつかの意味を与えている。彼ははっきりと、いくらかのユーモアをまじえつつ、比較を行なっている(166〔同論文二二二頁〕)。四度用いられている「物質的」という語のそれぞれが異なる様態によって影響されていることを認める一方で、アルチュセールは、それらの違いになんの規則も与えていない。彼は言っている、「物質性の諸様態の差異についての理論の検討は、脇に置いておくことにする」(169〔同論文二二五頁〕)。実際、われわれは、何が物質的かについてのわれわれの概念を、たとえば肉体がそうであるような仕方で物質的ではないような何かに適切に適用するために、規定しなければならない。われわれはこれらの差異を説明するために、「物質的」という語の多義性に頼らなければならないし、このことはほとんど禁じられていない。というのも、日常言語において、この語は多岐にわたる文脈で用いられているからである。われわれは、物質の概念の共通の意味に、あるいはウィトゲンシュタイン的な意味での日常言語の諸規則に頼ることで、物質性の概念を延長させ引き伸ばし、これによってその概念が実践の概念を包含するようにしているのである。

アルチュセールのこの論文の残りの部分は、イデオロギーにおける主体のカテゴリーの機能を論じている。アルチュセールは、イデオロギーと主体の機能は互いに内容を与えあうことだと言う。

> 私が言っているのは、主体というカテゴリーはあらゆるイデオロギーにとって構成的だということであるが、しかし同時に、そしてただちに、こう付け加えたい。主体というカテゴリーは、あらゆるイデオロギーが主体としての具体的な諸個人を「構成する」ことをその機能としているという限りでのみ、あらゆるイデオロギーにとって構成的である、と。(171〔同論文二二八頁〕)

アルチュセールは「構成する」を引用符で括っているが、それは、これがフッサールの言葉遣いだからである。自我の現象学は、それがイデオロギーをくっきりと示している限りで、イデオロギーの概念のもとにある。すなわち、イデオロギーはヒューマニズムであり、ヒューマニズムは主体の概念を頼りとしているのであって、主体を構成するのはイデオロギーなのである。イデオロギーと主体は、相互に構成しあっているのだ。エリク・エリクソンのような人たちは、イデオロギーはアイデンティティの一つの要因であり、したがって、イデオロギーと主体の関係は肯定的に理解されるべきだと主張しているが、アルチュセールの言葉遣いはむしろ否定的である。われわれは、ある意味においてもっとも興味深い哲学的問題、すなわちわれわれはいかにして主体となるのかという問題を、イデオロギーの側に置かなければならないのであろうか。イデオロギーを大いに否定するためにそれだけ多くイデオロギーに与えるというのは、大胆な試みである。まさにこうした理由から、もし科学に多くのものを与えすぎると、われわれはイデオロギーにさらに多くのものを与えなければならない、と述べたのである。イデオロギーを、単に幻想、上部構造に属する語として扱うことはますます困難になっている。というのも、われわれが何であるかはイデオロギーによってかなりの程度構成されていることから、イデオロギーから隔てられたときにわれわれがどのようなものであるかは、まったくわからないからである。われわれはまさしくイデオロギーのおかげで、実際にそうであるところのものなのである。イデオロギーが担っているのは、われわれから主体をつくり出すことである。それは奇妙な哲学的状況である。というのも、われわれのあらゆる具体的な存在は、イデオロギーの側に置かれているからである。

アルチュセールが「呼びかけ」(interpellation)と呼んでいるものについての彼の興味深い分析は、イデオロギーと主体との関係をいっそう明確に証明している。「第一の定式で私が言いたいのは、あらゆるイデオロギーは、主体というカテゴリーの機能によって、具体的な主体としての具体的な個人に挨拶したり呼びかけたりする、ということである」(173〔同論文二三二頁〕)。われわれは再認の過程を通して主体として構成される。「呼びかけ」という用語は、召命、神に呼ばれることという神学的概念を示唆している。主体に呼びかけるという能力において、イデオロギーは主体を構成しもする。呼び止められることは主体となることである。「イデオロギーの存在と、主体としての個人に対する挨拶あるいは呼びかけは、ただ一つの同じことである」(175〔同論文二三四頁〕)。これは、イデオロギーは永遠であり、したがって階級などの歴史には属さない、ということであるが、イデオロギーは主体のカテゴリーを構成するよう作用し、またそのカテゴリーによって構成されているのだ。イデオロギー一般の理論は、完全な人間学の枠組みを再建するが、否定的な配役によってそうするのである。こうした人間学は幻想の世界である。

われわれを主体として構成するものの幻想をもたらす性格についてのアルチュセールの主張は、想像力の鏡像的構造というラカン的概念に根拠づけられている。「われわれの見るところでは、〈唯一にして絶対の主体〉の名のもとに主体としての諸個人に呼びかけるあらゆるイデオロギーの構造は反射的である、すなわち鏡の構造を持っており、二重に反射的である。この鏡の二重化がイデオロギーを構成し、その機能を保証しているのだ」(180〔同論文二四二頁〕)。シンボル的過程における幻想の優位性が強調されるとき、あらゆるイデオロギーは幻想をもたらすものであるはずである。ここには、鏡の概念――ナルシシズム的構造――とイデオロギーとの完全な融合がある。イデオロギーはナルシシズムのレベルで打ち立てられ、主体はおのれ自身を際限なく見つめる。アルチュセールはわかりやすい例として宗教的イデオロギーを取り上げている。彼は、キリスト教神学の機能は主体を一つの絶対的な主体によって二重化することだ、と述べている。それらは鏡の関係にあるのだ。「三位一体の教義とはまさしく、主体（子）への主体（父）の二重化の理論と、それらの鏡像的な結びつき（精霊）にかんする理論である」(180 n.〔同論文二八八頁注147〕)。ここでのアルチュセールの論じ方は、あまり適切ではない。私はこれにそれほど意味があるとは思わない。それは拙速に片づけられている。つまりアルチュセールは三位一体の神学を一つの注のなかに要約しているのである。われわれはひょっとすると、鏡像関係は神経症の生活様式の一つの表現としてより興味深い、と言うことができたかもしれない。たとえば、フロイトの分析したシュレーバーの症例、とりわけフロイトがシュレーバーの神学と読んだものを取り上げてみたならば、こうした二重化の過程について理解できただろう。すなわち、実際には崇拝すべき神は存在せず、自身の際限のない投影と再注入、自己自身のイメージの投影と同化があるだけなのである。

したがって、もっとも困難なのは、鏡に映すというナルシス的関係の狭い土台のうえで、主体の概念全体を構築するということである。われわれはこの関係を歪曲されたものとして、構成の歪曲としてなら、もっと容易に理解することができる。しかしそれを、自らを構成するものとして理解するのは難しい。こうした関係が構成的であると主張する唯一のやり方――そしてこれがアルチュセールの立場であるが――は、構成とは歪曲である、主体のあらゆる構成は歪曲である、と主張することである。しかし、もしイデオロギーが永遠のものであり、主体として呼びかけられた諸個人がつねにすでに存在し、イデオロギーの形式的構造が引き続き同じものであるとするならば、認識論的切断はいったいどうなるのであろうか。認識論的切断の問題は、個別イデオロギーの領域からイデオロギー一般の領域へと移行させられなければならない。宗教的イデオロギー、ヒューマニズムなどとの切断は、原初的イデオロギーと主体性との相互的構成との切断と比較されるようなものではまったくない。私は、切断が生じなければならないことには同意するが、それは、アルチュセールがいうのとは別のところにおいてである。「再認」(reconnaissance)に付随している「誤認」(méconnaissance)との切断を行なうことができるであろうし、またそうすべきだと、私は言いたい。いっそう信頼のおける再認のためでなければ、誤認の批判にいかなる利点があるというのだろう。われわれは真の再認を、狭い軽蔑的な意味でのイデオロギーに還元しないように理解しなければならない。しかしながら、アルチュセールはこうした可能性を否定している。彼は「再認の諸形態のなかで必然的に誤認され(méconnue)ている「したがって、無視されるのではなく「誤認されている」」現実」(182〔同論文二四五頁〕)について語っている。あらゆる再認は誤認だ、というのだが、これは非常に悲観的な主張である。もし、イデオロギーがそれ自身においてなんの価値も持たないとすれば、それは誤認(méconnaissance)の世界でなければならない。再認の弁証法全体が、アルチュセールによる主体の問題設定《プロブレマチック》のイデオロギー的還元によって破壊されているのである。

　再認の関係の代わりに、アルチュセールは鏡像関係を、包摂関係と関連させている。アルチュセールは、「主体《サブジェクト》は、服従《サブジェクション》することによってのみ、また服従するためにのみ存在する」(182〔同論文二四四頁〕)と言う。アルチュセールは、主体《サブジェクト》が主体性《サブジェクティヴィティ》と主体化《サブジェクション》=服従の両方を意味するということを示すために、言葉遊びを用いている。二つの意味は、実際には、一つに縮減される。つまり、主体であるとは服従することを意味する、というものである。しかし、「反射の」段階を超えた個人の成長の歴史もあるのではないか。想像力そのもののなかでの、反射的なものと象徴的なものとの弁証法はどうなっているのだろうか。しかしながら、アルチュセールにとって、主体であるとは従属すること、装置に、国家のイデオロギー装置に服従することを意味する。私の考えでは、もしイデオロギーが想像力の鏡像段階に結びつけられなければならないとすれば、国家の装置に抵抗することのできる市民としての本来的な主体を有することはいかにして可能なのか、わからなくなる。このように想定された服従的構成によって汚染されていない主張をもつ主体の深みからでなければ、どこから装置に抵抗する力を借りてくることができるのか、私にはわからない。一見したところでは閉じられているイデオロギーの殻のなかで、いったいどうやって切断を生みだすというのだろうか。

したがって課題は、再認を誤認から解放してやることである。あとで、まさしくこの点に関するハーバーマスの考えに私の分析を結びつけるつもりである。ハーバーマスにとっての問題設定《プロブレマティック》は、再認の企てから出発する必要ということである。イデオロギーは厄介なものである。なぜなら、イデオロギーは、人間が他者によって真に再認されることを不可能にするからである。さらに、こうした状況がすっかりイデオロギーを支持することになれば、イデオロギーに対するいかなる武器も存在しないことになる。なぜならこの場合、武器そのものがイデオロギー的だからである。こうして、再認の概念が必要となる。ハーバーマスのより最近の著作はこれを、コミュニケーションの概念として述べている。これは、われわれが、いわば最初からイデオロギーという傷を負っているのではないようなコミュニケーションに関心を持っていることを前提としている。ハーバーマスが行なっているように、イデオロギー批判を解放への関心と結びつけるためには、再認の概念、コミュニケーションの相互的任務という概念をもたなければならない。それは、歪曲された意味でのイデオロギー的ということではない。

しかしながら、ハーバーマスの検討にはいるまえに、マンハイムとウェーバーについての議論にいくらか時間を費やしておこう。われわれはまた、アルチュセールについてもいくつか最後に問いたいことがある。アルチュセールから移行する準備として、彼の仕事についての読解から生じてくるさまざまな問題の全般的枠組みを提示してみたい。五つの主要な問題を考察することにしよう。第一の問題は、マルクス主義は科学的だという主張についてである。いかなる意味で、それは科学なのだろうか。アルチュセールは最近のいくつかの著作のなかで、歴史という大陸の発見について述べているが、そこでは主体の問題が体系的科学のレベルにまで高められている。この歴史の焦点は、経験的な歴史叙述ではなく、経済的関係の発展（原始共産主義から封建制、さらに資本主義などへ）における諸段階の体系的連結関係にある。もしわれわれが実証主義的な意味での科学について述べるのなら、理論は検証に従わねばならず、したがって、こういってよければ知的労働者たちの共同体に従わなければならない。しかし、この科学を一つの階級の科学と同一視するのは難しい。科学的検証を階級闘争の枠組みのなかに置くことは、理論的枠組みのなかに実践的概念を導入することになる。私の問いは、したがってこうなる。もし、それがポパーの意味で検証可能あるいは反証可能でないとすれば、マルクス主義はいかなる意味で科学的たりうるのだろうか。ひょっとするとそれは、別の様式、つまり批判の様式において科学的たりうるのかもしれない。しかし、関心――解放や自由への関心――が、批判を必然的にイデオロギー的領域へと引き入れるものでないとすれば、何が批判を動機づけるというのだろうか。人間の関心、実践的な関心によって支えられていないような非実証的科学について考えることは、非常に難しい。また、万人にとって、あるいは他の階級の人間にとってでさえ理解可能でないような科学について考えることも、やはり難しい。やがて見ることになるが、マンハイムのパラドクスの問題は、実際に、イデオロギー的分析を科学のレベル、知識社会学のレベルまで引き上げようとする点で、イデオロギー概念の一般化に起因しているのである。

第二の問題は第一の問題の帰結であるが、認識論的切断にかかわっている。完全な切断は、何らかの知的な奇跡か、暗闇から出現した何ものかというような仕方以外で理解できるのだろうか。アルチュセールのより最近の『自己批判の試み』では、(自分はあまりに理論的すぎたので、いっそう戦闘的なやり方で階級闘争へと回帰する必要がある、と述べることによって) 自己批判する一方で、いまなお、認識論的切断という概念を強化している。彼は、この切断は前例のない出来事だと言う。彼はマルクスについて、父親を持たない息子、ある種の絶対的な孤児とさえ語っている。つねに連続性を探し求めるのは観念論者のすることだ、と言うのである。ひょっとすると、摂理主義《プロヴィデンシャリズム》も連続性を含んでいるのかもしれないが、なぜ歴史的連続性のみが必然的にイデオロギー的であり、おそらくは神学的でさえあると見なされるべきなのか、私にはわからない。不連続性の概念は、困難そのものを生じさせる。もう一度、この切断の動機づけを考えてみるならば、たいていは困難が生じるのである。認識論的切断は動機づけられたものとして現われる。そして、この切断を一つの関心の出現と結びつけたいのであれば、その動機づけをイデオロギーの領域から借りて来なければならない。動機づけは人間学の領域に属しており、もっと完全に人間的であろうとする関心に属している。切断という観念を、この科学によって改良され、ひょっとすると暴き出されさえする人間的企てから、完全に切り離すことはできないのだ。

私の考えでは、認識論的切断についてのアルチュセールの表現は、イデオロギーの理論に対してばかりではなく、マルクスの読解にも大きなダメージを与えるものである。それは、われわれが、マルクスにおける重要な切断を見落とす原因ともなる。すなわち、切断をそれがあるべき場所とは異なる地点に置く原因となるのだ。私はマルクス主義の学徒ではないが、マルクスについて読んできたかぎりでは、哲学的レベルでのより重要な変化は、『ドイツ・イデオロギー』のあとではなく、『経済学・哲学草稿』と『ドイツ・イデオロギー』との間にあると考える。つまり、現実的人間、現実的実践、ある所与の条件において行為する諸個人という概念の出現にあるのだ。こうした光のもとで見るならば、人間学の運命が観念論の運命によって封じられてしまうことはない。アルチュセールがマルクスに与えた重要なダメージは、彼が、二つの異なる概念を一つの見出し——人間学的イデオロギー——のもとに置くようわれわれを強いていることである。その一つの概念は意識のイデオロギーであり、これは正当にもマルクスとフロイトによって破壊された。もう一つの概念は現実の具体的な人間、衝動、労働などから構成された存在についてのイデオロギーである。後者の概念は、観念論的でない用語で表現することができる、と私は考える。したがって、イデオロギーと観念論は、人間学にはいかなる場所もないという仕方で同一視されはしないのだ。私の考えでは、非観念論的人間学が、われわれが今後の講義のなかで考察するつもりの他のすべての問題を理解するための唯一のやり方である。マルクスの突破《ブレークスルー》は、こうした、個人の存在の充実に深く根差した関心のレベルで意味をなすものでなければならない。

ここでの論点は、アルチュセールを読むことから生じてくる第三の問題、すなわち彼の概念枠の問題へと導く。下部構造ー上部構造という概念枠は、さまざまな物語を伴った基盤《ベース》のメタファー、基盤をもつ建造物である。このメタファーは一見とても魅力的であるが、それを文字通りに、二次的あるいは派生的なものに先行する何かを意味すると捉えるならば、非常に危険なものとなる。このメタファーが固定化して、文字通りに捉えられたときにミスリーディングになる一つの徴候は、基盤の作用と、上部構造による基盤への反応とを再び結びつけるのは困難だということである。われわれは、決定要因と、現実的だが非決定的な要因というスコラ主義に捉えられてしまうのだ。こうしたスコラ主義は、私の考えでは、どこにも導かない。しかし、このメタファーが有害なのは、さらに重要な理由からである。それは、メタファーがパラドクスを生じさせるからではない。というのも、あらゆる学説が実際に前進するのは、それら自身のパラドクスを解決することによってだからである。むしろ、ここでは、概念枠が、アルチュセール自身がマルクス主義の学説にもたらしたいくつかの非常に興味深い貢献を理解することの妨げとなっている。特に私は重層的決定（overdetermination）の概念のことを考えている。すなわち、下部構造と上部構造の同時的作用の認識のことであり、また、歴史において基盤はけっして単独では作用せず、つねにさまざまな行為、特殊な歴史的出来事などとより合わされているという事実のことである。重層的決定の概念を、下部構造と上部構造という概念枠とは異なるもののなかに置けば、われわれはそれを理解できなかったのではないだろうか。このことは実際、われわれが最終的に現実に基盤《ベース》とは何かを再考するきっかけとなるかもしれない。

人間にとって基盤的《ベーシック》なものとは何かという根源的な問いを立てることで、上部構造と考えられているものの多くが他の観点から見ると基盤的なものであることに気づくようになるかもしれない。どの文化について考えてみてもよいが、われわれが見いだすのは、そのシンボル的枠組み——その主要な仮説、それが自らを考察し、そのアイデンティティをシンボルと神話を通して投影するときのやり方——が基盤的《ベーシック》だということである。ふつう上部構造と呼ばれているものを、まさしく基盤的と呼ぶことができるように思われる。こうした言い換えの可能性は、つねにメタファーとともにある。一つのメタファーを、反対のメタファーを用いることによって破壊しなければならない。それ故、われわれはメタファーからメタファーへと進むのである。対立するメタファーがここでは、人間にとって基盤的であるものということになる。すなわち、人間にとって基盤的であるものが、必ずしもマルクス主義の構造における基盤とは限らないのだ。実際のところ、重層的決定の概念は、実際に下部構造と上部構造の区別を放棄しなければならないということを、含意してはいないだろうか。

この点は、上部構造の作用が、下部構造／上部構造の枠組みを破壊するいくつかの媒介的概念を含んでいることに気づくとき、いっそう明らかとなる。再び権威《オーソリティ》の概念に言及してみたい。権威の体系は、けっして、力、純然たる暴力によってのみ働くのではない。そうではなく、われわれが論じたように、イデオロギーを通して、いくつかの意味のある手続きを通して働くのである。これらの手続きには諸個人の理解が必要なのだ。アルチュセールの「実効性」の図式は、集団や階級を支配する権威の特徴をなしている正統性への信仰の場所を設けるために、改良されるか、完全につくり直されなければならない。この問題については、のちにマックス・ウェーバーを取り上げるときに、さらに詳細に論じるつもりである。彼の根本問題は、権威の体系がいかに働いているか、というものだからである。ウェーバーにとって支配の問題は、権威の正統性の要求がこの正統性のなかで信仰の能力に出会うよう試みるときの諸動機の体系を含んでいた。したがってわれわれは、信仰と要求とを扱わなければならないのだが、これらの心理学的要因を下部構造と上部構造という枠組みのなかに置くのは難しい。

この概念枠を問題にするもう一つの理由は、イデオロギーはそれ自身の現実性を持つ、というアルチュセールのもう一つの主張を理解したいからである。私の考えでは、イデオロギーの相対的自律と一貫性を主張している点でアルチュセールは正しい。彼はこのとき、古典的なマルクス主義者と、イタリア人のうちの例外者、とりわけグラムシとを対置している。しかし、上部構造の相対的な自律は、イデオロギーがそれ自身の内容を持つことを要求する。同時にこのことは、これらのイデオロギーの用法の理解の前に、それらの特殊な様態についての現象学を要求する。われわれはこれらのイデオロギーの構造を、もっぱら組織の再生における役割のみによって定義することはできない。それらの用法を考えるまえに、それらの意味を理解しなければならない。イデオロギーの内容がそれらの用法によって汲み尽くされるという仮説は、正当化できない。用法でそれらの意味が汲み尽されることはないのだ。ハーバーマスによって提起された問題を一例として挙げることができる。それは、近代社会において――とりわけ資本主義世界の軍事産業構造において――科学と技術はイデオロギー的に機能する、というものである。このことは、科学と技術が構成上イデオロギー的であることを意味するのではなく、むしろ、それらがイデオロギー的に用いられていることを意味する。科学と技術がある関心によって――ハーバーマスの用語では、制御された関心によって――現に捉えられていることは、それらの領域の内的な意味を構成してはいない。所与のイデオロギー的領域――当面は仮に、われわれがいまだにそれをイデオロギーと呼びたがっているとして――の内的な構成とその機能とは区別されなければならない。歪曲の問題で、ある一つの社会学的な力あるいは構造が構成し尽くされることはないのだ。

ここで一例として、レーニンによる国家の定義に立ち戻ることができるだろう。国家はその強制的な機能によってのみ定義されると規定したことで、レーニンはそれ以外の多くの機能を無視した。彼は、強制的な機能が他の機能の歪曲であることを見なかった。しかし、レーニンのアプローチが、正統マルクス主義のモデルを類型化することになる。宗教は、歪曲の機能以外の構成を持たないと言われる。そして、科学とテクノロジーについても同じことを言う人たちがいる。しかし、再び疑問なのだが、上部構造の相対的自律に意味を与えるための唯一のやり方は、上部構造の構成規則とその用法の歪曲された様態とを区別することではないのだろうか。もしこの区別を行なうことができなければ、暴露するという手続きによってその対象が構成されている、と言わざるをえなくなる。一つのイデオロギーの内容とは、もっぱら、暴露されたもののことであってそれ以上のものではないというのは、非常に還元的な手続きである。

上部構造のそれぞれの領域——法律的、政治的、宗教的、文化的領域——の特殊性を認識することができなければ、危険な理論的帰結が待っているばかりではなく、危険な実践的かつ政治的な帰結も待っている。これらの領域がいかなる自律も持たないことをひとたび受け容れると、スターリン的国家が可能となる。その主張は、経済的基盤は堅固であり、他のあらゆる領域は単に反射、影、反響なのだから、経済的基盤を改良するためには後者の諸領域を操作することも許される、というものである。そこには、法律的領域、政治的領域、宗教的領域の自律に対する尊重などは存在しない。というのも、それらの領域は、それら自身で存在しているのではないと言われるからである。

そうなると、歪曲の過程が、その可能性の条件として歪曲の機能によっては定義されることのない構成を持つような、まったく異なった理論的枠組みが求められないだろうか。そしてこのことは、たとえば法律的領域がある構成的な特殊性を保持することを伴うだろう。たとえその領域が自分たちの利益になるようにブルジョワジーに奪われてきたとしても、である。もし、賃金の概念のなかに表現されている労働と資本との関係が把握されれば、賃金は一つの契約として提示され、契約は法的な行為として表現される。交換の法的形式は、誰も奴隷ではないことを示している。

というのも、人びとは彼らの労働を賃貸しするのであり、お返しに賃金を受け取るからである。これは明らかに重大な歪曲である。なぜなら、契約という法的概念が支配の状況に適用されているからである。ここでは、搾取という現実の状況が、労働と賃金という見かけ上でのみ相互的な交換のなかに隠されている。私の主張はこうである。すなわち、資本主義体制における法的枠組みが搾取という現実的構造を隠蔽するのに役立つということから、法的な機能が大いに損なわれる一方で、正統マルクス主義者たちが主張するように、そうした法的機能がこの歪曲の機能によって汲み尽くされることはないということである。私は、歪曲と構成の機能を分離し、接続し直すことの可能性を主張しているのだ。そしてここでもやはり、動機づけの枠組みが前提となる。

われわれの読解から生じてくる第四の問題は、個別イデオロギーの問題である。ここで、先の問題から出発して、個別イデオロギーを特殊なものにしているのは何かを問うことができるだろう。ヒューマニズムを例にとろう。合衆国では、ヒューマニズムに賛成する主張はあまりに安易なものとなりうる。というのも、ヒューマニズムは肯定的な言葉だからである。しかしヨーロッパでは、必ずしもそうとは限らない。悪い意味でのイデオロギー的なもの、つまり現実の状況を覆い隠す単なるやり方を解きほぐすために、ヒューマニズムの概念を再考しなければならない。軽蔑的な意味でイデオロギーとはならないようなヒューマニズムの強力な概念を探し求めなければならない。ここで私が考えるのは、ハーバーマスの理論のような関心の体系の理論は、支配あるいは統御における単なる関心に還元できないようなさまざまな関心の階層秩序《ヒエラルキー》が存在することを示す手助けとなりうる、ということである。このことは、単なるヒューマニズムの主張ではなく、完全な人間学の構築を含んでいるだろう。前者は虚偽でないにせよ、単にひとつの主張である。こうしたヒューマニズムの強力な概念は、同じ概念枠のうちで他の三つないし四つの概念に結びつけられなければならない。第一は、一定の諸条件のもとでの現実の個人の概念であり、『ドイツ・イデオロギー』のなかで練り上げられたものである。この概念は、単なる主張ではないようなヒューマニズムのための、強力な哲学的基盤をもたらす。第二に、ヒューマニズムの強力な概念は、秩序の体系および支配の体系に対する個人の関係によって、正統性の問題設定全体のなかに含まれている。おそらくここには、個人が、権威の体制に対抗して自らのアイデンテイティを手に入れようとする重要な戦いがある。したがって、信仰と要求という二つの極の間にある、個人と権威との間の重要な弁証法を強調する必要がある。第三に、認識論的切断はこのヒューマニズム的関心の出現にかかっている、と言いたい。不明瞭さと暗闇のただなかで真理が突然ほとばしり出ることについて、もしそれが、イデオロギーのなかで歪曲されたものの、いまやその真理を見いだしている何かの出現ではなかったとすれば、理解することができない。ある意味で、切断は同時に、イデオロギーによって覆い隠されたものの回復でもなければならない。しかし、根源的な切断というような概念を考えることができるのかどうかは、わからないのだが。

われわれの読解から生じる、第五の、そして最後の問題は、イデオロギー一般の問題である。このことは、もっとも根源的な問い、すなわち、シンボル的に媒介されたものとしての実践でなければ、いったい何が歪曲されるのだろうか、という問いを提起する。歪曲についての言説は、それ自身はイデオロギーでも科学的でもなく、人間学的である(1)。このことは、動機とシンボルとを含む哲学的人間学に関する、先のあらゆる示唆と一致する。イデオロギー一般についての言説と無意識一般についてのフロイトの言説との並行論が、この主張を補強してくれる。こうして、シンボル的行為の理論が必要になる。イデオロギーの物質的存在を頼りとするだけでは十分ではないのだ。というのも、想像的関係は装置となりえないからである。イデオロギーにおける主体のカテゴリーの機能が、イデオロギーに対する一つの保証になる。再認の背景、イデオロギー的ではなく人間学的な背景なしに、誤認について語ることはできないのだ。

アルチュセールについての読解に由来するこれらの中心的問題は、以後の講義の主要な方向を示してくれる。私は、四つの段階を経て進むことを提案する。第一に、カール・マンハイムを取り上げる。マンハイムは、イデオロギーと科学の間の完全な切断が可能かどうかを問題にした。実際に、あらゆる理論的主張は何らかの意味でイデオロギー的ではないだろうか。マンハイムが指摘していることだが、もしそうだとすれば、イデオロギー概念の一般化は一つのパラドクスへと導く。もしすべてがイデオロギー的であるとすれば、いかにして、イデオロギーについてのイデオロギー的言説でないものをもつことができるのであろうか。これが、マンハイムのパラドクスである。そこで私は、支配の問題を、上部構造と下部構造とは違った思考の枠組みにおいて考察するつもりである。それは、権威の体系の正統化を考察するものであり、この目的のために、マックス・ウェーバーを導入するつもりである。第三の段階では、関心と科学、とりわけ、関心によって実行され支えられている批判的科学との間の結びつきを提唱する。ここで私はハーバーマスを用いる。最後に、行為の根本的なシンボル的構造を、それ自体、あらゆる種類の歪曲にとっての必須条件とみなすつもりである。この点において、私はクリフォード・ギアーツと、この問題に対する私自身の個人的なアプローチに焦点を当てる。それが、もっと狭い意味でのイデオロギーによって歪曲されたシンボル的行為の構造であることを示すつもりである。イデオロギー――始原的な積極的イデオロギー――は、シンボル的行為の構造に最大の重みを与えるような、いっそう広い意味において再び我がものとされたとき、集団および個人に対して、それらのアイデンティティの構成物として作用することが理解されるだろう。これが、ユートピアの問題に対する転回点となるだろう。というのも、このレベルでは、イデオロギー的でありかつユートピア的であるのは、想像力だからである。

第十回　マンハイム

カール・マンハイムの『イデオロギーとユートピア』について検討するにあたって、「イデオロギーとユートピア」および「ユートピア的意識《メンタリティ》」と題された二つの章に焦点を当てる。マンハイムがわれわれの目的にとって興味深いのは、主に二つの理由からである。第一に、イデオロギーとユートピアを不一致《ノンコングルエント》という一般的な問題設定《プロブレマティック》のもとで結びつけたのは、おそらく彼が初めてである。彼は、一つの思考体系が一つの集団や社会の一般的な動向と一致しない場合に、二種類の不一致があることを見て取った。すなわち、過去にしがみついて変化に対して強く抵抗する場合と、前方へと跳躍して変化を奨励する場合のいずれかである。それ故、何らかの意味で、不一致の二つの様態の間には対極的な性質がある。私は、マンハイムが提示しているイデオロギーとユートピアとの相関関係についての主要な議論を、この一連の講義全体の最終段階まで取っておくつもりだが、今回の講義の最後に、この主題についていくつか先回りの指摘を行ないたい。

　マンハイムの第二の功績は最初のものに劣らない。それは、マルクス主義のイデオロギー概念を、人を困惑させるほどにまで拡大したという点である。この理由は、イデオロギーはそれを主張する者をも一部として内に含んでいるからである。マンハイムは、語り手自身がイデオロギー概念のなかに巻き込まれてしまうという考えを、かなり強く主張している。こうした相互作用は、マンハイムのパラドクスと呼ばれているものへと行き着く。このパラドクスは、運動についてのゼノンのパラドクスに似た形式をもっている。すなわち、ともに認識の基礎にかかわっているのである。マンハイムはイデオロギー概念とイデオロギー批判とを、この概念が自らの有効性を掘り崩するほどまでに拡張している。そのような段階では、概念がかなり拡張され普遍化されて、その概念を用いようとする者は誰であれその概念に巻き込まれるということになる。マンハイムはこの普遍化の条件について、いまや誰も避け難くそのもとにあるような条件であると主張している。これをクリフォード・ギアーツの言葉遣いでいえば、イデオロギーは自らの参照項の一部となった、ということになる（*The Interpretation of Cultures*, p. 194）[1]。われわれはイデオロギーについて語るが、われわれの語りそのものがイデオロギーのなかに囚われているのである。さらに進んでいくためには、このパラドクスと格闘しなければならない。このパラドクスを引き受けて定式化することは、われわれの研究全体の転換点となるであろうし、そうすることで、イデオロギーそれ自身についてのよりよい記述を見つけ出さなければならないであろう。イデオロギーと科学という極性が維持され得るかどうか、あるいは、別の視座で置き換える必要があるのかどうかが、問われなければならない。

この主題に対するマンハイムの貢献を論じる上で、われわれは三つの点を考察するつもりである。第一に、パラドクスを生み出す一般化の過程である。第二に、知識社会学の領域へのパラドクスの移行である。第三に、この領域でパラドクスを超えるというマンハイムの試みである。第一の点に関して、われわれが一つの主題としてのイデオロギーの歴史的発展を見るとき、マルクス主義的なイデオロギー概念は、イデオロギーの一般化の過程における単なる一段階に見えてくる。マンハイムは言う、「したがって、まず次のように言う必要がある。すなわち、問題のもともとの主張に対するマルクス主義の大いなる貢献にもかかわらず、このイデオロギーという語とその意味は、歴史上、マルクス主義よりもずっと前にさかのぼるのであり、そこから新しい意味が現われたのであって、それはマルクス主義とは独立に形づくられたのである」（55）[2]。マンハイムは、虚偽意識についての疑念には長い歴史があり、マルクス主義はこの長い連鎖のなかの一つの環にすぎないと主張している。彼自身の貢献について考えるまえに、マンハイムにしたがって、イデオロギー問題の歴史的地位の展開について見ておこう。

マンハイムは虚偽意識の問題を歴史的にさかのぼり、悪しき預言者（預言者であるバール神など）についての旧約聖書の概念に訴える。宗教的に疑念が生じたのは、誰が真の預言者であり誰が偽りの預言者であるかという問題のなかでである。これはマンハイムにとって、われわれの文化におけるイデオロギーの最初の問題設定《プログレマティク》であった（70〔『イデオロギーとユートピア』高橋・徳永訳、一二六頁〕）[3]。マンハイムは、近代の文化のなかでは主にベーコンとマキャヴェリを、イデオロギー概念の先駆者として引用している。ベーコンのイドラの理論においては、種族のイドラ、洞窟のイドラ、市場のイドラ、劇場のイドラが、あらゆる誤りの起源である（61〔同書一二〇―一二一頁〕）。マキャヴェリは、宮廷の考え方と市場の考え方とを対比することによって、公共の発言に対する体系的な疑念の過程に着手している（63〔同書一二三頁〕）。私はまた、ヘーゲルの『精神現象学』の第六章のことを考える。ヘーゲルはそこで、追従の言葉と宮廷の言葉、政治的用法による言語の歪曲について論じている。迷信と偏見についての啓蒙思想の概念もまた、確かにこの連鎖の一つの重要な環である。

　さらに、マンハイムがそうしているように（71 ff.〔同書一三七―一三九頁〕）、これらのマルクス主義以前の諸段階におけるナポレオンの役割について強調しておこう。私は以前よりも、ナポレオンの役割を重要な要因と考えるようになっている。十八世紀末のフランスの哲学者たちが観念学派《イデオローグ》（idéologues）と呼ばれていたことは、ときとして忘れられることがある。観念学《イデオロジー》（idéologie）は、諸観念の理論のための名称であった。観念学《イデオロジー》は、一つの学派と理論的領野の両方の名前だったのである。ナポレオンは、彼の政治的野望に反対する者たちに、中傷の意味で観念学者《イデオロジスト》とレッテルを貼ることで、この言葉の軽蔑的な意味を生みだした。おそらく、この言葉が相手を中傷するものであり、つまるところ、行動の英雄〔ナポレオン〕によって表現されたものであるということが、いまやこの概念の一部となっているのだろう。行動の英雄は、単に諸観念の理論たらんとするような思考様態に、観念学的《イデオロジカル》というレッテルを貼った。すなわち、その理論は政治的実践に対して非現実的だ、というのである。イデオロギーは、最初は論争的概念であり、次には、敵対者を中傷する概念になった。それは、ヘーゲルの表現を用いれば、「美しき魂」を見つめる行動の英雄の観点から、こうした中傷を引き継いでいるのである。

　このようにして、哲学的言説におけるイデオロギーの概念は、おそらくつねに、現実についての政治家の特殊な経験を含んでいるのだ。マンハイムは、こうした状況に注意を促してはいるものの、自らそれをたどることはしない。

というのも、彼がとっているのは知識社会学の観点であり、傍観者あるいは観察者の視点だからである。しかしながらもっとも重要なのは、「現実についての政治的基準」(73)〔4〕がイデオロギーについての議論のなかに導入されていることに、気づくことである。私がこのように言うのは、われわれはイデオロギーの概念を利用することができないと結論づけるためではなく、むしろそれを正しく位置づけるためである。哲学的言説には、論証的な概念と、人間の経験の一つの層――ここでは政治的な層――から生じる諸概念のための場所がある。私はこの点について、こうした〔哲学的言説という〕立場をとることは、アルチュセールとともに理論――科学――がイデオロギーの概念をもたらすというよりも、強固であると考える。そうではなく、概念は一つの実践的経験、とりわけ支配者の経験によってもたらされるのだ。何かをイデオロギー的と非難するとき、おそらくわれわれ自身が、ある権力の過程、権力の要求、権力的であることの要求のなかに捉えられている。イデオロギーの起源はナポレオンが敵対者たちを中傷するようなレッテルを貼ったことにあるということから、イデオロギーはけっして純然たる記述的概念ではないという可能性を、心に留めておかなければならない。私が思い出すのは、たとえば、フランスがアルジェリアを失ったときや、アメリカ合衆国がベトナムとの戦争に敗れたときに権力者たちが批判者たちに対して行なった非難のことである。

マンハイムは次のように言う。イデオロギー概念の発展に対するマルクスの貢献に特徴的なのは、この言葉が当時持っていた心理学的な指向に対して、マルクスがいっそう包括的な考え方を融合させたという点である、と(74〔同書一四二頁〕)。もはやイデオロギーとは、個人に関する心理学的な現象ではなく、また歪曲は、単に道徳的な意味での嘘や、認識論的な意味での過ちなのではない。そうではなく、イデオロギーは、階級を含む一つの具体的な歴史的形成物を特徴づける、精神の全体構造なのである。イデオロギーは、それが自らの概念装置から敵対者の基盤的な世界観(Weltanschauung)までを表現しているという意味において、全体的である。マルクスにとって、このことはイデオロギーの本質的な側面であった。イデオロギーに対する心理学的かつ包括的なアプローチを示すために、マンハイムは、「部分的」とか「全体的」考え方という不適切な語彙に頼っている(55 ff.〔同書一二一―一一六頁〕)。そしてこのことが、多くの誤解を引き起こしてきた。彼が意図したのは、一つのアプローチが部分的だということではなく、個人のうちに位置づけられるということなのである。それは、個人にとって部分的だという意味で部分的なのである。他方、全体的な概念は世界全体の観点を含んでおり、集団的構造によって支えられている。

マンハイムの主張するところによれば、マルクスの第二の貢献は、彼が次のことを見てとった点にある。つまり、イデオロギーが単に一つの心理学的現象――個人的な歪曲――ではないとすれば、それを暴くには特殊な分析方法を必要とする、ということである。その方法とは、イデオロギーを表明している人の生活状況を明確に解釈することである。この間接的な方法が、イデオロギー批判の特徴をなしている。しかし、マンハイムが言いたいのは、この発見がマルクス主義の枠組みを逃れており、またその誤りを暴く、ということである。というのも、疑惑はいまや、一つの集団あるいは階級に対してではなく、やむことのない連鎖反応のなかで、理論的な参照枠の全体に対して適用されるからである。私の考えでは、マンハイムの驚くべき誠実さは、彼がこうした挑戦に立ち向かう勇気にある。このような挑戦は、われわれがイデオロギーについての「全体的」理解、すなわち敵対者のさまざまな部分的信念が拠っている知的な基盤のすべてを含むような理解をもっている場合でさえ、果たされることのないものである。われわれが、マルクスによる部分と全体との混合を超えたところへと考察を推し進めるよう強いられるのは、根本的には、妥当性についての共通の基準が崩壊しているからである。知的崩壊という状況において、われわれは疑惑の相互的過程に捉えられるのである。

実際、マンハイムの著書の背後にある主要な洞察は、この苦境である。われわれの文化には、妥当性についての共通の基準が存在しない。それはあたかも、われわれが、根本的に分岐した思考体系を持ちつつ一つの精神世界に属しているかのごとくである。マンハイムは、こうした危機について多くの力強い表現をしている。彼は、「われわれの時代を支配している知的薄明」(85)[5]について語っている。「満場一致はくずれた」(103〔同書一八七頁〕)。われわれは「避けがたい分裂」(103)[6]の過程にある。「こうした社会的にまとまりを欠いた知的状況のみが、いかなる観点も社会的状況にとっては部分的であるという洞察を可能にする。こうした洞察は、全般的に安定した社会構造や、伝統的諸規範の実行可能性によって隠されてきたものである」(84-85〔同書一六二頁〕、強調はリクール)。こうした一般化の過程が、単なる利害関心の理論よりも、いっそう推し進められる。その理論は、核心において心理学的なものにとどまっており、いまだにイデオロギーの「部分的な」意味に属している。われわれは相反する利害関心を持っているのではなく、現実を把握するうえでの前提をもはや共有していないのである。問題は経済的現象ではないが、それは階級闘争があるからではなく、われわれの精神的統一性が破壊されてしまっているからである。

そこで、問題は、われわれに現実を把握できるようにしている、思考の精神的かつ知的な枠組みの水準で提起される。こうして、マルクス主義以後のイデオロギー概念は、精神そのものの水準で生じている一つの危機を表わすことになる。このポスト・マルクス主義的概念が成熟するのは、われわれが、「世界の客観的および存在論的な統一性」が崩壊した（66〔同書一二八頁〕）ことを認識するときである。われわれは精神的に、お互いに相手がイデオロギー的に見えるようなさまざまな世界観の衝突する論争的な状況のなかに生きている。われわれが直面しているのは、お互いにレッテルを貼り合う過程である。一つのイデオロギーは、つねに他者についてのイデオロギーなのである。しかし、他者たちだけがいるとき、ここにいるのは一人の他者である。もはや共通の基盤がないのだから、私は他者たちの間にいる一人の他者なのである。この違いが、単に「部分的な」――個人の――ものではなく、「知的世界の構造全体の把握」（58）[7]であることを、認識しなければならない。われわれはもはや同じ世界の住人ではないのだ。「精神的統一性のこうした深いところでの分裂が可能なのは、争っている集団の基本的な価値がひどくかけ離れている場合のみである」（65）[8]。「基本的な」という語は価値に対しては適用されるが、経済的なものには適用されない。一つの精神的な疾患が出発点となっているのである。

マンハイムは、このようなイデオロギー概念をポスト・マルクス主義的と呼んでいるが、これは彼の言うところによれば、マルクスやルカーチが主張したように、それ自体イデオロギー的ではないような階級意識があるということを、われわれがもはや受け容れることができないからである。ルカーチについて語る時間がないのは残念なことだが、ルカーチは、全体性というヘーゲル的概念を頼りとすることで、階級意識の概念を救い出そうとしていたのである。ルカーチは普遍的階級としてのプロレタリアートについて語ったが、それは、この概念が普遍的な利害を表わしているからである。その世界観は唯一、イデオロギー的ではない。というのも、唯一、全体性の利害を引き受けることができるからである。しかしながらマンハイムにとって、脱統合化の過程は、あらゆる階級意識が崩壊という破壊的過程のなかに捉えられてしまうほどにまで進行している。人間社会の進化はその中心を欠いている。真の普遍性はどこにもないため、いかなる集団も、普遍性の担い手であると主張することができないからだ。マンハイムの著書のなかには、こうした立場を明白に述べた節はどこにも見当たらない。むしろ、一つの省略された問いになっている。普遍的意識の担い手となるような階級、したがって相対主義に打ち勝つような階級という概念は、そこにはない。暗黙のうちに否定されているのだ。その代わりにマンハイムは、階級イデオロギーを他の歴史的相対主義の諸様態——歴史の諸段階、国家など——の間に並べるが、そのとき、特定の階級に、その過程の例外とするような機能を割り当てることはない。階級意識の概念についてのこうした暗黙の懐疑主義は、『イデオロギーとユートピア』では重要な構成要素となっており、まさにこの点において、マルクス主義者たちがこの著書を拒否することは確実である。マンハイムにとって、われわれはいまや古典的なマルクス主義の考え方とはあまりに遠いところにいる。マルクス主義が新しい中心をもたらすことはない。それはイメージの一部であり、統合が崩壊する過程の一段階である。その統合崩壊の過程は階級意識を呑み込んでしまっている。虚偽意識はもはやマルクス主義の問題ではなく、マルクス主義がいっそう先鋭化させた一つの問いなのである。マルクス主義は、自らが前へと進めた過程を止めることはできない。というのも、知的な枠組みの社会経済的起源に対する洞察は一つの武器であり、これは、長期にわたって一つの階級の排他的特権であり続けることができない武器だからである。

その過程を加速させるもの——過程を生み出すものや終結させるものではなく——としてのマルクス主義の功績について、マンハイムはいくつかの重要なテキストを書き残している。「個別のイデオロギー概念と全体的なイデオロギー概念との融合を最初に成し遂げたのはマルクス主義者であった」。思い出されるのは、個別の概念というのが局所的な誤りであるのに対して、全体的な概念は、イデオロギーが他の学説と並ぶ一つの学説としてではなく全体的な概念構造そのものとして理解されるときに生じる、ということである。マンハイムは続ける。

この理論〔マルクス主義〕こそが初めて、思想における、階級の立場および階級の利害の役割を強調した。マルクス主義がヘーゲル主義にその起源を持つということから、それは分析の単なる純粋に心理学的な水準を超えて、問題をいっそう包括的な哲学的枠組みのなかに置くことができた。こうして、「虚偽意識」の概念は新しい意味を獲得したのである。(74〔同書一四二頁〕)

「虚偽意識」という表現の正確な歴史は知らないが、マンハイムはその表現をルカーチから借りたようである。この言葉がマルクス自身のなかにあるとは思わないが、確証があるわけではない。マンハイムは、世界観が損なわれているという意味でのイデオロギー概念の一般化ばかりではなく、二つの基準、つまり理論的基準――幻影の批判――と実践的基準――階級どうしの闘争――の接合をマルクス主義によるものとしている。ここで、この概念の起源をナポレオンのなかに再び見てみよう。それは行動する男性あるいは女性の観点である。そこで、思い出してみよう。アルチュセールについて検討したとき重要だったのは、アルチュセールが『自己批判についての試論』のなかで自らをあまりに理論的であると批判することができたのは、彼がマルクス主義の概念を階級闘争における一つの立場から区別する場合であったということである。すなわち、マルクス主義は、イデオロギーの理論的概念をではなく、理論的-実践的概念をもたらしたのである。マンハイムは言う。

マルクス主義の思想が出来事の経済的解釈とともに政治的実践に非常に決定的な意味を与えたため、これら二つのものは、現実に対していっそう直接的に関わっている思想上の要素から単なるイデオロギーを見つけ出すための最終的な基準となった。その結果、イデオロギー概念が、通常、マルクス主義のプロレタリアート運動に統合するものと見なされ、さらに同一視されてさえいるのは、なんら不思議ではない。(75〔同書一四二―一四三頁〕)

これは、もっとも重要な発言の一つである。何かをイデオロギー的と呼ぶのは、単に理論的な判断ではけっしてなく、むしろある実践と、その実践がわれわれに与える現実への見方を含んでいるのだ。このような特徴づけは、一つの観点、一つの運動に由来するのだが、これは階級意識の観点というよりも、一つの政治的運動の観点である。イデオロギーとはこうした意味における政治的概念である。マルクス主義についてのマンハイムのもっとも重要なテキストは、いま引用した一節に続けて記されている。

しかし、より最近の精神的および社会的発展の流れのなかでは（…）こうした段階［すなわち、マルクス主義のイデオロギー概念］はすでに過去のものとなっている。ブルジョア的思考をイデオロギー的な土台にまでたどっていき、それによってその思考の信用を失わせるのは、もはや社会主義思想家たちの排他的な特権ではない。現在では、あらゆる立場の集団が、こうした武器を他のすべての集団に対して用いている。結果として、われわれは、社会的かつ精神的な発展において新しい時代に入りつつあるのだ。（75〔同書一四三頁〕）

これは、われわれがマルクス主義に負っているものについての、そしてまた、いっそう歩みを進めて、われわれ自身がこうした倒錯的なイデオロギー的過程のなかに巻き込まれていることを理解しなければならないのはなぜかについての、マンハイムの立場のすぐれた要約である。マルクス主義の功績は比類のないものであるが、そのイデオロギー概念は、マルクス主義が加速させたイデオロギーの広がりと拡散の過程そのものによって、無用にされつつある。私はいまから、マンハイムがいかにしてこうしたパラドクスに通暁し、その循環性、たえず回帰するイデオロギー的非難の破壊的な諸効果、ある種の machine infernale（大量破壊装置）から逃れようとしたかを示してみるつもりである。まず、マンハイムがこうしたパラドクスと格闘したときに使った参照枠について、少し述べておこう。その枠組みは知識社会学である。マンハイムは、知識社会学が行動のさまざまなパラドクスを乗り越え、ヘーゲル的体系の役割を、たとえ単に経験的な仕方であれ、実際に演じることができると考えた、マックス・シェーラーのような人たちの一人である。その考えは、もしわれわれが社会のあらゆる力について概観し、正確に記述することができれば、いかなるイデオロギーであれ、正当に位置づけることができるだろう、というものである。全体を理解することで、われわれは概念のさまざまな含意から脱け出せる。おそらくここにマンハイムの誤りがあった。というのもこの知識社会学は、一つの学となること、そして十分な発展を成し遂げることが実際にはけっしてできなかったからである。しかしながら、知識社会学の負債は、それよりもさらに根本的かもしれない。この学問は、社会学者にある種のゼロ点、ゼロ度の点に立つことを要求する。社会学者は芝居には属さず、むしろ観客であり、したがって絵画のなかに位置を持たない、というわけである。とはいえ、この立場はパラドクス的である。というのも、すべてが相互告発の過程のなかにあるとすれば、全体の過程に目を向けることなどとうてい不可能だからである。私はこうしたパラドクスを乗り越えようとするマンハイムの試みを、理論におけるもっとも誠実な誤りの一つ、おそらくはもっとも誠実な誤りそのものであると考える。この問題系は、多くの死者が横たわる戦場であり、マンハイムはその死者たちのなかでもっとも高貴である。マンハイムの意図は、知識社会学はイデオロギー理論を乗り越えて、この理論がその主張の循環性のうちに捉えられるほどにまで進まなければならない、というものであった。彼がどのように進んでいったかを見てみよう。

　この議論の最初のところで、マンハイムは、没評価的な出発点を自らのために主張しているように見える。「全体的イデオロギー概念を普遍的に把握する仕方の出現とともに、単なるイデオロギー論から知識社会学が成立する」(77–78〔同書一四八頁〕)。ある集団の武器であったものが、一つの調査方法へと変化させられ、社会学者は、この調査を請け負う絶対的な観察者となる。しかしながら、そうした絶対的な観察者は不可能だというのが、マンハイムの主張の特徴である。没評価的判断を頼りにして価値から自由な判断の可能性に関心を向けるドイツの初期の社会学者たち、とりわけマックス・ウェーバーのアプローチを繰り返そうとしている。「価値判断から自由になろうとするイデオロギー研究の課題とは、個人の観点の偏狭さを理解し、全体的な社会過程におけるこれらの独特な態度の間の相互作用を理解することである」(81〔同書一五三頁〕)。社会学者はさまざまなイデオロギーの地図を眺め、それぞれのイデオロギーが偏狭であり、それぞれのイデオロギーが経験の一つの形態を代表していることを見て取る。社会学者の判断は、これらの体系のうちの一つにしか属しないような規範を用いないという理由で価値自由的である。もちろんこれも問題なのだが、それは、判断することが諸規範の体系を用いることであり、それぞれの規範体系も何らかの意味でイデオロギー的だからである。いずれにせよ、ある分野の探究の最初の段階では、社会学者は、あれやこれやのイデオロギーが現にあることを書き留め、さまざまな思考や状況の間の相互関係について記述する以上のことは行なわない。その過程は、列挙か関係づけのどちらかである。

われわれはこうした没評価的段階を経なければならないし、この段階をある程度まで引き受けなければならない。というのも、近代知識人の知的誠実さは、主張を形式的な妥当性に帰するようなあらゆる規範の社会的諸条件を明らかにするところに示されるからである。われわれはここでマンハイムのうちに、ドイツの学者およびその人間の知的誠実さ、ニーチェがまさしく知的誠実さとして規定したもの、すなわちよく知られたRedlichkeit〔誠実さ〕[1]を見て取る。したがって没評価的なものが、まず最初に引き受けられなければならない。マンハイムは言う、「これらの探究のすべてにおいて、没評価的な意味における全体的かつ普遍的なイデオロギー概念が用いられることになるだろう」(83〔同書一五七頁〕)。全体的な概念というのは、あれやこれやの観念だけではなく、思考の全体的な枠組みをも参照している。全体的な概念は普遍的であるが、それは、この概念が当人を含む全員を巻き込んでいるからである。没評価的というのは一つの懐疑的な契機であり、われわれがものを見るときの一段階である。マンハイムはまた、極端な言い方で、次のように主張している。すなわち、没評価的な主張は、真理の概念、少なくとも無時間的な意味における真理の概念には立ち入らないことを含意している、と(84〔同書一六〇頁〕)。われわれの知的誠実さ、懐疑的なRedlichkeit〔誠実さ〕は、概念的過程そのものを統御していると想定されてきた真理の概念が失われたということを伴っているのだ。問題となるのは、いっそう歴史的なもう一つの真理の概念を取り戻すことであろう。それは、現実についての無時間的な判断ではなく、むしろ、時代の精神と一致するような、あるいは歴史の段階と調和するような判断である。

イデオロギーの没評価的な概念を発展させようとして、マンハイムは、相関主義と相対主義という彼のよく知られた区別を提示する。この区別は、マンハイムがそうなると考えていたような突破口とはならなかったが、彼が相対主義者ではなかったことを証明しようとする、必死の試みであった。

歴史に関するこの第一の没評価的見方は、必ずしも相対主義に帰着するとはかぎらず、むしろ相関主義に行きつく。全体的なイデオロギー概念という光のもとで見れば、知識は幻想をもたらす経験ではけっしてない。というのも、イデオロギーは、その関係的な概念においては、幻想と同じではまったくないからである。(…)相関主義とは何かといえば、与えられた状況における意味作用のあらゆる要素が互いに関連しており、それらの意味を与えられた思考の枠内での相互的な相関関係から引き出している、ということにすぎない。(85-86〔同書一六二頁〕)

マンハイムの試みは次のように言える。すなわち、もしわれわれが、思考の体系がいかにして社会的層と関連しているかを理解することができるとすれば、そしてまた、互いに争っている集団どうしの関係、状況と状況、思考体系と思考体系の関係を相互に関連づけることができるとすれば、全体像は相対主義的ではなく相関主義的となるのだ、と。彼のいうには、相対主義者であるということは、真理についての古い無時間的なモデルを保持し続けているということである。しかし、もしこうした真理モデルを放棄したならば、相互関係のうちにあるさまざまな変化の相関関係という意味をもつ、新しい真理の概念へと方向づけられる。こうした絶望的な試みは、実際には、経験的体系におけるヘーゲル的〈精神《ガイスト》〉の再構築である(このことはドイツでしばしば起こった。新カント派という覆いのもとで、ヘーゲル主義がこっそりと回帰したこともまたそうである)。さまざまな関係性をもつ一つの全体的体系を手にするというのは、まさしくヘーゲル的体系のことである。ヘーゲル的体系は、少なくともヘーゲルにとっては道理にかなったものである。というのも、彼は〈絶対知〉のような存在を想定していたからである。知識社会学は、絶対知の主張を繰り返しているのだが、それは経験的状況においてである。しかしそれは、もしかするといかなるところにおいても不可能かもしれない。社会学者は、ヘーゲル的精神《ガイスト》の役割を引き受けるのである。

すると、マンハイムによれば、出現するかもしれない新しい真理とはどのようなものなのだろうか。もし、すでに見たように、相関主義というのが「与えられた状況における意味作用のあらゆる要素が互いに関連して」（86〔同書一六二頁〕）いるようなものだとすれば、状況は単に相関的なのではなく一致したものとなるということ、このことを認識したとき、われわれはこの新しい道筋への最初の歩みを踏み出すのである。「このような意味の体系が可能であり、かつ妥当するのは、特定の歴史的存在においてでしかない。その体系はしばらくの間、こうした歴史的現実存在の適切な表現となる」（86〔同頁〕）。歴史上のいかなるときでも、いくつかの立場は一致し、比較可能であり、適切である。相関関係と一致との違いに気づくことで、われわれは没評価的なイデオロギー概念から評価的なイデオロギー概念へと移行する（88〔同書一六五頁〕）。したがってまた、このことによって、新しい真理概念のための基盤がもたされるのである。分析の没評価的段階は一時的なものでしかなく、非時間的な本質についてというよりも、むしろ運動および関係について思考するようわれわれを鍛え上げる。それは、絶対的かつ永続的な諸規範の崩壊から、そしてイデオロギー闘争の状態から、あらゆる帰結を引き出してくる一つのやり方である。

没評価的概念がすでに知的独断主義に対する武器であるという限りにおいて、評価的概念への移行は没評価的概念のなかに含意されている。相対主義の観念そのものが、独断主義との対比を含んでおり、独断主義に抗して戦っているのである。マンハイムは、自分であれ他の誰かであれ、全体的なゲームを超えた立場あるいは外部の立場にとどまることができないのを知っている。このように分析が分析者へと立ち戻るということは、マンハイムが「評価的－認識論的」前提と呼ぶもの（88〔同書一六五頁〕）をもたらす。この前提は、独断主義に対してだけではなく、実証主義に対しても反対する。誰も、単に一人の記述的思想家であることはできないのだ。

実際のところ、真に経験的な探求という関心から、自分の思考の土台になっている諸前提について問いただしていけばいくほど、（少なくとも社会諸科学における）この経験的な手続きは、経験を超えた、存在論的および形而上学的諸判断や、そこから生じてくるさまざまな期待や仮説にもとづいて初めて実践されうるということが、いっそうはっきりしてくる。いかなる決断も下さない者は、立てられるべき問いを持たないし、問題を定めてその答えを見いだすために歴史を掘り下げるのを可能にしてくれるような試案的仮説を、定式化することさえできない。さいわいにも実証主義は、その反形而上学的先入見と、〔形而上学的・存在論的諸判断に対する〕反対者たらんという自負を持っていたにもかかわらず、やはり形而上学的、存在論的判断をもっていた。進歩への信仰や素朴な現実主義などは、この存在論的判断の例であった。(89〔同書一六六頁〕)

これは非常に勇気のある発言である。厳格な経験主義者であることは、実際には不可能である。なんの問いも持たなければ、なにも探究することはなく、いかなる答えを受け取ることもないからである。人は、さまざまなイデオロギーの単なる経験的な観察者であることはできない。なぜなら、こうした没評価的と想定される立場でさえ、客観性のイデオロギーに陥ってしまうのであり、それ自身、ある真理の概念の一部をなしているからである。

再び次のような疑問が生じてくる。あらゆる客観的、超越的、経験的基準の崩壊のあとで、評価的立場に対してどのような新しい基準が可能なのだろうか。この問いを解決できるのは、歴史に対して究極の超越的真理を対比させるのではなく、歴史的過程そのもののなかに意味を見いだそうとする者のみである。ここに、マンハイムの必死の試みがある。それは、超越的あるいは経験的な方法によってはもはやもたらされることのない基準を、歴史が与えてくれるのを見て取ろうとする試みである。「歴史に絶対的な状況はないとすることが示しているのは、歴史からなにも期待しない者に対して、歴史はただ口を閉ざし、意味のないものであるということである」(93〔同書一七三頁〕)。まさしく、ある種の隠れヘーゲル主義から、マンハイムは答えを期待しているように見える。すなわち、精神史の研究は、「歴史的複合体の全体性のなかに、それぞれの構成要素の役割、意味作用、意味を発見しようとする」(93〔同頁〕)のである。われわれは、絶対的な観察者の立場をあきらめなければならないし、歴史そのものの運動のなかに入っていかなければならない。そのとき、新しい診断が可能になるであろう——一致《コングルエンス》という観点、ある状況において一致しているものの意味、というのがそうである。

評価的な観点への移行は、歴史としての歴史は、そのいくつかの側面を他の側面と対比して強調するのでなければ理解不可能だという事実によって、最初から必要とされている。歴史の全体性のいくつかの側面を選び、強調することは、最終的に評価的手続きと存在論的判断へと至りつく方向への、最初の一歩と見なすことができる。(93-94〔同書一七四頁〕)

このような判断が、なぜ存在論的と呼ばれているのだろうか。「存在論的」という語に助けを求めるのは奇妙なことである。というのは、マンハイムは原則として、超越的な立場を放棄しているからである。しかし、さまざまな決定が現実的なものについて行なわれるが、虚偽意識と戦うためには、真なるものを真ならざるものから区別しなければならないとマンハイムは言う。テキストはここから、この虚偽意識の概念へと方向を変えていく。

虚偽意識をめぐるマンハイムの議論のなかで鍵となるのは、不十分、不適当、不一致《ノンコングルエンス》の概念である。「その時点のあらゆる思想のうち、いずれが所与の状況において真に有効であるか」(94〔同書一七六頁〕)を決定するとき、われわれは虚偽意識の危険に直面しなければならない。そして、有効でないのは不一致なものである。不一致という概念は、イデオロギーとユートピアとの相関関係をもたらす。このことは、ユートピア的意識《メンタリティ》についての議論のなかで明らかになるだろう。先取りして述べておけば、この講義のはじめに行なった指摘、つまり、思考の様態は二つのやり方——所与の状況に遅れをとるか、先んじるか——のどちらかにおいて不一致である、という指摘を繰り返すことになるだろう。これら二つの不一致の様態が、互いに争い続けるのだ。マンハイムは言う、どちらの場合でも、「理解されるべき現実が破壊され、覆い隠されている」(97)[9]。マンハイムは、ユートピア的様態での不一致の議論をあとに残しておき、ここでは、イデオロギー的不一致の問題に焦点を当てている。彼が言うには、「時代遅れで適用不可能な規範、思考様態、理論は、行動の現実的意味を明らかにするよりもむしろ隠すことをその機能とするようなイデオロギーに変質してしまいがちである」(95〔同書一七七頁〕)。

マンハイムは、こうした社会の潮流と思考体系との不一致の、うまく選ばれた例を三つ持ち出す。最初の例は、貸付の際に利子をつけるのを中世後期の教会が糾弾したことである(95–96〔同書一七八頁〕)。この禁止は失敗に終わるが、それは、経済状況に、とりわけルネサンス初期の資本主義の始まりに適合していなかったからである。こうした禁止は、お金を貸し付けることについての絶対的な判断として失敗したのだが、その理由は歴史的状況に適合していなかったからなのである。マンハイムの二番目の不一致の例は次のようなものである。

自己自身や自分の役割についての不正確な解釈という形をとる「虚偽意識」の例として、ある人たちが、自分自身や世界との「現実的な」関係を覆い隠そうとし、自分自身に対して、人間存在の基礎的な事実をねじまげようとする、というような場合をあげることができる。これは、そうした事実を神格化したり、ロマン主義化したり、理想化したり、要するに、自分自身や世界から逃避する策略に訴えて、経験についての誤った解釈を引き起こすことによってである。(96〔同書一七八—一七九頁〕)

マンハイムはこれを、「絶対的なものに助けを求めることで、葛藤や不安を解決しようとする」(96〔同書一七九頁〕)試みと呼んでいる。この例は、ヘーゲルの美しき魂の響きをいくらか帯びている。それは一つの絶対的な立場への逃亡であるが、実施されることのない逃亡、実現される可能性のない逃亡なのである。マンハイムの不一致の第三の例は、おそらくそれほど強い印象を与えるものではない。それは、「その土地経営がすでに資本主義的な事業になってしまっている」(96〔同頁〕)のに、いまだ雇い人たちに対して家父長主義的な関係を保持しようとしている地主の例である。この所有者の思考体系、家父長的時代の思考体系は、彼が実際に資本家である状況とは適合しないのである。

不一致とは、語ることと実際に行なうこととの間の不調和のことである。しかし、一致のこうした欠如を規定する基準とはどういったものだろうか。こうした一致を評価するための真理を規定するよき審判者とは誰であろうか。これは謎である。というのも、われわれは再び、不一致についての独立した観察者を必要としているように思われるからである。そして、こうした距離をおいた観察者は、「いかなる思念も、その現実との一致に基づいて検証されなければならない」(98〔同書一八二頁〕)と主張するかもしれない。しかし、現実とは何であり、また誰にとっての現実なのだろうか。現実は、あらゆる種類の評価づけと価値判断とを、避け難く含んでしまう。現実は人間存在たちおよび彼らの思考に異議を唱えるばかりではなく、それを含んでもいるのだ。現実が概念化される多くの方法を超えたところでは、誰も現実を知らない。というのも、現実はつねに、それ自身が一つのイデオロギーであるような思考の枠組みのなかに捉えられているからである。マンハイムは、まさしく何が一致して何が一致しないのかを判断するために、現実とイデオロギーの両方についての没評価的概念へ回帰しようとしているように見える。マンハイムは、自分が何をしているのかをつねに意識している。また彼は、自らが巻き込まれている困難さの段階に気づいている。前へ一歩進むごとに、矛盾が再び導き入れられるように見える。思考と状況とがどの程度一致しているのかを見積もりたくても、その一致の判断に没評価的な行動を要求されるのである。マンハイムはある脚注のなかで、ここでの自らの問題に当惑したように言及している。

注意深い読者はおそらくお気づきのように、評価的イデオロギー概念は、再び没評価的形態をとろうとする。しかしもちろん、このことは、評価的解決を見いだそうとするわれわれの意図によるのである。概念の定義がこのように不安定であるということは研究の技術に属することであるが、このような技術は、成熟した段階に到達したと言われるべきであろうし、したがってまた、その観点を制限するような部分的な立場に捉われることを拒むのである。こうした動的な相関主義は、相争う多くの観点にわれわれが直面しているという一つの世界状況からの、唯一可能な脱出法をもたらしてくれる。(98n〔同書一九六頁注〕)。

われわれの思考は柔軟かつ弁証法的でなければならない。われわれは再び、〈絶対知〉なしではあるが、ヘーゲル的契機を見て取る。全体についての準ヘーゲル的な概観という落とし穴からは逃れているように思われるものの、マンハイムの解説によって引き受けられている現実の概念は、実際のところ、ヘーゲル的主題系を再び持ち込んでいるのだ。

したがってわれわれが見いだすのは、「伝統的な思考様態」なるものと「経験の新しい対象」(101〔同書一八四頁〕)との間で主張されている一致あるいは不一致の判断が、解決するのと同じだけ問いを生みだす、ということである。ここで問題になっていることは、ハーバーマスについて、そして自己反省に関する彼の分析について議論するなかで、再び現われるだろう。というのも、イデオロギー批判はつねに、それ自体はイデオロギー的過程に含まれていないような反省的行為を前提としているからである。これがイデオロギー問題の非常に難しいところである。われわれは、ある種の竜巻のなかに捉えられており、自らを打ち負かすような過程、イデオロギー的判断しか許さないように見える過程のなかに、文字通り呑み込まれているのだ。しかしまた、こうした旋風の外側で一つの立場を引き受けることによって、その過程について語り続けることが、ある程度可能であるとも想定されている。

マンハイムにおいて、こうした竜巻によって、あるいはまた自らの上に落ちてくる寺院の残骸によって完全に破壊されてしまうことから思想家を保護しているのは、人間は全体的な反省をすることができ、全体を見ることができる、という主張である。彼は「全体的状況」(102, 104〔同書一八五頁、一九〇頁〕)という概念に何度か言及している。われわれは「対象についてのより包括的な知識」(103)[10]を求めている、と彼は言う。また実証主義に抗してこうも主張している。実証主義は哲学を称揚する一方で、経験的探究の成果から哲学を引き離しており、それによって「「全体」の問題」(104〔同書一八八頁〕)を避けている、と。さらに、われわれは「いっそう根本的な公理上の出発点、全体的な状況を総合することが可能となるような点を見いださ」(105〔同書一九〇頁〕)なければならない、とも言う。「あらゆる観点が限定された射程を持つことにすっかり気づいたときにはじめて、われわれは、求められていた全体についての理解の途上にあるのだ」(105〔同頁〕)。われわれは、つねに拡大する過程のなかに捉えられている。マンハイムは「全体的な見通しを得ようとする奮闘」（106〔同書一九二頁〕）について語っている。全体の文脈のなかで自己自身を見ることは、「全体的な概念へと向かう、つねに広がっていく衝動」（107〔同書一九三頁〕）を縮図のなかで表現することである。マンハイムの全体性の概念は超越的な絶対者ではないが、部分的な観点を超越するという同じ役割を果たしている。再び、〈絶対知〉なきヘーゲル主義が想定されている。

　われわれは反射とイデオロギーの間の循環から抜け出すことができないと認め、全体的反省は結局のところ人間には不可能であると認めた点でマンハイムは誤っていたが、彼の誤りを過度に強調したいとは思わない。というのも、彼の議論は別のところ、彼の著書の第四章〔英語版による。独語原書および邦訳では第三部〕においては、その見返りを得ているからである。その「ユートピア的意識《メンタリティ》」と題された章について、手短かに紹介しよう。というのも、今後の講義でいずれ紹介するときのために、ユートピアについての具体的な記述は取っておくつもりだからである。この点に関して、私はその章の最初の二つの節についてのみ取り上げる。というのも、それらの節は、ここで提起したばかりの問題に対して部分的に答えているからである。私はこうした答えを先取りして、ただちにこう言おう。一つのイデオロギーについての判断は、つねに一つのユートピアからくる判断だということを、われわれは受け容れなければならない。これは私の確信であるが、さまざまなイデオロギーがわれわれを呑み込んでしまう循環性から抜け出すための唯一の方法は、一つのユートピアを受け容れ、それを宣言し、この土台の上でイデオロギーについて判断することである。完全な傍観者でいることは不可能なのだから、判断について責任をとるのは、その過程そのもののなかにいる誰かである。次のように言うことは、もっと謙虚かもしれない。すなわち、判断とはつねに一つの観点――人類のためによりよい未来を受け容れるよう主張する、論争的な観点ではあるが――であり、自らがそのようなものであることを主張するような観点なのである。判断の問題に対する一つの解決――それ自体がゲームの外にはいかなる観点も存在しないという主張と一致しているような一つの解決、と付け加えておくべきだろうが――が見いだされるのは、結局のところ、イデオロギーとユートピアとの相関関係が、イデオロギーと科学との不可能な相関関係に置き換えられる限りにおいてである。したがって、超越的な傍観者が存在しえないなら、一つの実践的な概念が受け容れられなければならないのである。マンハイムの著書の第四章〔邦訳第三部〕では、われわれの問題がより積極的に取り上げられており、イデオロギーとユートピアは対照的な項の意義ある組合わせとして、ひとまとめにされている。マンハイムはその章の最初の数ページで、ユートピアに対する形式的な基準を提示している。のちに論じる予定の具体的なユートピアについての記述は、この基準に何らかの内容を与えるものである。マンハイムによると、ユートピアには二つの形式的な基準がある。そしてそれらは、イデオロギーの諸法則を対照的な仕方で与えてくれる。第一の基準はイデオロギーと共有されている基準であるが、それは、ユートピアが生まれる現実の状態との非一致、不一致である。マンハイムの著書には、この表現の同義語が多く見られる。「状況を超越した」（193〔同書三四〇頁〕）観念および利害が強調されているのだ。これらの観念は、超越の哲学の意味においてではなく、現実の目のまえの状態を超越している。再び、困難さが実際に現実とは何かを決定する。不一致を測るためには現実の概念を持たなければならないが、この概念はそれ自体が評価的な枠組みの一部をなしており、またもや循環性が回帰してくる。

ユートピアについての二番目の基準はもっと重要である。ユートピアは「そのとき広まっている事象的秩序を部分的もしくは全体的に破壊する」（192〔同頁〕）ことになる。イデオロギーはここでは、ユートピアと対比的な仕方で定義されている。すなわち、イデオロギーとはある秩序を保つものなのである。イデオロギーのこうした基準は、第一の基準よりもよいものである。マンハイム自身はこの基準をもっと先まで進めていないが、この基準はより限定的なものであり、必ずしもくだらないものではない。イデオロギーは必ずしも軽蔑すべきものではなく、これは、われわれが一つの集団の自己－アイデンティティについての概念を必要としているからである。私はこのことをイデオロギーについての最後の講義で示してみるつもりである。現にそこにある秩序を破壊するように働く歴史的な力でさえもまた、ある集団、ある階級、ある歴史的状況などのアイデンティティを保持している何かを前提としているのだ。

イデオロギーとユートピアについてのこれら二つの基準を、さらにくわしく考察してみよう。これらのうち、第一のものは両者に共通であり、第二のものは両者において異なっている。マンハイムの著書の第四章〔邦訳第三部〕の関心は、これら二つの基準の相互作用にある。彼は、自分の最初の基準である不一致が、現実に関する一つの立場を含んでいることに気づいている。「現実存在そのもの」の本性に対する注意は一つの哲学的な問題であり、ここでの関心事ではない、と彼は言う。その代わりに重要なのは、歴史的あるいは社会学的に「現実《リアル》」と見なされているものである。

　人間は、もともと歴史と社会のなかで生きる被造物であるから、人間をとりまく「現実存在」はけっして「現実存在そのもの」ではない。それはつねに、社会的存在の具体的な歴史的形態なのである。社会学者にとって、「現実存在」とは「具体的に通用している」ものである、つまりそれは、機能している社会的秩序である。そしてその秩序は、単に諸個人の想像力のなかにあるだけではなく、人々が現実に行動する場合にそれにしたがうような秩序なのである。(193–194〔同書三四二頁〕)

　われわれは、ある規則にしたがって機能している集合体、すなわち「現に作用している生活秩序」(194〔同頁〕)のようなものがそこに存在することを受け容れなければならない(次回の講義で、マックス・ウェーバーのなかにいくつかの類似した概念を見ることになるだろう)。マルクスの場合と同じように、マンハイムはたえず、イデオロギーを科学にではなく、実際に作動しているものに、したがって実践の具体的な基準に対置することへと立ち戻っている。われわれが社会において実際に作用しているものを知っていると仮定するのは難しいかもしれないが、重要な空想としての幻想に対置されるのはこの基準なのである。ギアーツのような人間とは対照的に、マンハイムは、シンボル的に構成された現に作用している秩序という概念をいっさい持たない。それゆえイデオロギーは必然的に不一致《ノンコングルエント》なものであり、これは、不調和なものあるいは人類の遺伝子コードには含まれていないものという意味で超越的な何ものかなのである。

　現に作用している生活秩序という現実《リアリティ》の定義は、マンハイム自身の記述においてさえ、さまざまな困難をはらんでいる。というのも、彼が言うには、その定義が、単なる経済的および政治的な構造以上のものを含むようにしなければならないからである。

いかなる具体的な「現に作用している生活秩序」も、それが基礎を置いている特殊な経済的および政治的構造によってもっともはっきりと把握され、特徴づけられるべきものである。しかし、そうした生活秩序は、構造によって可能となったり必要となったりするような人間の「共存」のあらゆる形態（愛、社交性、葛藤など）をも含んでいる。(194〔同頁〕)。

現に作用している生活秩序は下部構造的であり、かつ上部構造的である。このことが問題を生じさせる。というのも、不一致の諸要素は、人間の共存の諸形態と同じ領域に位置づけられなければならないからである。思考と経験の社会的様態を、実際の現に作用している生活秩序と一致するものとし、別の諸様態を一致しないものとするのは何であるかを規定することは難しい。いくつかの思考様態が現に作用している生活秩序に属しており、別の諸様態はそうではないと主張するのは、またしても一つの実践的決定である。マンハイムは、その内容が実際の秩序においては実現できないような、状況を超越した、したがって非現実的な諸概念を規定しようとしている(194〔同書三四二―三四三頁〕)。そしてこれらの概念は、現在広まっている秩序とは適合しないとされている。しかし、現に存在する秩序を破壊するのではなく、むしろ保持するようなイデオロギーの場合はどうなのだろうか。マンハイムが言いたいのは、これらの概念は、所与の秩序を破壊することなしには実現しえないのなら、現に作用している生活秩序の一部となることはない、ということである。イデオロギーは状況を超越してはいるが、現行の秩序を転覆させることなしに現実化されうる。不一致についてのマンハイムの定義は、適用するのが非常に難しい基準なのである。

マンハイムは、状況から超越しているというイデオロギーの本性に関する彼の主張の一例として、中世に奨励されたキリスト教の兄弟愛の観念を提示している。

イデオロギーとは、それらの投影された内容を実現することが事実上は（de facto）けっして成功することのないような「状況を超越した」諸観念のことである。それらの観念はしばしば、個人の主体的な行動の意図された動機となることがあるが、それらが実際に実践のなかで形をとるとき、その意味は多くの場合、歪曲されている。たとえば、キリスト教の兄弟愛という観念は、農奴制に基づく社会では非現実的な、そしてその意味においてイデオロギー的な観念であり続けている。（194-195〔同書三四三頁〕）

ここで実際になされているのは、イデオロギーの不一致を第二のレベルで特徴づけることとである。イデオロギーの不一致というのは、イデオロギーによって支持されている超越的諸観念が有効でないか、現行の秩序を変化させることができないといったことである。すなわち、それらの観念は現状に影響を与えないのである。イデオロギーにとっては、非現実的なものとは不可能なもののことである。イデオロギー的意識《メンタリティ》は変化が不可能であることを受け容れるが、それはその意識《メンタリティ》が、不一致を説明してくれるような正当化の諸体系を受け容れるか、あるいは、不一致が無意識的なごまかしから意識的な嘘にいたるまでのさまざまな要因によって隠されてきたかのどちらかだからである（195〔同書三四五頁〕）。

他方で、ユートピアの基準は成功しているように見える。

ユートピアもまた、状況を超越している。というのも、それらもまた、状況がまだ現実化していない限りでその状況が含んでいないような諸要素へと、行動を方向づけるからである。しかし、ユートピアはイデオロギーではない。すなわち、ユートピアが反対作用によって、現に存在する歴史的現実を、ユートピアそのものの概念に一致するようなもう一つの現実へと変化させることに成功を収める程度に応じて、それはイデオロギーではないのである。（195-196〔同頁〕）

イデオロギーの不毛さが、ユートピアの肥沃さと対置されている。ユートピアは、事態を変えることができるというのである。変化の能力が基準をもたらす。イデオロギーとユートピアとの間のこの形式的な区別は、ある共通の核と差異とをもたらすという利点を有している。しかしすでに見たように、共通の核――不一致――は、何らかの形式的な、没評価的な仕方で確かめることが難しく、また、われわれの議論からすれば、差異――実現可能性――もまた疑わしい。ユートピアに実現可能性を割り振るということは、ユートピアにまぎれもない実効性を与えるということであり、ここから、願望充足思考《ウィッシュフル・シンキング》としてのユートピアの病理学を導き出してくることは許されない。他方で、イデオロギーは実現不可能なものと見なされているのだから、現行の社会との一致の可能性は退けられ、その語のいくつかの意味での、イデオロギーの保守的《コンサヴァティヴ》＝保存的機能を大目に見るよう導かれるのである。

　ユートピアに備わると想定される実現可能性を詳細に検討することによって、イデオロギーとユートピアについてのマンハイムの形式的基準に関するわれわれの問いを続けることができる。マンハイムのこの基準は奇妙なものである。というのも、この基準を社会に適用しようとするとき、しばしば反転するからである。その基準が、判断を下す支配階級を代表しているとき、ユートピアはまさしく実現不可能なのである。形式的基準の適用は一つの問題を提起する。というのも、「ある場合に何がユートピア的なものとして現われてくるか」（196〔同書三四六頁〕、強調はリクール）は、社会のなかで誰が語っているかによるからである。この形式的基準に何らかの内容を与え、それを具体的なものとするためには、これらの概念を受け容れる者たちを念頭に置かなければならない。われわれは、意味のうえで奇妙な交換を行なっているのだ。というのも、何がユートピア的あるいはイデオロギー的なものとして現われてくるかは、単に、「この基準が適用される現実の段階と程度に」（196〔同頁〕）依存するばかりでなく、どの集団がそのレッテル貼りを行なっているかにも依存するからだ。したがって問題は、イデオロギー的あるいはユートピア的としてレッテルを貼られるのは何〔誰〕か、ばかりではなく、レッテルが誰によって貼られるのか、でもある。所与の秩序の代表者たちにとって、ユートピア的なものとは実現不可能なものを意味する。しかしながら、このことは社会学者の弁護している形式的な基準と矛盾する。さらに、秩序の代表者が彼らの秩序では実現できないものを実現不可能と呼ぶことは、自己欺瞞でもある。彼らは所与の秩序をすべてのものの尺度とするのだから、ユートピアがまさしく変化の能力によって形式的に規定されるようなところでは、それは実現不可能なものとして現われざるをえない。形式的な定義は、レッテルを貼る者たちによって無効にされるのであり、またこのことは、議論をはらむもう一つのパラドクスである。われわれは非常に多くのパラドクスに捉えられており、マンハイムを、ユートピアとイデオロギーについての思考のこうした自己欺瞞の過程の解説者と見なすことができるかもしれない。ユートピアの形式的定義は、視点《パースペクティヴ》を持たないはずだが、まさにこのことは、社会的存在が一定の視点を持つように構成されていることで否定されるように思われる。マンハイム自身は次のように述べている。

「ユートピア」の概念の意味を規定しようとする試みそのものが、歴史的思考におけるいかなる定義も必然的に自らの視点《パースペクティヴ》にどれほど依存しているかを示している。すなわち、そうした定義は自らのうちに、思想家当人の立場を表わしている全思想体系体と、とりわけ、この思想体系の背後にある政治的評価づけを含んでいるのである。（196–197〔同書三六〇頁、注〕）

現状を守ろうとする人たちは、現行の秩序を超え出るすべてのものをユートピア的と呼ぶ。いかなる状況でも実現不可能な絶対的なユートピアであっても、所与の秩序の内部でのみ実現不可能であるような相対的なユートピアであっても、やはりユートピアと呼ぶのである。現行の秩序は、こうした区別を曖昧にすることによって、「相対的ユートピアのさまざまな要求の妥当性を抑え込む」（197〔同頁〕）ことができる。別の秩序において実現可能なものというのが、知識社会学が提案しているユートピアの基準なのだが、これはまた、自分たちの目的のために実現可能性の基準を用いる者たちによって無効なものとされるような基準でもある。

ユートピアの形式的概念を擁護しようと試みることは可能かもしれないが、それは、その概念がイデオロギーによって歪曲されていると主張することによってである。イデオロギーはユートピアを実現不可能なものとして類型化するが、他方で、形式的には、イデオロギーは実現可能なものである。しかしかといって、形式的概念が不名誉を逃れるわけではない。というのも、マンハイム自身が示唆しているように、何が実現可能かを決定するための基準は、現実においてはつねに、支配集団あるいは優勢な集団の代表者たちによってもたらされるのであり、知識社会学によってもたらされるわけではないからである。われわれはここに、マンハイムの分析のプラス面を見いだすことができる。それは、擁護されているレッテルを、レッテルを貼る者たちの社会的な立場に結びつけようとする努力である。この点はおそらく、マンハイムの著書のなかでもっともマルクス主義的なところである。

ある思想がユートピア的だとレッテルを貼られるときはたいてい、すでに過ぎ去った時代の代表者によってそうされるのである。他方で、イデオロギーを、現在の秩序に対して適合させられた、幻想をもたらす思想として暴露することは、一般に、いまだ生成の過程にある存在秩序の代表者たちによってなされる。ユートピア的と見なされるべきものを決定するような現行の秩序と完全に一致するのは、つねに支配集団であるが、これに対し、現存しているものと対立している台頭しつつある集団は、イデオロギー的と見なされるものを規定する。(203〔同書三四七頁〕)

このレッテル貼りの過程の描写として、マンハイムは、自由の概念に対する見解のさまざまな変化を提示している(203–204〔同書三四八頁〕)。十六世紀の初めから十八世紀の終わりまで、自由の概念はユートピア的概念であった。しかし支配階級は、この概念が平等の観念に関するさまざまな含意、彼らの拒む外延を持つことを発見するやいなや、彼ら自身の自由を擁護するというやり方で、そうした外延を実際に強く求めている人たちに背いて社会秩序を維持するようになった。同じ概念がユートピア的となり、次に保守的に、そして再びユートピア的となったのである。特徴づけは、どの集団がその概念を擁護しているかに依存するのだ。

したがって、現にユートピア的と見なされているものと、もっと距離を置いた視点からユートピア的と言われているものとを、ともに扱わなければならない。マンハイムの仕事はすべて、こうした距離を変化させ、ユートピアの概念を、それを弁護あるいは否定している集団の内部と社会学者の観点との両方から見るという試みなのである。しかし問題は、二つの定義が一致しないという点にある。社会学者にとってユートピアは実現可能なものであるのに対して、権力を持つ者にとっては、まさしく彼らが拒むもの、彼らの秩序とは両立できないと見なすものなのである。基準を用いる者によって、基準の内部に矛盾が生じるのである。

われわれは、形式的な基準を適用する際のこれらの困難から、どのような結論を導き出せばよいだろうか。マンハイムは、諸観念の衝突のただなかでは、真にユートピア的なものの基準である実現可能性という基準はあまり役に立たないと認めている（204〔同書三四八―三四九頁〕）。マンハイムの基準を適用してもかまわないのは、過去のユートピアに対してのみである。実現可能性という基準は、現在行なわれているさまざまな論争に対しては、ほとんど役に立たない。というのも、われわれはつねに、イデオロギーどうしの衝突ばかりではなく、上昇集団と支配集団との衝突にもはまり込んでいるからである。支配集団と上昇集団との衝突には、ユートピアとイデオロギーとの論争、弁証法が含まれているのである。

ユートピアについてのこうした議論から得られるのは、イデオロギーに対する三つの帰結である。第一に、ユートピアと上昇集団とを結びつけることで、イデオロギーと支配集団との結びつきに対して根本的な対比を行なうことができるようになる。何がイデオロギー的かの基準は、ユートピア的精神によって提供された批判に依存するように思われる。何かがイデオロギー的であることを明るみに出す能力は、上昇集団のユートピア的な潜在的可能性、あるいは少なくともこの集団とともにあるいはこの集団のために思考している者たちのユートピア的な潜在的可能性の、一つの効果であるように思われる。もし、このことが正しく、また、イデオロギーがそれを暴き出す過程においてのみそれと認識されるのだとすれば、いわゆる認識論的切断は、これらのユートピア的可能性と対にされるときにいっそう具体的となる。それはつねに、一つのユートピアの産物なのである。

したがって私が言いたいのは、何か別のものの支えなしに突如として自らを解放するような精神などは存在しない、ということである。われわれ自身をイデオロギーから引き離しておくような能力を与えてくれるのは、つねに、個人あるいは集団のユートピア的能力ではないだろうか。ユートピアとイデオロギーの間の極性から外へ出ることはできない。何がイデオロギー的であるかを定義するのはつねにユートピアであり、それを特徴づけるのはつねに、異を唱える集団を想定することと相関的である。このことを知ることはまた、ユートピアとイデオロギーが理論的な概念ではないことを知ることでもある。これらの概念から過大な期待をもつことはできない。というのも、それらは実践的な円環を構成しているからである。したがって、イデオロギーについての科学的な見方に訴えることはすべて単なる主張であって、それ以上のものではない。ここでの洞察は、アリストテレスにならって、人間の問題については科学において問題になることと同じ種類の正確さを期待することができない、と言えるかもしれない。政治は科学ではない。それは、衝突する集団の間で自分自身を方向づける技術なのである。政治の概念は、論争的であり続けなければならない。すなわち、生活のなかに論争のための場所があり、これを知ることが問題の誠実な意味なのである。政治は記述的概念ではなく、ユートピアとイデオロギーとの弁証法によってもたらされる論争的概念なのである。

われわれの議論の二番目の帰結は、もしユートピアが現行の秩序を破壊するものであるとすれば、それと対照的に、イデオロギーは秩序を保つものである、という洞察である。このことが意味しているのは、人間存在の構造における支配の問題系と権力の場が中心的な問題となる、ということである。問題なのは、誰が権力を持っているかではなく、権力の体系が正統化されるのはいかにしてか、である。ユートピアは、正統化の過程というレベルでも作動している。それは、権威と権力とを扱う代替の方法を提供することによって、現行の秩序を破壊する。正統性は、イデオロギーとユートピアとの衝突のなかで問題になる。次回の講義で、この批判的な問題を探究するために、マックス・ウェーバーに取りかかるつもりである。また、ハンナ・アーレントの主要著作のことも考えている。アーレントは、権力と労働、仕事、活動の間の、人間存在における関係の問題につねに立ち戻っている。そして彼女はこの問題系を、単に社会学的な構造ではなく、現実存在のカテゴリーによって定式化している。

われわれの議論の三番目の帰結は次のようなものである。すなわち、ひとたびイデオロギーとユートピアとの衝突を、権力体系の正統化あるいは問いかけという用語のもとに置くならば、マンハイムが強調した、害のないものとしてのイデオロギーと歴史的に実現可能なものとしてのユートピアとの対立は、それほど決定的なものではなくなるということである。もしいま、ユートピアは秩序を破壊するものであり、イデオロギーは秩序を保つ（ときには破壊によって、またときには正当な過程によって）ものであることを強調するなら、実現可能性という基準は、これら二つを区別するためのよい方法ではないことになる。第一に、その基準は、すでに示したように、過去に対してのみ適用されるものである。第二に、その基準はまた、成功を神聖視するが、一つの観念が成功しただけでそれがよいもの《グッド》であるか利益《グッド》のためのものであるかが決まるわけはないのである。歴史によって非難されてきたものが、いっそう好ましい状況において回帰してくることがないかどうか、誰にもわからないのだ。実現可能性はまた、イデオロギーはある意味ですでに実現しているという理由からも、よい基準ではない。イデオロギーは、現に存在しているものを確実なものにする。弁証法における「非現実的」要素は、その正統化の機能において、実現不可能なものによってではなく理想的なものによって規定される。超越的なものとは、「である」が隠し持っている「べきである」なのである。

さらに、ユートピアそのものは、それが、現にどのようであるかとどのようであるべきかの間の隔たりを生みだすかぎり、けっして実現することはない。マンハイム自身のユートピアの類型学がこのことを確証しており、その類型学はまた、マンハイム自身が実現可能性の基準を最後まで適用しなかったことを示してもいる。ユートピアを主題的に論じた〔第二部の〕講義のなかでより詳細に論じるつもりであるが、マンハイムは、ユートピア的意識《メンタリティ》の最初の形態が生じたのは、千年至福説――至福千年運動《ミレナリアン》――がトマス・ミュンツァーと再洗礼派のもとで「社会の抑圧された層の実際の要求と力を合わせた」（211〔同書三七一頁〕）ときである、と主張している。この結びつきが、ユートピア的隔たりの原初の契機をもたらした。その類型学の最後――現在の時期――において、マンハイムは、「少しずつの下降」におけるユートピアの実際の喪失と、ユートピア的諸力の「現実の生活に対するさらなる接近」（248〔同書四三二頁〕）を描写している。そこでの、ユートピアの決定的に重要な特徴は、実現可能性ではなく、対照関係（opposition）の保持である。現に存在する状況におけるユートピアのエントロピー、すなわちユートピアの消失によって生じる全体的視点の喪失は、消散させられた出来事がもはや意味をもたないような状況へと導く。「諸事実を評価づけるときにしたがう参照枠は消えてなくなり、われわれは、その内的な意味に関する限りすべてが等しいような一連の出来事とともに取り残される」（253）[11]。もし、すべてが可能な社会を創造することができたなら、そこには一致も存在していただろう。しかしながら、その社会は死んだものでもあることだろう。というのは、そこにはいかなる隔たりも、いかなる理想も、いかなる企ても存在しないであろうからだ。マンハイムは、いまやわれわれはイデオロギーとユートピアの死という時代に生きていると主張する——そのように布告する——者たちに抗して戦っている。理想と現実との不一致の抑圧、断絶の抑圧は、社会の死となるだろう。それは、ある平凡な態度すなわち「即物性《ザッハリッヒカイト》」（262〔同書四四四頁〕）の時代であろう。そこは、まさしく非イデオロギー的かつ非ユートピア的社会なのだろうが、それは死んだ社会であろう。したがって、ユートピアの批判的特徴とは実現不可能性ではなく、ユートピアそのものと現実との隔たりを保持することなのである。

　マンハイムが多くの仕方で行なっている分析は、循環的で自己欺瞞的な帰結を持つように見えるかもしれない。しかし、同時にわかったのは、彼がわれわれに、新しい理論的枠組みのためのさまざまな土台をもたらしたということである。われわれは、イデオロギーとユートピアとの循環から抜け出すことはできない、ということを学ばなければならなかった。しかしまた、この循環が実際には実践的な循環であり、悪しき循環や自己欺瞞的な循環ではないということを示す方向へと、われわれは最初の歩みを進めたのである。

第十一回　ウェーバー（1）

マックス・ウェーバーについての議論に入るまえに、ウェーバーに対するアプローチで私が立脚している一般的な枠組みについて、少し述べておきたい。一連の講義はマルクス主義のいう歪曲としてのイデオロギー概念とともに始まり、最初にマルクス、次にアルチュセールについて検討した。イデオロギーについての残りの講義は、マルクス主義の方向づけによって提起された問題に対する一つの応答である。その問題とは、歪曲としてのイデオロギー概念がもっとも意味をなすのはいかなる概念枠においてか、というものである。私の意図は、マルクス主義に反駁することではまったくない。そうではなく、歪曲の機能に関するマルクス主義の主張のうちのいくつかを再び位置づけ、強化することなのである。

イデオロギーについてのマルクス主義的な方向づけに応答するためには、四つの問いを立てなければならない。第一の問いは、マンハイムとともに論じたものであるが、イデオロギーについて語るとき、われわれはどこに立っているのか、というものである。イデオロギーに科学的にアプローチすることができると主張するとき、われわれは想定上、傍観者の立場で社会のゲームの外部にいる。そこで、没評価的なイデオロギー概念を練り上げるよう試みる。しかしながら、これは不可能である。というのも、社会学そのものが社会のゲームに属しているからである。したがって、私の主張はこうである。われわれはイデオロギーの論争的な要素、すなわち主にイデオロギーをユートピアに関係づけることによって成し遂げることのできる何かを保持して、正当に取り扱わなければならないということだ。瀕死のイデオロギーについて語ることができるのは、つねに、生まれつつあるユートピアの観点からである。イデオロギーとユートピアの衝突と相互作用こそが、お互いに意味をなしているのである。

第二の問いは、イデオロギーと支配との関係に関わっている。マルクス主義のもっとも強力な点ともっとも重要な洞察のうちの一つは、時代の支配的観念は支配階級の観念だ、というものである。支配とイデオロギーとのこの相関関係が、私がマックス・ウェーバーの助けを借りて解明しようとしているものである。第三の問いは、特定の企てや関心なしに、つまりコミュニケーションの拡張に対する関心や解放に対する関心などなしに、イデオロギー批判を行なうことは可能かどうか、である。イデオロギー批判と、ある特別な種類の関心、アルチュセールの場合のように単にイデオロギーの側に置くことのできないような関心との間のこうした結びつきを考えるために、私はハーバーマスに取り組むつもりである。批判を支える関心がなければ、批判は崩壊するからである。

第四の、最後の問いは、社会が根本的なシンボル的構造を持たないとき、社会における歪曲はありうるのかどうか、である。もっとも基本的なレベルにおいては、歪曲されているのは行為のシンボル的構造だ、というのが私の仮説である。世俗的にではなくとも論理的には、イデオロギーの構成的機能〔現実を構成する機能〕はその歪曲の機能に先行しているはずである。歪曲を被る何か、同じシンボル的本性に属する何かがなければ、歪曲が何を意味するのか理解できないに違いない。このことを証明するために、最良の著者としてギアーツを導入するつもりである。ギアーツが知られるようになるまえに、私自身、フランスでこの主題について論じたことがある(1)が、私がギアーツを用いるのは、彼が私よりもうまくこの主題を発展させていると考えるからである。ギアーツの言うところでは、われわれは、彼がシンボル的行為と呼ぶもののレベルでイデオロギーの構成的機能を同定することができる。

したがって、イデオロギーについての講義は全体として、歪曲としてのイデオロギーという表面的レベルから始めて、イデオロギーと支配との第二のレベルの相関関係へ、さらに、関心と批判との間の決定的な移行関係へと進み、最終的には、私がイデオロギーの構成的機能と呼ぶものへと進む。こうした動きは、イデオロギーの歪曲の機能から、その正統化《レジティマティヴ》の機能へ、さらにその構成的機能へというように、イデオロギーの遡行的な分析となっている。

イデオロギーのこうした描写によって、一連の講義の最後には、それとの対比によってユートピアの性格をはっきりさせることができるようになるだろう。歪曲、正統化、構成のいずれであれ、イデオロギーはつねに、一つの集団あるいは個人のアイデンティティを保持するという役割をもっている。のちに見るように、ユートピアはそれとは逆の機能をもっている。それは、可能なものを開くという機能である。イデオロギーは、それが構成的であり、たとえば共同体――宗教的共同体、政治的共同体など――の創設的行為へと立ち戻るときでさえ、われわれが自らのアイデンティティを反復するように作用する。ここでは、想像力は鏡像あるいは舞台という機能を持っている。他方で、ユートピアはつねに外部、どこにもない場所《ノーウェア》、可能なものである。イデオロギーとユートピアとの対比のおかげで、われわれは、社会生活における想像的機能の二つの面を見ることができる。

ウェーバーに目を転じれば、私は彼の理論の一つの側面、彼の支配（Herrcschaft）の概念に関心を持っている。この概念が英訳される際の主な訳語を二つあげれば、それはauthority（権威）あるいはdomination（支配）であるが、われわれの目的にとっては、権威と支配との関係性がまさしく問題なのである。第一に、彼は、支配の問題を扱ううえで正統マルクス主義者たちよりもよい概念枠をもたらしてくれる（ここで比較しているのが正統マルクス主義者たちとであり、マルクス自身とではないことに注意されたい。既に述べたように、マルクス自身の仕事は、私が提唱しようとしている枠組みと一致する読解を可能にしてくれるように思われる）。正統マルクス主義のモデルは機械論的であり、下部構造と上部構造の関係に基づいている。そのモデルは、基盤の最終審級における実効性と、下部構造の相対的自律およびその基盤に対する反応の能力に関する、手に負えないスコラ主義を含んでいる。古典的なマルクス主義は、実効性の概念に依拠していることから、不可能で結局は非弁証法的なモデルに囚われている。その因果性の観念はカント以前的であり、「批判」以前的なのだ。こうした機械論的観点に対してウェーバーが提示している代替案は、動機づけのモデルである。私はまずこのウェーバーのモデルについて論じることで、彼の他の概念のいくつかの適用可能性を、われわれのイデオロギー理論のために位置づけようと思う。

第二に、ウェーバーが重要なのは、彼がこの動機づけの枠組みのなかで、支配集団と支配的観念との関係についての補足的分析を行なっているからである。彼は正統性《レジティマシー》についての批判的概念を導入し、正統性の要求《クレーム》と正統性に対する信仰《ビリーフ》との結びつき、つまり権威の体系を支える結びつき《ネクサス》について論じている。正統性の問題は、動機づけのモデルに属している。これは、要求と信仰《ビリーフ》との相互作用が適切な概念枠のなかに位置づけられなければならず、またあとで見るように、この枠組みはもっぱら動機づけのそれとなるはずだからである。私の主張は、イデオロギーは権威による正統性の要求と、信仰についてのわれわれの応答との間の隔たりのなかで生じる、というものである。こうした解釈は私自身のものであり、ウェーバーのなかには見られない。したがってそれはウェーバーに対する一つの脚注であるが、おそらくこの脚注は、ウェーバーのモデルに対して貢献することだろう。イデオロギーは、われわれの信仰が権威の要求の要件を満たすために、その信仰に、ある剰余価値を付け加えるよう機能する。マルクスの歪曲の概念がより意味をなすのは、次のような場合であろう。つまり、イデオロギーの機能とはわれわれの自発的な信仰を補足することによって正統性の要求を正統化《レジティメイト》することだ、とつねに言えるような場合である。この段階でのイデオロギーの機能は、権威のあらゆる体制における信頼性の隔たりを埋めるというものである。しかし、この主張が首尾一貫したものとなるのは、機械論的モデルではなく動機づけのモデルにおいてのみである。この理由から、私は講義の最初の部分を、動機づけのモデルそのものを解明することに捧げようと思う。取り上げるテキストは、ウェーバーの主要な仕事である『経済と社会』（*Wirtschaft und Gesellschaft*）である。

　社会学の課題についてのウェーバーの定義から始めることにしよう。社会学は一つの解釈的理解として定義される。ここで、解釈の概念は社会学の課題のなかに含まれているのだ。ウェーバーからギアーツまでの間に、こうした哲学的な土台にはいかなる重要な変更もないだろう。「社会学とは（非常に多くの意味で用いられているが）、社会的行為を解釈によって理解する［deutend verstehen］こと、またそれによって、社会的行為の過程および結果を因果的に説明しようとする学のことをさす」（4〔『社会学の根本概念』清水幾太郎訳、八頁〕）[1]。因果的要素が解釈的要素のなかに含まれている。社会学が解釈的であるからこそ、それは因果的説明をもたらすことができるのだ。解釈されかつ説明されなければならないのは行為であり、まさしく行為（Handeln）であって行動《ビヘイヴィア》ではない。なぜなら、行動とは空間内での一連の運動であるのに対して、行為とは人間主体にとって意味をなすものだからである。「われわれが「行為」と呼ぶのは、行為している個人が自らの行動に主観的意味を付与している限りでのことである」(4〔同書八頁〕)。行為の定義に行為者にとっての意味が含まれているのは、非常に重要である(歪曲の可能性がこの意味の次元のなかに含まれているということを、予見することもできるだろう)。最初に行為があって、表象はそのあとでしかない、ということはない。行為の構成に本質的なのは、それが行為者にとって意味がなければならないということである。

しかしながら、行為は主体にとって意味をなすことのみに依存しているのではない。というのも、行為はまた、他の主体たちとの相関関係においても意味をなすのでなければならないからである。行為は主体的であり、かつ間主体的である。「行為が「社会的」なのは、その主体が他者たちの行動を考慮に入れ、それによってその過程のなかで方向を定められるという限りにおいてである」(4〔同頁〕)。間主体的要素は最初から受肉しているのである。社会学が解釈を行なうのは、その対象が、一方で、主観的意味の次元を含んでおり、他方で、他者たちの動機の考慮を含んでいる限りにおいてである。われわれは最初から、行為、意味、他者たちへの方向づけ、そして理解(Verstehen)を含む概念のネットワークを持っているのだ。こうしたネットワークによって動機づけのモデルは構成されている。われわれの議論にとって特に意味があるのは、他者への方向づけが主観的意味の構成要素だという点である。

他者へと方向づけられている、あるいは、他者を考慮に入れているという考えは、ウェーバーが〔『社会学の根本概念』の〕数ページあとで社会的行為の概念に立ち戻るとき、いっそう入念に記述されている。「社会的行為——は行為の失敗と受動的黙従の両方を含む——は、他者たちの、過去の、現在の、あるいは予期された未来の行動へ向けられている。これは、過去に受けた攻撃への復讐、現在の攻撃に対する防御、未来の攻撃に対する防御処置によって動機づけられている」(22〔同書三五頁〕)。他者へ向けられているというこの枠組みのなかで、いくつかの要素が際立っている。受動的黙従は、権威に対する信仰の構成要素であるのだから、社会的行為であることを認識しなければならない。従属すること、権威に自らを従わせること、権威の妥当性を受け容れることは、行為の一部をなす。為さないことも、為すことの一部なのだ。さらに、社会的行為が「過去の、現在の、あるいは予期された未来の行動」へと向けられていることは、時間という要素を導入する。アルフレート・シュッツがこの概念を発展させているように、われわれは、同時代の人たちに対してばかりではなく、われわれの先祖や子孫に対しても方向づけられている。こうした時間的な連なりが、行為の歴史的次元を構成しているのだ。最後に、過去、現在、未来の出来事——外的な攻撃であれ、そうでないのであれ——による行為の動機づけは、イデオロギーの機能のうちの一つが時間を通してアイデンティティを保持することであるという点に注意を喚起する。このことは、ギアーツについて議論する際に重要な論点となろう。エリク・エリクソンは、個人の諸段階の統合についてこれと似た理論を主張している。しかし、社会的行為の定義においてもっとも意義深い要素であり続けているのは、他者の行動に対する方向づけである。この他者への方向づけは、動機づけモデルの鍵となる構成要素である。「行為者の行動は、意味の上で他者の行動に方向づけられている」（23〔同書三六頁〕、強調はリクール）。

　社会的行為のこうした定義を強調するのは、アルチュセールのような立場に反対するためである。イデオロギーの歪曲という側面からしか主体を参照しないとすれば、研究対象が行為である以上、われわれは社会科学の定義から遠去かることになる。誰かの行為の意味を理解するのにその行為者のことを考慮に入れられないとすれば、われわれが手にしているのは行動《ビヘイヴィア》であって行為《アクション》ではない。こうした場合には、社会行動主義か、あるいは集団的存在や階級といった社会的諸力の検討へと導びかれる。このとき誰も、これらの要因に注目したり、それらを理解しようとすることはないだろう。意味のある行為は因果的決定論と対比される。こうした差異の例として、ウェーバーは模倣の例を挙げている。これは、今世紀の初めに影響力のあった主題である。問題は、社会的現実が他者を模倣する個人によって導き出されるのかどうか、という点であった。ウェーバーは、模倣の概念を根本的とみなすことを退けている。それはまさしく、その概念が意味のある方向づけを含まないからというのである。「他者の行為の単なる「模倣」は、（…）それが単に反応によるものであり、したがって模倣された行為者に対する意味のうえでの方向づけがないとすれば、特に社会的な行為の事例と見なされることはないだろう」。こうした行為は「他者の行為によって因果的に決定されているが、意味的に決定されているわけではない」（23–24〔同書三七―三八頁〕、強調は原文）。もし因果性が意味のあるもののなかに含まれていないとすれば、つまり、結びつきが因果的というだけであるとすれば、それは行為の一部ではない。

したがって、動機づけのモデルについての第一点は、それが、他者たちの行為に方向づけられた解釈的な理解だということである。第二点は、ウェーバーはこのモデルを、理念型によって展開させていることであり、この理念型が果たす役割を理解しなければならない。ウェーバーの考えでは、科学が、個人にとって意味のあるものに対して直観の形式によってのみ関わっているとすれば、意味の概念は科学にとって陥穽となる。ウェーバーの代替案は、個々の事例を扱う場合には、もっぱら方法論的にのみつくり上げられた諸類型、理念型のもとにそれを置くのでなければならない、というものである。現実的なものとはつねに、他の個人に対して自らを方向づけている個人であるが、われわれにとっては、方向づけの諸様態、動機づけの諸様態が、こうした方向づけの根本的な諸類型を分類するために必要である。意味のある行為の理解としての社会学が可能なのは、意味のある行為が、いくつかの意義ある諸類型にしたがって分類される場合のみである。

すべての行為と同じく、社会的行為は、四つのやり方で方向づけることができる。すなわち、
（一）目的合理的（zweckrational）行為。これは、環境内の事物の行動と他の人間たちの行動についての予測によって（…）決定される。
（二）価値合理的（wertrational）行為。これは、行動の倫理的、審美的、宗教的、その他の諸形態のために、成功を度外視した、価値に対する意識的な信仰によって決定される。
（三）情感的（とりわけ感情的）行為。これは、行為者の特別な情感や気分によって決定される。
（四）伝統的行為。これは、深く身についた習慣によって決定される。（24–25〔同書三九頁〕）

次回の講義でもっと詳細に検討するつもりだが、方向づけのこの類型論は、ウェーバーの正統性の類型論にとって根本的である。ウェーバーの定義している社会的行為の第一の類型は、諸目的の合理性である。正統性の体系において、それは、規則によって支えられた合法的権威の官僚的類型といっそう親和性を持つことだろう。第二の類型である意味への期待は、神の声であると信じられ、神によって送られた者と信じられているカリスマ的指導者のもたらす正統性の体系のなかに、支持を見いだすだろう。カリスマ的指導者はまた、第三の類型、指導者と追随者たちとの感情的結びつきを頼りとしてもいる。第四の類型、伝統への訴えは、指導者たちが彼らの伝統的地位のために従属されているのである限り、正統性の体系において意義のある役割を果たすことだろう。

理念型の方法論的な意義は、それらの類型のおかげで、単独の事例の複雑さを、根本的諸類型の限定された組合わせに基づく結合的体系によって把握できる、という点にある。結合的諸類型を基盤とすることで、社会学は、多岐にわたる現実に対処することができるのだ。理念型はア・プリオリでも単に機能的でもなく、中間的な媒介の構造である。そうした類型がア・プリオリでないのは、経験によって支えられなければならないからである。しかし別の意味で、それらの類型は経験に先立ってもいる。というのも、それらは、われわれを方向づける導きの糸をもたらすからである。理念型の地位に関しては多くの議論がなされており、ここでそれに取り組むつもりはないが、次のことは知っておくべきであろう。理念型の概念一般を取り巻くさまざまな認識論的困難のことを心に留めておかなければ、正統性の諸類型について論じることはできない、ということである。

ウェーバーの、行為の方向づけあるいは動機づけの類型論は、彼の正統性の分析を予示するものとなっている。なぜなら、彼のあげる事例はまさしく、正統性の要求と正統性への信仰との間の緊張を含んでいるからである。一つの例として、第二の分類、絶対的なものへの方向づけを取り上げることができる。

価値合理的な方向づけの例とは、ありうるコストを無視し、義務、名誉、美の追求、教義、個人的忠誠心、あるいは何からなっているのであれ何らかの「大義」の重要性によって、自分に要求されていると思われるものについての確信を実践するために行為する者たちの、さまざまな行為である。われわれの語彙では、価値合理的な行為はつねに、行為者が課せられていると考える「命令《コマンド》」や「権利要求《デマンド》」を含んでいる。人間の行為が、そうした無条件の要求をかなえることによって動機づけられている場合のみ、それは価値合理的と呼ばれる。(25〔同書四〇頁〕)

命令《コマンド》と権利要求《デマンド》は、信仰《ビリーフ》と要求《クレーム》との関係を利用する。たとえば、政治的イデオロギーの機能とは、権威的諸制度に具現された権力の現実的体制のために、忠誠心に対する個人の能力を奪い取るということであろう。権力体制はそのとき、一つの大義への忠誠とか、大義に対して自分を犠牲にする意志への忠誠に対する人間の性向から、利益を得ることができる。政治は、忠誠に対するこうした性向にかなり頼っている。

正統性についての議論をいくらか先取りしてきたが、ウェーバーにおける諸概念の順序の重要性に気づかなければならない。ウェーバーは、もっとも根本的な概念から派生的概念へと順を追って進んでいる。信仰と要求の概念は、ウェーバーの他の概念の発展が完全なものとなってはじめて、その潜在的な意味が明らかになるだろう。ウェーバーの諸概念の発展における最大の意義については、権力の概念が最初ではなく最後に来ていることを見て取らなければならない。ウェーバーは、行為を人間的にしているものから出発し、さらに、社会的結びつきを意味あるものとしているものへと向きを変える。権力の概念を導入するまえに、別の媒介的概念として、秩序《オーダー》の概念を導入しなければならない、と彼は言う。

秩序の概念を導入したことは、ウェーバーの分析における一つの決定的な転回である。この言葉は、英語では多くの否定的な含意を帯びている。しかし、われわれはこの用語に、そのもっとも始原的な意味で、すなわち諸個人からなる意味のある全体を構成するものとして、アプローチしなければならない。ドイツ語ではOrdnungであり、命法という意味における命令《オーダー》に先立つ人間存在を秩序づける《オーダーリング》こと、である。ただ、あまりに性急に、命法の概念を秩序の概念のなかに導入してはならない。その代わりに、人間の部分と全体の間に関係を導入する有機体の組織について、もっと考えなければならない。秩序と命法の区別を際立たせるために、ウェーバーの議論は、正統な秩序という考えを強調している。これは、正統性の概念が分析のなかであまりに性急に言及されていることが原因となって不都合が生じる可能性があるにもかかわらず、重要な動きである。秩序を、単に力の点から定義してはならない。やがてギアーツが見て取るように、こうした違いは、イデオロギーが既にこのレベルで役割を果たしていることに注意を喚起してくれる。ギアーツはまさしく正統な秩序のレベルで、構成的イデオロギーという概念を導入している、と論じるつもりである。単に強制された秩序、正統性をまったく要求しないような秩序について語ることはできない。正統性の要求が秩序を構成しているのだ。

秩序の正統性は、次の二つの主要なやり方で保証される。

一　保証が純粋に主観的なもの、すなわち、次のいずれかである。

(一)　情感的なもの、すなわち感情的な信奉から帰結する

(二)　価値合理的なもの、すなわち倫理的、審美的、その他の類型の究極の価値の表現としての秩序の絶対的な妥当性への信仰によって規定される

(三)　宗教的なもの、すなわち救済は秩序への服従に依存しているという信仰によって規定される

二　しかしながら、ある秩序の正統性は、特定の外的結果の期待、つまり利害の状況によっても（あるいは、単にそれのみによって）保証されることもある。　(33（同書五四頁))

再び、先に記した方向づけの諸様態と、正統性の諸類型との間に部分的な並行関係が見いだされる。さらに意義深いことに、秩序について述べるためには正統性について述べなければならないこと、そして、正統性について述べるためには動機について述べなければならないことは、偶然ではない。ある秩序の正統性が保証されるのは、動機の体系の内部においてでしかない。ウェーバーの表現が意味をなすのは、意味のある行為という概念枠のなかでのみなのである。

たったいま見たように、正統性の問題が秩序の問題によって導入されているというのは重要である。正統性が秩序に帰属させられるのは、秩序にしたがって行為する者たちがもつ信仰と表象を参照することによってのみだというのも、同じくらい重要である。観点は、行為主体《エージェント》のあるいは行為者《アクター》のそれである。

行為者が一つの社会的秩序に正統性を認めるのは、次のものによってである。
（一）伝統による、すなわち、つねに存在してきたものの効力による
（二）情感的な、特に感情的な信仰による、すなわち、新しく啓示されたもの、あるいは模範的なものの効力による
（三）価値合理的な信仰による、すなわち、絶対的なものと推論されたものの効力による
（四）合法的と信じられた実定法による。 （36〔同書五九頁〕）

われわれは、類型論そのものには関心がない。ウェーバーには重複する分類が多くあり、注釈者たちを困惑させてきた。あるときは四つの類型——つねに正確に四つであるとは限らない——が示され、正統性の体系のような別のところでは三つの類型が示されている。われわれの関心は、ウェーバーの記述において起こりうるこれらの不一致にはなく、むしろ彼の概念の一般的なレベルにある。正統性の概念が導入されるやいなや、このレベルはつねに動機づけのレベルだということを認識しなければならない。

ウェーバーは、秩序の正統性が権威の問題にとって中心的な手がかりであることを少しも疑っていない。先の引用箇所の数行あとで、彼はこう注記している。「のちに定義する他のいくつかの概念を除いて、さらなる詳細のすべては、法社会学と支配社会学［Herrschaftssoziologie］に属している」（36〔同頁〕）。思い出してみれば、問題になっているのは支配（Herrschaft）の概念なのである。それは、われわれの議論が向かっている基本概念である。権威あるいは支配の概念は、秩序と正統性がいっしょに考えられているところで導入されている。『経済と社会』の第三章に、

ウェーバーが展開している事柄についての最初のいくつかのヒントがある。ウェーバーのこの議論については、次回の講義で立ち戻るつもりである。

権威あるいは支配の社会学を理解するためには、最初に、他の媒介となるいくつかの概念を提示する必要がある。さらなる議論にとって重要な四つの概念のみを取り上げてみよう。秩序の概念につづく最初の媒介概念は、社会的結びつきあるいは紐帯の類型にかかわっている（40 ff.〔同書七〇―七四頁〕）。この類型は、われわれに直接はかかわらないが、結びつきが深く統合的《インテグレイティヴ》か単に連合的《アソシエイティヴ》かにかかわらず、正統性の過程に関連がないわけではない。違いは、人々がともに帰属《ビロンギング・トゥゲザー》しているという感情を持っている（ゲマインシャフト）かどうか、あるいは、彼らが他者たちとの結びつきを契約による結びつき、すなわちいっそう外的でそれほどかかわり合いにはならないような何か（ゲゼルシャフト）以上のものと理解しているかどうか、である。こうした区別は、ドイツ社会学において古典的なものであるが、不幸にも、いくつかのおぞましい帰結をもたらした。すなわち、ウェーバーの意図ではまったくなかったのだが、連合的なものに対する統合的なものの擁護が、ナチスの社会学者たちの主張の一つとなった。感情的結びつきによる共通の生活を増進することと、不一致を否定することが強調され、民族あるいは国家の統一は階級の衝突よりも重要《グレート》であると主張された。ゲマインシャフトの背後にはしばしば強制が横たわっているという事実は、隠されてきたのである。

これとは対照的に、ウェーバーの社会学は一般に没評価的であるにもかかわらず、彼は連合的関係をいっそう強調している。彼の書物の題名〔『経済と社会《ゲゼルシャフト》』〕において広く知られているのはゲゼルシャフトであり、ゲマインシャフトではない。連合的な結びつきに対する注目は、ホッブズからルソーなどを介してつづく契約の法的伝統から生じている（ルソーは、社会的紐帯の両方の類型を支持しているように読めると指摘できるかもしれない。というのも、一般意志は集合的であるよりも統合的だからである）。ウェーバーは権力構造と同じくらい、経済および市場の構造の問題に関心を抱いている。彼はより合理的なものを通しての連合的な結びつきを強調している。ウェーバーにとって、連合的結びつきは、少なくとも資本主義体制の市場に基づいている経済的諸関係において優勢である。ここでは世界は、衝突の領域であり、個人と組織は、契約によってお互いに関係づけられている。官僚制国家——ウェーバーは全体的にこれをかなり肯定的に扱っている——は連合的関係のもう一つの例である。実務的な体制に対して、労働者たちは感情的帰属意識をまったく持たない。ウェーバーにとって、これはよいことなのである。労働者たちは社会的な役割を持っており、その役割は感情のもつれなしにお互いに結びついている。ウェーバーは感情の役割を危険だと考えている。というのも、それはまさしく、総統《フューラー》あるいは指導者《リーダー》を探し求めることへと導くからである。統合の概念と総統《フューラー》の概念との間には、多くの隠れた結びつきがあるのだ。

今日の社会において、われわれはしばしば官僚的体制に対して憤りを覚える。そしてわれわれにはウェーバーよりもその権利がある。しかし、われわれがいまなおウェーバーから学ぶことができるのは、連合的なものの代わりに共有《コミュナル》されたものへと回帰することについてどのような夢を抱こうとも、その夢はきわめて漠然としたものかもしれない、ということである。一つの大きな原始共同体《コミューン》としての社会を再構築しようという努力は、極左的あるいは極右的な帰結、つまりアナーキズムかファシズムをもたらすだけかもしれないのだ。ゲマインシャフトの概念がこれら二つの極の間を揺れ動くということは、その本性からしてありうることだろう。また、そうした揺れ動きには、できるだけ警戒する必要がある。単なる連合の結びつきにおいては警戒の必要はなく、なにも失われるものがない、などとはいえない。たとえば、共有された仕事に参加することとの意味というものがある。ギアーツに始まるようなイデオロギー分析は、実際のところ、ゲマインシャフトの積極的な次元を再構築する一つのやり方なのかもしれない。イデオロギーの構成的性格は、重要な役割を果たすだろう。というのも、ウェーバーが認めているように、「共通の性質が現に存在する」——民族や、さらに言語も——だけでは、「共有された社会的関係」(42〔同書六六頁〕、強調はリクール)を生み出すことはできないからである。

社会的結びつきの諸類型につづく第二の媒介概念は、集団の閉鎖の程度である(43 ff.〔同書七〇—七三頁〕)。この概念はまた、ウェーバーにもとづく見込みのあるイデオロギー論にとって重要である。というのも、集団のアイデンティティの問題は、その集団に誰が属しており誰が属してないかに関する諸限界——領土その他の——の存在に結びついているからである。加入の規則と、したがってまた排除の規則は、集団のアイデンティティの構成にとって重要である。再び、ギアーツがここで貢献してくれるだろう。というのも、彼のいう文化的体系としてのイデオロギーという概念を、社会的アイデンティティの保持と関係づけることができるからである。私はウェーバーの言っている内容よりも彼の概念枠の方に興味があるので、注目しておきたいのだが、われわれは閉鎖の概念でさえ機械的な用語で定義することができないのである。一人の人物の閉鎖は何か物質的であると思われるのに対して、概念はまた動機づけに関わっている。「関係の閉鎖の主要な動機には、次の三つがある。(一) 質の保持 (…)、(二) 消費需要に対する供給の不足 (…)、(三) 利益獲得の機会の不足」(46〔同書七五頁〕、強調はリクール)。閉鎖の概念でさえ、動機づけの体系のなかで定義されなければならないのだ。

その次に論じられている概念は、いくつかの閉鎖的集団の内部での支配者たちと被支配者たちとの区別を導入する。すなわち、秩序がこれらの集団の特殊な部分によって強いられるのである。この類型はウェーバーにとって決定的に重要である。というのも、それは権力の概念を秩序の分析のなかに挿入するからである。われわれは、階層構造《ヒエラルキー》を持たない秩序を構想することができる。多くのユートピアは、あらゆる役割が等しいような秩序づけられた共同生活の概念をもっている。しかし、ひとたび支配する者と集団の残りの者の区別を持ち込み、また支配者と被支配者との極化を持ち込むと、また、ある種の政治的構造を持ち込むことになるのである。ウェーバーはこうした類型を団体(Verband) と呼んでいる。この類型は、ゲマインシャフトとゲゼルシャフトの区別とは一致しない。というのも、後者が個人間の結びつき──内的あるいは外的な──という性格をもつのに対して、ここで重要なのは階層秩序《ヒエラルキー》だからである。一つの階層秩序《ヒエラルキー》的構造が集団のなかに導入される。「対外的に閉鎖されているか部外者の管理を制限しているような社会的関係は、その規則が特定の諸個人によって課せられたものであるとき、団体 (Verband) と呼ばれる。特定の諸個人とは、上司、そしておそらくは一般に代表権をも有する行政スタッフである」(48〔同書七八頁〕)。われわれは、集団内の一つのはっきり区別される層として支配集団を識別することができる。

この支配集団という概念によって、われわれは、いま強制されている秩序について理解する(われわれの目的にとって重要なのは、まさに支配という概念なのだが、ウェーバーにおいては、支配集団の概念が支配階級の概念よりも前に置かれている)。団体を規定しているのは、一つの全体としての集団ではない。その代わりに、秩序を強制する立場にある者たちと、この秩序に従属させられる者たちがいる。正統性についての具体的な問題は、支配者と被支配者の間の分業から生じてくる。すなわち、可能性のあるイデオロギーの概念は、支配集団の諸規則に備わる正統化の強制の必要性によって準備されているのだ。ウェーバーは強制《エンフォースメント》の概念を強く主張しているが、この概念は、支配者と被支配者の間のはっきりした分岐と同時発生的なのである。「こうした規範は決定的なものである。なぜなら、それは単に、秩序へと向けられた行為の問題ではなく、その強制へと特に方向づけられた行為の問題だからである」(48〔同書七九頁〕、強調は原文)。いまや、他者の行為ではなく強制の体系へと方向づけられた、ある特別な種類の行為が存在している。それは、たとえこうした体系の要求がときには穏やかなもの——たとえば赤信号で停車すること——であっても、規則にしたがうこと、規則を守ることである。われわれは、規則をつくり出したわけではないが、それを強制する体系へと方向づけられている。規則を守るのはわれわれ自身の利害においてだ——道路条例があればいっそう安全に感じられる——と言う者がいるかもしれないが、このことが秩序とその強制力を正統化する一つの動機となることを、認識していなければならない。

　閉じられた共有あるいは連合的関係性をもつすべての形態が、団体であるわけではない。ウェーバーが指摘しているように、われわれは、性愛関係や指導者のいない親族集団を団体と呼ぶことはない(48-49〔同頁〕)。したがって、鍵となるのは定式化された権威体制である。私の考えでは、このことは、実際にイデオロギーとユートピアの衝突がつねにこのレベルで繰り広げられているという考えを強める。あらゆるイデオロギーにおいて問題になっているのは、結局のところ、一つの権威体制の正統化である。あらゆるユートピアにおいて重要なのは、権力を用いる別のやり方を想像することである。たとえば一つのユートピアでは、階層秩序《ヒエラルキー》なしに、あるいはもっとも賢明な者に権力を与えることによって(プラトンの哲人王という解決法のように)集団が支配されるのが望まれているかもしれない。ユートピアにおける権威の定義がどのようなものであれ、ユートピアは、現に存在している権力体制に対して、それに代わる解決をもたらそうとしているのだ。他方、イデオロギーの機能はつねに、規則あるいは権威の所与の体制、現行の体制を正統化することである。

ウェーバーが強制の概念を考えたとき主張したかったのは、強制された規則といっさいかかわりのない社会などない、ということである。何らかの支配形態が万人を満足させる、ということはありそうにない。利害ばかりではなく、世代（過去の価値にいっそう方向づけられている者たち）などにおいてもさまざまな違いがある。少数者は多数者に従うと仮定するならば、強制という要素が再び導入される。全員一致の集団においてのみ強制が存在しないように見える。しかし実際には、どんな強制的集団においても全員一致が生じうる。全員一致の法はつねに、多数者の法よりも危険である。なぜなら、少なくとも後者においては、少数者をつきとめて、その権利を規定することができるからである。もし、われわれが、全員一致に基づくよう主張するとすれば、少数派の者たちはその権利をすべて失ってしまう。というのも、彼らの権利は明確に定められることがないからである。オーウェルの作品〔『動物農場』〕を用いて、こう言うことができるかもしれない。一七九一年にはフランス人はみな平等であった、ただ、ある者たちは他の者たちよりもいっそう平等であった、と。つまり、この他の者たちは、断頭台へと送られたのであった。ウェーバー自身は、秩序の強制を、全員一致ではなく多数者の支配との関連で論じている。

関係するあらゆる個人の自発的な同意によらずに成立したような秩序は、つねに「強制され」ている。したがって、少数者が従わなければならない「多数決原理」も、強制されたものである。こうした理由から、長い間、多数決原理の正統性は、全く認められないか、疑わしいものとされてきた。(51（同書八二頁）)

ウェーバーは、多数決原理について留保する者たちに信頼を置いている。なぜなら、彼らは、それがもう一つの暴力であること、おそらくはいっそう微妙なものかもしれないが、それでも暴力には違いないことに気づいているからである。それが暴力であるというのは、とりわけ多数者の規則を確立する規則が存在しないからである。「自発的な」

同意さえも一定の強制を含んでいるのだ。このことは、あらゆる選挙制度のなかに見て取られる。なぜなら、有権者からの望ましい反応を得るために、何らかの策略がつねに役に立つからである。それは、有権者を互いに反目させるか、体制が有権者の批判に打ち勝つようにする何らかの手続きを確立するかのどちらかによってである。しかしウェーバーは、この段階になっても、私がここで取り上げているような秩序の強制の問題を取り上げない。むしろ再び、「このことは、法社会学および支配社会学において詳細に論じられることになるだろう」(51〔同頁〕)と述べる。私はこれまで、権威の問題がその基礎的条件のもとで構成されているような箇所を主に取り上げてきた。

秩序の本性に関する議論のなかでウェーバーが導入している主要な概念は、連合的あるいは統合的なつながり、集団の閉鎖、集団の階層秩序《ヒエラルキー》という概念である。階層秩序《ヒエラルキー》の概念は、順々に強制的構造の関係になっている。この点についてのみ、ウェーバーはHerrschaft〔支配〕を出来上がった概念として導入している。すなわち、命令と服従との関係である。ある翻訳者たち、とりわけパーソンズは、Herrschaftをauthority〔権威〕あるいはimperative control〔命法的統御〕と訳しているが、私にはHerrschaftの現行版の訳語である「domination」〔支配〕の方が好ましく思われる。「domination」〔支配〕と言う方が問題がいっそうはっきりするのだ。「「支配」〔Herrschaft〕とは、ある特定の内容を持つ命令に対して、特定の人々の集団が服従する可能性のことである」(53〔同書八六頁〕)。Herrschaft〔支配〕は、他者の服従を予期することによって定義されている。権力体制はある信頼性を備えており、そのおかげでその構成員の行動を当てにすることができる。警官が街路を行くとき、彼は、誰もが自分の行動に従うであろうということを予期している。服従は、警官の権力――たとえ殺人であれ、彼が自分の意志を実行する能力――の帰結であるばかりではない。それはまた、人々が警官の機能に置いている信仰《ビリーフ》の帰結でもある。ウェーバーが自ら提起している問題は、ある人々が他の人々に首尾よく秩序をもたらす立場にあるのはいかにしてか、というものである。われわれが規則に従うという可能性そのものが、支配を構成しているのだ。こうした状況は、ヘーゲルの主人と奴隷の関係とそれほど違っていない。奴隷は、主人が人間の現実の姿であると信じているが、これは、奴隷が弱者であるからというだけでなく、彼が主人の人間性を信じているからでもある。

ウェーバーが自らの展開している秩序の概念の最終段階に到達するのは、彼が物理的な力の可能性を導入したときである。ウェーバーの主張によれば、それまで数え上げられてきた諸概念に力の正統な使用の脅しを付け加えることで、われわれは国家の定義へとたどり着く。国家の権力構造は、「秩序の強制における物理的な力の正統な使用の独占を要求」(54〔同書八八頁〕、強調は原文)することに依拠している(ここで要求《クレーム》の概念が導入されていることに注意せよ)。これは悲観的な国家概念だが、ウェーバーはロマンティストではまったくなかったのだ。ある意味で、この定義はレーニンの定義とそうかけ離れてはいない。レーニンは『国家と革命』のなかで、国家はその目的ではなく手段によって定義されると述べていた。そして、その手段とは強制である。ウェーバーも同様に、次のように述べる。

> 国家も含めて、政治組織体を、その行為の目的によって定義することはできない(…)したがって、ある組織体の「政治的」性格は、それに特有の手段、力の行使のみによって定義することができる。しかしながら、この手段は、前記のような意味において特殊なものであり、その性格に欠かせない。ある状況のもとでは、それ自身が目的として掲げられることとさえあるのだ。(55〔同書八九頁〕、強調は原文)

それ自身が目的となる力の行使の例には、緊急時とか戦争といった状況が含まれる。しかし、ウェーバーとレーニンの国家の定義が見かけ上どれほど似ていようと、違いは残りつづける。ウェーバーにとって、国家の強制力は最終的に、その物理的な権力によってではなく、その正統性の要求に対してわれわれが信仰《ビリーフ》で応えることによって支えられている、という点である。このことをプラトンの言い回しで表現するならば、国家の支配を可能にしているのはその純然たる力であるよりも、そのソフィスト的あるいはレトリック的な構造なのだ、と言うことができるかもしれない。しかしながら、われわれはそれでも、国家が力への依拠によって定義されているという事実を強調しなければならない。国家は、力に関してとどめの言葉《ラスト・ワード》を持っている。国家はわれわれを監獄に入れることができるが、他のいかなる集団も合法的にそうすることはできないのだ。結局のところ、国家が暴力を用いることは合法的なのである。力の役割の導入によって初めて、支配の概念は完全なものとなる。そのとき初めて、要求の概念もまた、完全なものとなるのである。われわれは秩序がある場合のみならず、支配者たち、最後のよりどころとして力を用いるかもしれない支配者たちがいる場合においても、要求の概念について理解しておかなければならない。

正統性の要求がもつ厄介な性質は、正統性の問いの射程がなぜかくも容易に政治のレベルにまで引き下げられるのかを証明している。全般的に、要求の問題が政治的なものであるのは本当である。ただ、この問題は狭い意味で単に政治的なわけではないのだが、それには二つの理由がある。第一に、われわれは、正統な秩序に関する問題設定が、団体、強制的連合、支配者と被支配者の差異という媒介的概念を通して政治的支配の問題設定を統御していることを認識しなければならない。偶然に国家が滅びることがあっても、正統な秩序の問題が消えてなくなるかどうかは定かでない。イデオロギーの役割は残り続けるのである。正統性が単に政治や力の問題ではない第二の理由は、動機づけの枠組みを取り除くことはできない、というものである。なぜなら、正統性の要求の問題が意味をなすのは、この動機づけの枠組みにおいてのみだからである。

ウェーバーの政治的秩序の諸カテゴリーについて分析をして、正統性の体系のイデオロギー的構造に関する次回の講義のための土台を準備した。今回の講義の結論として、ウェーバー解釈の構造を分析するために少しばかり時間を費やしておきたい。マルクス主義者たちはウェーバーの図式に反対であろうが、それは、階級がウェーバーの主導的概念でないからばかりではなく、根本概念に含まれてさえいないからでもある。秩序の強制は、階級闘争に必然的に結びついているわけではない一つの構造的特徴である。ここには、ウェーバーの反マルクス主義的傾向が見られる。彼の定義は、階級であれ潜在的に階級のない社会であれ、あらゆる集団を含むように意図されている。ウェーバーは、いくつかの根本的な問いに関して無時間的分析を行なっているのだ。すなわち、彼の類型論は、歴史を超えたものたらんとする試みなのである。彼の枠組みはおそらく、コロンブス以前から現代まで、いかなる社会にとっても有効であろう。マルクス主義者はきっと、ウェーバーのアプローチからは歴史が排除されていると反論するだろう。このことは特に、ウェーバーが階級の概念を排除していることに表われているのである。というのも、マルクス主義者は言うであろうが、歴史は階級の歴史とともに生じるからである。私の考えでは、ウェーバーは、歴史は社会の根本構造を定義するうえで本質的なものではないと主張することによって、自らの方向性を弁護するだろう。彼は、われわれがいまや階級闘争が決定的であるような社会にいるという点については、マルクス主義者に同意するだろう。しかし彼は、この歴史的状況は社会の主要な構造に影響を与えることはない、と言うだろう。このことの証明は、たとえ階級が消滅し、ブルジョアジーの支配的な役割が消えてなくなっても、つまり階級のない社会になっても規範や統制などの同じ問題が生じてくることだろう、というものである。

ウェーバーの理念型はあまりに非歴史的であると主張する人たちが彼に対して行なう攻撃としては、二つのものがありうる。第一の主張は、歴史的状況の多様性は非常に大きいので、われわれはもっと草の根のレベルへと進んでいかなければならない、というものである。たとえば、アメリカの社会学者たちは典型的に、いっそう局部的で記述的な仕方で進んでいる。彼らは秩序の概念を、グローバルな存在として扱いたがらない。彼らはウェーバーの諸概念について、あまりにプラトン主義的だと言うことだろう。かなり異なった種類の批判が、社会学的分析を批判の道具と見なす人たちによってなされることだろう。ハーバーマスのようなポスト・マルクス主義者は、問題は記述することよりも覆いをはぎとることだ、と主張している。しかし、ウェーバーを擁護していえば、われわれは、自分たちの学んでいる諸現象を扱うための概念のネットワークなしに、具体的に記述したり批判したりすることができるのだろうか。われわれの定義は、部分的には慣習にのっとったものである――「私は一つの団体をこれこれと呼ぶ」――が、そうした定義のおかげで、われわれは、さまざまな歴史的および文化的な状況において意味をなしている権力などの諸概念について議論を行ない、状況を突き止めることができるのである。われわれはまず、自分たちがそのなかで生きている諸構造を理解しなければならないのだ。

最後に、私の確信といってもいいのだが、歴史性があまりに強調されすぎてきたのかもしれない、ということがある。というのも、さまざまな言語構造があるように、さまざまな社会構造があるだろうからである。チョムスキーは、意味的構造には、ベンジャミン・リー・ウォーフなどの人たちが認めたよりも強い恒常性があることを示した。社会構造にも、ある種の恒常性があるだろう。政治的な問題設定《プロブレマティック》は、より歴史的に拘束されている経済構造のようなものより、ずっと恒常的であるのかもしれない。権力の問題設定にある種の普遍性があるおかげで、われわれは過去についての政治的な著作を読むとき、問題を突き止めることができる。アリストテレスの生物学はおそらく完全に時代遅れであろうが、彼が民主制や寡頭制について語るとき、われわれはいまだ同様の形象があるのを見て取ることができる。僭主制に関してプラトンが書いたものを読むとき、われわれはその内容を理解できる。政治において、われわれはたえず同じ間違いを犯す。おそらくこのことが、われわれが何度も繰り返される問題を扱わなければならない理由である。権力の行使、権力者による嘘の使用などが繰り返される。マルクス主義者たちが、階級を排除することは歴史を排除することと同じだ、と主張するとき、彼らは正しい。ウェーバーの応答は、階級構造は歴史的かもしれないが、それで人間の集団がいかに支配されるかという問題が根本的に変わることはない、というものである。エジプト人、インカ人、中国人もみな、同じ問題に直面している。これは私の思い込みなのかもしれないが、マックス・ウェーバーにおける歴史的次元の欠如を正当化するために、こう言ってもいいかもしれない。彼は、人間社会の構造においてあまり歴史的でないものに努力を傾けたのであり、それは、彼がさまざまな動機のある種の同一性を頼りとしているからなのだ、と。

ウェーバーの理念型が、一つの観点に基づいているのは確かである。彼の類型を通して語られているのは、ナチズム以前のドイツのリベラルな知識人の理想である。そうした類型は文化的に状況づけられている。やがて理解されるように、そうした類型は、合法的な官僚制国家に対する強い信頼を表わしている。しかし、こうした類型によって好ましいものとされた国家がドイツにおいては現実に失敗に終わった、というのでは反論にならない。われわれは、構造の過失による失敗と、人々が構造を信じるのをやめたことで生じた失敗とを区別しなければならない。構造による正統性の要求は、一般市民の側における、それに対する信仰を求める。国家に対するこうした応答が欠けているところ、人々がその代わりに指導者、総統《フューラー》を求めるようなところでは、民主主義は、それ自身どの程度の構造的な問題をかかえていようと、死んでしまうのである。要求を支える信仰のなかに、ある種の病いがあるのは明白である、おそらくウェーバーはこう答えるであろう。しかしながら、ウェーバーの理念型が確かな序列によって性格づけられているということは、いまでも正しい。あとで論じるように、ウェーバーは、彼がもっとも合理的と呼んだものからもっとも合理的でないものへ、正統性の合法的形態から伝統的形態、さらにカリスマ的形態へと進んでいる。カリスマ的なものは、合理性の欠如によって定義されている。したがって、ウェーバーには合理性に対する先入見があるのだ。われわれはウェーバーの観点の方向づけを、彼の、社会体の恒常的な構造という概念と一致させることができるかもしれない。そうした構造は確かに恒常的ではあるものの、その定式化、記述、解釈は、より状況づけられた観点の産物にとどまっている、と主張することによってである。

第十二回　ウェーバー（2）

前回の講義の初めのところで言及したように、われわれは研究のこの段階においてマックス・ウェーバーに取り組むことで、マルクス主義のイデオロギー概念がかかえている二つの主要な難点に出会う。第一の難点は、マルクス主義のアプローチの一般的な概念枠にかかわるものであり、この概念枠は、上部構造と下部構造の概念を通して、多かれ少なかれ因果的な用語で構造化されている。私の主張は、代替となる動機づけのモデルはウェーバーの仕事に由来している、というものである。そして前回、このことは説明した。ウェーバーの二番目の強み〔マルクス主義の第二の難点〕は、彼の動機づけの枠組みにおいて、支配階級によって表現される支配的観念の概念がいっそうよく理解できるようになる、という点である。この主張を擁護することが当面の課題である。したがって、私がウェーバーにアプローチするのは、彼を反《アンチ》マルクス主義者としてではなく、マルクス主義のいくつかの重要な観念を統合するためのよりよい概念枠をもたらす人物として扱うためである。マルクスの諸観念を、他の思想家に対するときと同じ批判的注意をもって考察しなければならない。そうすることで、マルクス主義者、反マルクス主義者のどちらによってであれ、われわれに課される知的恐喝に抵抗できるのである。デカルトについて語る者がデカルト主義者かどうかを問われることはないし、スピノザについて語る者がスピノザ主義者かどうかを問われることもない。われわれは、よいと思えばそれを取り入れるのであって、これは私自身の目的でもある。私が提示してきた動機づけのモデルはマルクス主義の代替モデルであるが、それを提示したのは、マルクス主義の問題を扱うためである。

今回の講義で扱うウェーバーの正統性の概念および類型論についての議論によって、こうした方向づけはいっそうはっきりするだろう。われわれが焦点を当てるのは、『経済と社会』の第三章「正統な支配の諸類型」である。この章は、前回の講義で何度か、ウェーバーが要求《クレーム》の概念を提示するたびに、予見されていたものである。見てきたように、ウェーバーの要求の概念は、三つの主要な段階において展開されている。第一に、要求は秩序（Ordnung）の概念そのもののなかに含まれている。この概念は強制的な秩序ではなく、集団に一つの形、形態、パターンを与えるような秩序を意味している。この秩序がすでに、信仰についての問いを含んでいる。というのもその秩序は、他者の行動へと適応するような諸個人からなっているからである。すべては、諸個人の相互的な適応という用語で表現されなければならない。そして、各人の動機づけの領域にこの要求が書き込まれたものが、信仰《ビリーフ》である。ウェーバーの語彙では、この概念を記述するのに通常用いられている語はVorstellungである。Vorstellungを「belief」（信仰）と訳するのには限界がある。特に、信仰においては情念的側面が支配的だからである。Vorstellungは信仰というより、表象である。一つのVorstellungは、秩序についての個人によるそれぞれの表象である。秩序は、情念的信念としてよりも知的表象として存在する。

Vorstellung〔表象〕についての一般的概念から、支配者と被支配者との違いを含む秩序の概念へと移行するとき、要求の概念はいっそう根源的でいっそう説得力のある意味を持つようになる〔第二段階〕。すでに見たように、ここでわれわれは国家の定義への途上にいる。というのも、国家とはまさしく、われわれが団体《オーガニゼーション》の決定を行なう層をつきとめ、公式に他と区別するような構造のうちの一つである。しかしながら、こうした階層秩序《ヒエラルキー》は国家にのみ属するわけではない。学校制度、教会、スポーツ組織など、ある特別な人たちが決定を行ないそれを履行しているようなところではどこでも、階層秩序《ヒエラルキー》が見いだされる。そこにあるのは秩序だけではなく、履行されるか強いられた秩序である。強制の概念は、さまざまな意志の間に葛藤の要素を注ぎ込む。そのとき、要求の概念は、われわれが誰であるかの再認ばかりではなく、支配者への服従をも具現化していなければならない。

要求の概念の第三段階では、力の行使による脅し《スレット》の概念が導入される。ウェーバーにとって、これは、あらゆる制度のなかで国家のもつ特徴をなしている。ウェーバーのいうところでは、国家は、強固に抵抗する個人や集団に対して最終的には暴力的な力を使用できるという正統性の独占への要求を保持している。所与の社会の刑法において、裁判官の決定を守らせるのは、最終的には国家である。国家が、決定を最終的なものにしその履行を確たるものにするのだ。ここに国家の明確な特徴が正確に認識されることだろう。要約すれば、要求の概念には三つの段階があり、秩序一般の要求、一つの団体の内部での支配集団の要求、そして、力を行使することで秩序を実現する能力を持つ権力者の要求である。

今回の講義のためにさまざまなテキストにアプローチするにあたっての、私の仮説は、正統性の要求を正統性への信仰と対決させるとき、イデオロギーの問題が少なくとも原理上は提起されているということである。ウェーバーがもたらしてくれるのは、マルクス主義の理論ではなく、この問題を検討するためのいっそう意味のある概念枠である。しかし残念ながら、彼自身はイデオロギーの問題そのものを扱っていない。ウェーバーにはよい概念枠があるのに、イデオロギーについての問いがなぜ不在なのか、よくわからない。イデオロギーを扱うための道具をもたらしてくれているのに、この主題にはなんの示唆も行なっていないのだ。この欠落の一つの理由を、ウェーバーの概念枠に何を付け加える必要があるかを考えることで、推測することができるだろう。それは、マルクス主義においてのみ有効で根本的なもの、すなわち支配階級の概念であろう。ウェーバーは支配階級一般についてのみ語る。おそらく、ウェーバーが自らの基礎的概念リストのなかに階級を入れるのを意図的に回避していることが、イデオロギーの問題そのものについての彼の奇妙な沈黙を説明してくれる[1]。講義の最後で、この問題に立ち戻ることにしよう。

ウェーバーが正統性の概念およびその諸類型を提示するなかで、私が特に強い印象を受けたのは、信仰の問題が何か補足的なもの、確証のないものとして導入されている、ということである。私の考えでは、イデオロギーの場所は、この概念の空白のなかにある。ウェーバーが要求について語るときには、一貫した構成なのに、信仰について語るときには、単に補足的なのである。要求に与えられた地位と信仰に与えられた地位との間には、明らかな違いがある。この違いのはっきりした証拠は、正統性に関する章の最初の数ページのなかに現われている。ウェーバーは服従に対する多くの動機について論じている。「習慣や個人的な利害、連帯についての純粋に感情的あるいは理念的な動機だけでは、所与の支配の信頼できる基礎をなすことはない。通常は、さらにもう一つの要素、正統性への信仰が付け加わって（in addition）いるのである」（213〔『支配の諸類型』世良晃志郎訳、四頁〕[1]、強調はリクール）。私の注意を引いたのは、「付け加わって」という言い回しである。正統性への信仰は、言及された諸要因の帰結ではなく、余分なものである。この余分なものが、私の好奇心をそそるのだ。この「付加」の本性は、ウェーバーにおいて特別な扱いを受けていない。というのも、あとで見るように、彼は要求の諸類型に立ち戻るからである。ウェーバーは、信仰が付加物であり、余分なものであるという事実にもかかわらず、信仰の類型論のなかに要求の類型論が反映されていると想定している。

「付け加わって」という言い回しをウェーバーが用いているのは偶然だと主張する者もいるかもしれない。しかし、ウェーバーは次の段落で、この言い回しに立ち戻っている。「経験の示すところでは、いかなる審級においても、支配はその存続のための基礎として、物質的、情念的あるいは理念的動機へと訴えることに自らを限定することはない。それに付け加えて（in addition）、こうした体制はすべて、その正統性への信仰を確たるものにし、育成しようと努めるのだ」（213〔同書四頁〕、強調はリクール）。マックス・ウェーバーにおけるイデオロギー理論の空白となっているのがここである。ウェーバーは引用のなかで、正統性への信仰について表現された認識は経験に基づいていることを示している。それはあたかも、われわれはこの要因を、正確に練り上げられた基礎的概念から引き出してくることができないかのようである。正統性への信仰は、単なる事実として扱われなければならない補足物である。というのも、それは経験に由来しているからである。彼の考えでは、権威の諸体系がいかに働いているのかを理解するのに、われわれはこれ以外のやり方を持たない。信仰は、社会学者たちが動機づけの役割として理解しているものを超えた何かに貢献しているのである。

マックス・ウェーバーが、「支配の種類を、それぞれの支配に典型的な正統性への要求にしたがって分類すること」（213〔同書五頁〕、強調はリクール）を選んだのは、信仰というこの補足物が不透明なものだからではないだろうか。この類型論は要求によってもたらされるのであり、信仰によってではない。信仰は、その秩序にしたがっている人たちによって要求が受け容れられたり、認められたり、当然と見なされたりすることを可能にしてくれるような、余分な何かを付け加える。私はまさにここで、要求に対する信仰の役割の問題全体に関して、私自身の仮説を接ぎ木する。三つの点において私の仮説を述べよう。第一に、次のように言うことができないだろうか。すなわち、イデオロギーの問題はまさしくこの補足物、すなわち要求と信仰との隔たりにかかわっているのであり、また、信仰のなかには、それが情念的、慣習的あるいは合理的であれ利害関心について合理的に理解される場合よりも、余分なものがあるに違いないという事実にかかわっているのだ、と。第二に、このような信頼性の隔たりを埋めるのが、イデオロギーの機能なのではないだろうか。第三に、もしそうだとすれば、いまや労働によりも権力に結びついた剰余価値の概念を練り上げる必要があるのではないだろうか。マルクスは剰余価値の理論を練り上げることで、市場における商品がそれをつくった労働者に支払われるよりも多くの価値を持つのはなぜかを説明した。労働者に支払われるものと商品の価値との間の差異が、労働者によって生み出され、生産力という外観をそなえた資本をもたらすために雇用者によって盗まれた剰余価値（Mehrwert）なのである。資本は実際には労働者の生産力に由来しているのであるが、けっしてそのようなものとして認識されることのない生産力という外観を持っている、という事実を、あらゆるマルクス主義は頼りとしている。マルクスはこうした、労働から資本への生産力の移行を、「商品のフェティシズム」と呼んでいる。われわれは、お金が何かを生み出しているという印象を持っており、また、実際に存在しているのは人びとの生産力でしかないにもかかわらず、事物に生産力があるという印象を持っている。私の問いは、剰余価値について、もはや労働にではなく権力に関わるような理論を練り上げる必要があるのではないか、というものである。

もし、私の第三の仮説が正しいとすれば、マルクス主義の剰余価値は多かれ少なかれ抑圧されているが権力に関する剰余価値はそうではないような社会主義的な社会において、何が起きているのかを説明することができる。権威《オーソリティ》の体制は社会主義な生産の体制の上に重ね合わされるが、権力の体制は正確に同じ状態にとどまる。したがってもしかすると、剰余価値にはいくつかの源泉があり、経済学的な源泉ばかりではなく、権威や権力の源泉と結びついたものもあるのかもしれない。少なくとも、これが私の仮説である。動機づけの通常の通路が満足させうるよりも多くのものが、つねに権威ある所与の体制の要求のなかにはある。したがってまた、イデオロギー体系によってもたらされる信仰という補足物がつねに存在する。このように言うことで、この仮説を一般的に定式化することができる。こうした枠組みのおかげで、国家はレーニンが主張したように単に強制の体系であるばかりではなくイデオロギー装置でもあるのだ、と言うときにアルチュセールがとっている立場を理解することができる。このことについてのアルチュセール自身の言葉は機械論的かもしれないが、イデオロギー装置とは国家の強制的機能に対する補完物であり、もっと一般的には、市民社会全体における制度の機能に対する補完物なのである。

したがってわれわれは、ウェーバーの正統性の諸類型《タイプ》についての章を読むとき、一定の留保をつけなければならない。われわれはやがて、要求の類型論において欠けており、信仰の類型論へと移行するのを妨げているものが何であるかを理解することになるだろう。こうした違いによって、テキストそのもののなかには示されていないイデオロギーの概念を獲得できるだろう。われわれの読解が方向づけられていることを否定しない。われわれは、テキストのなかにはない何かを探しており、したがって行間を読まなければならないのだ。のちに、信仰の分類としてではなく要求の分類として出発している体系のなかに、信仰の問題がたえず回帰してくるのを見ることになろう。信仰の問題は残りつづける。というのも、根拠について述べることなしに正統性について述べることはできないし、根拠は信仰を参照するからである。根拠とは、根拠と動機の両方のことである。エリザベート・アンスコムの言い回しを用いるならば、それは、「～のための理由」として機能する動機である。

信仰の役割についてのウェーバーの見解を見つけだすのにもっともよい場所は、三種類の正統性の要求という彼の有名な類型論のなかである。ウェーバーはすでに、支配の諸類型を正統性の要求にしたがって分類すると言ったが、実際には、分類は信仰を土台として行なわれている。ウェーバーが類型論を、要求そのものに関してではなく、要求の有効性に関して提示していることに注意しよう。有効性とは、これらの要求にしたがう人たちに向けられた問いであり、したがって、要求に対する信仰に基づいている。

正統な支配には三つの純粋型がある。正統性の要求の妥当性は、次のものに基礎を置いている。すなわち、

1 合理的な根拠――これは、制定された規則のパターンの合法性と、そうした規則のもとで権威へと高められた者の命令を与える権利に対する、信仰に基づいている(合法的権威)。

2 伝統的な根拠――これは、遠い昔からの伝統の神聖性と、それらのもとで権威を行使する者たちの正統性への、打ち立てられた信仰に基づいている(伝統的権威)。

3 カリスマ的根拠――これは、英雄主義や、ある個人および、規範的パターンやそうした人物によって明らかにされたり定められたりした秩序の範例的性格の、例外的な神聖性に対する献身に基づいている(カリスマ的権威)。(215〔同書一〇頁〕、強調はリクール)

彼の類型論《タイプ》のなかでは、根拠の概念が三度回帰してくる。そして三度とも、信仰の概念がいっしょに回帰してくるのである。第三の場合には言葉としては記されていないが、献身について語られており、これは典型的に信仰のことである。そして、諸要求の体系を練り上げるためには、規則にしたがう非人格的な秩序における信仰であれ、人格的忠実さに根拠を置いた信仰であれ、予言者や支配者のリーダーシップへの信仰であれ、信仰の反対物の体系を見つめなければならない。

信仰という現象は、第三の型においてもっとも顕著である。なぜなら、われわれは即座に、その宗教的起源を認識するからである。カリスマの概念は恩寵の贈与を意味しており、ウェーバーによれば、初期のキリスト教の語彙から取られている(216〔同書一一頁〕)。しかし、類型論がわれわれに警告しているように、信仰の問題がカリスマ的権威あるいは伝統的権威の事例においてのみ存在すると考えるのは、誤りだろう。というのも、合法性でさえ信仰を頼りにしているからである。この講義の残りの時間を、支配の三つの類型のそれぞれにおいて、信仰の剰余価値から要求へとさかのぼることに費やすつもりである。合法的な権威から始めることにしよう。

すでに前回の講義で、合法性が信仰に基づいている一つの理由を示した。もし、われわれがまともな代表制――た

とえば何らかの選挙制――が現に存在していることを受け容れるなら、多数者の支配は全体の支配であり、少数者にとっての問題はこの規則を受け容れることだ、ということになる。少数者は、多数者の支配に対して何らかの信頼・信用をもたなければならない。多数者さえも、誤った、うわべだけの、あるいは要求された全員一致ではなく、多数者の支配がもっともよい支配の仕方であるということを、信じていなければならない。同意という要素が、古典的な契約理論のなかで表現されている類のものとして現に存在している。イデオロギーは、ここでは、契約に対する必要な補足物としての役割をもっている。「合法的権威は、以下のような相互に関連しあう観念の妥当性の受容に基づいている」(217〔同書一三頁〕、強調はリクール)。受容とは、合法性が依拠している信仰のことである。それは承認の一形式である。再びここでも、「信仰《ビリーフ》」は、ドイツ語のVorstellung〔表象〕をカバーするには狭すぎるのである。

ウェーバーは、合法的権威がしたがっている五つの基準を提示している。私は第一の基準の一部のみを引用し、他の四つは要約することにしよう。「1　任意の法的規範は、同意あるいは指定によって、価値合理性の便宜を根拠として、あるいは、少なくとも、団体の構成員に遵守されるという要求とともに、制定される」(217〔同頁〕、強調はリクール)。要求の概念は、合法的な権威に対して導入されなければならない。なぜなら、一つの体系に対して、単にその形式的構造を理由として合法性を与えることはできないからである。構造の合法性を前提とすることはできない、というのも、その合法性が問題になっているからである。合法的規範は、利害や個人的関わりに訴えなければならない。そして体制への関わりは、要求に対応する信仰の本性を持っている。合法的権威のためのウェーバーの他の基準は、支配は一貫していなければならず、また通常は意図的に打ち立てられなければならないという事実と、非個人的秩序の産物とに関するものである。権威ある人物は彼自身非個人的秩序に従属しており、自分自身の傾向性ではなくその秩序の規則にしたがって支配している。人々は、個人としての権威ではなく、非個人的秩序を代表するものとしての権威に服従するのである。あらゆる関係性は脱人格化される。われわれの目的のために認識しなければならないのは、体制は形式化されているということ、そしてまた体制はこの形式化へのわれわれの信仰を要求するということである。

この支配体制におけるイデオロギー的なものとは何かについて、もっと詳細に考察したとき、私は三つの点をあげたい。第一に、合法的権威でさえその臣民の信仰を要求するという事実は、権威がもっともよく理解されるのは一つの動機づけモデルのなかであることを確証している。したがって、正統性の本性を適切に理解するうえで取り戻さなければならないような、イデオロギーの積極的な意味があるかもしれない、ということに注意しなければならない。こうしたイデオロギーの否定的でない意味についての議論が、ギアーツについての講義の焦点となるだろう。

第二に、支配体制のより否定的なイデオロギー的側面とは、どのような形式化の体制が主張されてもかまわない、ということである。このことは、組織の現実的実践を援助する上で役に立つだろう。われわれは権威の現実的実践を、規則の体系なるものに照らして評価しなければならない。しかし、ウェーバーはこの問題について、なにも語っていない。ある特定の種類の規則をよりどころにしているという権力体制の主張を、当然のものと見なすことはできない。問題は、その実践と、規則なるものとの間の不一致なのである。権威の所与の形態は一見するとウェーバーの基準に従っているが、これはまさしく、別の種類の権力をいっそう効果的な仕方で用いるためである。このことを暴いたのはマルクスであるが、その一つの例は、資本と労働との現実の賃金の関係を援護するために契約関係を用いることである。契約モデルは、労働者と雇用者の関係はけっして奴隷と主人の関係ではない、と主張する。なぜなら、両者は法的に平等であり、一方が労働を提供し、他方が金銭を提供しているからである。賃金の関係性に対する両者の関与は、自由かつ平等なのだから、その関係性は契約だと言われるのである。〔しかし〕賃金の形式的構造は、その下に力関係の現実的本性を隠している。そこでわれわれは、マルクス主義者たちによる、彼らがいくぶん軽蔑をこめて——軽蔑しすぎているのは確かである——形式的自由と呼んでいるものに対する告発を、真剣に受け止めなければならない。マルクス主義者たちは、自分たちは資本主義体制の形式的な自由にではなく現実的な自由に関心があるのだ、と主張している。もっとも、形式性をこのように軽蔑することは、それ自身が暴力への正当化となりうるのだから、両者は同じ意味で偽善的となりうる。しかしながら、ここで重要なのは、実際には別の種類の手続きを覆い隠しているような見せかけの合法的手続きによって、形式的体制をイデオロギー的に用いることが可能だという点である。

規則の体系におけるイデオロギーの第三の源泉は、形式主義の偽善的使用というよりは、形式主義そのものの弁護であろう。形式主義への信仰は、ウェーバーの時代よりも、ずっと大きな問題になっている。われわれはウェーバーほどには、官僚主義的手続きに信頼を置いていない。ウェーバーの見るところでは、官僚主義はあらゆる関係を脱人格化するので、個人の権利を守るために役立っていた。それには一理ある。官僚主義の批判者たちのなかには、役割関係を抽象することの利点を認識しそこなっている者もいる。あらゆる関係が人格的だと、体制は愛と憎しみを含んだ体制となる。しかし、体制の手段に注意を向けることで、ウェーバーは体制の目的を見失い、また体制を支える根本的な信仰を見失っている。次のような性格づけに注意しよう。「合法的権威の行使のもっとも純粋な類型は、官僚的な行政スタッフを雇い入れることである」(220〔同書二〇頁〕)。合法的権威がそれと突き止められるのは、単にそれが「雇い入れる」手段によってのみだというである。私は思うのだが、根本的な信仰から技術的手段に関心を移行したことで、ウェーバーは、信仰がどのように官僚的体制を支えているかに関するイデオロギー理論を発展させることができなくなっているようだ。ウェーバーは、行政スタッフがどのように働いているか、合法的権威によるその雇用の規則とは何か、を問う。ウェーバーに対して、こう述べても不公平にはならないだろう。つまり、彼は、権威のもっとも合理的な類型と同一化することで、それを支えているもののなかにあるもっとも合理的なものを探究しているのだが、おそらくそれは信仰にではなく官僚的手段のなかに見いだされるだろう、と。ウェーバーは動機づけの体系を研究しようとしたはずなのに、手段についての研究に取って代わられている。行政スタッフの抽象的な機能に注目しすぎて、動機づけの体系を取り落としてしまったのである。

官僚制の本性をこうした分析的な仕方で論じたのはウェーバーがはじめてであり、官僚制の社会学を導入したのも彼がはじめてである。官僚制は、はっきりと定義された職員の階層秩序《ヒエラルキー》を持っており、選別と昇格の体系が公けにされている。これらの規則のどれも、信仰とは関わりを持たない。ただウェーバーは、もっとも合理的で、したがって最良の形態の組織としての官僚制という彼の描写が、それ自体、一つの信仰であることを見落としている。彼の企ては、むしろ記述にのみ向けられている。結果としてウェーバーは、官僚主義国家の病理という、マルクーゼやその他の人たちにとって非常に重要であった問題を無視した。合理主義的体制の抑圧的含意が認識されていないのである。私の考えでは、こうした点についての考察がウェーバーに欠けていることから、もっとも合理的な体制からもっとも非合理的なものまでのあらゆる体制に影響を与えているイデオロギーの問題を練り上げるのに彼が失敗していることが明らかとなる。〔官僚制の〕規則にもまた、あまり好ましくないいくつかの実践が隠されているだろう。恣意性、採用の不透明さ、行政集団の自律化、体制への従属という名の下での無責任体制がそうである。ここで、権威主義的国家についてのハンナ・アーレントの分析を読まなければならない。ドイツでのユダヤ人殺害を告発されたアイヒマンたちはみな、他人の命令に従ったのだ、自分はよき公務員であった、と自分を弁護した。このように行政システムは、個人から責任を奪うだけではなく、行政上の善の名の下に犯された犯罪を隠蔽することもあるのである。現在の行政上の諸集団の規模と、集団間の関係の無名性もまた、問題をはらんでいる。とりわけ後者は、社会全般に無名性を拡散させる方向へと導いてきた。人間的特質《テクスチャー》の何かが損なわれているのである。

ウェーバーは、これらの問題に対してほんの二、三度ほのめかしているだけであるが、それらは非常に数が少ないだけに貴重である。そこには、問題設定の抑圧された側面が簡潔に現われている。

問題はいつも、現に存在している官僚制の装置を誰が支配するか、ということである。そうした支配は、技術的な専門家ではない人たちにとっては、非常に限られた程度でしか可能でない。一般的にいえば、もっとも地位の高い経歴を持つ官僚が、専門家でない彼の名目上の上司、閣僚よりも、長期的には自分のやり方を通すことになりやすい。(224〔同書二八頁〕)

まさしく問題は、官僚制の装置を支配するのは誰か、なのである。平均的な市民はこれらの問題を論じる能力がないのに対して、専門家はわれわれよりもよく知っていると考えられる。市民は、官僚制の装置の専門的性質によって、一種の管轄外の位置に置かれる。技術官僚《テクノクラート》たちは、政治家が無能なため、政治的機構を牛耳る。これがよい場合もある。というのも、専門家は政治家よりも、ものごとに対して合理的だからである。しかし、これらの技術官僚《テクノクラート》を最終的に支配しているのが誰なのかは、誰にもわからないのである。

官僚主義の勃興はまた、別の困難を生み出す。ウェーバーは、官僚制と資本主義体制との結びつきについて、こう述べている。官僚制の発展は、

主として資本主義の庇護のもとで、安定した、厳密な、集約的な、計算可能な行政に対する切迫した要求を生み出してきた。あらゆる種類の大規模な行政にとって、こうした要求は宿命的なものである。それぞれの領域——政治的、宗教的、経済的など——における小規模組織への逆戻りによってのみ、こうした影響をかなりの程度免れることができるだろう。(224〔同頁〕)

官僚制のレベルを下げて、一般市民にもっと近しいものにしようという試みは、近代のユートピアにおける中心的主題である。官僚主義的機構と個人との間のますます大きくなる隔たりが、まさに問題なのである。ウェーバーは、この問題は資本主義についてのみ言えることではない、と付け加えている。社会主義体制が定義上、その問題をもっとうまく解決できるわけではない。中央集権化された社会主義の経験から、官僚制を脱中心化する必要があるということは知られている。ウェーバーの言うところでは、組織が社会主義的形態になっても、効率的な官僚主義的行政当局の要求を変化させることはできない。ウェーバーの問いはせいぜい、「社会主義体制において、資本主義的秩序において可能であったほど厳格な官僚組織を貫徹するための諸条件をもたらすことが可能かどうか」というものである。われわれはいまや、その答えを知っている。その可能性は現にいっそう高まっている、というのがそうである。

というのも、社会主義は実際に、資本主義よりもいっそう高度な形式的官僚制を必要とするからである。もし、これが不可能であることが判明したとすれば、社会体制のなかに非合理性の別の根本的要素——社会学がしばしば

遭遇するような、形式的合理性と実質的合理性との葛藤――が存在するのを示していることになるだろう。〔225〔同書二一九頁〕〕

官僚化には抑圧的側面があるだけではなく、どんな合理的な体制にもそれ自身の非合理性がある。これは、もっとも重要な観察的事実である。抑圧的で非合理的な性質をもつ官僚制のなかで、合理性の要求を持続させようとすると、信仰の存在が必要になる。ウェーバーはここで非合理性を、形式的合理性と実質的合理性との葛藤として解釈している。形式化された体制は個人から独立しているが、実質的合理性はよりヘーゲル的調子を帯びている。それは精神《ガイスト》であり、集団あるいは共同体の実質であって、自らを理解したいと望んでいるからである。他方で、形式化された体制は、それが個人および集団の生活に認める役割と、それらに与える意味に関して不透明である。信仰が要求に対応しないのはここである。というのも、合理性の要求には、信仰が通過しなければならない非合理性の雲が影を落としているからである。

官僚制の弊害について引用してきた例のほとんどは、ウェーバーの仕事のなかで単にほのめかされているにすぎない。彼はもっとはっきりと、官僚制の特徴的な事例、つまり自由な選択の事例における、自らの分析の限界を記している。ウェーバーは言う、合法的権威の純粋型においては、「任務は自由な契約関係によって果たされる。したがって、原理的には、自由な選抜が行なわれる」〔220〔同書二一〇頁〕〕。しかし、ウェーバーは、資本主義体制には、自由な選抜を免れる何か根本的なものがあることを認識している。それは、資本家の選抜である。資本家たちは、彼らの技術的性格に基づいた体制によって選抜されるのではない。そうではなく、彼らは自分たちで自らの立場を築くのである。資本主義体制の経済的本体は、官僚制国家の合理性を回避して、代わりに合理性の別の形態、利益の形態を頼りとする。資本主義的企業家は自由に選抜されるのではないこと、また、企業家は圧力団体に対する権力や政治的決定に対する影響力をも有していることから、官僚制組織の長は官僚的というよりも政治的である。資本の所有者たちが政治的指導者たちに影響を与えることで、資本主義の階層秩序《ヒエラルキー》もまた、政治的階層秩序《ヒエラルキー》と深く関わり合うようになる。「資本主義的企業家の「地位」が、君主のそれと同じく、決定的に領有されたものであることは疑いの余地がない」。資本主義的企業家は専制的構造の頂点にいるのであり、これは政治の領域での民主主義の要求とまったく一致しない。「官僚組織の頂点には、必然的に、少なくとも純粋に官僚的ではない要素が存在する。官僚制のカテゴリーは、特別な種類の行政スタッフによる支配の行使にのみ適用される」(222〔同書二二頁〕)。官僚的合理性は、全体に有機的構造であるどころか、まったく異なる規則にしたがう組織の内部で機能する、限定された合理性である。これらの問題は、ハーバーマスや他のポスト・マルクス主義者たちによって取り上げられることになるだろう。彼らは、技術そのものがイデオロギー的に機能するという事実について論じることだろう。ウェーバーの議論には空白の場所があることだけを見ておくことにする。

もしかすると、合法的類型についてのウェーバーの分析の弱点は、支配の問題が官僚的行政スタッフの雇用の問題に単純化されていることにあるのかもしれない。そこでは、支配の持続する役割が、体制の規則と同じ正確さでは吟味されていない。ウェーバーは、支配の本性が官僚制の特権的な手段に尽きるものではないことを、十分に認識していない。いま見たように、ウェーバーは、行政の問題に吸収されがちな政治的次元を、彼の分析に組み込むのを怠っている。マルクス主義者たちは、ウェーバーは、政治的民主主義の資本主義的側面を一貫して考慮の外に置き、それらを単に権力の技術的な問題に単純化している、と言うことだろう。合法的類型は、実際に働いている権力の現実的本性を隠すために形式的な官僚的実効性を用いている限り、イデオロギー的なのである。

私自身の仮説はこうである。合法的類型は、それが、要求の他の二つの構造について何かを保持しており、合法性が伝統的なものとカリスマ的なものの残存物を隠すのに役立っているかぎり、支配の一形態であり続けているのだ。おそらく、三つの類型は、つねに多かれ少なかれ絡み合っていることから、独立したものとして並置することができないのだろう。これは、マックス・ウェーバーが理念型について全般的に述べていることと相いれない。彼は三つの類型を提示しているが、そうした区別はもっぱら、重要なさまざまな結びつきをほどく一つのやり方だと考えられている。一つの類型のみに基づいて機能するものなどはない。あらゆる現実の権力体制は、たとえ違った割合であれ、合法性、伝統性、カリスマ性という要素を含んでいるのだ。実際、おそらく合法的類型が機能するのは、伝統的およびカリスマ的類型の残余の部分を基盤としてのみなのである。これがマックス・ウェーバーを読む一つのやり方である。最善の方法であると言うつもりはないが。というのも、ウェーバーは三つの類型を提示しながら、それらを異なる基準にしたがって別々に記述しているからである。しかしながら、もし私の仮説が少なくとも論ずるに値するとすれば、合法的権力が単に合法的であるだけではなく権力となるために、伝統的なものとカリスマ的なものをいくぶんかでも保持していないかどうかは問われてよい。われわれは、それを合法的にしているものについて述べたが、それを権力としているものも、おそらく最終的には、つねに他の二種類の権力から借りてこられたものであろう。だからこそ、他の二つの類型の定義を、注意深く見ておく必要があるのだ。もし、それらが暗黙のうちに、ある程度の不透明さを持っているのが事実だとなれば、合法的類型もまたこうした不透明さを持っているのである。

そこで、伝統的類型とカリスマ的類型についてのウェーバーの定義に目を向けて、それらの権力の源泉、われわれの信仰に依存している要素を突きとめることにしよう。伝統的類型としては、「権威は、その正統性が、古来の規則と権力の神聖さによって要求され、また信仰されている場合に、伝統的と呼ばれる」。「神聖さ」（sanctity）という語は非常に重要である。それは、準宗教的な要素が、カリスマ的類型ばかりではなく伝統的類型においても現われることを示しているからである。広い意味において、われわれはそれをイデオロギー的要素と呼ぶことができるだろう。人々は、この次元がある種の神聖さを備えていると信じている。たとえそれが、従うに値しないとしても、愛されることがなくても、少なくとも尊ばれているのである。

支配者たちは、伝統的な規則によって指名され、彼らの伝統的地位のおかげで服従されている。こうした類型の組織的規則は、もっとも単純な事例では、まず、共通の教育の結果生じる個人的な忠誠心に基づいている。権威を行使する人間は、「上司」ではなく、個人にとっての主人である。（226–227〔同書三三頁〕）

より個人化された関係性のネットワークは、過去からやって来るもののほうが現在に設けられているものよりも価値があるという信仰を基盤として存在している。伝統、祖先、過去の重みに対する先入見があるのだ。

いかなる種類の権威も少なくとも伝統性の要素をもっているという私の仮説を示唆するのは、政治団体は効率的な技術的規則によってばかりではなく、他の集団のなかで自らのアイデンティティを明らかにする方法によっても営まれている、という点である。やがてギアーツのところで見ることになるが、このことはイデオロギー的体制の第一の機能であろう。つまりそれは、集団のアイデンティティを時間のなかで保持するということである。一つの政治的団体は、現在においてばかりでなく、過去と未来においても存在する。そしてその機能は、過去と現在、未来をつなぐことである。一つの政治統一体には、いくつかの世代が同時に存在している。政治的選択とはつねに、これらの異なる世代の間の要求の仲裁である。一方、技術的決定は現在においてのみ、現在の道具の体系にしたがってのみ、生じるのである。政治的団体は、技術的組織よりも多くの記憶と多くの期待あるいは希望をもっている。したがって、政治的含意をもつような合理性は、時間的次元に関していっそう統合的である。フランスの哲学者エリック・ヴェイユは『政治哲学』(*Philosophie Politique*)のなかで、技術的合理性と政治的合理性との対比を行なっている。ヴェイユは、フランス語でいうところの合理的(rationnel)と分別のある(raisonnable)とを区別している。技術と経済は「合理的」でなければならない、つまり、手段と目的との間の技術的つながりが問題なのに対して、政治における合理性とは「分別のあるもの《レゾナブル》」、全体を統合する能力である。それは、一つの手段を別の手段に付け加えるのとは異なった何かである。集団の戦略は技術的なものでありうるが、政治的決定はつねに何かそれ以外のものを含んでいる。これは、もっと不透明なものである。

しかし残念なことに、ウェーバーは伝統的権威の機能を論じるとき、単にその手段にのみ、それも合法的国家の手段との比較によってのみ、注目している。合法的類型における官僚的道具を強調しているために、ウェーバーは伝統的類型を、その合理性に対する信仰への動機づけの点からよりもむしろ、道具的次元でのその技術の点から、分析している。ウェーバーは、自分の主張していること——それぞれの類型をその基盤において扱うこと——を実行していないが、それは、彼が伝統的なものとカリスマ的なものを、合法的で官僚的なものとの比較によってのみ考察しているからである。ウェーバーの偏向は、彼のテキストの戦略において明らかである。というのも、彼は合法的体制から出発し、次に伝統的体制へ、最後にカリスマ的体制へと進んでいるからである。彼はまず合理的なものを分析し、次に他のものを、それらが比較のうえで欠いているものを明らかにするために、扱っている。もっとも合理的なものから、もっとも合理的ではないものへと進んでいるのだ。その継起は歴史的ではまったくない。それどころか、カリスマ的なものはつねに伝統的なものに先行し、伝統的なものは合理的なものに先行することは疑いがない。分析は、歴史的な順序である、合理性の増大していく順序と逆行しているのである。ウェーバーはこうした記述のなかに、社会における合理性の本性についての、彼の見込みのすべてを注ぎ込んでいる。

こうした偏向のはっきりした証拠が見られるのは、伝統的類型についてのウェーバーの議論のなかである。次のような言い回しが見られる。「伝統的支配の純粋型においては、官僚的行政スタッフたちには次のような特徴が欠けている」、「はっきり規定された機能的な裁判権の代わりに、職務と権限の間の葛藤が存在する」、「権限のはっきりとした領域の欠如は明らかである」（229〔同書三八―三九頁〕）。ウェーバーは伝統性について、それが何ではないかという仕方でのみ論じている。伝統の根底にあるイデオロギーの問題が抜け落ちているが、これは官僚制を比較の尺度にしているからであり、また、それ自体がもっともイデオロギー的でないやり方で分析されているからである。これらの狭い限界のなかであれ、ウェーバーが伝統的な類型のなかに見て取っているもっと実質的な性質――長老制、家父長制、世襲制、個人による権威の領有――は、合法的国家においてさえ、つねに残りつづけるのではないか、と問うことはできる。

カリスマ的類型についていえば、それは乗り越えられた類型なのかどうか、あるいはそれはあらゆる権力の隠された核なのかどうか、を問いたい。ウェーバーはカリスマ的権威を、次のように規定している。

「カリスマ」という語は、ある個人的資質の一つの性質に適用されるものである。この素質によって、彼は非日常的なものと見なされ、超自然的、超人的、あるいは少なくとも、特に例外的な力や性質が備わる者として扱われる。これらは、通常の人間には到達しえないようなものであって、聖なる起源によるもの、あるいは範例的なものと見なされ、それらを基盤として、その個人は「指導者」として扱われることになる。(241〔同書七〇頁〕)

カリスマ的権威はそのより超自然的な性質から、今日の世界では権威の他の二つの類型に取って代わられているように見えるかもしれない。しかし、ヘーゲルが『法哲学』のなかで論じているように、権力体制には意思決定の要素があり、この要素はつねに、ある程度は個人的なものである(第二七三節)。ヘーゲルはこのことを、君主制の枠内で考察しているのだが、これは他のどの体制よりもはっきりと、指導者の問題がけっして完全に除外されはしないことを例証している。イギリスのような民主主義的な政治体制でさえ、人々は同時に三つのこと、つまり政策、政党、指導者に関して投票を行なうのだ。したがって、リーダーシップの要素はけっして完全に考慮の外に置くことができない。なぜなら、政治とは、全体に対して決定がなされる場所だからである。意思決定の必要性は、少なくとも残余の部分としてであっても、カリスマ的なものを保持しているのである。

カリスマ的権威の概念が欠かせないものであれば、指導者の信用の証しとなるものについて考察しなければならない。ここで、信仰の問題が前面に出てくる。なぜなら、真の予言者であることを要求しないような、したがってわれわれの信仰を求めないような指導者、予言者はいないからである。「カリスマの妥当性を決めるのは、権威に対する、被支配者の側からの承認である」(242〔同書七一頁〕)。この一節には、イデオロギーの問題設定のための場所がある。信仰は要求されているが、指導者は信仰に頼ることはない、とウェーバーは続ける。それどころか、他の者たちが信仰するのは、指導者が要求を掲げるからなのである。

いかなる予言者も、自分の資質が、彼に対する大衆の態度に依存していると見なすことはかつてなかった。選ばれた国王や軍の指導者も、誰一人として、彼に抵抗した者や彼を無視しようとした者を、義務に違反した者として以外の仕方で扱ったことはない。そうした指導者のもとでは軍の遠征に参加しないと言えば、たとえそれが形式的には自由意思に基づいて徴募された場合であっても、例外なく軽蔑の対象となった。(242〔同頁〕)

これは、過去のことと同じく、現在のことでもある。「承認は義務である」(244〔同書七三頁〕)。信仰と要求との関係は、単に記号への信用によって置き換えられる。記号においては、証明は指導者によって与えられる。これが、カリスマに当てはまることである。「承認は自由に与えられ、証明と見なされたものによって、始原的にはつねに奇跡によって保証される。承認は、啓示への帰依、英雄崇拝、指導者への絶対的信頼からなっている」(242〔同書七一頁〕)。カリスマの宗教的価値が、政治構造のために取り込まれている。これは最終的に、権力の最初のイデオロギーとなるだろう。すなわち、権力は聖なるものだという信仰、権力はわれわれからではなく、われわれを超えたところからやってくるという信仰である。人々における権力の起源は、マルクスの用語でいえば、彼らの労働の剰余価値が資本に属するように見える、つまり権力と資本とがそれら自身の基盤の上で機能していると言われているまさにその限りで、盗まれているのである。どちらにしても、同じ意味で捉えている。このとき、カリスマ的権威の重要な特徴は、要求と信仰との間に相互性がないことである。要求は信仰を頼りにしないのに、信仰は要求によって強要されているのである。私の問いたいのは、カリスマ的権威における要求と信仰とのこうした分離が、権力と支配一般のあらゆる問題の基礎にあるのではないか、ということである。

この講義をしめくくるにあたって、ウェーバーの概念枠がイデオロギーの研究にふさわしいものであるとしても、彼がこの主題を分析していないのはなぜか、という問題に立ち戻ることにしたい。ウェーバーの枠組みの重要性を、その適用例の一つを考察することによって要約することができるだろう。ウェーバーは『プロテスタンティズムの倫理と資本主義の精神』のなかで、マルクスに似た問題を扱っている。つまりウェーバーは、プロテスタンティズムの倫理と企業家のイデオロギーとの間に相互性があることを示したのである。階級構造と宗教的イデオロギーとの間には、ある循環性が存在する。ウェーバーのテーゼについての多くの論争は、プロテスタント的倫理と資本主義との関係、一方が他方を引き起こすかどうかという問題に集中している。しかし、ウェーバーの概念枠についてのわれわれの分析から、どちらが原因かという問いを立てるのはあまりよいやり方ではないことが、いまや理解できるように思われる。プロテスタンティズムの倫理が資本主義的精神を生み出すのか、あるいはその逆なのかを問うことは、不適当な枠組みのなかにとどまることになるからである。その代わりにむしろ、倫理はいくつかの経済的な力がそのなかで働くようなシンボル的構造をもたらす、と言いたい。それはさらに、参照の枠組みと力の体系との関係に関する一つの論点ともなる。同じ問題がフロイトにおいても生じている。たとえば、幼児的欲動は、親子関係の構造と家族によってもたらされる文化的枠組みのなかでいかに働くのかという問いがそうである。もし、この問題を因果的な用語で扱おうとすれば、途方にくれることになる。何が最初に来るのかを問うことはできないのだが、それは、一つの力が意味のある一つの枠組みのなかで働いているからである。そしてこの枠組みは、下部構造と上部構造という用語で表わすことはできないのだ。

まさにこの点で、ウェーバーは、マルクス主義者たちに代替的解決案をもたらすというより、同じ問題を扱うためのよりよい枠組みをもたらしている。しかし、ウェーバーはこうした帰結を回避する。というのも、『ドイツ・イデオロギー』にとって非常に重要であったもの、われわれの関係が凍りつき、もはやそれが実際にそうである通りには現われてこない、つまり人間関係の物象化という事実を、ウェーバーは回避するからである。ウェーバーのなかの反マルクス主義的要素が、自らのカテゴリーの物象化という問題を扱うことを妨げた、ということなのだろう。こうした歪曲がそのなかで生じているような構造のうちの一つである階級の概念を、彼が強調しなかったのも、同じ理由からかもしれない。私の考えでは、ウェーバーの概念枠は、物象化の過程が一つのシンボル体系のなかでどのように生じるのかを示すために、再び活用できるものである。シンボル体系のみが、それが決定的体系であるように見える仕方で、改めることができる。凍りついたシンボル的関係性による決定論には、ある種のシミュレーションが存在する。いずれにせよ、私がいまハーバーマスとギアーツに関する議論を通して導入しようとしているのは、このような種類の解決である。ウェーバーはつねに、自分が透明な構造を扱っていると考えてきたが、われわれはそうした構造が透明でないことを知っている。

　おそらく、ウェーバーが理念型に訴えなければならなかった一つの理由は、いかなる透明性も存在しないから、というものであろう。そのとき行なわれる議論も、意味を取り戻す唯一のやり方は、歪曲をもたらす過程の外に立つことであり、理念型の抽象作用によって先へ進むことだ、というものであろう。社会学者は巻き込まれるような場所には立たないとされることから、歪曲の過程に捉えられずにいることができる、と言われている。こうした可能性を認めるとしても、ウェーバーは、彼自身の分析が避け難く関わっている、歪曲という主題について記述していない。権力体制が存在するのは、信仰の上にであるというのはおそらく本当であるが、われわれはそのことを即座に認識するわけではない。われわれは、客観性という構造の見かけを突破しなければならないのだ。しかし、ウェーバーはけっして、この事実に注意を促すことがない。たとえばウェーバーが、国家は人々がその規則にしたがう可能性に依存していると述べるとき、この可能性という概念は、ある特別な意図で提示されている。つまり、集団の構成員が諸規則の体系に魅惑されていることを言うため、なのである。構成員の反応を可能性という言葉に置き換えることは、われわれが、凍りついた関係性を溶かし、動機づけの体系を透明な体系として再構築したことを前提としている。次の二回の講義の主題であるハーバーマスのような人たちと対照的に、ウェーバーは、こうした透明性は批判的過程の最後においてのみ生じるということを、指摘していない。批判のプロセスの最後になってはじめて、われわれは資本の生産性と見えるものをわれわれ自身の仕事として取り戻し、国家の権力と見えるものをわれわれ自身の動機づけを行なう信仰として取り戻すのだ。ウェーバーの概念枠のおかげで、要求と信仰の間の裂け目を理解することができるのだが、こうした不一致の理由と意義は、ウェーバー自身が意図していなかったことである。

　私のウェーバー読解は、私のマルクス読解と同じように、テキストに暴力を振るうものだと言う人がいるかもしれない。しかし、マルクスに見かけ上の暴力を振るうことで、私は、『ドイツ・イデオロギー』をよりよく読むことに実際に成功したと考えている。階級は与えられるものではなく、行為、相互行為の結果であり、われわれの行為の結果であることを自ら認識していないような結果である、とマルクスは実際に言っている。正統マルクス主義者たちは、私の読解が『ドイツ・イデオロギー』に暴力を振るっていると強く主張するかもしれないが、私自身は、こうした読解によってテキストの一つの次元を認識できると言いたい。実際、私は、マルクスよりもウェーバーに対していっそう暴力を振るっていると言ってもいい。私はウェーバーに、彼が言いたくなかったことを言うように強要したのである。それは、われわれが権力に対して自らの動機づけをもつのは、何らかのイデオロギー的過程を通してである、からである。ウェーバーのなかには、何かがこの経験のなかで抑圧されるとか、ハーバーマスの語彙を用いるならば、われわれのコミュニケーション能力が失われるといった考えはまったくない。さまざまな類型や構造を記述できるのは、このコミュニケーション能力が失われているからなのだということに、ウェーバーの理解は及んでいないのである。

第十三回　ハーバーマス（1）

ハーバーマスはイデオロギーについてのわれわれの分析に対して、正統化についてのウェーバーの議論から、同定《アイデンティフィケーション》としてのイデオロギーについてのギアーツの議論への橋渡しになってくれる。ハーバーマスが示しているのは、ウェーバーが明らかにした要求と信仰との隔たりの意味は批判の過程の最後になって初めて十分に理解される、ということである。彼は、イデオロギーがコミュニケーションと行動のシンボル的媒介とに根本的に関わっているのを示唆することによって、ギアーツの基礎を築いたのである。ハーバーマスについての二回の講義において、私は、ウェーバーについての講義と同じ筋道をたどるつもりである。まず、ハーバーマスの概念枠を構築する。これは、ウェーバーの動機づけの枠組みと同じレベルに置かれるべきものである。つづいて、ハーバーマスがこの土台から発展させたイデオロギー概念へと向きを転じる。参照するテキストは、ハーバーマスの『認識と関心』である。

ハーバーマスの概念枠はメタ批判的である。メタ批判は「認識批判を容赦のない自己反省にかける」（3〔『認識と関心』奥山次良ほか訳、一二頁〕）[1]とハーバーマスは言う。彼が示そうとしているのは、批判――カントの『純粋理性批判』で学んだような――の中心的争点が客観の総合の問題である以上、メタ批判はいまだ批判に属している、ということである。問題は、主観が自らの目の前に客観を持つのはいかにしてか、あるいはもっとフロイト的な用語でいえば、われわれは現実原則をいかにして構築するのか、というものである。カントにおいては、彼が「悟性」と呼んでいるカテゴリー的ネットワークによって総合がゆるぎのないものにされているが、こうしたカテゴリー枠の背後には、超越論的自我と呼ばれる統一原理がある。超越論的自我とは、諸カテゴリー、図式論、時間などを通して客観を総合する原理である。哲学はそれ自身が批判であるという考えはもともとホルクハイマーのものであるが、ハーバーマスは、批判の概念を彼自身の概念枠の前面に出すことによって、フランクフルト学派の先達たちの跡をたどっているのだ。ハーバーマスは、彼自身の方法論的観点を発展させるなかで、マルクスがカントに由来する批判哲学の伝統と一致するのはいかにしてかを示したいと考えている。ハーバーマスにとって、マルクス主義とは経験的学でも思弁的学でもなく、一つの批判なのである。

ハーバーマスは、批判を背景にしてマルクスを読もうという試みのなかで、総合の問題に対する唯物論的解決とはカントの図式論《スキーマティズム》の代わりに労働を置くことだ、と主張している。労働を総合の担い手として語ることは、明らかにマルクスに暴力をふるうことである。しかし、それは創造的な暴力である。マルクスに対するこうしたアプローチの背後には一つの伝統がある。それは、ヘーゲルにおける主人と奴隷の関係である。この関係においては、対象の役割が根本的である。主人は対象を消費し、奴隷はそれを生産する。互いに他方を、その他方が行なうことを通して承認する。またお互いが、他方が彼に為すことによって自らを承認してもいる。こうした立場の交換において、主人は奴隷の労働のうちで自らの消費の意味を理解し、奴隷は主人の消費のうちで自らの労働の意味を理解する。カントの用語を用いて表現するならば、われわれは、労働と消費を通して客観〔＝対象〕の構成を手に入れるのである。次の一節は、ハーバーマスが総合の概念へといかにして到達したか、そしてまた、マルクスの単なる読解ではなく、マルクスの再構築がどの程度行なわれているかを明らかにしている。

マルクスはこの総合を概念的に明確にしなかった。彼はこれについて、多かれ少なかれ曖昧な構想しか持っていなかったのである。フォイエルバッハに関する第一のテーゼには、観念論が認識過程の「活動的側面」を捉えている限りで、観念論から学ぶようにという指示が直接的に含まれているものの、総合の概念そのものは彼にとっては疑わしかったのであろう。それにもかかわらず、われわれはいくつかの示唆から、社会的労働がいかなる仕方で人間と自然の総合として考えられるべきなのかを描き出すことができる。われわれは、ヘーゲルのカント批判によって徹底化された認識批判のあらゆる要素が、マルクスにおいてたしかに見いだされるものの、それらの要素が、唯物論的認識論を構築するべく結び合わされてはいないのはいかにしてなのかを理解したいと考えるならば、総合というこの唯物論的概念を明確にしなければならない。(30–31〔同書三九―四〇頁〕)

ハーバーマスはマルクス主義の再構成を土台としつつ、唯物論に非常に興味深い意味を与えている。彼は唯物論を、観念論のさまざまな知的操作――カテゴリー、図式論など――と対比させており、客観を総合する担い手としての超越論的自我を、自らの労働のなかに物象化された労働主体の生産性へと置き換えているのだ。

ハーバーマスの解釈はポスト・マルクス主義的である。すなわち、その解釈は、その大胆さと広がりの両方において、自らの源泉であるマルクスを超え出ているのを承知しているのである。ハーバーマスは、自分がマルクスを超えたところにいると信じているので、マルクスが成し遂げたこと――マルクスの偉大さ――を認めると同時に、マルクスの諸限界――マルクスの弱点――を批判することができると考えている。それ故ハーバーマスは、マルクスの査定と評価づけについての一つの原理を手にしていることになる。彼の努力は、マルクスの単なる反復ではなく、こう言ってよければ、批判的反復なのである。われわれは、マルクスの長所についての議論からマルクスの限界についての議論へと移動する、ハーバーマスにしたがって進んで行くことにしよう。

ハーバーマスにとって、マルクスの偉大さは、彼が総合の問題に解決をもたらしたという点にある。ハーバーマスは言う、マルクスにおいては、「世界構成の主体は、超越論的意識一般ではなく、自然の諸条件のもとでその生命を再生産する具体的な人類である」(27〔同書三六頁〕)。ハーバーマスは、マルクスに自分の解釈を接ぎ木しており、『ドイツ・イデオロギー』の語彙を用いてさえいる。『ドイツ・イデオロギー』は、私自身、人間学的アプローチにとってもっとも興味深いものとして選んだものである。ハーバーマスはマルクスにおける分割線が、『ドイツ・イデオロギー』と『資本論』の間にではなく、『ドイツ・イデオロギー』と『経済学・哲学草稿』との間にあることに賛同しているように見える。ハーバーマスの考えでは、総合とは意識の総合ではなく活動の総合なのだ。実践が総合の担い手なのである。先に引用した文章が示しているように、ハーバーマスは「具体的な人類」という概念を用いているが、これは、思い出してみれば、フォイエルバッハのGattungswesen〔類的存在〕の残滓である。実践的人間が超越論的意識に取って代わっている。この「具体的な人類」という概念を現象学的な意味で、唯物論の定義として理解することができるかもしれない。「唯物論」という言葉を使用する際には注意が必要である。取り違えのないよう、つねに用心しなければならないからだ。ハーバーマスの定義は、物質についての一つのテーゼなのではない。唯物論とは一般的な用法では挑発的な語であって観念論との違いを表わすが、それとは異なり、ここでは現実主義的人間学を意味している。

具体的な人類を総合の担い手として特徴づけることには、いくつかの利点がある。第一に、われわれは、人間学的カテゴリーと認識論的カテゴリーとを同時に手にする。労働が客観の総合を生み出すと述べることは、単に人間の活動の経済学的役割を見て取るということではなく、それはまた、われわれの認識の本性、われわれが世界を理解するやり方でもあるのだ。

> したがって、労働は、人間存在の根本的なカテゴリーであるばかりではなく、同時に、認識論的カテゴリーでもある。対象的活動性の体系は、社会生活の可能的再生産の事実上の諸条件を創出すると同時に、経験の対象の可能的客観性の超越論的諸条件を創出する。(28〔同書三六―三七頁〕、強調は原文)

認識論的カテゴリーと人間学的諸カテゴリーのこうした結びつきは、経験の関心と領野との関係にとって決定的なものである。この関係については、次回の講義で論じるつもりである。あとで見るように、ハーバーマスは、学問は関心に対応していると主張している。統御と操作に対する関心が経験科学に対応しており、コミュニケーションに対する関心が歴史的で解釈的な学問に、解放に対する関心が精神分析のような批判的社会科学に対応している、というわけである。ハーバーマスは、これらの対応関係の基礎を築くために、この著作の題名が示唆している結びつき、すなわち人間学的概念――関心――と認識論的概念――認識の諸領野を扱うためのカテゴリー体系――との結びつきを、最初のところで導入しなければならない。二組みのカテゴリーの間の関係は、総合として理解された労働の概念にその源泉を持っている。認識論と人間学との間、認識と関心の間のつながりは、今回取り上げているハーバーマスの著作〔『認識と関心』〕の第二章の全般的な問題設定となっている。

ハーバーマスがマルクスから発展させている枠組みの第二の利点は、総合に関する議論が、フッサールの最後の著書『ヨーロッパ諸学の危機』のなかで最初に定式化された生活世界（Lebenswelt）の概念の改良された解釈をもたらしている、という点にある。社会的労働を総合として理解することで、「超越論的論理学的な誤解」（28〔同書三七頁〕）を取り除くことができるようになる。つまり、「生活世界」の概念を非歴史的な仕方で捉えるのを避けることができるのだ。ハーバーマスの主張によれば、フッサールは、カント的な超越論的アプローチからけっして解放されることがなかったのであり、彼が生活世界（Lebenswelt）について語っているときでさえ、これはあたかもカントのカテゴリーのごとくに、一つの不変項でありつづけているのである。フッサールには一つの人間学があるが、これは非時間的カテゴリーというカント的語法で表現されている。マルクスが教えてくれるのは、われわれは人類について歴史的な言葉で語らなければならないということだ、とハーバーマスは言う。「人類は、不変の自然的あるいは超越論的構造によって特徴づけられるのではなく、もっぱら、人間への生成（Menschwerdung）の機構《メカニズム》によってのみ特徴づけられる」（29〔同書三八頁〕）。『経済学・哲学草稿』が、より人間的となる自然と、より自然的となる人類について述べていることを思い出してみよう。人類と自然はひとまとめに提唱されており、それらはともに、より自然的かつより人間的となるのだ。

ハーバーマスにしたがえば、超越論的なもののこうした歴史化は可能であり、それはマルクスが歴史をさまざまな生産力と結びつけたからである。ハーバーマスは、実践の歴史的本性について力説し――これは、さまざまな道具の蓄積、テクノロジーの歴史において明らかである――、マルクスがいかにしてこの歴史を生産力の概念に結びつけたのかを示している。歴史的次元が生産力によって導入される。すなわち、生産力は歴史の担い手なのである。したがって、労働によって引き受けられた総合は、カントが諸カテゴリーに帰したような固定化された本質とは区別される。ある意味において、歴史が存在するのは、産業の歴史が存在するからにほかならないのである。こうした主張を行なっていることからすれば、ハーバーマスは、イデオロギーは歴史を持たないというマルクスの先入見に同意していないように思われる。悟性は自らの歴史を持っており、この歴史を学問の歴史によって例証することができるだろう。産業は、人間存在に歴史的次元を与える唯一の要因ではない。観念もまた歴史を持つのである。フッサールに抗するハーバーマスの反観念論的立場がこうした方向に進んでいるのを否定することは難しい。

ハーバーマスの出発点からの第三の帰結〔利点〕（そしてそれは観念論に対するもう一つの反論であるのだが）は、われわれは人類の経済学的次元を、ヘーゲルが論理学に対して認めた位置に据えなければならない、ということである。総合の鍵をなすのが、カント的な意味であれヘーゲル的な意味であれ、超越論的論理学でないとすれば、経済学が論理学に取って代わる、と言うことができるだろう。これは極端な主張であり、私自身が受け容れられるかどうかはわからないが、ハーバーマスの主張がこうであることは疑いない。

> 総合の働きを再構成する出発点は、論理学ではなく経済学である。したがって、規則に則ったさまざまな記号の正しい結合ではなく、社会生活の過程、物質的生産および生産物の領有こそが、根本的な総合の働きを意識するために反省が扱う素材をもたらしてくれるのである。総合はもはや、思考の活動としてではなく、物質的生産の活動として現われてくる。（…）このことから、マルクスにとっては、観念論において形式論理学の批判が占めている位置を、経済学の批判が占めるのである。（31〔同書四〇―四一頁〕）

数ページあとのところで、ハーバーマスは付け加えている。「労働による労働の素材の総合は、人間の操作の諸カテゴリーを通して、その現実的統一を受け取る」（35〔同書四四頁〕）。こうしたマルクスの読解によって、マルクスは多かれ少なかれ、パースやデューイと同じカテゴリーのもとに置かれることになる。さらにあとの章では、マルクスは啓蒙されたプラグマティズムの先駆者の一人として提示されている。アメリカの哲学者たちは、喜んでこれに賛同することだろう。

労働を客観の総合として扱うことの第四の利点は、フィヒテに始まる一つの重要な分析を拡張させているということである。ドイツ観念論の伝統のなかで、フィヒテはカントとともに、マルクスが総合の問題を練り上げるに際して先駆者となった一人である。ハーバーマスは彼の著作全体にわたってフィヒテに立ち戻っている。フィヒテは、理論の哲学から実践の理論への決定的な歩みを進めたのだが、それは、彼の根本概念が人間存在の自己措定的活動〔事行〕だったからである。フィヒテは想像力〔＝構想力〕における総合を活動的主観に結びつけた。根源的自我は、フィヒテの思想においては活動的主観である。カント的な言い方をすれば、私のあらゆる表象を伴うことができる自我は究極の表象ではない。それは、より上位の秩序に属する表象なのではなく、事行（die Tathandlung）、つまり一つの活動、自己措定する自我なのである。思い出してみよう、『ドイツ・イデオロギー』には、Selbstbetätigung（自己活動）の概念が中心をなしている多くのテキストがある。ハーバーマスがこの Selbstbetätigung の概念を跡づけるのに、実践の過程と自然との交通によって自己を措定する人類という、フィヒテの観念にまでさかのぼっているのは正しい。人間存在と自然との相互産出は、同時に、人間存在の自己産出なのである。

> カントが超越論的意識の統一として理解した意識の同一性とは、労働によって成し遂げられた同一性である。それは、総合の直接的能力あるいは純粋統覚ではなく、フィヒテの意味での自己意識の作用である。それゆえ、社会的主体が厳密な意味での自己意識に達するのは、その主体が自己自身をその生産において、あるいは、類一般の自己産出の作用としての労働において自覚するようになり、「世界のこれまでの歴史全体の労働」によって自分自身が生産されたことを知るときのみである。（40〔同書五〇頁〕、強調は原文。引用箇所には参照が記されていない）

このようにハーバーマスは、カントとフィヒテの言葉を用いつつ、マルクスの長所を認識している。総合としての労働の概念が、カント的な悟性を通しての総合あるいはフィヒテ的な自我の自己統覚による総合に取って代わっている。

しかし、マルクスの長所を回復するその同じ解釈がまた、マルクス批判の始まりともなっている。ハーバーマスの異議——彼はたえずそこに立ち戻っているのだが——は、マルクスは活動の概念を生産に還元した、というものである。概念の射程が切り詰められてしまっているというのだ。マルクスは労働によって総合の問題を解決したが、その一方で、労働を単に道具的活動と同一視したことで自らの発見の射程を狭めた、というのである。道具的活動の概念は、ハーバーマスの議論のなかでつねに参照されている。彼の批判は、マルクスの分析が、マルクーゼによって人間存在の「一次元的」性格と表現された還元に抵抗するのにふさわしい道具ではない、という点と関わっている。「一次元性」の要素は道具的活動の概念のなかにすでに現われており、マルクスの分析全体を汚染している。ブルジョワ・イデオロギーとまったく同様にマルクスのイデオロギーもまた、テクノロジー的還元へと導くものなのである。

もしこうしたマルクス批判を認め、フィヒテの生産の概念を平板化して経済学的あるいはテクノロジー的な生産に解消することを認めるとすれば、その結果はマルクスの理論そのものにとって厄介である。というのも、マルクスの理論はそのとき、自らの批判的機能を正統化することができないからである。もし人間存在が労働によって現実を総合するだけであり、労働に対するいかなる批判的な距離も利用できないのだとすれば、われわれは、マルクスが自らのカテゴリーを用いて成し遂げたことを説明することができない。われわれは、自らの成果に意味を与えることのできない理論を手にしていることになるのだ。欠けているのは自己反省の要素であり、これは、人間の活動の自己産出能力を単なる道具的活動に還元したことで廃棄されてしまっている。「この唯物論の哲学的基礎は、認識の容赦のない現象学的自己反省を打ち立て、認識論の実証主義的な萎縮を防ぐには不十分であることがわかる」(42〔同書五二頁〕)。

だから、ある意味において、ここでのハーバーマスの立場は反マルクス主義的なのだが、ハーバーマスはマルクス自身のうちに彼の反論の支えとなるものを見いだそうと試みている。これが、最近のハーバーマスの議論のもっとも興味深い側面である。すなわち彼は、マルクス自身のなかに、人間存在の自己産出および自己生産の概念のなかに二重性のヒントがあることを示そうとしているのである。ハーバーマスの分析の根拠は、マルクスに関して何度か述べてきた重要な区別にある。それは、生産力（Produktivkräften）と生産関係（Produktionsverhältnisse）の違いである。ハーバーマスの中心的な主張は、この区別が、マルクスの理論によっては否定されているのに、マルクスの具体的な分析全体のなかには認められる、というものである。したがってハーバーマスによれば、われわれは、マルクスが行なうと言っていることではなく、彼が実際に行なったことを検討しなければならない。マルクスが自分の仕事に関して練り上げた理論は、彼の具体的な仕事そのものが実際に含んでいるものよりも限定的なのである。

生産は力と関係という二つの側面を持つということは、何を意味するのであろうか。生産の諸関係ということで、労働の制度的枠組みを理解しなければならないし、労働が自由な企てあるいは国家の企てなどのなかに存在しているという事実を理解しなければならない。生産の諸関係は制度的体制からなるのであり、そうした体制のなかで、われわれはまさしく、ギアーツが分析することになるようなシンボル的媒介を見いだすことになるだろう。制度的枠組みは、単に法的諸規則、法律的枠組みであるばかりでなく、ハーバーマスがシンボル的相互作用および文化的伝統と呼んでいるもののことでもある。この伝統を通して、人々は自分たちの仕事を理解するのだ。たとえば東欧やソ連、中国といった現に存在する社会主義国家を見てみるならば、それぞれの境遇における人々の伝統が、展開されている社会主義の内容にも影響を及ぼしているのがわかるだろう。シンボル的相互作用の構造と文化的伝統は、制度的枠組みの構成要素である。われわれは「制度的」という言葉を、単に法律的あるいは合法的というより広い意味で捉えなければならない。

マルクスの社会理論は、道具的活動性がそこに沈殿している生産力と並んで、生産関係という制度的枠組みを自らのアプローチのなかに取り入れている。その理論は、シンボル的相互作用の構造と、文化的伝統の役割を、実践から取り除いてしまうことはない。というのも、これらは、支配（Herrschaft）とイデオロギーが理解可能となる

ときの、唯一の基盤だからである。(42〔同書五二頁〕)

ここでのハーバーマスの主張は、われわれの研究にとって中心的なものである。というのも、関係と力を区別するような概念枠においてはじめて、イデオロギーについて語ることができるからである。イデオロギーが介入してくるのは生産関係のレベルにおいてであり、生産力のレベルにおいてではないのだ。

したがって、もし、マルクスのイデオロギー理論を求めるのであれば、まず関係と力との区別を理解しておかなければならない。これは、実践の概念が必要だ、ということである。ハーバーマスの語彙では、実践は、道具的行動と、シンボル的相互作用の構造とを同時に含んでいる。イデオロギーはこうして、実践の構成要素の一つに影響を与える歪曲として現われてくることになるだろう。ハーバーマスにとって、実践の概念は、マルクスの語彙のなかにフィヒテの事行(Tathandlung)の概念の厚みを取り戻すための一つの試みである。労働は総合の源泉であるが、人間の労働は、道具的活動をつねに超過している。というのも、われわれは、われわれの伝統と、世界についてのわれわれのシンボル的解釈を持ち込むことなしには、労働することができないからである。われわれの労働はまた、社会の制度的枠組みを含んでもいる。なぜならわれわれの労働は、さまざまな契約やその他の条項によって範囲を限定されているからである。われわれが労働するとき、さまざまな慣習の体系のなかで労働するのである。実践を、われわれの用いる労働技術のみによって定義することはできない。われわれの実践そのものが、ある一つの制度的枠組みを具現化しているのだ。こうして再び、上部構造と下部構造の区別が適切ではないのを見て取る。というのも、実践の概念のなかにはいわゆる上部構造に属するものが含まれているからである。このとき、実践を記述するために一般に用いられる語彙はすっかり手直しされている。まず実践を行ない、つづいてそれについての観念を持ち、この観念が人々のイデオロギーとなる、と主張することはもはやできない。そうではなく、実践がイデオロギー的層を具現化しているのだ。すなわちこの層は、歪曲されているかもしれないが、実践そのものの構成要素なのである。

ハーバーマスにしたがえば、マルクスは、実践の構成におけるこうした二重性の認識を、自らの研究の実践において前提しているにもかかわらず、自分の理論的な参照の枠組みからは排除してしまっている。そこでわれわれは、マルクスの哲学的な自己理解の還元的な枠組みではなく、マルクスの研究の実践をたどらなければならない。マルクスの実践から、人類の歴史は「物質的活動のカテゴリーとイデオロギーの批判的廃棄のカテゴリーのもとに」理解される、ということがわかる。さまざまなイデオロギーの批判的廃棄が、活動の過程のなかには含まれている。ハーバーマスは、こうした関係をさまざまな仕方で表現しているが、そのやり方はすべて実践の概念の二重の機能を頼りとしている。

> かくしてマルクスの仕事においては、研究の実践とこの研究についての制限された哲学的な自己理解との間に、ある特有の不均衡が生じている。経験的な分析のなかで、マルクスは人類史を、物質的活動およびイデオロギーの批判的廃棄、道具的活動および革命的実践、労働および反省というカテゴリーのもとで捉えている。しかしマルクスは、もっぱら労働のみによる類の自己反省といういっそう制限された概念のなかで、自らの行なっていることを解釈している。総合という唯物論的概念は、真に徹底された認識批判の意図を実現するためにマルクスが貢献するときのやり方を説明するのに十分なほど広く、捉えられてはいない。実際、その概念は、マルクス自身がこの観点から彼自身の手続きの様態を理解する妨げとなったのである。(42〔同書五三頁〕、強調は原文)

これに対しては、次のような問いで応答したい。すなわち、もし労働の概念の代わりに、労働と何か別のものとをともに含んでいる実践の概念で置き換えるとすれば、先に労働としての総合について述べられたことは維持できるのだろうか。私の見るところでは、ハーバーマスにおいては一つの問題が繰り返し生じてくる。労働、実践、活動の間に揺らぎがあることである。しかし、これらの概念は重なり合っているのだ。あるときには、労働は、総合を行なう包括的な概念であり、したがって実践と等しいものである。しかし、別のところでは、労働は道具的活動と同一視されている。だから労働の概念を位置づけるのは容易なことではない。

ハーバーマスは労働と実践の区別を、道具的行動と、相互作用あるいはコミュニケーション的活動との区別として定義し直すことによって、この問題の位置を正確に定めている。これから取り上げる『認識と関心』の第三節において、ハーバーマスは、こうした区別のさまざまな認識論的含意を描き出している。まず、実践についての学の地位とはいかなるものか、と問う。マルクスは、「自然科学の道具主義的な意味とは区別されるような、イデオロギー批判として練り上げられた人間科学の特定の意味」(45〔同書五五―五六頁〕)を、体系的な仕方で研究することはけっしてなかった。マルクスが行なったのは自然科学ではなく批判であったが、こうした社会理論のためのいかなる認識論的な正当化も行なわなかった。その代わりに、マルクスはたえず、自らの労働を自然科学と類似した仕方で記述した。マルクスの仕事が経済学の批判であったという事実から、彼の関心は、その批判の反省的構成要素へと向かうべきであったのだろうが、そうはならなかった。このことからハーバーマスは、実践を物質的生産、道具的活動に還元している限り、モデルは自然諸科学であると主張している。われわれは実践についての学を、自然諸科学を延長させたものとして扱っているのだ。他方で、もし実践の道具的な極と相互作用的な極との間の弁証法を練り上げるとすれば、自然諸科学の延長あるいは置き換えではないような学、異なった種類の学を手にすることになる。そして、それが批判なのだ。批判としての社会科学の地位は、相互作用のシンボル体系において用いることのできる批判的次元と結びついている。すなわち、その地位は、道具的活動のレベルに対して距離を置くことと、そのレベルに影響を与えることとの可能性に結びついている。第三節の認識論的分析は、第二節の人間学的主題と関係づけられなければならないのである。

自然科学の特徴は非反省的なものとなりかねないところだ、とハーバーマスは言う。自然科学が非反省的になりがちなのは、認識主体つまり科学者とは区別された対象を扱っているからである。その結果、科学者は自らの認識のなかに含意されない。ハーバーマスの特徴づけが必ず正しいのかどうかを議論する必要はない。議論のために、自然科学が非反省的だということを受け容れてもよいが、重要なのは、社会科学は確かに反省的だという点である。これが、ハーバーマスの主張の積極的な部分であるが、自然科学がそうではないことを必ずしも伴うわけではない。社会科学が誤った仕方で自然科学と類似したものと見なされると、生産力の統御はそれ自体が、ハーバーマスが「処理の知」(47〔同書五八頁〕)と呼んでいるもののカテゴリーのもとで理解される。これはドイツ語でいうとVerfügungswissenであるが、自分が自由に処理することのできる何かを持っていることに関わっている。この言葉の背後にはおそらく、道具的存在というハイデガーの概念がある。自然科学のモデルが支配しているとき、反省の知(Reflexionswissen)はVerfügungswissen、処理の知のなかに飲み込まれる。技術的統御の力が、すべてを飲み込むのである。

この構成にしたがうとき、超越論的意識の歴史は、テクノロジーの歴史の残滓以上のものではない、ということになるだろう。テクノロジーの歴史は、成果によって統御される活動の累積的な発展にもっぱら引き渡されて、労働の生産性を増大させ、人間の労働力を置き換えるという傾向をたどる――「こうした傾向の行きつく先は、労働手段の機械への転化である」。(48〔同頁〕)〔2〕

引用は、マルクスの『経済学批判要綱』〔以下『要綱』〕からである。したがって、青年期のマルクスではなく、円熟期のマルクスによる注釈なのである。

あらゆる学が自然諸学をモデルにしているという前提によって、フィヒテのいう人間の自己活動の概念は、産業主義的心性《メンタリティ》に還元される。ハーバーマスにとって、こうした還元は近代のイデオロギーである。このイデオロギーは、活動を労働に、労働を道具的活動に、道具的活動をわれわれの仕事を呑み込むテクノロジーに還元する。人間存在を研究する学問が、自然科学の一部にすぎなくなる。ハーバーマスにとって、こうした解釈は何かを抑圧している。人間の活動の産業主義的読解は、「そのなかで動いているはずの自己反省の次元」(50〔同書六一頁〕)を覆い隠してしまう。ハーバーマスの言うところによれば、『綱要』のマルクスにとってさえ、「科学を機械に変換することがそのまま、いかなる仕方においても、生産過程を支配している、自覚的な主体全体の解放へと至るわけではない」(51〔同頁〕)。単なる道具的活動以上の何かが必要である。すなわち、人間どうしの相互行為を制御する権力関係が必要なのである。

「マルクスは非常に明確に、連合した生産者たちによる社会生活過程の自覚的統制を、これらの個人とは独立するようになった生産過程の自動制御から区別している」(51〔同頁〕、強調は原文)。この「社会生活過程の自覚的統制」こそが、ハーバーマスが相互行為の体系と呼んでいるものである。

相互行為の理論と道具的活動の理論との区別というのが、マルクスにおける技術的なものと実践的なものとの緊張に対する、ハーバーマスの答えである。実践によって、単に事実だけではなく、規範と理想とによって規定された活動の全領域を理解しなければならない。実践的なものは、倫理と応用倫理の全領域を蔽っている。実践は、シンボル的構造、行動を解釈しかつ制御している構造を備えた活動の全領域を含んでいる。技術的なものと実践的なものは、人間の活動領野の二分化を表わしている。こうした分化は、イデオロギー研究にとって根本的である。というのも、イデオロギーは、個人の活動に、その組織化のもっとも基本的な段階において影響を与えるからである。

マルクスは、彼の唯物論的探求の水準では、つねに、労働と相互行為を含む社会的実践を考慮に入れている。自然史の諸過程は、個人の生産的活動と、その相互関係の組織化によって媒介されているのである。こうした相互関係はいくつかの規範にしたがうのだが、これらの規範は、社会的予算に対する責任と報酬、責務と負担を構成員たちがどのように分担するかを、諸制度の力によって決定する。主体と集団の関係が規範的に制御されるように媒体となるのは、文化的伝統である。この伝統は、言語的なコミュニケーション構造を形成し、この構造に基づいて、主体が自然と、この自然的環境のなかにある自分とを解釈するときの土台となる。(53〔同書六三頁〕)

文化的伝統、規範、制度、コミュニケーションの言語的構造、解釈を参照することで、われわれの仮説――歪曲の過程が意味を持つのは、行為がシンボル的に媒介されたものとして理解される場合のみである――は確かなものになる。解釈の概念は、こういった始原的な層に属しており、諸個人が彼らの環境のなかで、自然に対してと同時に彼ら自身に対して行なう活動を表わしている。

道具的活動とコミュニケーション的活動との区別がなければ、批判を受け容れるための場所もなく、イデオロギーを受け容れるための場所さえない。社会的依存と政治的権力とが抑圧的な効果を持ちうるのは、制度的な枠組みのなかにおいてでしかない。またこうした枠組みのなかでこそ、「支配から自由なコミュニケーション」(53〔同書六四頁〕)も意味を持つのである。(あとで、この表現のユートピア的な響きに立ち戻るつもりである)。したがって、「類の自己産出活動」(53〔同書六四頁〕)は、生産的活動(労働)と革命的活動とを同時に含んでいるにちがいない。解放は二重である。すなわち、自然の拘束からと、人間の圧制からの解放である。新しいテクノロジーの発展とイデオロギー闘争の発展の間には、「相互依存」(55〔同書六六頁〕)が存在する(この言葉遣いが示唆するように、イデオロギー的錯覚とその批判とはともに、同じ自己反省的な領域に属している。この領域は、生産的活動と同じくらい始原的であるはずである。ここからもまた、下部構造と上部構造との区別は放棄されなければならないことになる)。マルクスは、これら二つの発展の弁証法を練り上げることができなかった。というのも、生産力と生産関係の区別は、生産というカテゴリー的枠組みに従属したままであったからである。他方でハーバーマスは、「自然史における人類の自己構成」は、「生産的活動による自己産出と、批判的・革命的活動による自己形成作用」(55〔同頁〕)とを結合させなければならない、と主張している。

ある意味で、ハーバーマスによる実践的なものと技術的なものとの区別は、マルクスよりもいっそうヘーゲルに根拠を置いているように思われる。ハーバーマスは、ヘーゲルの初期の思索と、イエナ期の講義『実在哲学』に依拠している(56〔同頁〕)(ハーバーマスは、『理論と実践』に収められた「労働と相互行為」についての試論のなかで、この講義についてより詳細に論じている)。イエナ期のヘーゲル哲学は自足しており、『精神現象学』のなかにすっかり吸収されてしまうことはなかった。この初期の著作のなかで、ヘーゲルははじめて、主要な道徳的問題である承認の問題を練り上げた。『精神現象学』のさまざまな個所に、この議論の痕跡が現われているのを指摘することができるだろう。たとえば、主人と奴隷の関係において問題になっているのは、権力のための闘争ではなく、承認のための闘争なのだという点など。ハーバーマスはこの承認の枠組みのなかに、主体間の関係の一つのモデルを見いだしている。

したがって彼にとって重要なのは、結局のところ敵を消し去ることではなく、差異を超えて同意に到達することなのである。あとから見るように、ハーバーマスは、この主題について、精神分析的状況のモデルが非常に適切なものだと考えている。彼にとって階級闘争とは、一つの階級を廃棄することではなく、敵対関係を超克することによって、人間たちの間で承認が行なわれるような国家が現われることなのである。確かに、資本主義のような制度は、こうした可能性が現実のものとなるためには粉砕されなければならない。だが重要なのは、廃棄されるべきは諸個人ではなく一つの構造だということである。

承認の問題が立ち戻ってくるのは、イエナ期の哲学により近い、『精神現象学』における別の箇所であるが、それは被告と判事との間の承認においてである。判事は、被告を裁くと同時に承認しなければならず、また、自らが承認されるために、やはり被告によって裁かれなければならない。裁く意識と罪の意識は、立場を交換する。イエナ期の哲学がもっと詳細に分析しているように、犯罪者と判事の間の承認という枠組みは、二つの部分のそれぞれの疎外が克服されなければならないことを示している。判事は、被告とまったく同じように疎外されている。裁く者と裁かれる者との間には相互排除の状況があり、承認はこうした疎外の状況に対する勝利である。主人と奴隷、判事と被告などは、闘争という枠組みを構成している。というのも問題なのは、同一の権力構造に拘束されたままであるような優位性ではなく、承認だからである。のちに、ユートピアがイデオロギー批判を支配しているかどうかを論じる際に、権力の代わりに承認が強調されている点に立ち戻るつもりである。

この承認という枠組みは、ハーバーマスにとって重要である。というのも、彼は相互行為の理論を「対話関係」(56（同書六七頁）として位置づけているからである。承認が超克しなければならないコミュニケーションからの排除《エクスコミュニケーション》の状況は、コミュニケーションの一つの病理である。したがって、イデオロギーそれ自体が、コミュニケーションの一つの病理である。イデオロギーは、対話関係の偶発的な歪曲ではなく、体系的な歪曲なのである。承認の過程を抜きに対話関係について語ることはできない。そしてイデオロギーは、対話関係の修復の妨げとなるさまざまな抵抗の体系である。まさしくこうした参照の枠組みによってこそ、「階級対立の弁証法は、社会的労働による総合とは違った、反省の運動である」(58〔同書六九頁〕)という、驚くべき、さもなければ奇妙な主張を理解することができる。これは、それほどマルクス主義的には聞こえない。しかし、承認に基づいて反省を解釈するならば、結局のところ階級闘争とは社会の構成員たちの間の承認の問題なのだ、と言うことができるだろう。

こうして、われわれは、拘束されていない間主観性そのものを弁証法的と呼ぶのではなく、この間主観性の抑圧と回復の歴史を弁証法的と呼ぶのである。対話関係の歪曲が生じるのは、さまざまな分断されたシンボルの因果性と、物象化された文法的諸関係、つまり公共のコミュニケーションから抜き取られて、主体の背後においてしか通用せず、かくして経験的に強制的でもある、そうした諸関係の因果性にしたがってのことである。(59〔同頁〕)

「イデオロギー」という語こそ見当たらないが、この文章は実際には、イデオロギーの定義なのである。

ハーバーマスがここで、「対話関係の歪曲が生じるのは、さまざまな分断されたシンボルの因果性にしたがってのことである」と述べるとき、彼は意図的に、因果性の観念を導入している。ハーバーマスがフロイトのモデルに訴えることでやがて明らかになるように、われわれは、動機づけの状況のただなかでさえ、因果性の言葉で語らなければならない。というのも、動機が硬直化しているとき、動機は物のように見えるからである。解釈のモデルの内部で因果的モデルを適用しなければならないのだ。因果関係は、解釈の過程のなかにある説明の諸断片である。ハーバーマスは、さまざまな理由があるにせよ、私自身がテキスト理論について述べたのと類似した立場を主張し、解釈と説明との対立を否定しているのである。物象化された関係においては、動機を原因として扱わなければならない。ハーバーマスの「運命の因果性」(56〔同書六七頁〕)という概念はその一例であり、これもまた、ヘーゲルから借用されたものである。運命は自由に対して生じる何かであるが、自然の規則性を装っている。物象化の段階では、人間的現実は自然的現実を装うのだが、まさしくだからこそ、われわれは因果性について語らなければならないのである。

物象化された状況がいまだに動機の枠組みのなかに存在することを、動機が意識を要求しないことを示すことで、詳述しなければならない。意味と意識は分離することができる。すなわち、何ものかがそれと再認されることなしに意味あるものとなりうるのである。フロイトの解釈への参照は適切である。というのも、無意識と呼ばれているものの機械論的な解釈とは戦わなければならないからである。機械論の枠組みでは、無意識とはさまざまな力が存在する場所のことである。したがって、一つの力が意味を持つのはいかにしてかを示すのは、それが無意識の水準ですでに意味するものでなければ、不可能な課題だということになる。かつて『フロイトを読む』のなかで主張したように[3]、代わりにこう言うべきであろう。すなわち、無意識についてのトポロジー的な表象は、自分たちがその作者ではけっしてないような事実を表現している故に、現象学的価値を持っているのだ、と。抑圧の体系が持ち出される場合には、動機が一つの事物であるかのように見えてくるのだ。

フロイトにおける無意識のトポロジーは、マルクス主義的な下部構造の概念のなかにその対応物をもっている。下部構造の概念は、それに欺かれることがなく、自然科学の対象として分析できると考えているのであれば、見当違いということはない。実際には、下部構造は人間科学の領域に属しているのであるが、それは動機が事物に変容させられる疎外という条件のもとにおいてである。このことが含意しているのは、われわれが一種の物理的な見かけを持った諸概念を相手にしているということであり、ある意味では当を得ている。マルクス主義者たちのなかには、唯物論とは、創造性という意味を失った社会の真理、自らの産物によって埋もれてしまった社会の真理だと主張する者もいる。もしそうであれば、唯物論は哲学的真理ではなく、ある歴史的な状況の真理ということになる。同様に、上部構造と下部構造という言い方は物象化された動機の体系について語るのに適している、と言うことができる。ハーバーマスは、フロイトについてのドイツの理論家であるアルフレート・ローレンツァをよりどころとしつつ、再シンボル化されるべき、脱シンボル化の過程について語っている（256f.〔同書二六九頁以下〕）。ハーバーマスは、マルクスとフロイトとを結びつけようとして、マルクスにおける外化《エイリアネーション》の観念は脱シンボル化のなかに概念的等価物を持っていると主張する。そしてハーバーマスはローレンツァにしたがって、精神分析はわれわれが転移という媒介的段階を通して脱シンボル化から再シンボル化へと移行する過程であると主張している。あとで見るように、ハーバーマスは、批判的社会科学はこの点に関して精神分析と並行しており、それ自身が、説明をより大きな解釈モデルのなかで具現化する過程なのだ、と主張している。

『認識と関心』の第一章第三節の終わりのところで、ハーバーマスは再び、道具的活動とコミュニケーション的活動との区別が、単にヘーゲルのみならず、マルクス自身の研究にも支持されていると主張している。彼は、商品のフェティシズムに関する『資本論』の有名なテキストのなかに自らの主張の裏づけを求める。マルクスはそこで転倒というフォイエルバッハのモデルを、説明の一形式としてではなく隠喩として用いている。宗教が人間の活動を聖なるものの力へと変容させたのと同様に、資本主義は人間の労働を商品の形に物象化した。労働の物象化に魅了されている人たちは、まさしく、自分たちの自由を超自然的存在に投影させ、崇める人たちと同じ状況のなかにいる。どちらの場合も、崇拝の関係にある。そしてこれが、アルチュセールに反対する強力な理由である。というのも、崇拝は、いわゆる認識論的切断のあとでは、もはや所を得ることはないはずだからである。ハーバーマスは次のようにマルクスを引用している。「「ここで人間にとって物どうしの関係という幻想的な形態をとるものは、ただ人間自身の特定の社会関係にすぎない」」(60〔同書七〇頁〕[4])。人間の関係は、「「物どうしの関係という幻想的な形態をとる」」のである。

商品のフェティシズムについてのマルクスのテキストは、イデオロギーの理論にとって決定的である。というのも、それは、イデオロギーがブルジョア社会において、政治的支配を制度化している社会的形態として単に機能するのではなく、あるいはまた、主としてそのように機能するのでもないことを示しているからである。その本質的機能は、むしろ自由な労働契約という法的制度によって階級の対立を安定させることである。商品の形態のもとに生産活動を覆い隠すことによって、イデオロギーは市場のレベルで作用する。私としては、こう結論づけたい。資本主義の時代には、支配的なイデオロギーはもはや宗教的なイデオロギーではなく、まさしく市場のイデオロギーである、と。ベーコンの言い回しを用いるなら、イデオロギーはいまや市場のイドラの形をとる、と言うことができる。ハーバーマスは次のように注釈している。

マルクスにしたがえば、資本主義を際立たせているのは、それがイデオロギーを、具体的な支配および権力の神秘的あるいは宗教的正統化という高みから、社会的労働の体制へと引き降ろしている、という点においてである。自由主義的なブルジョア社会において、権力の正統化は、市場の正統化から、すなわち、交換関係に内属する等価交換の「公正さ」から、導き出されている。そうした正統化は、商品のフェティシズムの批判によって仮面をはがれるのである。(60〔同書七一頁〕)

イデオロギーは、宗教の領域から経済の領域へと移動している。

もしハーバーマスを超えて自分自身の解釈へと移動するなら、こう言えるだろう。宗教はいまやイデオロギーの産出にはそれほど関わっていないのだから――商品のフェティシズムがそれ自身で機能しているのだから――、宗教のユートピア的な使用は、おそらくイデオロギー批判の一部をなすだろう、と。宗教は、単に一つのイデオロギーとしてだけではなく、イデオロギーが宗教の領域から市場、科学およびテクノロジーへと移動したという限りで、批判的な道具として働くことができる。もし市場と科学とテクノロジーが現代のイデオロギーであるとすれば、現在の宗教のイデオロギー的役割はそれほど重要な問題ではない。宗教はいまなおイデオロギー的役割を果たしているが、市場とテクノロジーのイデオロギー的役割によってその地位を奪われている。したがって、宗教をイデオロギーとユートピアの弁証法的位置に置くことができるだろう。宗教は、現に存在している権力体制を正当化するとき一つのイデオロギーとして機能するが、また、批判に糧を与える一つの動機をなす限りでユートピアとしても機能するのである。宗教は、市場のイドラの正体を暴く手助けとなるのだ。[1]

いずれにせよ、『認識と関心』の第一章第二節および第三節の主要な関心は、コミュニケーション的活動の枠組みのなかに階級闘争の概念を位置づけることであり、したがって、その概念を生産の体制に限定しないことである。ハーバーマスにとって階級闘争の概念は、生産の概念とではなく、生産力がそのなかで働いている制度的枠組みと同質なのである。したがって、階級闘争の概念は自己意識の過程の一部をなしている。階級闘争の状況を自覚することは、意識の新しい次元、階級意識へと上昇することである。しかしながら、こうした過程は、既に批判と承認への運動との端緒である限りにおいてのみ意味を持つ。階級闘争は、シンボル化の過程の内部での、外化から承認への運動の一部である。それは、脱シンボル化の一契機である。したがって階級闘争は、単なる社会的労働とは区別される一つの過程である。というのも、階級闘争はさまざまな主体性を互いに対面させるからである。階級のアイデンティティは、われわれが自分自身を主体として同定する一つのやり方である。いまや、イデオロギー批判（これは次回で取り上げる）はコミュニケーション過程の一部であることが理解される。すなわち、イデオロギー批判はコミュニケーション過程のなかの批判的契機なのである。

第十四回　ハーバーマス（2）

今回の講義では、ハーバーマスのイデオロギー理論を論じるつもりである。これはイデオロギー批判という形で提示されている。この講義では主に、精神分析とイデオロギー批判との間にあると主張されている並行論に焦点を当てることにする。というのも、ハーバーマスは自らのイデオロギー理論を根拠づけるにあたって、いくつかの精神分析的洞察を批判的社会科学の領域へと移し入れているからである。

しかし、この議論を始めるまえに、批判的社会科学としての精神分析およびイデオロギー批判の性格を位置づけておく必要がある。批判的社会科学の特殊性を明確にするにあたって、ハーバーマスは、道具的科学と実践的科学の間の二分法から、道具的科学、歴史的-解釈学的学問、批判的社会科学の三分法へと移動している。ハーバーマスの枠組みにおけるこうした変化は、『認識と関心』の補遺のなかでくわしく述べられている。この補遺は、ドイツ語版の『認識と関心』には収められておらず、英語版に付け加えられたものである。〔1〕この補遺は、ハーバーマスが一九六五年、フランクフルト大学の教授に就任した際に行なった就任講演である。彼は一九六〇年代後半にドイツの学生の抵抗運動を支持したことで非難されて、ほんの数年後にこの地位を離れた。補遺はマルクスについてのものではなく、むしろフッサールの現象学の伝統とその分派、つまりガダマーの解釈学に関するものである。名前は挙げられていないが、この講演が直接に向けられている主要な人物はガダマーである。認識を構成している関心およびそれに対応する学問の両方についてハーバーマスの提示している三分法が、二分法に固執しているガダマーに対する彼の応答の中心をなしている〔第一の理由〕。ハーバーマスの定式化の第二の理由は、おそらく、彼の三分法が友人であり同僚であるカール＝オットー・アーペルに由来する、ということであろう。アーペルはより体系的な思想家であり、建築家的な思想家でさえある。アーペルが認識論により興味を抱いているのに対して、ハーバーマスの関心は知識社会学にある。したがって、ハーバーマスが知識社会学から認識論へと移行したとき、枠組みは、知識社会学の道具的なものと実践的なものとの二分法という彼自身の描写から、認識論についてアーペルが特徴づけた三分法を受け容れる方向へ変化したと言えるだろう。

補遺の最初の四つの節については詳細に検討することはしない。というのも、そこで提示されているフッサール批判はあまりよいものではないからである。それらの節は哲学の理論的な主張を批判しているが、実践を理論に対置して、ポスト・マルクス主義の思想以外はすべて理論であると言っており、説得力の弱い議論である。フッサールは、プラトンの罪に関わっているとして告発されているが、これはフッサールが理論に魅せられているからである。実証主義もまた、理論的幻想の相続人と見なされており、結果として、フッサールと実証主義との戦いは意味のないものとされている。私は、こうした実践と理論との対立はハーバーマス自身の立場を弱めるのではないか、と疑う。というのも、哲学の理論的傾向に関わらないような批判的立場があるとは思われないからである。実践における批判的契機が一つの理論的契機であるのは確かなことである。疎隔（distanciation）の能力は、つねに理論の一部なのである。

補遺で興味深いのは第五節であり、これのみを扱うことにする。というのも、ハーバーマスの企て全体のよい要約を与えてくれるからである。そこでは二つの主要なアイデアが述べられている。最初のアイデアは、人間学的概念である関心が、同時にカント的な意味における超越論的概念だというものである。超越論的概念は、特定の経験の可能性の条件である。そのとき、それぞれの関心が、ある経験の領域を支配しており、この領域にその主要なカテゴリーをもたらす。すでにこの点については、労働を総合と見なすという仕方で論じた。すなわち、総合として作用するとき、労働は、人間学的概念であると同時に認識論的概念なのである。概念は、一つの分類の原理を与え、さらにまた、所与の科学の主要な規則をもたらす。一つのタイプの科学は、一つの関心に対応している。というのも、一つの関心は、受容され、同定され、所与の領域で認識されうるものに対する予期をもたらすからである。

ハーバーマスの二番目のアイデアは、三つのタイプの科学を支配している三つの関心が存在すると示唆することで、こうした関係性の境界を定めたことである。最初の関心は、すでに論じたもので、道具的なものである。技術的‐道具的なもの――経験諸科学の領域を支配している――と、経験的知識の支配のもとに置くことのできるものとの間に、等価性があることを述べている。「これは、客観化された過程に対する技術的な統御への認識的な関心である」(309〔「認識と利害」『イデオロギーとしての技術と学問』長谷川宏訳、一六〇頁〕)。ハーバーマスは『ヨーロッパ諸学の危機』におけるフッサールの批判に、自分が言っているよりも多くのものを負っている。というのも、フッサールはそこで、われわれが自然科学を手にしているのは、数学的法則のなかで、われわれが生きている自然の領域を対象化し表現してきたからだ、ということを示そうとしたからである。ポスト・マルクス主義的なのは、対象化と、支配および操作の概念とをハーバーマスが同一視しているところである。先に手短かに示したように、ハーバーマスにとって現代のイデオロギーは、他のあらゆる関心をこうした道具的関心に還元することとして定義されるであろう。これはハーバーマスのマルクーゼ的側面、すなわち、関心と科学のさまざまな階層秩序《ヒエラルキー》が一つの次元のみに平板化されてきたという主張である。認識の関心がコミュニケーション的関心に取って代わってそれを支配するとき、そこに、科学と技術がイデオロギー的に機能するという現代のイデオロギー状況が生じてくる。というのも、科学と技術は、人間をこうした一次元的なものへと還元するのを正当化するからである。

第二の関心は、歴史的‐解釈学的関心と呼ばれている。これもまた方法論的な含意をもっている。ここで興味深いのは、この関心がガダマーの用語で定義されていることである。

事実への通路は、観察ではなく意味の理解によって切り開かれる。経験的‐分析的科学における法則めいた仮説の検証にあたるのは、ここではテキスト解釈である。こうして解釈学の諸規則が、文化的諸科学の言明の妥当性の可能な意味を規定する。(309〔同論文一六〇―一六一頁〕)

それぞれの関心は超越論的である、すなわち、特定の検証のための空間である。あらゆる言明を同じやり方で検証することはない。頼りにする種類の検証は、われわれの関心の性質に依存している。われわれは、歴史的な命題の真偽を立証したいとは思わない。その代わりに、それらの命題を、われわれのコミュニケーションを拡大する能力によって検証する。ハーバーマスがいくつかのより新しい試論のなかで取り上げているように、歴史的‐解釈学的検証は、われわれ自身の人生についての物語を打ち立てる可能性に焦点を当てている。ハーバーマスが精神分析を解釈しようとするやり方は、一貫した物語を構築する能力という観点からなされている。そこではテキストの概念が決定的であり、解釈学の規則はこのテキストに関わっている。

第三の関心は、批判的社会諸科学のなかに見いだされるものだが、これは解釈学的ではない。批判的社会諸科学の特殊性についてのハーバーマスの主張を追うことで、精神分析についての彼の記述に対するわれわれの検討の方向が定められるだろう。ハーバーマスは精神分析を、この批判的社会科学の原型的な例と見ている。補遺はこの議論のための土台となり、議論に転換をもたらしている。ハーバーマスは、体系的社会科学と批判的社会科学とを区別している。ということは、あらゆる社会科学が批判的であるわけではないのだ。「社会的行為についての体系的諸科学、すなわち経済学、社会学、政治科学は、経験的‐分析的科学と同様に、法則的知識を生み出すという目的を持っている」（310〔同論文一六二頁〕）。法則的知識は、個別の事例がいっそう一般的な統制的法則のもとに置かれることを意味している。ヘンペルが言っているように、説明は一つの被覆法則[2]の形をとる（批判的でないいかなる社会科学も、最初の、道具的な関心に属しており、これが、ハーバーマスの区分があまりうまくいってない一つの理由である）。他方で、批判的社会科学は、法則的知識を生み出すことに満足しない。「批判的社会科学はさらにすすんで、理論的言明がどういう場合に社会的行為の不変の規則を把握し、原理上可変的であるようなイデオロギー的に凍りついた従属関係を表現するかを規定することと関わっている」（310〔同頁〕）。こうして、批判的科学の課題は、理論的言明が現実の人間的状況を把握する場合と、発展させられた法則が物象化の状況を現実のなかで記述するような場合との間に、一線を引くことになる。思い出してみれば、これは『経済学・哲学草稿』の初めのところで、イギリスの経済学者たちに対してマルクスが用いていた命題である。マルクスは、彼らは資本主義の性格を正しく記述したが根底にある原理が外化《エイリネーション》であるのを理解しなかった、と主張していた。彼らが規則性として把握していたのは、実際には、外化という状況の仮装物だったのである。ハーバーマスによれば、より標準的な社会科学は、その記述において実際に人間的なものと、すでに物象化され、したがって事実の見かけを備えているものとの間を区別することができない。社会科学のいう事実性は曖昧であるが、それは社会科学が、区別されていない二つの要素――コミュニケーション、シンボル化、制度化などの根本的な可能性という要素と、すでに物象化され事物として現われている要素――を持っているからである。そこで、イデオロギー批判が中心的な役割を持つことになる。というのもその機能は、これら二種類の社会的事実を区別することだからである。

ハーバーマスの言うところでは、第三の関心についての最後の点はこうである。すなわち、それが二種類の事実を区別するかぎりにおいて、「イデオロギー批判は、さらに精神分析と同様に、法則連関に関する情報が、法則の対象となっている人たちの意識のなかの反省のプロセスを際立たせる、ということを考慮に入れている」(310〔同頁〕)。批判とは一つの理解の過程であり、科学的説明の過程を迂回することで前進する。この迂回は、抑圧されてきたものの説明ばかりではなく抑圧の体系の説明をも含んでおり、歪曲された内容の説明ばかりではなく歪曲の体系の説明をも含んでいる。ハーバーマスの主張するところでは、まさしく体系的分析に対するこうした強調のせいで、批判的社会科学は解釈学を拡張したものと見なされることがないのだ。彼によれば、解釈学はコミュニケーションの自発的な能力を拡張させようとするが、このとき歪曲の体系を解体しなければならないとは考えていない。解釈学が関心をもつのはもっぱら局部的な誤りや誤解であって、理解の歪曲ではないのだ。解釈学のモデルは伝記と文献学である。伝記においては、自己理解と他者の直接的な理解を土台として一つの人生の連続性が理解されるが、見かけの下を掘り下げることによって理解されるのではない。文献学においては、さまざまな心の類似性を土台とした理解の普遍的能力が頼りにされる。批判的社会科学は他からはっきり区別されるが、これはその社会科学のおかげで、歪曲の原理を説明するために必要な迂回を行なうことができるようになるからである。こうした迂回は、実際に歪曲されたものを、理解と自己理解のために把握し直すのに必要なものである。

しかしながら私は、解釈学と批判との対比をそれほど押し進めたいとは思わない。私がこうした立場をとるのは二つの理由からである。第一に、批判的な段階なしに解釈学を構想することが私にはできないからである。こうした批判的段階の例は、現代の構造主義その他の客観的アプローチの文献学からの発展に見られる。第二に、批判的諸科学は、それ自身が解釈学的だからである。つまり、それらの科学は、コミュニケーションを拡張させる傾向があることに加えて、自分たちの語る歪曲が自然の出来事ではなく脱シンボル化の過程であることを、前提しているのである。歪曲は、コミュニケーション的行為の領域に属しているのだ。私は、科学の二分法と三分法の間の不一致を、実践的なもののなかでの区分が解釈学と批判的社会科学との区別を導き入れると言うことによって、最小限にしたい。前回の講義で展開した命題が主張しているように、批判という要素はそれ自身がコミュニケーションを再構築する過程の鍵である。したがって、コミュニケーションからの排除《エクスコミュニケーション》とコミュニケーションの再構築は、実践的なものである。私は三分法に同意しない。三分法は、実践的なものを第三の科学と同一視する傾向があり、第二のもの〔解釈学〕を区別された領域として分離する。したがって私は、ハーバーマスとガダマーとの葛藤《コンフリクト》を二次的なものと捉える方に傾きつつある。もちろん、彼らは世代を異にしており、政治的立場も異なっているが。ハーバーマスにとってガダマーは、右派に投票したに違いない古き時代の紳士であり、したがって解釈学は、博物館のなかに過去を保存するようなものである。他方、ガダマーはハーバーマスを、学生たちに譲歩し、それによって罰せられた急進派と見なしている。私は二人のこうした対立には興味がない。というのも、われわれには、コミュニケーションの経験を持つことなしに、どうすれば批判を行なうことができるのかわからないからである。こうした経験はテキストの理解によってもたらされる。われわれは、テキストを理解することによって、コミュニケーションをすることを学ぶ。解放の企てをもたない解釈学は盲目であるが、歴史的経験のない解放の企ては空虚である。

三段落ではなく二段階からなる概念的枠組みを取り戻すために、『認識と関心』の補遺から本論へと戻ることにしよう。ハーバーマスの三分法による分析を認識することは、彼がなぜ精神分析とイデオロギー批判とを批判的社会科学として描写するのかを理解する手助けとなる。しかし、二分法からなる概念枠のおかげで、いま目を向けている主題、つまり精神分析からイデオロギー批判への概念の移行を、より適切に理解することができる。この主題は、ハーバーマスの立論のなかでもっとも興味深いものである。これについて議論するために、主として『認識と関心』の十二の節のうち第十節を参照することにする。そこで二つの問いを立てたい。最初の問いは、精神分析におけるイデオロギー批判にとって範例的なものは何か、ということである。問われているのは、モデルとなっている精神分析の本性である。第二の問いは、このモデルの適切性にかかわるもので、精神分析的状況と、社会科学における批判の位置との間になんらかの意味のある違いがあるのかどうかを、問わなければならない。講義を結論づけるにあたって、私はこの第二の問いを、私のハーバーマス読解を支えている主要な問いのうちの一つ、すなわち、われわれが批判することができるのはユートピアを基盤としてではないのかという問い、に結びつけよう。

この結論を先取りして、ハーバーマスが精神分析と批判との差異という問題に関してほとんど書いていないことを指摘してもよいかもしれない。というのも彼は、さまざまな分岐を識別することよりも、精神分析のなかに何らかの支えを見いだすことの方にいっそう関心を抱いているからである。おそらく、主要な差異はまさしく、批判には、転移状況におけるコミュニケーションの経験と比較しうるようなものがない、ということと関係があるに違いない。社会的批判に転移がないことは、コミュニケーションの疾患を治療するという主張がユートピア的地位を持つことをいっそう明らかにする。精神分析家はユートピア主義者である必要はない。というのも分析家は、たとえ限定されたものであっても、コミュニケーションの再構築を成功させた経験を持っているからである。他方で、社会学者はこうした経験を持たない。なぜなら、社会学者は階級闘争のレベルにとどまっており、精神分析家の状況ではおなじみの承認のこうした縮小版を持たないからである。

第十節の根本テーゼはこうである。すなわち、精神分析は独特なものである、なぜならそれは、根本的に自己反省的な過程における説明の段階を具現しているからだ。精神分析は、説明段階によって媒介された自己反省である。説明は、理解を代替するものではなく、過程全体の一つの部分である。精神分析のモデルの本性を説明するとき、ハーバーマスは三段階でそれを行なっている。最初の段階では、精神分析のパラドクス的構造を検討している。パラドクス的というのは、それが理解と説明の両方を含んでいるからである。こうしたパラドクス的構造は、精神分析についての多くの誤解があることを説明してくれる。こうした誤解は、まったく根拠がないというわけではない。フロイトとその後継者たちは、理解と説明の関係を維持することなく、過程を説明的な、単に因果的でさえあるような、思考の枠組みへと還元した。ハーバーマスは第十一節で、これを「エネルギー分布モデル」と呼んでいる（247〔邦訳『認識と関心』二六〇頁〕）。しかし彼の主張によれば、精神分析のパラドクス的構造は維持できない。というのも、精神分析が言語学的分析と因果連関の両方を扱っているからである。フロイトの天才は、これら二つの要素の間のバランスを保った点にあり、たとえ彼が自らのメタ心理学ではこのバランスを維持しなかったとしても、そうなのである。精神分析のパラドクス的構造は、分析的状況そのものの帰結である。というのも、その構造は、歪曲を加えられたテキストだけではなく、体系的に歪曲されたテキストをも含んでいるからである。そうした歪曲は体系的であると主張しなければならない。それと比べて、文献学は、単なる言語分析の一つの審級である。文献学はさまざまな歪曲——損傷を受けたテキスト、筆写の際の誤りなど——を検討し、批判を通してテキストをつくり上げるよう要求する。しかしそれは、体系的な歪曲ではない。われわれは、何が歪曲されているのかを解釈しなければならないだけではなく、歪曲そのものを説明しなければならないのだ。こうして、「言語分析と、因果連関の心理学的探究」との結合物を手にすることになる（217〔同書二二八頁〕）。こうした結合物はまた、精神分析の認識論的曖昧さの根本的な理由ともなっている。

精神分析的解釈は、主体が自分自身について思い違いをしているような記号的連関を取り上げる。フロイトが、ディルタイの文献学的解釈学に対置している深層解釈学は、作者の自己欺瞞を告げるテキストに関わっている。そうしたテキストには、顕在的内容（…）のほかに、作者が到達できず、それから疎外されているにもかかわらず、作者に属していて、方向づけを与えているような部分の潜在的内容が記録されている。フロイトは、主体に委ねられているものが外化するというこの性格を言い表わすために、「内なる外国」という表現を創り出している。（218〔同書二二九頁〕）、強調は原文。フロイトからの引用は『続　精神分析入門講義』より[3]）

潜在的内容は作者には到達できないものなので、説明的方法を迂回することが必要となる。この一節のなかで、ハーバーマスがフロイトの方法を「深層解釈学」と呼んでいることにも注意を促しておきたい。このことはあらためて、解釈学と批判的科学との分割線を維持することはできないということを確信させてくれる。

　精神分析における言語の二重性のよい例は、おそらく夢の分析のなかに見いだされるだろう。一方では、ある言語分析が必要とされている。夢は解釈学的解読を必要としており、解読されるべきテキストなのだ。ここでは、方法についての言語は文献学的である。しかしながら他方で、夢の歪曲を説明する必要から、夢の作業の理論と、解釈に反対する抵抗についての技法が求められる。ここでは、準－物理学的な用語が用いられている。フロイトの『夢の解釈』の第六章における用語はすべて、歪曲のメカニズム、つまり圧縮・移動・代表・二次的加工を含んでいる。検閲や抑圧といった語彙は、解釈学ではなくエネルギー論に属している。しかしこのことは、歪曲された意味はいまだ一つのコミュニケーションについての問いであると言うことを妨げはしない。夢を見る人は、コミュニケーションから排除《エクスコミュニケーション》されているのであるが、コミュニケーションからの排除《エクスコミュニケーション》とはコミュニケーションの歪曲なのである。ハーバーマスは、こうしたパラドクスをめぐっていくつかの言い回しを用いている。コミュニケーションからの排除《エクスコミュニケーション》とは「公共のコミュニケーションから排除すること」である。そこでは、諸関係は「脱言語化され」、言語は「私物化され」る。そしてわれわれは、「脱文法化された夢の言語」（224〔同書二三五頁〕）を持っている。そこにあるのは、言語ゲームというウィトゲンシュタインの概念である。すなわち、夢のコミュニケーションからの排除《エクスコミュニケーション》とは、コミュニケーションをつくり上げる言語ゲームにおける病いなのである。

　内的障害のために、われわれの日常言語のテキストが理解不可能なシンボルによって中断させられているようなところはどこでも、深層解釈学の対象領域に属している。これらのシンボルが理解されえないのは、それらが日常言語の文法的規則、行動の諸規範、文化的に学習された表現のパターンにしたがわないからである。（226〔同書二三八頁〕）

「抑圧された欲求を解釈する諸シンボルが公共のコミュニケーションから排除されていることから、話し行動する主体の自分自身とのコミュニケーションは、さえぎられている」（227〔同頁〕）。したがって精神分析についての第一の要点は、それが症状、夢、そしてあらゆる病理学的あるいは準病理学的現象を、体系的な歪曲に基づくコミュニケーションからの排除《エクスコミュニケーション》の事例として扱っている、ということである。そしてこれらの体系的な歪曲はどれも、解消されるために説明を必要としている。

ハーバーマスの指摘する第二の要点は、精神分析において分析的状況とは範例的《パラディグマティック》なものだ、ということである。この主題は、精神分析とイデオロギー批判との関係に関するわれわれの議論にとって、中心をなすものである。ハーバーマスにとって、フロイトのもっとも興味深い哲学的貢献は、分析技法についての著作、つまり転移の状況についての著作である。ここでは、コミュニケーションの人工的な状況がつくり出されている。そうした状況のなかにコミュニケーションからの排除《エクスコミュニケーション》という基礎的状況が移入され、取り扱われている。ハーバーマスの主張によれば、技法に関するこれらの著作によってもたらされる範例に基づいて一つのメタ心理学が構築されなければならないのであって、その逆ではない。フロイトは彼のメタ心理学において、二つの異なったモデルを練り上げている。第一に、心的装置のためのトポロジー的モデル――無意識、前意識、意識――であり、第二に、超自我、自我、エスのモデルである。ハーバーマスによれば、これらのモデルは、転移の状況のなかで生じる何かについての図式的な表象である。したがって、分析技法がメタ心理学的モデルを支配しているのであって、その逆ではない。ハーバーマスの言うところでは、残念なことに、フロイトとフロイト学派が進展させたのは、モデルから出発し、分析的状況において生じることをこのモデルにしたがって解釈する、という態度であった。フロイトと彼の後継者たちは、モデルが実際には分析的経験から引き出されたものであることを忘れてしまった、というわけである。

ここでの、フロイトについてのハーバーマスの評価は、マルクスに対する彼の評価と興味深い一致を示している。すでに見たように、ハーバーマスは、マルクスの研究が実際に行なっていることは、マルクスが自分で言っていることよりも興味深いものだ、と言っていた。マルクスの研究は生産関係と生産力との区別を主張しているのであり、それは、こうした弁証法が、生産構造しか含まないような一次元的なモデルのなかで廃棄されるとしても、そうなのである。マルクスを救うためにも、フロイトを救う必要がある。なぜなら、転移の状況に対するフロイトの洞察は、生産関係の意味の理解を再び活性化する助けとなるからである。ある意味において、われわれの課題は、マルクスとフロイトの両方における課題と同じである。すなわち、われわれは、技法の研究に対する彼らの現実の具体的な貢献に訴えなければならないのであり、また、これらの研究の現実の指摘を土台として、マルクスとフロイトの説明モデルに反駁を加えなければならないのだ。それらの実際の研究が彼らのモデルを支配しているのであり、その逆ではない。

フロイトの研究が精神分析的モデルとして書き換えられたことを述べるまえに、分析的経験そのものについて述べておくべきだろう。この、患者と分析家に共通の経験は、自己意識の発生の経験である（228〔同書二三九―二四〇頁〕）。ハーバーマスにとって、これは精神分析の中心的理解であり、イデオロギー批判に対する鍵である。階級闘争の目的は承認《リコグニッション》であるが、われわれは、承認が精神分析的状況において何を意味するかを知っている。「エスがあったところに自我がなければならない」というフロイトの重要な定式は、分析的洞察を要約している。したがって、分析的状況が精神分析にとっては範例的《パラディグマティック》である第一の理由は、自己認識《セルフ・リコグニッション》がその過程全体を支配しているからだ、というものである。

分析的状況が範例的である第二の理由は、自己認識が、抵抗を解消することによって成し遂げられる目的の一つとなっているからだ、というものである。精神分析における抵抗の概念は、イデオロギーにとってのモデルとなるだろう。一つのイデオロギーは一つの抵抗の体系なのである。イデオロギーは、われわれがどこにいるか、われわれが誰であるかなどの認識に抵抗するのだ。ここでの精神分析の決定的洞察は、抵抗の体系の知的理解では十分でない、というものである。たとえ患者が自分の状況を知的に理解しても、そこでの情報は、リビドーの経済の再構築に至らなかったなら、役に立たない。社会的世界においてこれに並行するものとして、マス・メディアの役割に目を向けよう。メディアが社会における権力の現実の本性についての情報をどの程度与えてくれようと、こうした知識はそれ自体としては役に立たない。というのも、それは権力の配分になんの衝撃ももたらさないからである。情報の自由な体制は、現実の権力体制によって中和化される――これは私自身の例であって、ハーバーマスのテキストのなかにある例ではないのだが。実際には、ハーバーマス自身は、批判的諸科学の固有のモデルという問いについて、フロイトとマルクスとのはっきりとした比較を行なっていない。これをしなければならないのは、われわれである。ハーバーマスがフロイトとマルクスの関連について書いているのは、このあと、マルクスの文化理論についての第十二節においてでしかなく、第十節の段階では、ハーバーマスはフロイトにのみ焦点を当てている。分析的状況は、批判的社会科学のための範例的モデルなのである。なぜなら、それは抵抗の理論に基づいているからである。分析の課題は、抵抗をある種の仕事、フロイトがDurcharbeitung（徹底操作）と呼んだものによって解消することである。「徹底操作とは、もっぱら抵抗にさからって再認《リコグニション》へと導く認知的な働きの力動的な構成要素のことを指している」（231〔同書二四二頁〕）。これはよい定義である。というのもそれは、抵抗を相手にすることで再認へと導く認知的な働きというかたちで、三つの概念を統合しているからである。

ハーバーマスが生活史の再構築をこうした過程のなかに具体化させているという事実（233〔同書二四五頁〕）については、ほのめかすだけにしておこう。物語《ナラティヴス》の構成――物語《ストーリー》として、物語＝歴史《ヒストリー》としての構成――に興味を抱いている者にとって、分析的経験の物語的構造についてのハーバーマスの議論のなかには、かなり役に立つものがある。一つの生活史を含んでいるのだから、その基準は検証のそれではない。その関心は、事実ではなく、われわれの生活史の意義ある全体をつくり上げる能力に向けられている。生活史の再構築とは、コミュニケーションからの排除《エクスコミュニケーション》を類型化する分割の過程を反転させたもののことなのだ。

精神分析的状況が認知的な働き、抵抗の克服、再認を、含意しているとすれば、この核となる経験はフロイトによって一つの構造的モデルへと変形されている（237〔同書二四九頁〕）。この変形が、精神分析についてのハーバーマスの第三の要点である。ハーバーマスはこうした展開が、とりわけ一九二三年に書かれた「自我とエス」に当てはまると考えているが、この変形は、一八九五年の諸著作や一九〇〇年に書かれた『夢の解釈』の第七章のモデルなど、フロイトが継続的に示しているモデルのすべてのなかに現われている。ハーバーマスの主張によれば、構造的モデルは正当である。なぜなら、われわれは因果連関を、いっそう一般的な解釈という過程のなかに導き入れなければならないからである。過程は解釈的であるが、因果的エピソードを含んでいる。分析的状況から構造的モデルが生じてくることに気づいている限り、濫用の危険はない。しかしながら、このモデルが、記述している状況から切り離されたとき、一つのイデオロギーとなる（この点での「イデオロギー」という用語の使い方は、ハーバーマスのではなく、私自身のものである）。分析的経験から切り離されたとき、構造的モデルは対象化となり、精神分析はこれによって深層解釈学との提携を拒み、自然諸科学を模倣しようとする。

　確かに、フロイトの多くのテキストは、精神分析は自然科学であると主張している。フロイトがこうした段階をたどったのにはいくつかの理由があるのだろう。第一に、フロイトは、承認されるために必死で戦わなければならなかったため、自分が科学者であると主張しなければならなかった。彼にとって、承認される唯一のやり方は、一人の科学者たることであったのである。第二に、彼自身が生理学の訓練を受けていたことで、彼にとって精神分析は一つの暫定的段階でしかなく、いつか薬理学に取って代わられるだろうと考えていたのだ。精神分析が必要なのは、われわれがいまだ脳の働きを知らないか理解していないからにすぎない、というわけだ。これは奇妙なことである。というのも、彼はいたるところで自己理解を強調しているが、それは薬理学のような科学と両立しえないからである。

　いずれにせよ、分析的経験から構造的モデルが生まれたことに留意するなら、構造的モデルを再びわれわれのものにすることができるだろう。この枠組みのなかでエスのような用語が意味をなすのは、それを文字通りに中立的なものとして把握することができるからである。われわれ自身のいくつかの部分はけっして認識されることがなく、他者からだけではなく自分自身からもコミュニケーションから排除されている《エクスコミュニケイテッド》のだから、それらの部分は一つの物として現われることになる。エスは、われわれがけっして理解することのない自分たちの経験の一部、つまり、われわれがけっして到達できない、したがって物のような存在を、うまく記述している。エスとはコミュニケーションから排除《エクスコミュニケイテッド》されているものの名なのである。

コミュニケーションからの排除《エクスコミュニケーション》の概念は、構造的モデルを支配している。コミュニケーションからの排除《エクスコミュニケーション》そのものが、コミュニケーション行為の概念の体系に属しているので、ある種のコミュニケーション行為は、準自然主義的なモデルに鍵をもたらすのである。

> 抑圧の作用を欲求の諸解釈そのものの追放として捉えることは、私にはもっともなことだと思われる。文法の枠を外され、イメージに関して圧縮された夢の言語が、この種のコミュニケーションからの排除《エクスコミュニケーション》のモデルにいくらかの手がかりをもたらすからである。この過程は、おそらく、その効力が原始時代には特にはっきりとしていたような、刑罰という特別なカテゴリー、すなわち、排斥、追放、言語を共有している社会集団から犯罪者を孤立させることの、精神内部での複製物であろう。個々のシンボルが公共のコミュニケーションから切り離されることは、おそらく同時に、それらの意味内容の私物化を意味したであろう。(241-242〔同書二五三—二五四頁〕)

私は、ハーバーマスの分析のこの部分が大いに気に入っている。内部から追い払うという過程のみによって、エスのような何かが出現する。エスは所与のものではなく、排除の産物なのである。私の考えでは、これはフロイトの正統な解釈である。抑圧は、自然の力によってではなく、ある文化的状況のもとでの力によって生み出されるのだ。抑圧とは、機械的な現象ではなく、われわれが自分自身を認識するとき、われわれが仲間から自分自身を追い払うときに生じることについての、因果的な言葉遣いでの表現である。

精神分析に関するハーバーマスの性格づけについての議論を結論づけるにあたって、彼の一般的な命題は、「〔精神分析〕理論の言語は、技法を記述する言語よりも貧しい」(245〔同書二五七頁〕)と言うことができるだろう。ハーバーマスにとってこうした注釈は、批判は機械論的体系の一部ではないのだから、機械論的な言葉によるマルクスの解釈でマルクスの批判を説明することができない、という彼の言述と同じくらい重要なものである。フロイトの場合のように、もしわれわれが、精神分析の機械論的モデルを扱えば、分析的経験が要求する自己反省の過程を説明することはできない。「非常に奇妙なことだが、構造的モデルは、それ自身のカテゴリーが啓蒙の過程に由来することを否定しているのだ」(245〔同書二五八頁〕)。こうした言明によって、ハーバーマスについての分析における最後の主題へ移行しよう。われわれは、啓蒙——Aufklärung〔啓蒙〕、十八世紀哲学の名称——の過程がハーバーマスの批判、その関心が解放にあるような批判をいかに方向づけているのかを、議論しなければならない。解放として理解された啓蒙は、どれくらいイデオロギー批判の中心においてユートピア的要素を持っているのだろうか。

ここには注目に値する二つの問題がある。第一に、精神分析モデルがイデオロギー批判の概念を構築するうえでどの程度助けとなるのかを考察しなければならない。この並行関係の原理と、その拡張の範囲を確かめなければならない。第二に、自己反省の概念と批判一般の概念のなかにユートピア的構成要素がどの程度あるのかを、考察しなければならない。私はこれら二つの問いを結びつけるつもりだが、それは、精神分析とイデオロギー批判との違いは最終的に、後者におけるユートピア的要素が還元不可能だという点にある、と考えているからである。こうした結論は、ハーバーマスのテキストの厳密な読解というより、個人的な解釈である。

先に指摘したように、ハーバーマスは『認識と関心』において、奇妙にも、精神分析についての結論のいくつかをイデオロギー批判へと転移させる可能性について、ほんのわずかしか語っていない。読者が、これらの帰結を抽き出してこなければならないのである。私はみずからの読解に基づいて、精神分析とイデオロギー批判とのこれらの比較を描き出すつもりである。そして、もっとも類似したものからもっとも類似しないものへ、一定の順序に従って進むつもりである。そして最終的に、〔精神分析とイデオロギー批判という〕二つの企ての根本的な差異を問うことになるだろう。

精神分析モデルがイデオロギー批判に転移可能なのは、四つの主要な点においてである。精神分析による迂回は、第一に、自己反省が全体としての批判的社会科学の主要な動因であることを描き出している。精神分析が範例的なのは、それが自己回復、自己理解の過程だからである。第二の転移可能な側面は、精神分析とイデオロギー批判の両方において、歪曲が、解放としての同じレベルの経験に属しているからである。歪曲が生じるのは、コミュニケーションの過程においてである。したがって、階級闘争についてさえ、われわれはコミュニケーションという用語で語るよう強いられる。階級闘争は、葛藤している諸力だけではなく、人間どうしのコミュニケーション過程の崩壊をも含んでいる。そうなると、人々は異邦人となる、すなわち、階級が異なると同じ言語を話さないのだ。コミュニケーションからの排除《エクスコミュニケーション》は、文体、文法、語彙の豊かさなどのレベルにさえ広がっている。しかし差異は、集団の言語的道具の間ばかりではなく、集団どうしが互いを見ているときのシンボル体系の間にもあるのだ。

> 臨床的状況においてと同じように社会においても、病理学的強迫そのものは、その除去に対する関心を伴っている。社会的諸制度の病理と個人的意識の病理はともに、言語およびコミュニケーション行為の媒介のうちにあり、コミュニケーションの構造的変容という形式をとる。(288〔同書三〇三頁〕)

フロイトは、マルクスが力について語っているときだけではなくあらゆる場合において、マルクスをコミュニケーション過程という用語のもとで読み直すための手助けとなる。

精神分析とイデオロギー批判の間の共通性の第三の点は、それらの歪曲は体系的なのだから、われわれの通常のコミュニケーション能力の単なる拡張によって解消するよう期待することはできない、というものである。会話を構成する通常の解釈手段は役に立たないのだが、それは、われわれが誤解ではなく、体系的な歪曲に直面しているからである。このことがわれわれに、媒介となる技法、因果的説明という迂回を適用することを要求する。したがって、精神分析とイデオロギー批判の両方において、コミュニケーションからの排除《エクスコミュニケーション》からコミュニケーションの再構築への動きは一つの説明的段階を持っており、この段階には、隠蔽され物象化された過程の一部分を扱うための理論的モデルをつくるということが含意されているのである。

われわれはこれによって、第四にして最後の並行関係へと導かれる。因果連関を扱う構造的モデルは、つねに、コミュニケーション状況から引き出されてこなければならない。しかしこのモデルは、この状況から抽象され、したがって物象化されることもありうる。ハーバーマスの考えでは、マルクス主義と精神分析で生じていることの間には完全な並行関係がある。すなわち、それぞれのモデルは、それが構想されたもともとの状況から抽象されて、物象化された構造的モデルとなった、ということである。フロイトにおけるエネルギー論的モデルは、正統マルクス主義における上部構造と下部構造と同じような曖昧な地位にある。

〔構造的モデルにしたがう〕第二のグループの言明に目を転じるならば、精神分析とイデオロギー批判の比較がどこでずれ始めているかを理解することができる。不一致が生じ始めるのは、マルクスとフロイトがそれぞれ人間による文化の構築において強調していることを、突き止めようとするときである。「歴史の自然的基礎としてマルクスの関心を引いたのは、可能な労働というカテゴリーのもとでの、人類に特有の身体的有機組織、すなわち道具をつくる動物、ということである。これと対照的に、フロイトの眼は、社会的労働の体制にではなく家族に向けられていた」(282〔同書二九六頁〕)。マルクスは人間を道具使用者として記述し、フロイトは人間を、幼年時代を過ぎたあとでさえ子どもであり続けるものとして記述した。フロイトによれば、根本的な問題は労働ではなく、本能の断絶であり、文化的体系はそれによって機能するのである。文化についての三つの偉大なテキスト――『ある幻想の未来』『文化への不満』『モーゼと一神教』――のなかフロイトは、すべてはリビドーの消失、人が社会の一員になるために満足させられなければならないリビドー的な快をその尺度としている。文化についてのフロイトの見方は悲観的なものである。というのも、彼は、社会が機能するのは、社会体制を守っている代償、禁止、昇華を土台としてのみだ、と考えているからである。フロイトは、「コミュニケーション的行為の動機的基礎の起源に注意を集中する」(283〔同書二九七頁〕)。

マルクスとフロイトとのこうした分岐は、テキストの第十二節において現われ始めている。それは、この二人が直接に比較されている唯一の場所である。ハーバーマスは、「一つの社会理論に対する精神分析的な鍵」について「この社会理論は、マルクスの人類史の再構築と驚くほど一致するが、他の点では、特徴的な仕方で新しい観点を主張している」と書いている。（276〔同書二九一頁〕）。並行関係は、すべてのことがらに広がっているわけではない。というのも、フロイトの関心は、人間は本能を断念したからこそ動物以上のものになったという事実に限定されているからである。ハーバーマスは、フロイトの『ある幻想の未来』から、「いかなる人も潜在的には文明の敵である」という、強い印象を与え、いろいろな意味で戦慄させる主張を引用している（277〔同頁〕）[4]。社会は、この破壊的次元、フロイトがサディズムと死の本能に結びつけた次元に対して処置を講じなければならない。とりわけ死の本能は、マルクスにおいて対応するものを持たないように思われる。フロイトの考えでは、罪責とは、個人による破壊に対する〔文明の〕番人である。ハーバーマスは次のように注釈を加えている。

いかなる人も潜在的には文明の敵である、という最後の主張は、フロイトとマルクスとの違いをすでに指摘している。マルクスは制度的枠組みを、社会的報酬と課された責務の関係にしたがった社会的労働の体制の直接的関数であるさまざまな利害の規制として捉えている。制度はその力を、権力に根を持ち、階級構造にしたがって歪曲されているような報酬と責務の配分を永続化することから引き出している。反対に、フロイトは制度的枠組みを、本能的衝動の抑圧と結びつけて捉えている。（277〔同書二九一―二九二頁〕、強調は原文）

抑圧はフロイトにとって根本的である。一方、マルクスにおいては、それは補足物であり、分業と階級構造によって導入された歪曲である。ある時期、フロイトはボルシェヴィキの企てにある種の共感をもっていたが、また、それを用心しつつ見てもいた。というのも、本能のバランスを根底から変化させることのない政治的実験は、真の革命ではないと見抜いていたからである。

しかしながら、フロイトとマルクスとの間のこれらの差異にもかかわらず、フロイトは、この第二のレベルでの比較において、依然として役に立つ。この第二の段階において、精神分析とイデオロギー批判の間には差異と類似性のバランスがあり、他方、最初の段階では類似性しかなかった。フロイトにおいて範例的であり続けているのは、彼が提示している一種の希望である。マルクスにそれを見いだすのは難しい。階級構造は乗り越えられていないので、人間存在の合理性を打ち立てることができないからである。対照的に、精神分析の過程には、いくらかの自己理解と自己反省が姿を現わしているのを見て取ることができる。

　精神分析のこの次元は、イデオロギー批判との比較の第二段階ばかりではなく、並行関係の欠如が前面に出てくる第三段階にも影響を与えているのだが、こうした次元について論じるために、テキストの二八四頁から二九〇頁〔訳書二九八―三〇五頁〕に集中してみよう。私の知る限り、「ユートピア」という語が用いられているのは、後記のほかにはこれらのページだけである。ハーバーマスはフロイトを十八世紀の人間、啓蒙主義の人と見なしている。確かにこれは正しい。ハーバーマスの理解では、啓蒙主義の目的はユートピアの合理性の弁護、合理的希望の提唱である。「啓蒙主義の諸理念は、歴史的に伝承された幻想の地盤から生じている。したがって、われわれは啓蒙主義のさまざまな行動を、与えられた条件のもとで、文化的伝統のユートピア的内容の実現可能性の限界を検証する試みとして理解しなければならない」（284〔同書二九八頁〕）。こうした言明は、幻想と妄想が区別されているフロイトの後期の著作のなかで発展させられたアイデアと結びついている。妄想は非合理的な信念であり、幻想は合理的な人間存在の可能性を表わしている。ハーバーマスはフロイトの『ある幻想の未来』を引用している。「私の言う幻想とは、宗教的なものとは異なり、修正が可能で、妄想的な性格を持っていない。もし、経験が（…）われわれが誤っていることを教えるならば、われわれは自分たちの期待を断念するだろう」（284〔同書二九九頁〕）[5]。フロイトは、和らげられたユートピア的な心の概念、すなわち、啓蒙主義の精神、合理性の精神によって和らげられた心の概念を提案している。こうした概念がフロイトのなかに見られるのはなぜなのだろうか。「フロイトは、医師のソクラテス的助産法が、病的な強迫とそれに対応するこの強迫の除去への関心のもとでのみ、患者の自己反省を促進することができるという状況のなかで、理性と関心とのこうした統一に出会う」（287〔同書三〇二頁〕）。合理的内容に希望を与えるような、関心と理性との同一性が存在している。こうした性質は、イデオロギー批判と精神分析との間にいかなる並行関係が示唆されようとも、その関係のなかには欠けているものであろう。

いまや、精神分析とイデオロギー批判の間に並行関係のないことが強調されるべきところへと到達した。私の考えでは、根本的な差異は、イデオロギー批判には精神分析における患者と医師との関係に比較しうるものがないという点にある。ハーバーマスが、精神分析においては患者と医師の関係が範例的であり、構造的モデルはこの状況に由来しているという考えを発展させるとき、イデオロギー批判と精神分析との並行関係について語らないのは、偶然ではない。イデオロギー批判のなかによく似たものがないかどうか、調べてみなければならない。ここでの重要なテキストは、移行の段階のためにいま引用したばかりのものである。先の箇所の数行前のところから始めよう。

分析的状況は、直観と解放の統一、洞察と独断的依存性からの解放との統一、理性とフィヒテが自己反省の概念のなかで発展させた理性の関心づけられた使用の統一を、現実のものにする。(…)フロイトは、医師のソクラテス的な問いかけが、病んだ人の自己反省を助けることができるという状況のなかで、理性と関心とのこうした統一に出会う。(287〔同頁〕)

分析的状況は、直観と解放の統一を現実的(wirklich)にする。そして、医師のソクラテス的〔知の産婆術的〕な問いかけは、このことが生じるように手助けするのである。患者と医師とのこうした関係は、精神分析状況に特有のものである。それはときどき、少なくとも今世紀においては、一つの契約関係としてさえ提示されている。ある者は自分を患者と呼び、別の者は医者として訓練され、患者によって医師と見なされる。私が病気であり助けを求めているような状況の認知があり、あなたは私を助けることのできる人だ、というわけである。この状況は、ハーバーマスの定義では対話的であるが、これは経験が分かち持たれているという意味においてではなく——分析家は禁欲的であり、なにも共有していない——、分析家が患者に相対しており、助けを提供するという意味においてである。

医者と患者の関係性のこうした最初の状況は、イデオロギー批判のなかに対応するものをなにも持たない。イデオロギー批判においては、誰も自分が病気であり患者であると認めることはない。そして、誰も医師である権限を持たない。社会学者や作家には、ある程度まで医師の役割を果たすことができると主張する者がいるかもしれないが、このことは、価値から自由な思考者が本当に存在しうるかどうかという問題を提起する。ある意味で、分析的状況における精神分析家は価値から自由な思考者であろう。というのも、分析家は転移の対象だからである。しかしながら、イデオロギー批判において同じ立場となるものが誰なのかは、私にはわからない。というのも、思想家さえも、論争的状況の一部だからである。思想家は論争的状況を超越することはなく、イデオロギーの概念は、思想家にとっても、論争的概念であり続ける。他方で、精神分析家は神経症の概念を、患者に対して論争の道具として用いることはない。ここで精神分析とイデオロギー批判との間に並行関係が欠けていることが、後者にとって面倒な帰結をもたらす。というのも、イデオロギー批判自身が批判の対象項となるからである。すなわち、イデオロギー批判の地位そのものが、イデオロギーの論争的状況に属しているのだ。これが、精神分析とイデオロギー批判の並行関係がうまくいかない最初の点である。

並行関係がうまくいかない第二の点は、イデオロギー批判のなかに転移《トランスファレンス》という精神分析的状況に比較しうるものがなにもない、ということである。転移とは、神経症的な場面で生じることが患者と医師の関係という縮図的な人工的場面に移転させられるという、決定的な手順のことである。それは、神経症的な場面と幼児期の原光景との間に媒介となる場面をつくる。こうした媒介となる人工的状況を生み出す技術は、精神分析の経験を実効性のあるものにしている。ここで問われるのは、たとえばイデオロギー批判による階級提携の検討が、こうした転移の状況と同じ役割を果たすことができるかどうか、という点である。

並行関係がうまくいかない第三の、最後の点は、イデオロギー批判には再認《リコグニッション》が欠けていることである。医師と患者の関係は、単に契約の状況というだけでも、転移の手順というだけでもない。それは、相互承認を最終的に含意するような場合でもあるのだ。しかしながら、Ideologiekritik〔イデオロギー批判〕においては、再認が働いているとは言えない。たとえば、アルチュセールは『レーニンと哲学』のなかで、再認の可能性を徹底的に否定している。彼は、マルクス主義的知識人とブルジョワ知識人との間に境界線を引かなければならない、と述べている。少なくとも正統マルクス主義者たちにとって、状況は一つの戦争であり、われわれは、いっそう従順で人間化された他のマルクス主義者たちの見解よりも、こうした見解の方を範例的なものと見なさなければならない。正統マルクス主義の主張によれば、再認の概念は、もっぱら階級のない社会についての一つの見込みである。階級のない社会では再認がなされるだろうが、再認がその社会の企てに推進力を与えると言うことはできない。

私の批判は、ハーバーマスへの反論というより、問題それ自身のための分析であり、精神分析とイデオロギー批判では成功の基準が異なっている、というものである。イデオロギー批判のなかにいくつかの治療的契機がある点については同意できるだろう。たとえマルクス主義者でなくても、マルクスを読むというのは一つの個人的出来事であり、社会に対する展望を変えてしまうのである。これによって、民主主義の外観にそれほど欺かれなくなるといったこともある。だから、こうした変化には、直接的にも間接的にも政治的意味がともなう。異なる意見は、民主主義のプロセスそのものにとって根本的である。内的批判のために、こうした異なる意見を容れる余地を保っておかなければならない。また、イデオロギー批判は意識化へと導くことができる、と言うこともできる。意識化(conscientization)とは、パウロ・フレイレのようなラテン・アメリカの思想家たちが発展させたものである。これもまた、政治的治療の一つの形態である。しかし、一般にイデオロギー批判には、直接的な経験的要素が欠けている。それは、社会的機構の中枢部分の分析といったレベルでいっそう機能する。イデオロギー批判も何らかの治療的結果を生み出すかもしれないが、めざしているのはあくまで批判である。他方、精神分析は批判と治療の両方を含んでいる。治療の役割は治すことだが、実際に、イデオロギー批判で治る者はいない。多くの者が傷を受けるが、治る者はほとんどいないのである。

イデオロギー批判は、闘争の過程の一部であって再認の一部ではない。自由なコミュニケーションという考えは、満たされることのない理想、統制的理念、フロイトが妄想と区別した意味での「幻想」であり続けている。ここでは、ユートピア的な要素が、精神分析的状況において再認の経験が埋めている欠落を補っているのだろう。ユートピア的要素は、精神分析的状況に対応するものがないことと結びついている。この関係を示唆するのは、ハーバーマスがフロイトについての議論のなかでこの点に関してユートピア的主題に訴えているところである。

> こうして、苦痛の圧力とともに措定されている関心は、社会体制においてもただちに啓蒙への関心になる。反省は、この関心が実現される唯一可能な運動である。理性の関心は、抑圧された動機が練り上げられて希望的空想にまでなった、人類の巨大な幻想を、少しずつ、批判的－革命的に、しかし試行的に実現しようとする。（288〔同書三〇三頁〕、強調はリクール）

ハーバーマスは、数行付け加えている。「「善」とは、慣習でも本質でもなく、むしろ空想の結果である。しかし、その空想は、ある根本的な関心に対応し、はっきりと述べられるくらい精密でなければならない。そして、その関心は、歴史的にみて、与えられた条件や操作可能な条件のもとで客観的に可能であるような解放の尺度への関心にほかならない」と。空想はドイツ語でPhantasieであり、これは気まぐれではなく想像力のことである。したがって、私には好ましく思われるのだが、ハーバーマスが議論しているのは社会的想像力についてなのである。

より最近の著作のなかで、ハーバーマスは精神分析とイデオロギー批判には並行関係が欠けているという批判に、コミュニケーション能力《コンピタンス》の概念を前進させることで答えようとしている。コミュニケーション能力はユートピア的構築物であり、理想的な発話状況、歪曲されないコミュニケーションを可能にするものである。しかしながら、こうした概念に助けを求めることは、ユートピア的要素の本性についての問題を提起する。この問題は、『認識と関心』を読むとき生じてきたものと似ている。「能力《コンピタンス》」という言葉が曖昧に用いられている。他方で能力は、われわれの自由になる何か、われわれがそれを用いたり用いなかったりすることのできる潜勢力である。それは、チョムスキーにおける行為遂行《パフォーマンス》の相関項である。私はフランス語を話す能力《コンピタント》があるのだから、フランス語の一節を行為遂行《パフォーム》することができる。しかしながら、コミュニケーション能力は、われわれの自由になる何かではなく、むしろ、カント的〈理念〉、統制的理念として現われてくるような何かである。私の問いは、対話を継続するためにはこの理念が必要だが、そのためにはある種の人間学あるいは存在論が求められるのではないか、というものである。これは、ハーバーマスとの議論においてガダマーが一貫して反論しているところである。もし、「言語とはわれわれである」(das Sprach das wir sind)、つまり、われわれは対話である、と語った詩人ヘルダーリンを理解しなければ、われわれが対話であるべきだという意味を理解できないだろう。もし、対話がそのなかでわれわれが誰であるかを構成しているという存在論を持たないならば、こうしたコミュニケーション的理想を持つことなどできはしない。これは単に強調の問題なのかもしれないが、ハーバーマスは、境界線と拘束なしのコミュニケーションというユートピアを通してでなければ、われわれがそうであるところの対話をいかにして理解することができるか、と問うているのである。

私自身については、このユートピア的要素の込み入った役割を完全に受け容れる。というのも、ユートピア的要素は究極的には、あらゆるイデオロギー理論の構成要素となっていると考えるからである。われわれがイデオロギーについて語ることができるのは、つねにユートピアの深みからである。これは、全体的人間、朝には釣りに行き、午後には狩りをして、夕べには批判を行なうというよく知られた人間について語った、青年期のマルクスにもあてはまる。こうした、分業を超えて横たわる全体性の再構築、統合的人間という観点はユートピアがもたらすものだが、このおかげでわれわれは、イギリスの経済学者たちは賃金、資本、労働の間の経済的関係の表面を掘り下げることがなかったと批判することができるのである。

結論として、ユートピアの構造について少し述べておきたい。私はユートピアを、さまざまな起源をもつ諸要素の複雑なネットワークとして理解している。それは、単純なものではなく、いっしょに働いている一群の力である。ユートピアは、まず自己反省の概念によって支えられている。これがユートピアの主要な概念であり、あらゆる批判、あらゆる分析、コミュニケーションのあらゆる再建の、目的論的構成要素である。私はそれを超越論的構成要素と呼ぶ。この要素は、イデオロギー批判とドイツ観念論との統一性、そしてまた最終的には、イデオロギー批判と哲学の伝統全体との統一性を保っている――実践のためには理論との関係を絶つべきというハーバーマスの主張にもかかわらず。理論と実践とにずっと共通しているのは、この自己反省の要素である。自己反省は、日付を持たず、歴史的起源の点を持たないが、人間であることの根本的可能性という意味で、歴史的ではなく超越論的である。青年期のマルクスが動物と人間との違いについて述べたとき、彼はその間に一本の線を引いた。動物との違いは、人間存在だけが超越の要素を用いることのできるというのである。私は、この要素を超越論的と言いたい。というのもそれは、何か別のことを為すときの可能性の条件だからである。

ユートピア的構造の第二の構成要素は、文化的なものである。この属性は近代的なものであり、啓蒙主義の伝統からきている。それは空想の要素に、矯正の可能性や、実現可能性の限界を検証する可能性を付け加える。すでに引用した箇所だが、もう一度引いておく。「啓蒙主義の諸理念は、歴史的に伝承された幻想の地盤から生じている。したがって、われわれは啓蒙主義のさまざまな行動を、与えられた条件のもとで、文化的伝統のユートピア的内容の実現可能性の限界を検証する試みとして理解しなければならない」(284〔同書二九八頁〕)。理念は歴史的に伝達される。ユートピアはそのとき、単に歴史を欠いた超越論的要素ではない。なぜならそれは、われわれの歴史の一部だからである。このことから、ガダマーとハーバーマスとの大きな違いは、もしかしたら彼らが同じ伝統を持たない点にあると言うことができるのではないか。ガダマーが、ロマン主義よりもドイツ観念論の伝統にいっそう寄りかかっているのに対して、ハーバーマスは、ドイツ観念論よりも啓蒙主義に依っているのだ。ハーバーマスとガダマーがともに歴史的に位置づけられるのは、避けられないことである。誰もあらゆる伝統の外部にいることはできないからだ。自己反省の強調でさえ一つの伝統である。自己反省は、非歴史的要因、私が超越論的構成要素と呼んだものと、文化的構成要素、つまり歴史の両方を持っている。ハーバーマスが関心と理性の統一について述べるとき(287, 289〔同書三〇二頁、三〇四頁〕)、これは典型的に啓蒙主義の主題なのである。

ユートピア的構造の第三の構成要素は、空想《ファンタジー》である。空想は、フロイトが幻想《イリュージョン》と呼んでいるものに対するハーバーマスの用語である。思い出してみれば、幻想は妄想《デリュージョン》とは区別されている。妄想は検証不可能であり、かつ実現不可能である。幻想や空想は、希望、合理的な希望の要素である。ハーバーマスは、フロイトについての議論のなかだけでなく、「後記」における体系的テーゼのなかでも、この主題を展開している。後者のなかで、ハーバーマスは、人類は、仕事、言語、権力のような根本構造に根を下ろしていると述べている。しかし彼は、われわれのなかにはこうした条件性を超えたものもまた存在していると付け加えており、それがユートピア的なものである。ハーバーマスはとりわけこの文脈において「ユートピア的」という言葉を用いている。「社会は、自己保存の体系であるばかりではない。リビドーとして個人のなかにある、心を引き寄せる自然の力は、自己保存の行動体系から引き離され、ユートピア的充足へと向かう」（312〔「認識と利害」一六五頁〕）。空想とは「ユートピア的充足へと向かう」ものなのである。ハーバーマスによるユートピアと自己保存との対置は、最善の意味でのイデオロギーとユートピアとの関係に対するよい洞察である。いずれギアーツのところで述べるように、イデオロギーの根本的機能とは、集団のアイデンティティであれ個人のアイデンティティであれ、アイデンティティを確たるものとすることである。他方、ユートピアは、「自己保存の行動体系」と関係を絶ち、「ユートピア的充足へと向かう」。ハーバーマスにとって、こうしたユートピア的要素の役割は、「認識は自己保存の道具として役に立つとともに、単なる自己保存を超えている」（313〔同頁〕）というテーゼへと導くものである。ユートピアとはまさしく、認識を構成する三つの関心——道具的なもの、実践的なもの、批判的なもの——を、一つのものに還元されてしまうことから守るようなものである。ユートピア的なものはさまざまな関心のスペクトルを開き、それが閉ざされてしまうことや、壊れて道具的なものになってしまうことを防ぐ。

したがって、肯定的な意味でのユートピアは、合理的な希望という形態であれ、もしかしたら結局は合理化されえないかもしれない、可能なものと不可能なものとの境界線にまで及んでいる。したがってこう言ってかまわないであろう。すなわち、こうしたユートピア的要因は還元不可能であり、イデオロギー批判は、解放の過程が現実の相互承認の導きのもとで自己認識へと至るような、精神分析における転移に似た経験に頼ることはできないのだ、と。完全な相互承認などは、あらゆる治療そのものにおいてもユートピア的要素であるのだろう。ユートピア的空想とは、理想的な発話行為、理想的なコミュニケーション状況、境界線のない、拘束のないコミュニケーションといったものである。こうした理念がわれわれの抱く人間という概念そのものを構成しているのだろう。われわれは人間について、一つの類としてばかりではなく、実際に一つの課題として語る。それは、人間性が与えられるのはどこにもない場所《ノーウェア》においてだからである。ユートピア的要素は、われわれが方向づけられている人間性の概念、われわれがたえず生活へともたらそうと試みている人間性の概念なのであろう。

最後の三回の講義で、ユートピアについてのいっそう詳細な議論を行なうまえに、次回のギアーツについての講義で、イデオロギーについての分析を終えるつもりである。ハーバーマスは、移行段階の人物であった。彼は、マンハイムのパラドクスを避ける社会的批判の可能性、イデオロギーと科学との分割を確実なものにした。彼がウェーバーに拠りつつ示しているのは、われわれは批判の過程の最後においてのみ、自らの仕事として、権威の要求というものを回復させることができる、ということである。そして彼は、こうした回復がコミュニケーションからの排除《エクスコミュニケーション》と脱シンボル化から承認とコミュニケーションへ移転していることに対して、注意を喚起している。最後の点については、ギアーツを先取りしている。そしてギアーツは、イデオロギーが行為のシンボル的構造を土台にして理解されなければならないことを証明している。こうした結論によって、歪曲と正統化を超えて、イデオロギーの第三にして最終のレベルである、統合としての軽蔑的ではないイデオロギー概念へ移行することにしよう。

第十五回　ギアーツ

クリフォード・ギアーツについての議論をもって、イデオロギーに関する遡行《リグレッシヴ》的分析(1)を終えることにしよう。ギアーツについての議論は、三つの主要な段階からなる分析の最後のステップである。われわれはまず、歪曲としてのイデオロギーという表層的概念から出発した。『ドイツ・イデオロギー』を読んだとき〔第五・六回〕には、支配階級は支配的諸観念、すなわち一つの時代の支配的観念となるような諸観念によって表わされる、というマルクスの主張をどのように理解することができるか、という問いを立てた。この最初の段階では、イデオロギーの概念は体系的な歪曲であると認識し、最初の概念〔歪曲としてのイデオロギー〕に接近するためには、利害――階級の利害――の概念を考慮し、懐疑的態度をもって、これらの歪曲の因果的な分解作業をしなければならないことを理解した。ここでの範例的モデルは、上部構造と下部構造との関係であった。

次の段階では、階級構造のような構造に起因した歪曲的思考を持つということがどのような意味をもつのか、という問いを立てた。そして支配階級と支配的観念という概念のなかに含意されているものを問うよう導かれた。その答えは、権威の問題だ、というものであった。これは、二番目のイデオロギー概念である正統化《レジティメーション》としてのイデオロギーという概念を明るみに出した。ここでマックス・ウェーバーの議論を導入したが、これは、範例的事例が、もはや階級の利害ではなく、あらゆる形の権威によって行なわれる正統性の要求だったからである。われわれの焦点は、一つの集団内部における、指導者による権威の要求と、この権威に対する成員の信仰との間の隔たりにあった。この第二段階では、懐疑ではなく、社会学者の価値自由という姿勢をとった。さらに、概念枠は因果性ではなく動機づけであり、この枠組みを、構造や力という用語ではなく権威の要求の理念型という用語で語った。この第二段階においては、要求の理念型が、最初の段階の上部構造と同じ役割を果たしている。

最終的にギアーツに助けを求めるのは、統合あるいはアイデンティティとしての第三のイデオロギー概念を打ち立てるためである。この段階において、われわれはシンボル化のレベル、すなわち、歪曲を被ることがありうる何か、正統化の過程がその内部にあるような何かのレベルへと到達する。ここでは主に、懐疑などではなく、また価値自由な態度でさえもなく、対話の姿勢をとるつもりである。ギアーツ自身は、人類学者としてこうした態度に行き着いた。ギアーツは『文化の解釈学』のなかで、彼の民族誌的調査について記している。「われわれは、話《トーク》すということよりもずっと多くのものを含んでいるこの言葉の広い意味で、見知らぬ人々とだけではなく、［別の文化に属する人々と］会話《コンヴァース》することを求めているのであり、これは普通考えられているよりもずっと難しいことである」（13〔『文化の解釈学Ⅰ』吉田禎吾ほか訳、二三頁[1]〕）。ギアーツは続ける。

> このように見ると、人類学の目的は、人間の語《ディスコース》らいの世界の拡大である。（…）この目的には、文化の記号論的概念が特に適している。解釈可能な記号の互いに絡み合った体系（専門化された用法を無視すれば、私がシンボルと呼ぶもの）として、文化は力ではなく、社会的な出来事、行動、制度、あるいは過程の原因とされうるような何かではない。文化はコンテキストであり、そのなかで出来事や行動などが理解できるように――つまり厚く――記述されるものなのである。（14〔同書Ⅰ二三―二四頁〕）

会話において、われわれは解釈的な態度をとる。もし、否定的な意味での歪曲としてのイデオロギーについて語るとすれば、われわれは、懐疑の道具あるいは武器を用いているのである。しかしながら、集団の価値を、この価値についてのその集団の自己理解を基盤として認識したいのであれば、この価値を積極的な仕方で受け容れなければならない。これは、会話《コンヴァース》するためである。

こうした態度は一つの概念枠と結びついているのだが、その概念枠は因果的あるいは構造的ではなく、また動機づけに関するものでさえなく、むしろ記号論的である。ギアーツに関して特に興味深いのは、彼がイデオロギーの概念を現代の記号論によって扱おうとしていることである。ギアーツはテキストの少しまえのところで、「私が採用する文化の概念（…）は、本質的に記号論的である」とはっきり述べている。彼が言わんとしているのは、文化の分析とは「法則を求める実験科学ではなく、意味を探究する解釈学的な学」だということである。したがって、ギアーツはマックス・ウェーバーとそれほど隔たっているわけではない。というのも彼は、「人間は、自身が張りめぐらせた意味の網の中にかかった動物である」（5〔同書I六頁〕）と信じている点で、ウェーバーに従っているからである。こうしたレベルにおいて、われわれは、動機づけとなるものとしてではなく記号で表現されたものとしての動機に取り組む。動機の記号的《シグニティヴ》な諸体系が、参照のレベルを構成しているのである。

文化が一つの記号論的過程として理解されていることから、シンボル的行為の概念がギアーツにとって中心的なものである。この主題は、『文化の解釈学』に収められた論文「文化体系としてのイデオロギー」のなかにもっともよく表われている。今日の講義の残りの時間は、この論文に焦点をあてることになるだろう。ギアーツはこの概念、少なくとも「シンボル的行為」という用語を、ケネス・バークから借りている（208〔同書II、吉田禎吾ほか訳、二六頁〕）。ギアーツが借りているのは、実際の概念というより用語であるように思われる。というのも、ギアーツがこの概念のために引用しているバークの『文学的形式の哲学――シンボル的行為の研究』では、シンボル的行為は、ギアーツがその用語によって理解したのとは異なった意味を持っているように思えるからである。バークは、言語は実際にシンボル的行為であると述べている。しかし、ギアーツが言いたいのは、行為は言語と同じようにシンボル的だということである。したがって、シンボル的行為の概念は、ギアーツが意図している文脈では誤解をまねくものであるかもしれない。私としては、行為はシンボル的に媒介されていると言いたい。こうした言い回しは、「シンボル的行為」という用語より曖昧でないと思われる。というのも、シンボル的行為とは、われわれが着手する行為ではなく、われわれがシンボルによって置き換えるような行為だからである。これはバークの概念だが、文学にはシンボル的行為がある。文学はシンボル的行為であるが、ここで私が言いたいのは、行為そのものが、さまざまな基礎的シンボルを基盤として構築されているという意味でシンボル的だ、ということである。

ギアーツはまた、外在的シンボルという疑わしい概念を、シンボル体系の外在的理論という意味で用いている（214ff.〔同書Ⅱ三五―三九頁〕）。この点に関する私の理解が正しければ、ギアーツのこの表現は不適当である。ギアーツは、行為がシンボルによって内側から規則立てられていることを示したいのだが、彼はこれらのシンボルを外在的と呼び、諸コードが生きた有機体のなかに体内化されているような遺伝子がもたらす一連のシンボルと対比させている。このように外在的モデルと内在的モデルとを区別するのは、生物学に見られるモデルと、文化的生活に見られるモデルとの間に一線を引こうとしてである。後者においては、あらゆるシンボルは、生命と同質ではなく持ち込まれたものである。文化的モデルと生命の生物学的な潜在性《ポテンシャリティ》との間には異質性があるのだ。ギアーツが言いたいのは、人間の生命の生物学的可塑性あるいは柔軟性は、さまざまな文化的状況――飢饉、労働など――を扱うための導きの糸を与えてくれない、ということである。したがって、われわれにはシンボルおよびモデルの二次的体系が必要であり、これはもはや自然的ではなく文化的モデルなのである。ここで重要なのは、これらのシンボルとモデルが有機体にとって外在的であるということではなく、まさしく内在的モデルと同じ仕方で機能するということなのだ。

外在説を定義している命題は、シンボル体系は他の体系と調和している、というものである。「思考とはシンボル体系を構築し操作することである。そして、そうしたシンボル体系は他の体系、物理的、有機的、社会的、心理学的などの体系のモデルとして、これらの体系の構造が（…）いわば「理解され」るような仕方で用いられているのだ」。われわれは、「シンボル的モデルの状態と過程を、より広い世界の状態と過程に」突き合わせることで、考えたり理解したりする（214〔同書Ⅱ三五頁〕）。ある儀式に参加しているのにその儀式の規則を知らなかったら、あらゆる動きは意味を失う。理解するには、見るものを儀式の規則と対にしなければならない。「ある物体（あるいは出来事、行為、感情）は、それにふさわしいシンボルという背景のまえに置かれることでそれが何であるかが認識される」（215〔同書Ⅱ三六頁〕）のである。われわれは運動を、一つの全体を演じているもの、犠牲を演じているものなどとして見る。対にすることや突き合わせるという概念が、重要な主題なのである。したがって、文化的なパターンはプログラムである。ギアーツは言う、文化的パターンは、「遺伝のシステムが有機的過程の組織化のために型板となるのと同じように、社会的および心理的過程の組織化のための型板あるいは青写真」(216〔同書Ⅱ二九頁〕)となるのだ、と。

ギアーツの分析にはさらなる含意があり、私はこれを、彼の論文のもっとも意義のある部分だと考えている。それは、イデオロギーを言説のレトリック的技巧と比較することの可能性である。これは、ギアーツがもっとも先へと進んでいる点であろう。ギアーツは論文の前半で、イデオロギーのもっともありふれた諸理論――ある利害の表象としてのイデオロギー、ある社会心理学的緊張の産物としてのイデオロギー――に対して、それらの理論にはつねに、理解しないままに前提していることがあると批判している。すなわち、ある緊張を緩和することがどのようにしてシンボルとなるのかということや、ある利害が一つの観念のなかにどのように表現されるのかということについて、きちんと理解しないままに前提している、というわけである。彼は、ほとんどの社会学者は、ある利害が別の何かによって「表現されて」いると言うことが何を意味するのかを自明視している、と主張する。しかし、利害はどのようにして表現されるのだろうか。ギアーツによると、答えを与えることができるのは、「シンボルがシンボル化するのはいかにしてか、それが意味を媒介するよう機能するのはいかにしてか」(208〔同書Ⅱ二六頁〕)を分析することによってのみである。「メタファー、類推、アイロニー、多義性、語呂合わせ、パラドクス、誇張、韻律、その他われわれがぎこちなく「文体」と呼んでいるものが(…)個人的態度を公共的形態へとつくり変える上でいかにして働くかについてなんの考えも持っていない以上」、われわれは「イデオロギー的主張の意味」(209〔同書Ⅱ二七頁〕)をつくり上げることができない。ギアーツは、タフト＝ハートレー法[2]に対する組織労働者による攻撃を例としてあげている。労働者はこの法律を「奴隷労働法」(209〔同書Ⅱ二八頁〕)だと攻撃したのであった。このメタファーは、文字通りの意味に切り詰められるべきではない、とギアーツは言う。というのも、この表現はその情報的価値を、メタファーであるということから引き出しているからである。その言い回しは、単なる歪曲ではない。というのもそれは、奴隷労働との比較と比喩によって言いたいことを言っているからである。この表現は文字通りの反抗ではなく、メタファー的な修辞なのである（210〔同書Ⅱ二九—三〇頁〕）。

ここで特に魅力的なのは、ギアーツが分析を、言葉の広い意味での記号学だけでなく、語りのさまざまな文彩《フィギュール》、比喩的語法、自分自身であれ他者であれ欺くことを必ずしも意図していないような修辞的技巧を扱う記号学の一部にも、結びつけていることである。レトリックが統合的であり、必ずしも歪曲をもたらすものではないという可能性から、われわれはイデオロギーの軽蔑的でない意味に導かれる。この道筋をたどってみれば、イデオロギー概念には還元不可能な何かがあると言うことができるだろう。たとえイデオロギーの他の二つの層——歪曲としてのイデオロギーと、秩序あるいは権力の体系の正統化としてのイデオロギー——を脇に置くとしても、イデオロギーの統合的機能、アイデンティティを保持する機能は残り続ける。われわれの遡行的分析はこれ以上進むことができないかもしれないが、いかなる集団、いかなる個人も、この統合的機能なしには不可能なのである。

ここで、ギアーツとエリク・エリクソンの間に刺激的な類似性があるのに気がつく。そのつながりを簡潔に描き出してみよう。エリクソンの『アイデンティティ——青年期と危機』には、ギアーツと非常に似通った、イデオロギーについてのいくつかの主張が見られる。これらの主張は、ギアーツの影響とは完全に独立している。というのも、ギアーツの論文より何年も前に書かれているからである（ギアーツ自身は、エリクソンにまったく言及していない）。エリクソンはイデオロギーを、アイデンティティの保護者と呼んでいる。「なぜなら、アイデンティティの保護者である社会制度とは、われわれがイデオロギーと呼んできたもののことだからである」（133〔『主体性《アイデンティティ》』岩瀬庸理訳[3]、一七五頁〕）。さらにあとのところで、彼は書いている。「より一般的には（…）イデオロギー的体系とは、共有されたイメージ、観念、理想からなる首尾一貫した集合体であり、これは（…）その参加者たちに、時間と空間、手段、目的における、体系的に単純化されてはいるが首尾一貫した全般的な方向性を与える」（189–190〔同書二六三頁〕）。エリクソンは、アイデンティティの条件の問題を提起していることもあって、「集合的偽り」（190〔同頁〕）のような、宣伝的なイデオロギー概念を乗り越えなければならない、と述べている。

この統合的なものとしてのイデオロギーの分析を土台として、三つの点を強調したい。まず、イデオロギー概念が構築されている仕方を変換することによって、行為のシンボル的媒介、すなわちすでにシンボル的に媒介されていないような社会的行為は存在しないという事実を強調する。こうして、もはやイデオロギーは単にある種の上部構造であるなどと言うことはできないのだ。上部構造と下部構造の区別は完全に消えてなくなる。というのも、シンボル体系はすでに、下部構造、人間存在の基礎的構成に関わっているからである。残り続けているとかろうじて言うことのできる上部構造の概念の唯一の側面は、シンボルが有機的生には属していないという意味で「外在的」だということになる。しかしこれはそれ以上に、「外在的」という言葉の問題なのかもしれない。というのも、外在的と呼ばれているものが、いまなお人間存在を構成しているからである。

　第二に強調したいのは、イデオロギーとレトリックの間に打ち立てられた相関関係である。ハーバーマスはある仕方で、この結びつきに対する準備をさせたが、それは、彼がイデオロギーの概念を、コミュニケーションとコミュニケーション《エクスコミュニケーション》からの排除に基づいて論じていたからである。しかし、いまや相関関係はもっと積極的なものである。というのも、イデオロギーはコミュニケーションの歪曲ではなく、基本的コミュニケーションのレトリックだからである。基本的コミュニケーションのレトリックが存在するのは、言語からレトリック的技巧を取り除くことができないからである。すなわち、そうした技巧が日常言語の内在的な部分をなしているのだ。統合としての機能において、イデオロギーは同様に基本的であり不可避なのである。

　第三の強調点は、歪曲の状況の外部で、したがって統合の基本的機能だけを参照することによって、イデオロギーについて語ることが許されているかどうかである。われわれは、現代的でない文化、マンハイムが普遍的同意――そのようなものがかつてあったとして――の崩壊として記述した過程に入ったことのない文化のイデオロギーについて語ることができるのだろうか。もし、文化の統合的機能だけを見ていれば、そしてこの機能が統合をもたらすための代替となる形式によって挑戦を受けているとすれば、われわれはイデオロギーを持つことができるのだろうか。私の問いは、イデオロギーを、啓蒙思想以後の状況の外側にある文化に投影することはできるか、というものである。そうした状況では、あらゆる現代文化が、世俗化の過程だけではなく、基本的な理想についての根本的な対決の過程に巻き込まれる。私の考えでは、対決のない統合はイデオロギー以前のものである。しかしながら、歪曲された機能を有する可能性があるという状況のなかで正統化の機能を見いだすこと、そしてこうした正統化の機能の下に一つの統合的機能を見いだすことは、いまだにもっとも重要なことである。

また、イデオロギーの三つの形態を派生させる過程は逆の方向に進むことがありうるということも、記しておくべきかもしれない。ギアーツが非常に正確に見て取っているように、イデオロギーとはつねに、最終的には権力に関わるものである。「人間が自らを多かれ少なかれ政治的動物とするのは、イデオロギーを、すなわち社会秩序の図式的イメージを構築することによってである」。さらに彼は続ける、「イデオロギーの機能とは、政治を意味あるものとするような権威ある諸概念をもたらすことによって、すなわち、政治がそれによってはっきりと把握できるようになるような説得力あるイメージをもたらすことによって、自律的な政治を可能にすることである」(218〔『文化の解釈学Ⅱ』四一―四二頁〕)。権威あるものというのが核となる概念である。というのも、統合の問題が権威の体系の問題へと至りつくとき、われわれは第三のイデオロギー概念によって第二の概念に送り返されるからである。統合の問題が正統化の問題へと導く。そして今度は、正統化の問題が歪曲の問題へと導くのである。こうして、われわれは諸概念のこうした階層秩序《ヒエラルキー》において、後退したり前進したりするよう強いられるのである。

イデオロギーは「自律的政治を可能にする」「権威ある諸概念」をもたらす、というギアーツの考えが、必然的に、イデオロギーは最終的に政治権力についてのものであるという主張として理解されるのはなぜか。この理由を問うことで、一つの問いが立てられるかもしれない。「権威ある諸概念」は、たとえば宗教によってもたらされることができるのだろうか。それに対して私はこう答えるだろう、講義全体を貫いている主題にそって、権威の概念を、統合的機能から階層秩序《ヒエラルキー》の正統化への移行として理解する、と。ギアーツがここで私の助けとなってくれる。彼はいま引用したばかりのテキストの注のなかで、このことを見て取っている。

もちろん、特に政治的であるイデオロギーの他に、道徳的、経済的、さらには美学的なイデオロギーがある。しかし、何らかの社会的重要性をもったイデオロギーで、政治的含意を欠いたものはほとんどないので、ここでいくらか焦点を絞って問題を検討することはおそらく許されるだろう。いずれにせよ、政治的イデオロギーに対して展開される議論は、非政治的イデオロギーについても同様に当てはまるのである。（281 n.〔同書Ⅱ七〇頁、注41〕）

私なら、イデオロギーは統合的である限りで政治よりも広い機能を持つ、と言いたいところである。しかしながら、統合が諸モデルの権威的機能の問題となってくると、政治が焦点となり、アイデンティティの問題が骨組みとなる。統合の過程において最終的に賭けられているのは――ウェーバーから学んだように――、われわれはいかにして社会的関係の一般概念から支配者と非支配者の概念へと移行することができるか、という点である。

宗教の問題はそれでも重要である。われわれはギアーツのイデオロギー分析を、やはり『文化の解釈学』に収められた論文「文化体系としての宗教」における彼の宗教分析と比較することができるかもしれない。現代生活においてはイデオロギーが宗教に取って代わっている、というのではない。つまり、ギアーツが宗教を単に過去の社会へと追いやっている、ということではないのだ。ギアーツが宗教の継続的役割を明確にするとき、三つの点にのっとっているのがわかる。第一に、宗教は一つの気質《エートス》と世界観を結びつける試みであるということ。彼はイデオロギーについては、そうしたことをけっして言わない。ギアーツは苦しみと死の問題について長い分析を行ない、この問題に対する宗教的体系の機能は、苦しみを逃れるのではなく苦しみに耐える仕方をわれわれに教えることだ、と述べている。これが、過去の社会だけにあてはまると言うことはできない。というのもこの点に関して、いかに苦しむかを学ぶとき、倫理的なものと宇宙的なものとの差異は消滅するからである。すなわち、われわれは生活の見方と行動の仕方の両方を教えられるのだ。第二に、宗教は伝統的なものと近代的なものとの対立を超えている。なぜなら、宗教のもつ、気質を生み出す機能は、宗教が一つの雰囲気をつくり上げることを可能とするからである。宗教は、われわれのもっとも基本的な感情のレベルで、根本的な安定性をもたらす。それは感情の理論であり、またそのようなものとして、倫理的なものと宇宙的なものとの両方を扱うのだ。第三には、宗教は儀式を通してこれらの感情を上演する、ということであり、われわれはいくつかの残存物と、ひょっとすると現代社会においてその代理となっているいくつかの恒常的な伝統さえも持っている。イデオロギーは、儀式的次元の崩壊のうえにではなく、現代性を備えた、衝突をはらんだ開かれた状況から生じてくる。体制は――宗教的なものでさえ――本来性と正統性の類似した要求をかかげた他の体制に対峙させられる。われわれはさまざまなイデオロギーの状況、複数的な状況のなかに捉えられているのだ。

ギアーツの目的は、イデオロギーについての近年の諸理論――利害関心あるいは緊張としてのイデオロギー――を排除するのではなく、それらをいっそう深いレベルで根拠づけることだ、と言えるだろう。しかし最終的には、ギアーツはイデオロギーの緊張の理論の側に傾いている。統合の概念は、まさしくアイデンティティが失われる可能性を扱わなければならない。これは、エリクソンが危機と混乱という心理学的な用語で論じたものである。集団がもっとも恐れるのは、緊張を生み出す危機と混乱によって、もはやけっして自らを同定《アイデンティファイ》することができなくなることである。課題は、この緊張にどう対処するかである。もう一度、宗教との比較が関わってくる。というのも、個人生活においては苦しみと死が、社会的領域における危機と混乱とまさに同じ役割を果たしているからである。二つの分析は重なり合うのである。

ここで付け加えておけば、統合としてのイデオロギーについてのもう一つの積極的な要素とは、それが、単に空間においてだけでなく、時間においても集団の統合の支えとなる、ということである。イデオロギーは共時的な次元においてばかりではなく、通時的な次元においても機能するのだ。後者の場合、集団を立ち上げる出来事の記憶が、きわめて重要である。起源はいくぶんか反復されており、この反復とともに、病理学的意味でのあらゆるイデオロギー的過程が始まる。なぜなら、二度目の祝典はすでに物象化の性格を持っているからである。祝典は権力体制にとって、自らの権力を維持するための装置となる。したがって、それは支配者の側の、防衛的かつ保護的な働きなのだ。ところで、自らの誕生について、多少なりとも神話的意味合いをもつ祝典を行なわない共同体を想像することができるだろうか。フランスはバスティーユ襲撃を祝うし、合衆国は七月四日を祝う。モスクワでは全政治体制が一つの霊廟、つまりレーニン廟に基礎を置いており、これはひょっとすると、墓が政治体制の源泉となってきた古代エジプト王朝以来の歴史においても、稀有な例であろう。したがって、集団の創始者および創設という出来事の永続的な記憶は、一つの統合的構造として積極的に機能しうるイデオロギー構造なのである。

おそらく、ギアーツが統合および緊張理論を強調するのは、人類学者としての見方が重要な理由となっているのであろう。ギアーツは一人の人類学者として、現代産業社会の社会学者であるハーバーマスのような人物とは異なった視点をもっている。ギアーツが扱っている種類の社会――彼のフィールドワークの主要な源泉はインドネシアとモロッコである――では、問題設定《プログレマティック》は産業的あるいは前産業的な社会のそれではなく、言葉のあらゆる意味において発展途上の社会のそれである。そうした社会にとって、イデオロギー批判は時期尚早なのである。すなわち、人々は「イデオロギー批判よりも」イデオロギーの構成的本性に注目している。このような社会では、知識人や反体制の者たちは、ハーバーマスの意味においてであれ、いっそう典型的にはアルチュセールの意味においてであれ、イデオロギー批判という手段を用いると、殺害されることはなくても監獄に入れられる。反体制の者たちは、先進社会での批判という手段を新しい社会の誕生に適用するとき、周縁的《マージナル》な存在となる。したがって方法論的に重要なのは、人類学者としての観点からギアーツがハーバーマス的なものとはなりえないような分析へと関わるのはどの程度なのか、を考えることであろう。

しかし、発展途上の国々ではイデオロギーの構成的性格だけが問題だと述べるのは、単純化しすぎであろう。なぜなら、そうした国々は、産業社会の危機によってすでに徴づけられた世界のなかで、自らの国のアイデンティティを見つけだすという難題を抱えているからである。先進的産業社会は、発展のための手段と道具のほとんどを蓄積し没収してきただけではない。いまやよく知られた世界的現象となっている、先進社会の危機をも生みだしてきたのである。社会が産業化の過程に入っていくのは、こうした発展の頂点にある国々がその過程についての問いを発するときである。発展途上の国々は、テクノロジーへの批判と審判が始まったそのときにテクノロジーを具現化しなければならない。これらの国の知識人たちにとって、課題はとりわけ困難である。というのも、彼らは同時に二つの時代を生きているからである。彼らは産業時代の初期、いうならば十八世紀に生きながら、二十世紀の一部でもあるのだ。というのも彼らは、すでにその目標とテクノロジー批判との関係が危機に陥った文化のなかで育っているからである。したがって、イデオロギー概念はいまや普遍的となっているが、それは産業社会の危機が普遍的危機だからである。この概念は、世界のあらゆる場所のあらゆる知識人の教養の一部となっている。私は、数年前にシリア、レバノン、その他の中東地域を旅したときのことを思い出す。そうした国々の図書館でも、シモーヌ・ド・ボーヴォワール、サルトルなどの作品が見つかる。誰もが、いまや他のすべての人の同時代人なのである。発展途上の国々の人たちは、彼ら自身の文化の知的な道具によってと同時に、発展を遂げた国々の危機という道具によっても教育を受けるのである。

いまやイデオロギーが普遍的問題なのだとすれば、イデオロギーの概念は社会階級の発展とともに存在するようになった、というのがマルクス主義の主張ということになる。つまり、イデオロギーは階級構造が出現する前には存在しなかった、ということである。アルチュセールは、ブルジョワジー以前にはいかなるイデオロギーもなかった、とさえ言っている。信条や信仰はあるが、階級構造だけが、人口の重要な部分が全体の価値を分かち持つことがないような状況を生み出したのだ。すでに見たように、マルクス主義の観点は、イデオロギーの統合的機能よりもむしろ、その歪曲的な側面を強調している。こうした強調に対して私が主張したいのは、闘争の状況においてさえ再認の問題設定を保持しつづけることを目指すからこそ、統合としてのイデオロギーという始原的な概念が政治的実践において用いられるのだ、ということである。行為のシンボル的構造がなかったら歪曲的な機能が現われることはなかっただろう。このことを理解している人は、少なくとも、いくつかの階級が衝突するのは、まさしくある統合の過程が進行中だからであることを知っているはずである。したがって、階級の衝突は、正確には全面戦争ということではけっしてない。イデオロギーの統合的性格の実現は、階級闘争を適切なレベルに保つ助けとなる。階級闘争は、敵対者を倒すことではなく、承認を成し遂げることである。ヘーゲルの用語でいうならば、闘争とは承認のためのものであって、権力のためではない。根底にあるイデオロギーの統合機能が、論争的な要素をその破壊的な点——市民戦争——にまで推し進めることから防いでくれる。われわれが市民戦争に訴えるところまで行かないのは、敵対者の生命を守らなければならない、と考えるからである。すなわち、ともにある（belong together）という要素は保たれているのだ。階級の敵でさえ根源的な敵ではない。何らかの意味において、彼あるいは彼女はまだ隣人なのである。統合としてのイデオロギー概念は、社会の争いに限界を設け、市民戦争にならないようにする。ヨーロッパのいくつかの共産党——とりわけイタリアと、現在はフランスおよびスペインの共産党——は、問題は階級構造にあるよりも統合された社会を発展させることだという考えを掲げてきた。そのとき重要なのは、実際のところ、敵を統合することであり、敵を抑圧したり倒したりすることではないのである。

こうした変形のための土台は、階級社会のなかにすでに存在している。階級社会においてさえ、統合の過程は働いているのだ。共通の言語、共通の文化、共通の国家がそれである。人々は少なくとも、言語的道具と、言語にかかわるコミュニケーション手段を共有している。したがってわれわれは、言語の役割を階級構造のなかに位置づけなければならないのだ。この問題の解決は、今世紀初め、マルクス主義者の間で重要な争点であった。少なくともしばらくの間、スターリンは、文法さえもが階級構造を持っていると主張するマルクス主義者たちに対して、妥当な側についていた。むしろスターリンは、言語は全体としての国家に属していると主張したのである。マルクス主義理論において国家の地位《ステータス》を詳細に述べるのは難しい。なぜなら国家の地位は、階級の境界線を超えているからである。ギアーツのイデオロギー概念はこの問題にいっそう適している、と言うことができるかもしれない。というのも、国家の地位は階級構造に、根底から影響を受けるわけではないからである。国家の本性を明確にしようという試みは、性の役割を定義するのと同じくらい問題をはらんでいる。すなわち、何が本当に根底的で、何が単に文化的なのかを言うのは難しいのである。習性や役割を変えるだけで、変えられないものが発見される。階級への加入を問題にすることによって、その階級構造を超えたところ、あるいはそのうえにある共同体を構成しているものを突きとめる《アイデンティファイ》ことができるだろう。多くのマルクス主義者は、いまやマルクス主義は異なったそれぞれの文化的状況に応じて実現されなければならない、と言っている。そのとき、これらの状況は、まさしくギアーツがイデオロギー体制と呼んでいるものによって明確になる。われわれは、心理学者が身体像について述べるのと同じ仕方で、集団のアイデンティティが投影している規範やイメージを扱わなければならない。一つの社会的な集団イメージがあり、それぞれの集団が固有のアイデンティティのイメージを持っているのである。

たとえば、合衆国のイデオロギーを例にとってみよう。合衆国のイデオロギーについてまず指摘したいのは、そのイデオロギーを、他の国々やそれら自身のイデオロギー的パターンとの関係と切り離しては明確にすることができない、という点である。合衆国は、他の国家のイデオロギーと対決するのを免れた孤立した地位にいるわけではほとんどない。レーニンがはっきりと意識していたように、舞台はいまや世界なのだ。こうした状況が生じたのはむしろ最近であることに注意すべきだろう。第一次世界大戦以前は、ヨーロッパ内部の衝突が世界の状況を支配していた。いまや、ヨーロッパはその内部戦争によって崩壊し、葛藤はいっそう世界的なものになっている。たとえば、第三世界と産業化した世界との関係は、近年、根深い戦闘状態にある。こうして、合衆国のイデオロギーは、その対外的関係によっていくぶんか明確になる。

このイデオロギーの内的な決定要因を判断するときに、マルクスの階級概念、つまり一つの集団が支配階級であり国家の支配的観念――イデオロギー――を示している、といった概念にけっして頼ってはいないと答えるのには、いっそうの困難が伴う。マンハイムのような人物は、この問題に関して非常に賢明であるとともに、非常に用心深くもあった。というのも、彼はつねに社会階層について語っているからである。彼はわれわれに、社会のなかでいかなる集団が、いかなる仕方で働いているかを突きとめるという課題を残した。実際、この課題はまさしく、集団のさまざまな社会的配置のすべてを考慮するということであり、階級の概念以外の規定要因を除外することではない。たとえば、人種や民族の上でのマイノリティの問題という、合衆国でもっとも重要な問題について考えてみよう。このマイノリティたちを、いかなるカテゴリーに含めればいいのだろうか。彼らは階級でも国家でもない。社会階層の概念については柔軟でなければならない。すなわち、階層とイデオロギーあるいはユートピアとの結びつきは、双方に統一性を与えてくれるのだ。ある人たちが主張しているように、おそらく合衆国は人種のるつぼからモザイクへと移行しつつある。このことが意味しているのは、多くの集団、したがって多くのイデオロギーが、いかなる形であれ全体を形成している、ということである。民族意識は、いまやより広い国家イデオロギー的混合物を集団的に構成する要素なのである。

しかしそれでも、合衆国が実際に一つの共通のイデオロギーを持っているというのは本当である。外国人として、私はこの国のイデオロギー的統一性を強く意識している。私はここで、「イデオロギー」という言葉を中立的な意味で用いている。失業の問題を取り上げてみよう。私にとって、これはヨーロッパと合衆国との間にある典型的な違いを表わしている。ヨーロッパでは、失業は不当なことである。人は働く権利を持っているからだ。合衆国では、失業は個人の過ちと理解されている。それは、体制に直接に向けられる告発ではなく、一つの個人的な問題なのである。失業者は福祉や食料配給に頼らなければならないが、こうしたものは、彼らをいっそう体制に依存させる。失業しているという過ちは、こうした依存によってますますひどくなる。自由な企業活動は批判の対象になることもあるが、最終的には保障されている。誰もが皆と争っているのだ。この国では、個人は個人に対立し、学生たちが学ぶやり方でさえヨーロッパとは非常に異なっている。このいきわたった個人主義にはいくつかの健全な意味もあるが、私企業によって営まれるすべてのことがらがめぐまれた状況にある一方で、鉄道のような公的企業は苦しむことにもなるという弊害も出ている。共有財産という感覚がないのだ。そして、合衆国で生活している人たちがその下位イデオロギーあるいはサブカルチャーによく通じていることは知っているものの、合衆国には何か集団イデオロギーのようなものがあるのだ。

イデオロギーについてのこの最後の講義を結論づけるために、こう述べておこう。統合の概念は、イデオロギーの他の二つの主要な概念——正統化と歪曲——の前提であるが、実際には、これら二つの要因によってイデオロギー的に機能しているのだ、と。さらに、これら三つの機能〔統合、正統化、歪曲〕のつながりは、イデオロギーの役割を社会生活における想像力のいっそう大きな役割に関係づけることによって位置づけられるのである。私はこのいっそう一般的なレベルを、ユートピアについての講義でさらに展開するつもりだが、現時点で私が想定するのは、想像力は二つの異なったやり方で働いている、ということである。一方では、想像力は秩序を保つよう機能している。この場合、想像力の機能は、秩序を反映している同一化の過程を上演させることである。想像力は、ここでは一枚の絵画のような外観を持っている。しかし他方で、想像力は破壊的な機能も持っている。すなわち、それは突破するものとして働くのである。この場合におけるそのイメージは産出的であり、何か別のもの、別の場所を想像することである。イデオロギーは三つの役割のそれぞれにおいて、前者の想像力を表わしている。すなわちそれは、保持、保存の機能を持っているのだ。これとは対照的に、ユートピアは、後者の想像力を表わしている。それはつねに、どこにもない場所《ノーウェア》からの一瞥である。ハーバーマスが示唆したように、おそらくそれは、超越の運動において自己自身を外へ（aus）――外部、どこにもない場所へ――映し出すというリビドーそのものの一つの次元である。そこでは、イデオロギーはつねに、病理学的になる寸前にある。というのも、イデオロギーは、この言葉のよい意味と悪い意味の両方において、保守的な機能を持っているからである。イデオロギーはアイデンティティを保持するが、それはまた、存在しているものを保存しようとし、したがってすでに一つの抵抗なのである。統合の機能が固定化してしまい、悪い意味でレトリック的になるとき、図式化と合理化が蔓延するとき、何かが――この言葉のいっそう否定的な意味で――イデオロギー的となる。イデオロギーは統合機能と抵抗との転回点において作用するのだ。次回の講義では、ユートピアの概念へと向きを変え、そのさまざまな機能をどのように比較すればよいのかを考えることにしよう。

第二部　ユートピア

第十六回　マンハイム

いよいよ、ユートピアについての講義を始めることにしよう。イデオロギーについて論じた講義の数とユートピアについて論じた講義の数がバランスを欠いているのは、両者についての二次文献の状況をいくぶん反映している。イデオロギーについて論じた文献は大量に存在する――おそらくその理由はマルクス主義およびポスト・マルクス主義の思想にある――が、ユートピアについてはそれよりもずっと少ないのである。私はまず、ユートピアを一つの自律的な問題として、あるいはまたイデオロギーと結びついた概念として認識するのを困難にしているさまざまな障害という問題に取りかかろうと思う。

この探究は、イデオロギーとユートピアとの間に並行関係がないことがはっきりしているようないくつかの点について論じることで、もっとうまく進めることができるだろう。第一の困難は、これらの現象が見かけのうえで異なっているという点にある。われわれは、書かれたジャンルとしてのユートピアしか認めたがらないのだ。ユートピアの場に特徴的なのは、最初から一つの文学ジャンルを構成しているということである。ユートピアという題名をもつさまざまな文学作品があり、その筆頭はトマス・モアの『ユートピア』（一五一六年）であって、この作品がユートピアという語をつくり上げた。イデオロギーの場合は、これに類するものはない。誰も『イデオロギー』と呼ばれる作品を書いたことはないし、自分はイデオロギーについて書いていると明言した者もいないのである。このことから、イデオロギーとユートピアの間の非類似性と関連のなさとが生じている。ユートピアが一つの公然としたジャンルであり、明言されるばかりではなく実際に書かれもするのに対して、イデオロギーは定義上、それと明言されることはない。われわれがわれわれ自身のイデオロギーの犠牲者だと指摘するのは、つねに他者である。その結果、まったく当然ながらイデオロギーは否定されるのに対し、ユートピアはもっと容易にそれと主張される。これは、作者《オーサーシップ》に関する問題の一つである。われわれはサン＝シモンやオーウェンたちのユートピアについて語ることができるが、イデオロギーにはいかなる固有名も結びつけられていない。

並行関係の欠如の二番目は、われわれが二つの現象に接近するときの態度にも現われている。われわれはイデオロギーには批判によって接近する。すなわち、われわれの試みは正体を暴くことなのである。私が前回の講義で論じたギアーツの場合のように、われわれがイデオロギーにより友好的な態度で接近することができるのは、おそらく困難で厄介な過程を経たあとでしかない。この段階において初めて、イデオロギーは正当化の一つの過程としてのその棘《とげ》を失う。ユートピアに対するわれわれの一般的な態度は、これとはかなり異なっている。ユートピアが否定的な含意を持つ場合もある。特に、脅威を感じている支配集団の代表者たちがユートピアにレッテルを貼るという場合がそうである。彼らにとってユートピアは、少なくとも秩序の内部では、不可能かつ非現実的な何かである。しかしながら、文学ジャンルとしてのユートピアは、好意的な読者の一部に、ある種の共犯関係あるいは黙認を生じさせる。読者はユートピアを一つのもっともらしい仮説として受け容れるのだ。おそらく、フィクションというレトリック的な手法で読者を納得させようとすることは、ユートピア文学の戦略の一部をなしているのであろう。文学的フィクションは、読者がしばしの間その諸前提を受け容れるような、一つの想像上のヴァリエーションなのである。ユートピア的な作品では、読者の賢明な修正行為によって武装解除されなければならないような論争的な姿勢に直面することはない。

イデオロギーとユートピアの並行関係の欠如の三番目は、イデオロギーとユートピアの比較にとって、そしてまた独特なジャンルとしてのユートピアの議論にとっても、いっそう大きな障害となっているのだが、（複数の）ユートピアが（単数の）ユートピアのための一つの中心的な意味をたやすく与えてくれない、という事実である。このことは、さまざまなユートピアの作者《オーサーシップ》に関する問題、すなわち独特のユートピアが独特の著者たちによって書かれたということ、の一つの帰結である。イデオロギーの核を固有の問題として取り出そうとするのはかなり困難なことであったが、ユートピアの核を取り出すのはさらに困難なことである。イデオロギーにその主題にしたがって接近することはできるが、ユートピアの内容の分析は、結局は完全にばらばらなものになってしまう。そうした分析は、関連のないさまざまな夢想や社会的フィクションを目の当たりにしているかと思われるほどに、場を分解してしまうのである。もちろん、こうしたばらつきには一定の限界がある。さまざまな関心事がある程度は持続していて、家族や財産、消費、社会的および政治的組織、宗教といった主題が繰り返し取り上げられている。次回の講義では、この点に立ち戻るつもりである。そしてその際、社会主義的ユートピアの伝統に属するサン＝シモンのユートピアについて議論する。そして、そこで主張されているさまざまな主題を比較することで、マルクス主義に対する新たな議論と、フランスのユートピア社会主義を刷新する機会とがもたらされることだろう。しかし、さまざまなユートピア的主題をもっと全般的に眺めてみるならば、それぞれが相矛盾する方向に爆発的に広がっているのがわかる。さらに、それらのユートピアは、企てと内容においてばかりでなく、意図そのものにおいても、分裂しているのだ。ルイス・マンフォードは『ユートピアの系譜』のなかで、互いに結びつけるのが非常に難しいユートピアのグループが少なくとも二つあることを示そうとしている。彼はそれを、逃避のユートピアと再建のユートピアと呼んでいる。おそらくわれわれは、想像力の構造のなかにさまざまなユートピアの間の結びつきを見いだす必要があるのだろう。しかし、表面的な意味のため、ユートピアという名のもとに一括するのが非常に難しい個別的なユートピアの複数性に直面するのである。

　この問題はまた、アプローチの方法にも反映している。イデオロギー批判は社会学的であるのに対して、ユートピアは歴史的である。著名なユートピア文学は、個々のユートピアの歴史からなっている。実際、文学ジャンルと歴史的アプローチとの間には何らかの類縁性がある。歴史《ヒストリー》においては、小説《ストーリーズ》の筋《ストーリー》が語られている。歴史《ヒストリー》＝物語が二重化されているのだ。サン＝シモンやフーリエ、オーウェン、ウェルズ、ハクスリー、スキナーのユートピアについて語ろうとすると、社会学の代わりに歴史的な専門研究を置こうとする著者たちのリストを手にすることになる。こうした多様性を一つの概念のもとに包摂することの困難さについては、レイモン・リュイエの『ユートピアと諸ユートピア』がそのいい例である――ユートピアについて論じた最良の書のうちの一つであるが。リュイエは彼のテキストを、

「ユートピア」に関する部分と「諸ユートピア」に関する部分に分けている。彼の考えでは、一連の専門研究論文《モノグラフ》の構造を、ジャンル全体に対する概略的かつ一般的序論で論じきるのは非常に難しいという。

四番目の、われわれの分析にとっていっそう厄介なのは、マルクス主義思想においてユートピアとイデオロギーとの区別が失われつつある、という点である。この区別を復権させることは、マルクス主義全般にではなくとも、少なくとも正統マルクス主義に逆らうことになる。私は最後の二回の講義で、マルクス主義的社会主義に対する二つの代替案つまりサン＝シモンとフーリエのユートピア的社会主義を検討することで、この問いにより直接的に答えるつもりである。先にマルクスについて行なった読解のおかげで、イデオロギーとユートピアとの区別が、なぜマルクス主義において消えてなくなりつつあるのかを理解することができる。すでに見たように、マルクスはイデオロギーに対して二つの異なった基準を用いている。まず、彼はイデオロギーを実践と対置している。しかし、ふつう実践と対置されるのは夢想か想像力である。これが『ドイツ・イデオロギー』の立場である。この段階では、イデオロギーとユートピアは、ともに現実的ではないもののなかに数え入れられている。非現実的なものが両方をカバーしているのだ。ただ、イデオロギーについての二番目のマルクス主義的基準にしたがって、イデオロギーを科学と対置させても、同じ結論に到達する。この場合は、非科学的なものがイデオロギーとユートピアの両方を包含している。後者を強調するのは、エンゲルスが『空想より科学へ』を書いたときに始まった。彼はユートピア的社会主義を、イデオロギーの領分に属すると見なしたのである。マルクス主義はユートピアにイデオロギーの場合と同じ分析を適用することで、ユートピアをイデオロギーの下位カテゴリーへと還元する。ユートピアは一つの社会的階層の表現であるとされるのである。イデオロギーとユートピアに対してなされる説明は、まったく同じものである。こうした説明の単調さが分析の特異性を弱めているのだ。同じことは、アルチュセールの場合にも当てはまる。というのも彼にとって、科学以前的なものはすべてイデオロギー的だからである。想像的なものとしてのイデオロギーの地位は、同様に、ユートピアにも適用することができるとされる。予言的なものでさえも、利害の単なる仮装であるように思われてくる。イデオロギーとユートピアはともに「反響《エコーズ》」であり「反映《リフレクションズ》」だ、というわけである。

カール・マンハイムに戻るならば、彼の長所は、イデオロギーをユートピアと結びつけながら、同時にそれらの区別を保持したことである。われわれは、やり残してあったマンハイムの『イデオロギーとユートピア』の「ユートピア的意識《メンタリティ》」と題された章〔邦訳第三部〕についての議論を始めようと思う。私は、自分とマンハイムとの違いを提示するつもりだが、彼は少なくとも、私が要約したさまざまな方法論的困難にアプローチするための、一つのよい社会学的な道具をもたらしてくれる。

マンハイムのユートピア研究は、三段階で行なわれている。前に行なったマンハイムについての読解〔第十回〕のなかでは、その最初の段階であるユートピアの規準論についてしか述べなかった。この段階についてのマンハイムの分析は、あとで手短かに繰り返すつもりである。第二段階は類型論であり、そこでマンハイムは、ウェーバーのいう理念型に似た方法を適用しようとしている。しかし、われわれはあとで、一つの重要な違いがあるのを見いだすことになるだろう。第三段階で、マンハイムはユートピアにおける変化の方向、つまりその時間的な力動性を解釈しようとしている。こうして、ユートピアの問題に対するマンハイムの貢献は、主に次の三点にまとめることができる。第一に、一つの概念、研究をカバーする作業仮説をもたらそうとした点である。第二に、多様なユートピアの内部で、こうした分散、ばらばらな多数性を類型論によって乗り越えることによって、方向性を定めようと試みた点である。そして第三に、この類型論の還元不可能な運動について一言述べようと試みた点である。マンハイムの主要なアイデアは、事態はユートピアの衰退へ、したがってまた、現実との不一致が徐々に消失する方向へと向かっている、というものである。人々は現実にますます適合しつつあり、この適合がユートピアを死へと向かわせる。こうした状況が、結局、マンハイムのテキストにおける主要な問題なのである。

マンハイムの分析の第一段階として、彼の規準論について、われわれが先の読解で指摘したいくつかの点を簡単に要約してみたい。マンハイムにとって、イデオロギーとユートピアはともに、一つの共通した特徴と一つの異なる特徴とを持っている。共通した特徴とは、彼が不一致と呼んでいるもので、ある種の逸脱あるいは分裂である。不一致が何からの逸脱なのかを言うのは難しいが、行為の状態および行為がそのなかで生じる現実からの逸脱である、と言うことはできるかもしれない。イデオロギーとユートピアの異なる特徴とは、ユートピアが「状況を超越している」のに対してイデオロギーはそうではない、ということである。先に示唆したように、一つの状況の「現実」を知り、何かが超越しているかどうかを決定することができるのは誰なのかを決める基準は、さらにこれとは別の問題である。ユートピアの超越的性格のもう一つの側面は、ユートピアが根本的に実現可能なものだということである。これは重要な点である。なぜなら、ユートピアは夢想にすぎないという偏見にぶつかるからである。マンハイムのいうところによれば、そうではなく、ユートピアは所与の秩序を破壊するのだ。秩序を破壊し始めるときにのみ、ユートピアなのである。一つのユートピアは、こうしてつねに実現への過程にある。対照的に、イデオロギーは、現にそうであるものの正統化なのだから、実現に関する問題を持たない。イデオロギーと現実との間に不一致があるのは、現実が変化するのに対して、イデオロギーはある惰性にしたがっているからである。イデオロギーの惰性が食違いを生み出すのだ。イデオロギーとユートピアの異なる特徴は、二つのやり方で明らかにされている。第一に、イデオロギーは主として支配集団と関わりがあり、支配集団の集団的自我を慰め力づけるのだ。これに対してユートピアは、さらに自然なこととして、上昇集団によって、したがってたいていは社会の下層によって支えられている。第二に、イデオロギーは過去の方を向いており、無用になると捨てられるのに対して、ユートピアは未来へ向かう要素を持っているのである。

マンハイムの分析の第二段階は、一つの類型論である。マンハイムの類型論は社会学的であり、方法論的に興味深いのはこの社会学的アプローチと歴史的アプローチとの差異である。人文科学に属する哲学にとって、これは重要な主題である。さまざまな作品の独自性を強調するのは、まさしく歴史家である。歴史的探求は主に、一般化ではなく出来事の独自性に注意を向ける傾向にある。こうした傾向は、現代よりもマンハイムの本が書かれた時代にいっそう当てはまるものであった。というのも、その当時、歴史では社会学への転換が起こっていたからである。しかし、出来事の概念が保持されている限り、歴史が社会学に吸収されることはない。そしてこの出来事の概念は、私自身の考察にとって非常に関心のある主題なのである。このように出来事の概念に注目してみると、ユートピアの物語を書く者たちがトマス・モアの『ユートピア』をモデルにする理由もわかってくる。この作品は、歴史的方法と文学との間にある類縁性の範例となっているのだ。文学は、個々の作品を歴史の流れのなかに置き入れる。これは、歴史家は記述的諸概念を超え出ることができないということでもある。そして、これらの記述的概念は体系的革新の邪魔をする、とマンハイムは言う。

このような〔歴史的一回性という〕歴史的に「素朴な」概念は、たとえば「ユートピア」の概念がそうだということになるが、これは「ユートピア」の概念が、その厳密な歴史的用法において、さまざまな構造、具体的には、トマス・モアの『ユートピア』に似た構造や、いくぶん広い歴史的な意味において「理想の共和国」を参考にした構造を含んでいるからである。われわれは、歴史における個別的要素を理解しようとしているのだから、個別的な記述的概念の有用性を否定するつもりはない。(201〔以下、邦訳対応個所、マンハイム『イデオロギーとユートピア』高橋・徳永訳、三六四―三六五頁注4〕)

これとは対照的に、マンハイム自身の努力は、ユートピアの社会学を打ち立てることに費やされている。マンハイムが言うところでは、ユートピアの社会学は三つの方法論的規則にしたがう。第一に、ユートピアの社会学は、個別的な記述的概念という意味においてではなく、一般化、操作的概念という意味において、概念を構築しなければならない。「実際にはまだ現実化していないが、所与の現実を超越するような観念が存在しないかどうか」(201〔三六六頁注4〕)というのも一例になるだろう。これが、マンハイムがユートピアの概念を構築するときのやり方である。われわれは経験に対して受動的ではなく、経験を構造的に再構築しようとする。「建設的な抽象は、経験的探求に対する前提条件である」(202〔同書三六七頁注4〕)。第一の方法論的規則が、一つの包括的な概念を構築することであるとすれば、第二の方法論的規則は、ユートピアを社会的階層にしたがって差異化することである。問題は、ユートピアの個々の形態を一つの社会的階層に結びつけることである。このことがそれほど容易でないことを、われわれはあとで理解することになるだろう。「ユートピアを理解する鍵は、その時どきにユートピアを信奉している社会的階層の構造的状況をつかむことである」(208〔同書三五四頁〕)。ユートピアとは一つの集団の言説であり、空中をただよう文学作品などではない。この方法論的規則により、著者たちの個別性は意味ありげに消えてなくなる。すなわち、個別性は完全に消えてなくなることはなくても、非常に強くぼかされる、ということである。第三の方法論的規則は、ユートピアは一連の観念であるばかりではなく、一つの意識《メンタリティ》、精神《ガイスト》であり、諸観念と諸感情の配列全体に浸透した諸要素の一つの布置である、というものである。ユートピア的要素は、生活のあらゆる側面に入り込んでいる。それは、命題的な形で突きとめられ表現されうるような何かではなく、むしろ、ギアーツの言い回しを用いるならば、包括的なシンボル的体系である。マンハイムはここで、「もっとも優勢な願望」(209〔同頁〕)について語っている。この願望を、思考されるよりも経験されるような組織化の原理と考えるならば、方法論的概念として保ち続けることができる。ユートピア的意識《メンタリティ》は経験に、「直接目に見える像」、あるいは少なくとも「直接に理解可能な一連の意味」(209〔同書三五七頁〕)を与えてくれる。この概念は、マンハイムがユートピアの死と呼んでいるものについて考えるとき、もっとも意義深いものとなるだろう。すなわち、ユートピアの死はおそらく現実の一つの全体像の死でもあるのだが、出来事と状況への断片的なアプローチしか、実行可能なものを残してくれないからである。

　これら三つの方法論的基準――構築された概念としてのユートピア、対応する社会的階層との相関関係、支配的な願望――は、マックス・ウェーバーの理念型とそれほど隔たってはいない。しかしこの類型論は、ある根本的な点でウェーバーの類型論と異なっている。それは、次のマンハイムの分析によって決定的に明らかになる。彼は、ユートピアどうしの対立関係が根本的だと考えている。イデオロギーに関してはすでに、共通の文化が破壊されない場合にしかおそらく存在しないだろう、と述べた。〔しかし〕そこには二律背反、対立関係も存在するにちがいない。ユートピアの場合、こうした対立関係はより容易に認識することができる。というのも、マンハイムにとって、あらゆるユートピアは他のユートピアとの対立関係によって定義されるからである。これから移行しようとしているマンハイムの次の節が、ユートピア的意識の形態《コンフィギュレーション》における諸変化について述べているのは、偶然ではないのだ。ユートピア的意識は一つの形態《コンフィギュレーション》をもつ。というのも、あるユートピアと別のユートピアとの間の対立を意味のあるものにしているのは、一つの全体としてのユートピアの体系だからである。ユートピアは「相互に対立する対抗ユートピアとして成立し、またそのようなものとして自らを維持して」(208〔同書三五四頁〕)きた。マンハイムはここで、対抗ユートピアのための場所を設けている。すなわち、いくつかのユートピアは典型的に反ユートピア的であるかもしれないが、これはもっぱら、それぞれのユートピアに対抗ユートピアの要素が備わっているからである。対抗ユートピアという概念のおかげで、マンハイムは、保守主義を一つのユートピアとしてリストに入れることができるようになったが、これは普通はかなり疑わしいことである。しかし彼自身の三つの方法論的基準にしたがえば、保守主義もまた、生活を構造化し、〔現実とは〕一致しないもののように見え、もっとも優勢な願望を含んでいるようなものを示せれば、一つのユートピアなのである。過去を回復させるという未来へ向けての企てであるとしても、保守主義はなお一つのユートピアなのである。というのも、それは別のユートピアと対抗しているからである。一つのユートピアが別のユートピアへと自らを方向づけるというのが、本質的なことなのである。「社会学者がこれらのユートピアを本当に理解することができるのは、つねに移り変わる全体的な布置《コンステレーション》の部分としてのみである」。(208〔同書三五五頁〕)。

　このようにユートピアの形態を強調することで、私が力動性に対するマンハイムの類型学と表現したものからの移行が可能になる。その違いは、これからとりかかる節の題名である「ユートピア的意識《メンタリティ》の形態における変化」(211〔同書三七一頁〕、強調はリクール)に、すでに現われている。この節の対象になっているのは、体系の全体的な移行、布置全体の全般的な進化の傾向である。しかししばらくの間、形態全体を移動させる一般的な趨勢の問題を括弧に入れておいて、ユートピアの形態がいかにしてつくり上げられるかをより静的な仕方で見ることにしよう。時間的順序を廃してしまうことはできないが、この変化の方向を括弧に入れておくことにする。この節は長いので、一つの観点――それぞれのユートピアが扱われる仕方は時代の意味と関わっている――を導きの糸を与えてくれるものとして保持することにしよう。それぞれのユートピアは歴史的な時間の特別な意味を持っている、とマンハイムは繰り返し主張している。「まさしく、歴史的な時代体験が中心的意義をもつ以上、われわれは、そのときどきのユートピアと、歴史的な時代認識との間のさまざまなつながりを、特に取り上げることにしたい」（210〔同書三五八頁〕）。

マンハイムが名前をあげた最初のユートピアは、トマス・モアのユートピアではない。マンハイムはトマス・ミュンツァーと再洗礼派から始めている（211–219〔同書二四七―二五九頁〕）（興味深いことだが、ここには、マンハイムよりも八年前に『革命の神学者としてのトマス・ミュンツァー』（一九二一年）を書いたエルンスト・ブロッホと、マンハイムとの結びつきが見られる）。マンハイムはなぜ、トマス・モアではなくトマス・ミュンツァーを選んだのだろうか。その理由はまず、ミュンツァーの再洗礼派が、観念と現実との隔たりの大きさ――不一致の基準のもっとも強力な例――を描き出していると同時に、ユートピアの夢が実現の過程にあるような原型的事例を代表しているからである。マンハイムの考えでは、何かが既成の秩序を破壊し始めているという事実だけでは、ユートピアの定義として十分ではない。ミュンツァーの運動は至福千年的、すなわち千年王国という観念を持っている。超越的要素が、天国の地上への降下として姿を現わしているのだ。至福千年説は、宗教的な動機に基づく社会革命のための超越的な出発点を想定している。超越的なものの降下によって、ユートピア的観念と現実との間にある隔たりが乗り越えられるのである。この至福千年的なユートピアが、宗教は必然的にイデオロギーの側にしかないというマルクスの主張に対する、一つの制限となっていることに注意しよう。マルクスの主張に対するこうした根本的な例外は、おそらく、あらゆるユートピアのためのモデルを提供してくれる。というのも、あらゆるユートピアは、観念と現実との間にもともとあった隔たりの縮減を表現しているからである。

マンハイムが至福千年的ユートピアから始めたもう一つの理由は、圧制に苦しむ階層の要求を、理想に結びつけているからである。ここで決定的なのは、説教者と農民たちの反抗とのつながりである。「従来は架空の夢であったり、もっぱら彼岸に注がれていたさまざまな希望が、突然、現世的になり、いまや、実現可能である――いま、ここで――と感じられ、特別な熱意を社会的行動に注ぎ込むことになったのである」（212〔同書三七二頁〕）。実現可能性という基準に再び注意しよう。マンハイムにとってこの運動は、現にあるとおりの権力を運命論的に受容することに初めて亀裂が生じたことを示している。まさにこの理由から、マンハイムがプラトンの『法律』、まして『国家』を、ユートピア的と見なすことはない。われわれはルネサンス以前のユートピアについて語ることができるのだろうか。あるいは、ユートピアは、超越的理想と虐げられた階級の反抗との間のこうした特異な連関に依存しているのだろうか。マンハイムの考えでは、これは少なくとも近代的なユートピアの誕生である。だから、トマス・モアが第一段階として取り上げられることはない。こうした出発点の選択を裏づけているのは、その出発点が以後も影響を与え続けているということであり、またこのことが、他のユートピアの形式に対する絶えざる脅威となっているのである。至福千年的ユートピアは対抗ユートピアを生じさせる。これは、多かれ少なかれ、根本的ユートピアの再出現の脅威に対抗して導かれる。保守主義的ユートピアや自由主義的ユートピア、さらに社会主義的なユートピアでさえ、すべて至福千年的ユートピアの無政府主義のうちに共通の敵を見て取っている。マンハイムの考えでは、トマス・ミュンツァーからバクーニンへと一本の線を引くことができる。両者には、理想と、下部からやって来る地上的要求との間に引かれたこの近道《ショートカット》によって、同じエネルギーが放出されているのだ。マンハイムはまさしく、このユートピアの原動力を「恍惚と熱狂のエネルギー」(213〔同書三七三―三七四頁〕)と言っている。こうした言葉の選択が適切かどうかを問うこともできるであろうが、ともかくマンハイムはその表現によって、理想と要求とが結びつくことで生じる感情の爆発のことを言いたいのだ。こうした結びつきは、古典的ヨーロッパの文化のあらゆる理想と対立するものであり、その文化は、教養《ビルドゥング》――文化、教育――というドイツ的概念において頂点に達し、ユートピアの自由主義的モデルの典型となっているのである。至福千年的ユートピアのなかにはある種の反自由主義的なエネルギーがある。というのも、歴史を導くのは観念ではなく、至福千年という突破口《ブリーチング》から解放されたエネルギーだからである。

われわれの試金石であるユートピアの時間の意味についていえば、この至福千年的ユートピアおよびそこから生じてくるおそらくすべてのユートピアにおける時間の意味の特徴をなしているのは、絶対的なものと直接的なここといま《ヒア・アンド・ナウ》との間に引かれた意想外の近道である。直接的なものと絶対的なものとの間には、いかなる遅れもいかなる延期もない。「至福千年の信奉者にとって、現在は、それまで内にあったものが突然ほとばしり出、外の世界を捉えて変容させる突破口となる」（215〔同書三七五頁〕）。その意味は、神の王国がいまそこにあるということである。一つの時間があり、それは現在なのだ。至福千年的経験は、神秘主義の、空間と時間からの離脱とは反対のものである。至福千年説は、文化という上品な概念が発展させるゆっくりとした準備や、マルクス主義思想が唱えている現実的諸条件に結びついた機会という意味に対して、約束の即時性を明言する。マンハイムにとって、準備や機会に対する軽視が、至福千年的ユートピアの特徴をなしている。

マンハイムが考える二番目のユートピアは、自由主義的－人道主義的ユートピアである（219–229〔同書三八六－四〇二頁〕）。それは主として、教育と見聞を広める方法としての思考の力に対する信頼に基づいている。ユートピアは現行の秩序と衝突するが、それは理念《イデア》の名においてである。しかし、ユートピアはプラトン主義ではない。なぜならプラトン主義は、変化に対する潜在性をもたず一つのモデルにとどまっているからである。ある意味で、大学はこのユートピアに由来していると言うことができる。というのもユートピアの概念は、よりよい知識、より高い教育などによって現実を変化させることができるというものだからである。この形態は、財産、お金、暴力など、知的でないあらゆる種類の力の真の源泉を、しばしば非常に素朴な仕方で否定する限りにおいて、ユートピア的である。それは、形をつくり、形を与えるという知性の力を過度に強調している。この点では、反至福千年的である。というのも、それはエネルギーについてではなくイデアについて語っているからである。マンハイムにとって、自由主義的ユートピアはドイツ観念論において頂点を迎える。ドイツ観念論は、教養《ビルドゥングス》の哲学を反映しているのである。自由主義的ユートピアは、ルネサンスの始まりから、少なくともフランス革命を通してのヨーロッパにおける、主知主義的世界観と神権政治的あるいは聖職者的世界観とのたえざる戦いによって類型化された。前者の世界観を支持する集団は、神権政治と専制政治、そしてとりわけフランス革命後、専制政治が神権政治の正統化へと回帰するのに反対して戦ったブルジョワジー――もっとも「啓蒙された」者――によって代表される。このユートピアの主要な観念は、具体性を欠いているが、人間形成の理想としての人間性の理念である。このユートピアは、フランスとドイツの啓蒙思想において存在した（フランス啓蒙思想は、いっそう政治的かつ直接的であり、ドイツのそれはより文化理論的であった）のであり、イギリスの敬虔派の世俗化のなかにもおそらく似たものが作用していたであろう。

自由主義的ユートピアにおける時間の意味についての考えは、歴史とは、幼少期と円熟期はあるが老年期と死はない人生のようなものだ、というものである。成熟への向けての成長あるのみ、という考えなのである。中心となるのは、成熟することなのである。進歩というのは一本の線をなしており、この進歩の哲学は、まさしく至福千年的ユートピアの時間感覚とは反対の方向へ導かれる。変化はいつどのようなときでも生じるのではなく、歴史的進化の頂点で起こるのだ。瞬間（kairos）のほとばしりに焦点を置く代わりに、成長と生成に強調が置かれる。人間の教育についてのこうした神話は、つねに、反無政府主義的である。このユートピアに属するシンボルと隠喩は、光の観念をその中心としている。啓蒙（enlightenment）がそうであり、これは何らかの意味で宗教改革とルネサンスに共通した主題である。その観念とは post tenebras lux、暗闇のあとに射す光である。最後には光が勝利するのだ。

マンハイムが取り上げる三番目のユートピアは、保守主義である（229–239〔同書四〇二―四一八頁〕）。一見すると、これをユートピア的と呼ぶのは非常に奇妙なことのように思われる。保守主義は対抗ユートピア以上のものであるが、他者たちの攻撃のもとで自らを正統化するよう強いられる対抗ユートピアとして、それはある種のユートピアとなる。保守主義は事実のあとにその「理念《イデア》」を発見する。それは、一日の終わりに初めて飛び立つ、ヘーゲルのミネルヴァのふくろうのようなものだ。ユートピアとして、保守主義は民族精神《フォルクスガイスト》、人民の精神のような何か根本的なシンボルを発展させる。その像は形態学的である。一つの共同体、民族、国民あるいは国家の人民は、一つの有機体のようなものであり、一つの全体をつくり上げる諸部分である。成長を急いではならず、人々は忍耐強くなければならない。ものごとが変化するには時間がかかるのだ。植物の成長のような歴史的規定性には意味があり、観念と対置される。観念は単に浮かんでいるだけだからだ。明白なのは、精神の反抽象的な転回である。保守主義の時間感覚についていえば、優先されるのは過去である。ただしそれは、廃棄された過去ではなく、現在に根を与えることで現在を養っているような過去である。伝統という概念がある。何かが受け継がれていまでも生きているという主張で、こうした過去の隠れた流出物を欠いた現在は空虚である、と主張する。最初のユートピアの瞬間《カイロス》と二番目のユートピアの進歩に対して、持続という意味が主張されている。

マンハイムの取り上げる四番目のユートピアは、社会主義的－共産主義的ユートピアである（239–247〔同書四一九―四三二頁〕）。ここでもわれわれは、マンハイムのカテゴリー化について多くの留保をつけることができる。もっとも明らかなのは、社会主義－共産主義の運動に対して、それがまさしく自らを反ユートピア的と主張しているとき、ユートピア的と名づけることがいかにして可能なのか、ということである。マンハイムは二つの答えを提示している。この運動がユートピア的なのは、まず、他の三つのユートピアに対するその関係によって、すなわち競争的であるばかりでなく総合的でもあるような関係によってである。マンハイムは、この四番目の形が「これまで現われたさまざまな形のユートピアの、内側から総合したものに基礎を置いている」（240〔同書四二〇頁〕）と主張している。それは、至福千年的ユートピアから、歴史における切断《ブレーク》という意味を保持し続けている。これによって必然性の領域から自由の領域へと飛躍するのだ。それはまた、時間的な準備段階、歴史的諸段階があるとする進歩の伝統の最良のものを保持してもいる。たとえば、土地に基礎をおく所有制から資本に基礎をおく所有制への移行は、ある時期に主たる社会構造上の切断を可能にするような、ある合理的発展をつくり上げる。保守主義的ユートピアでさえ、一つの要素をもたらす。それは、必然性の感覚、われわれはいかなるときでも何でもなしうるわけではないという感覚、奇妙にも飛躍の観念と結びついた決定論的要素である（エンゲルスは彼の自然の弁証法において、量的変化がある点において質的飛躍を生み出すと主張することで、切断、進歩、必然性という諸モデルを互いに結びつけようとした）。保守主義的趨勢は、革命のあとの社会主義的ユートピアのなかでも重要な役割を果たすのだが、それは、政党がその利得をすべて保持しようとする限りにおいてである。〈党〉が権力のもとにあるとき、それは、保守主義的ユートピアのあらゆる戦略を用いる。社会主義－共産主義的ユートピアの他のユートピアに対するいっそう根本的な関係は、それが他のすべてのユートピアをイデオロギーに還元しようとしている、というものである（241〔同書四二二頁〕）。こうして、アルチュセールの認識論的切断という概念を、このユートピアと他の三つのユートピアとの関係に適用することができるのである。

初めの三つのユートピアとこの四番目のユートピアとの絡み合いは、社会主義的－共産主義的ユートピアの時間の意味のなかに特にはっきりと認めることができる。マンハイムの考えでは、このユートピアの決定的な貢献は、それが近いものと遠いものとを関係づける仕方である。共産主義の成就は遠いものであり、そのとき階級闘争が終わり、圧制が終わるであろう。近いものには、この目的を成就するための諸段階、非常に合理的であるべき諸段階が含まれる。たとえば社会主義は、共産主義への段階を準備するものとして、まず生じなければならない。マンハイムはこれを、社会主義的－共産主義的ユートピアの戦略的な時間評価と呼んでいる。「時間はここでは、戦略上の連続的な点として経験される」（244〔文脈上対応するのは同書四二五頁〕）。共産主義者と行動をともにしたことのある者は、このことをよく知っている。つまり、いまはしかるべき時期ではないと言うときの彼らの忍耐、現在を耐え忍び、しかるべき時のために彼らの理想を保ち続ける能力のことである。マンハイムはもっとも興味深い一節において、このユートピアについて述べている。「決定性の意味と未来についての生き生きした洞察との結合を通してはじめて、一つ以上の次元についての歴史的な時間－感覚が生み出されるようになった」（245〔同書四二七―四二八頁〕）。未来は現在において準備されているが、同時にまた、未来には現在よりももっと多くのものがあるだろう。「社会主義の「理念」は、「現実の」出来事との相互作用において、出来事を外部から統御する純粋に形式的かつ超越的な原理としてではなく、むしろ、この文脈に照らしてたえず自らを矯正するような現実の母体に備わる「傾向」として、作用している」（246〔同書四二八頁〕）。このユートピアは、危機の概念を導入することによって、進歩の観念に磨きをかける。危機の概念は、コンドルセの場合を除けば、自由主義的ユートピアにはほとんど存在しなかった（223〔同書三一九頁〕）。社会主義的－共産主義的ユートピアにおいて、「歴史的経験は（…）真に戦術的な計画となる」（247〔同書四二九頁〕）。

マンハイムが用意した主要な問題は、ユートピア的形態《コンフィギュレーション》の変化の方向についてである。ユートピアの四つの形式は、単に対立しているのではない。というのも、これらの布置は方向づけられているからである。それらの対立の本性は、さまざまな変化の一般的な趨勢に影響を与えているのだ。さまざまな形式が一つの時間的な契機をつくり上げている（われわれはこの点について、マックス・ウェーバーにおける正統性の要求の諸類型との比較や、カリスマ的なものから伝統的なものへ、したがって合理的‐官僚主義的なものへの一般的な趨勢との比較などの、興味深い比較を行なうこともできるだろう）。ここでのマンハイムの基本的な考えは、ユートピアの歴史は漸進的な「現実的生活への適合」、したがってまたユートピアの腐敗とも漸進的に適合している、というものである。私は、この点については重大な疑いを抱いている、と言わざるをえない。そしてあとで見るように、マンハイムはこの主張を修正することになるだろう。しかし、「現代の状況におけるユートピア」についての節の最初のところでは次のように書いている。「歴史の過程そのものが示しているように、かつては完全に歴史を超越していたユートピアが少しずつ現実的生活へと下降して接近してきている」（248〔同書四三二頁〕）。あたかも、ユートピア的な隔たりが徐々に減少させられているかのようである。こうした記述的ともいえる特徴づけのあとで、マンハイムは、イデオロギーについて行なったのとまったく同様に、この変化の利点について、没評価的な立場から評価的な立場へと移動する。ユートピアにおける趨勢がよいものか悪いものか、この決定を避けることは難しい。マンハイムはイデオロギーとユートピアを、現実との不一致として定義してきたのだから、彼の結論はおそらく、あらかじめ定められているのだろう。彼は不一致の除去を、積極的な利得と捉えるにちがいない。彼の考えはこうである。すなわち、この「現実的生活への接近」が有益なのは、それが、社会的現実にいっそう接近した仕方で対処するという試みを表わしているからである。つまり、徐々に「現実存在の具体的諸条件を支配」（248〔同書四三二頁〕）するようになるということである。

ユートピアの強度の全般的な低下は、さらに別の重要な方向においても生じる。すなわち、それぞれのユートピアはどれも、発展段階のあとになるほど、歴史的‐社会的過程に接近を示すのである。たしかに、自由主義的理念や社会主義的理念、保守主義的理念はそれぞれ別の歴史的段階に属するものである。しかし、それらは、いずれも、至福千年説から遠ざかるにつれて、世俗的な出来事にますます近づいてくるこの過程における対抗形態だという点では共通している。（249〔同書四三四頁〕）

近代の歴史は、至福千年説から距離をとっていく運動なのである。マンハイムが「世俗的な出来事」ということで最終的に何を意味しているのかは、よくわからない。というのも、ユートピア以外にこうした出来事に何があるのかわからないからである。これは、われわれの読解のつまずきの石である。

社会的現実に近づくという試みがどれほど有益であれ、この過程は別の意味においてかなり不安にさせるものである。マンハイムは、根源的な無政府主義は政治の舞台から消えたと考えている（今日そのように言えるかどうかは疑わしい。マンハイムがそう書いたのは、明らかに一九六八年以前だからである）。彼は非常にはっきりと、社会主義の保守主義的趨勢と、自由主義的ユートピアの官僚主義化と、寛容さおよび懐疑主義の高まり、そしてとりわけ、あらゆるユートピアのイデオロギーへの還元を見て取っている。思い出してみれば、この還元は、マンハイムの著作のなかのイデオロギーについての章〔邦訳では第一部「イデオロギーとユートピア」〕で主張されたのであった。いまや誰もが、自分が一つのイデオロギーに捉えられているのを知っている。マルクス主義は、あらゆるユートピアをイデオロギーへと還元してきたが、マンハイムは、マルクス主義そのものが同じ侵食を受けていると指摘している。

ユートピアについての章の終わりに近いところで、マンハイムは突然、自分の見いだしたことに恐れを抱く。感情的な抵抗、叫びが記されているのである。マンハイムが詩人ゴットフリート・ケラーの「自由の究極の勝利は味気ないものであろう」（250〔同書四三六頁〕）という言葉を引用しているのは、偶然ではない。マンハイムは、こうした味気なさのさまざまな兆候を示唆する。世界観の全般的な崩壊、哲学の社会学への還元がそうである。哲学は少しずつ、包括的な視点の母型《マトリックス》ではなくなりつつあり、また社会学そのものはそれを基礎づける哲学的視点を欠き、どこまでも断片的な研究へと還元されている。「この円熟し進展した発展段階においては、全体的な視点はユートピアの消失に比例して消えていく。現代生活において発展的過程に統一性があると信じているのは、極左と極右の集団だけである」（252〔同書四三九頁〕）。

歴史的時間の意味は、こうしたユートピアの崩壊に強い影響を受ける。「ユートピアが消えてなくなるときは必ず、歴史は究極の目的へと向かう過程でなくなる」（253〔文脈上対応するのは同書四四〇頁〕）。マンハイムは、全体性のカテゴリーが消失したと信じており、これがわれわれの時代の主要な性格であると考えている。しかし、われわれはこうした視点を、現代の他のアプローチと比較してみることができるかもしれない。たとえば現代の神学では、言葉の神学が強調されたあとに、再び歴史神学を活性化する試みが続いている。歴史神学はまさしく、さまざまな視点の分解に反対して、いま一度、歴史について全体性という言葉で語るべきだと主張する試みである。これは、ルカーチを読み直すための別の論拠ともなる。ルカーチは、この全体性を重視したマルクス主義者である。『弁証法的理性批判』におけるサルトルも同様であり、そのなかでサルトルはルカーチから全体性の概念を借りているのだ。『歴史と階級意識』におけるルカーチにとって、全体性とは、決定論の必然性というよりはむしろ、あらゆる衝突を一つの全体像のなかに収める能力のことを意味している。マンハイムにおいて失われているのは、この意味での一般的な方向づけであり、またそれとともに目的の概念も消えている。マンハイムの考えでは、こうした消失によってもたらされるのは、あらゆる出来事、人間のあらゆる行動を、人間の衝動の機能へと還元することである。彼は、パレートとフロイトがこうした考えを持っていると考えている（255〔同書四四三頁〕）。しかし私は、フロイトに責任があるとは思わない。というのも、彼の欲動の概念はつねに超自我、文化的生活に結びつけられているからである。いずれにせよ、マンハイムはある即物性《ザッハリッヒカイト》の勝利を見て取っている。それは、〔現実との〕一致の虚しい勝利である。そこでは、人々は〔現実に〕適合しており、また適合しているのでいかなる幻想も抱かない。しかし、幻想を失うことで、人々は方向感覚をも失っているのである。マンハイムはここに、現代社会学のあらゆる病理を見て取る。全体的な像を描くという衝動は、もはや存在しないのだ。

　しかし、こうしたユートピアなき世界という見方は、果たして正しいのだろうか。われわれは、即物性の失敗からユートピアが再建されるのを目撃してはいないだろうか。科学と技術がそれ自体イデオロギー的であると気づくことで、再びユートピアへのドアが開かれる。マンハイムはこうした応答を、少なくともある程度は予見している。彼は、当時の世界には緊張が見かけ上は存在しなかったことに対して二つの特徴づけを行なっている。一つは、彼が「熱望がいまだ満たされていない」(257〔同書四四六頁〕)階層がいまなお存在していると述べることである。もちろんそれは本当である。われわれは「生成しおわった世界のなかに」(257〔同書四四五頁〕)いるというマンハイムの主張は、このうえもなく真実である。それをヒトラーの大勝利よりも数年前である一九二九年に書くことができる人がいたというのは、やはり非常に奇妙なことである。出来事に対するこうした無分別《ブラインドネス》のなかには、何か恐るべきものがある。彼の社会学は、この学の背後に一つのユートピアがあるということができるとすれば、おそらく、その霊感を自由主義的ユートピアの大勝利から得たのであろう。そして、教養《ビルドゥング》が頂点に達しているという思い込みは、すぐに無慈悲な仕方で否定されたのだが。マンハイムが自らの主張に対して与えている第二の特徴は、満たされていないもう一つの集団のことを思い描いている、ということであり、その集団とは知識人たちのことである。マンハイムはここで、マルクーゼやフランクフルト学派の人たちのことを予見しているのだ。「知識人たちは、自分たちが既存の状況と合致しており、そうした状況が彼らにとってもはや問題とはならないほどまでに完全に一致している、などと考えることはけっしてない。それ故に、彼らはまた、緊張を欠いた状況を超え出ることを目指すのである」(259〔同書四四九頁〕)。

マンハイムについての議論を結論づけるにあたって、非常に強い主張を引用したいと思う。ユートピアについての章の最後の段落で、マンハイムは、イデオロギーとユートピアとの並行関係が終わるところを突き止めている。

われわれの世界から現実を超越するものが完全に排除されることは、究極的には人間の意志が消滅するような「即物性《ザッハリッヒカイト》」へと行きつくであろう。ここで、存在を超越するものの二つの種類の間の本質的な違いも明らかになる。イデオロギー的なものの衰退は特定の階層にとってのみの危機を示すにすぎず、イデオロギーの暴露によって成立した客観性は、全体としての社会にとってはつねに自己自身をはっきりさせることを意味する。それに対して、人間の思考と行動からユートピア的なものが完全に消失することは、人間の本性と人間の発展がまったく新しい性格を帯びることを意味するだろう。(262〔同書四五二―四五三頁〕)

もし、現実の状況についての虚偽意識をイデオロギーと呼ぶとすれば、われわれは、イデオロギーのない社会を想像することができる。しかしながら、ユートピアのない社会を想像することはできない。というのも、そうした社会は目的《ゴール》のない社会ということになるからである。目的《ゴール》からの隔たりは、われわれが誰であるかというイメージのイデオロギー的歪曲とは異なっている。「ユートピアを棄て去ることによって、人間は、歴史を形づくる意志と、さらに歴史を理解する能力をも失ってしまうことになろう」(263〔四五三頁〕)。

手短かに示唆してきたように、マンハイムをいくつかの点で批判することはできるだろう。彼の方法、彼が歴史に対して社会学を選んだこと、彼のユートピアの類型論の構築、そうした類型論をいくつかの特定の部分的ユートピアに結びつけて並べていることに対して、疑問を投げかけることができよう。マンハイムの類型論は図式的過ぎるのではないだろうか。彼のリストは完全なものだろうか。どうして四つのユートピアであって、七つや十ではないのだろうか。彼の類型論をつくる際の原理とは何なのだろうか。マンハイムの類型論の力動性は、進歩のユートピアと結びついているように見える。そこにはまた、ヘーゲルとの明白なつながりがある。というのも、マンハイムにおいて保守主義的ユートピアが自由主義的ユートピアのあとに置かれているのは、まさしくヘーゲルがそうしているからである。啓蒙主義のあとに、美しき魂と、過去に対する後悔が続くのである。マンハイムは、過去に対するロマン主義的理想化を〔ヘーゲルと〕共有しているように見える。こうした理想化はドイツで非常に強力であった。フランスのロマン主義がより叙情的であったのに対して、ドイツでは、血と大地の回復という意味において、より政治的であった。ナチズムは確実に、一つの身体としての民族という伝統のなかにいくつかの根を持っていたのである。

私が特に驚いたのは、マンハイムの類型論が、社会主義的ユートピアのためにどんな余地も残していないことである。マンハイムは、マルクス主義によって形づくられた社会主義の形式を一つのユートピアと見なしている。しかし、この形式がユートピア的なのは、別のユートピアから借りたいくつかの特徴によってでしかない。私としては、マルクス主義的な社会主義はその構成においてはユートピア的でない、と言いたい。ただし、青年期のマルクスにおける展開は別で、そこでは、社会主義は全体的人間のユートピアであり、全体的人間の完全な状態である。再び、これはルカーチによって提唱された全体性のカテゴリーである。最後の二回の講義で、正真正銘の社会主義的ユートピアの例に目を転じて、マンハイムによって描き出された結論に対する代替案が存在するのを見ることにしよう。マンハイムのユートピアについての章が締めくくられた際の緊張感を和らげることはおそらく可能だということを、理解することになろう。ユートピアに対するマンハイムの最後の申し立ては筋の通ったものであるが、われわれはそれを新しい土台のうえで確実なものにしなければならないだろう。マンハイムのテキストは結局のところ、一見そう見えるより謎を秘めたものである。しかし、ユートピアの概念についてさらに論じることで、彼のテキストが明らかにしたいくつかの問題を解きほぐすことができるだろう。

第十七回　サン＝シモン

残る二回の講義では、十九世紀のユートピア的社会主義の二つの例について論じるつもりである。これらの例を選んだのは、三つの理由からである。第一に、マンハイムのユートピアの類型論を検証してみたいからである。不一致としてのユートピアという基本的な定義が正しいのかどうか、私には確信がない。ユートピア的共同体を実現しようという試みがなされ、また実際に存在しているのだから、ユートピアはもしかすると不一致によってよりも、現行の秩序を破壊するという主張によっての方が、よりよく定義されるのかもしれない。マンハイムの類型論は不完全でもある。というのも、彼は本当のところ、非マルクス主義の社会主義的ユートピアが果たしている役割を見落としているからである。私がユートピア的社会主義を取り上げた第二の理由は、個々のユートピアと全般的なユートピア的意識《メンタリティ》との関係についてのマンハイムの研究をたどってみたいからである。マンハイムは、歴史の対象である個別的要素を社会体制に還元することができる、と主張している。こうした還元はどの程度うまくいっているのか、というのが私の問いである。第三の理由は、マルクス主義によるユートピアの特徴づけが個々のユートピアを適切に表現しているかどうかを調べてみたいと考えているからである。エンゲルスはユートピア的社会主義の概念をつくりだしたが、私はこのユートピアの類型についての彼の描写に注目し、それを、これから論じるつもりの、ユートピア的社会主義の二つの特殊例と対照させるつもりである。エンゲルスの分析から理解されるのは、ユートピアはその提案者によってはつねにユートピア的なものとして認識されているわけではなく、その反対者たちによって、ユートピア的なものというレッテルを貼られているのだ、ということである。上昇集団はユートピアを提唱するのに対して支配集団はイデオロギーを擁護する、とマンハイムが書いたとき、この点について重要な何かを述べている。いずれ理解されることだが、さまざまなユートピアの背後に上昇集団がいることを突き止めるのはかなり難しい。このこともまた、私のユートピア理論をうまく検証してくれよう。

エンゲルスがユートピアを十九世紀の社会主義者たちの集団に帰属させていることから検討を始めて、彼の特徴づけを導きの糸とし、それがどの程度うまくいっているかを見てみることにしよう。「ユートピア的社会主義」という表現は、一八八〇年に『空想より科学へ』という題名で出版された小冊子のなかでエンゲルスが用いているものである。われわれが参照する英訳は、ルイス・S・フューアーが編集した『マルクスとエンゲルス――政治・哲学基本論集』のなかに収められている。エンゲルスの論文は独立したものではなく、彼の浩瀚な著作『反デューリング論』からの三つの章の抜粋である。エンゲルスは、これらの社会主義者のユートピアがフランス啓蒙主義の派生物であることを非常に正確に見て取っていた。したがって、われわれの最初の問いは、啓蒙主義はいかにしてユートピアを生み出したか、というものである。啓蒙主義からユートピアが生まれることは、マンハイムの類型論ともうまく一致する。というのも、思い出してみれば、ユートピアの第二の類型は合理主義的ユートピアだったからである。啓蒙主義においては、理性のみが、政治および聖職者の支配に対する徹底的な抵抗の担い手である。支配権力に対するこうした抵抗が歴史的な成果《イシュー》を持たないとき、理性はユートピア的となる。実際、歴史的な状況はこうしたものであった。というのも、これらのユートピアのほとんどはフランス革命の失敗のあと、つまり、それがブルジョワ革命となり、けっして市民革命とはならなかったときに現われたからである。

ユートピア的社会主義が発展するなかで、天才的な個人が上昇集団に取って代わった。天才が集団に取って代わるということが、エンゲルスの興味を引いたのである。もちろん、彼はユートピア的社会主義に反対しているが、ブルジョワ思想のために取っておいた残忍さと辛辣さをもって、そうしているわけではない。エンゲルスは、理性とは、非常に単純化するならば、もっぱらブルジョワジーの利害を理想化したものであると断定している（69〔『空想より科学へ』大内兵衛訳、三三頁〕）[1]。したがってマルクス主義思想にとっては、かなり早い時期から、理性と利害とは近道で

しかしながら、この理想化の過程には、イデオロギーの発展――つまり支配階級の立場の正当化――だけではなく、副産物、つまりユートピアもまた存在しているのだ。個人の才能はそのとき、単に支配階級の利害を表象するのとは別の何かを行なう能力を持っているのである。

エンゲルスにとって、ユートピア的錯覚とは次のように期待することである。すなわち、真理は、単にそれが真理であって権力と歴史的な力のあらゆる結合からは独立しているという理由だけで、やがて認識されることだろう、と期待することである（71〔同書三五頁〕）。われわれはここに、マンハイムが至福千年的ユートピアについて述べていたこと、つまり状況に対して無頓着であったことを認める。その意味は、いつでもいまが革命に取りかかるよい機会だ、というものである。そこには必然的な歴史的準備も、成功のための条件も存在しない。歴史的状況に対するこうした無頓着は才能の噴出の代償であって（71〔同頁〕）、現にそこにある歴史的諸力のなかに自らの位置のための支えをほとんど見いだすことがない。エンゲルスは、ユートピア的社会主義者たちの時代に、資本主義的生産の成熟と階級的状況との欠如が、理論における未熟さと連関していたことを示唆している（70〔同書三八頁〕）。理論が成熟していなかったのは、革命のプログラムを支えることのできる諸階級がいまだ成熟していなかったからである。この理論的な未成熟は、社会は理性のみで変化しうるというユートピア的信念のなかに典型的に表われている。マルクス主義者たちは、革命的状況が生まれるためには資本主義が秩序のうえで一定のレベルにまで到達していなければならない、とつねに言ってきた。すなわち、ユートピアが提唱されるということは、まだ未成熟の段階にいるということなのである。しかし成熟の欠如が否定的に記述されているなかでさえ、ユートピアは、イデオロギー的と単に捨てられ否定されることのできない特殊な何ものかとして認知されている。エンゲルスの合理主義的マルクス主義でさえ、イデオロギーとは呼ぶことのできない特殊な様態の思考を相手にしなければならなかったのだ。エンゲルスは、これらの代替的な社会主義のモデルをユートピア的とは言っておらず、むしろ「ユートピア的なものとしてあらかじめ運命づけられて」（74〔同書三九頁〕）いると言っている。エンゲルスがこうした言い回しを用いているのは、彼があるユートピアのモデル――ルネサンスのユートピア、すなわちモアの『ユートピア』やカンパネッラの『太陽の都市』など――を思い浮かべているからである。モデルは文学的なものである。後退的といっていいかもしれない。というのも、それは空想であり、過去の空想だからである。進歩であると主張するこうした思考は、実際には、何らかの偉大な文学の社会的空想への回帰であった（74〔同頁〕）。別のところで、エンゲルスは少なくとも、こうしたユートピア的思考の一つの形態を社会詩《ソーシャル・ポエトリー》と呼んでいる。[1] エンゲルスによる呼び方は否定的な評価を意図したものであるが、反対に、われわれはそれを、ユートピア的思考全体についての一つのよい記述と見なすことができる。というのも、われわれの生活のなかには実際に社会詩のための場所があるだろうからである。[2] 実際、私はこの講義の最後で、われわれはいまやこれらのユートピアをもっと望ましい仕方で読むことができるだろうか、と問うことになろう。というのもわれわれは、マルクスとエンゲルスが少なくとも国家社会主義という形で歴史的に生み出したものを知っているからである。こうした失敗のあと、時代は再びユートピアのためのものになるかもしれない。

　エンゲルスは、ユートピア的社会主義者の三つの例――サン＝シモン、フーリエ、オーウェン――を提示しているが、このうち、最初の二人について論じるつもりである。サン＝シモンは今回の講義の主題とし、フーリエは次回の主題とする。これら二人の思想家が一八〇一年から一八三六年にかけて、つまり王政復古の時代に執筆したというのは興味深いことである。ユートピアが現われるのは王政復古の時期だが、おそらくわれわれの時代にも意味を持つだろう。サン＝シモンはフランス革命の間、慎重な仕方で革命に加わっていたが、あとから見るように、暴力を憎んでいた。暴力に対するこうした否定的態度はまた、ユートピア的意識《メンタリティ》の一部である。彼は他人を説得するために努力したが、それは、暴力ではなく想像力こそが過去と訣別させてくれるからである。サン＝シモンとフーリエは社会主義的ユートピアの二つの極を表わしている。サン＝シモンが徹底的な合理主義者であるのに対して、フーリエはロマン主義者である。二人について論じることは、ユートピアの内的弁証法、つまりその合理的側面と感情的側面への一つのよいアプローチになる。

　こうした二人の人物について分析するうえで、私は主として、フランスのユートピア社会主義者であるアンリ・デロッシュと彼の書物『夢見られた神々』にならうことにする。この題名はわれわれの目的にとって興味深い。というのも、それは想像力について言われているからである。想像力は、社会的な夢という機能を持っている。デロッシュは、サン＝シモンの思想が三つの段階を経て発展したと主張している。サン＝シモンの合理主義的ユートピアは啓蒙主義に近いところから出発したが、時間が経つにつれて変化し、新しい宗教の至福千年的な夢を再現しようと試みるようになった。ユートピアの一つの驚くべき特徴は、しばしば徹底的な反強権主義かつ反宗教的でさえあるような立場とともに始まり、しまいには再び宗教を生み出すよう主張するに至るということである。こうした変化がどの程度ユートピアの一つの基準になっているのかについては、後の議論のためにとっておくことにしよう。

サン＝シモンによる最初のユートピアの企ては、一八〇三年に書かれた彼の『ジュネーヴ書簡』のなかで示されている。この書は、一つの純粋に合理主義的な方向性を表わしている。啓示の形態をとっているが、内容から社会科学の企てであることがわかる。起こるであろう（will）何かを指し示すという未来時制の用法と同様、予言的形態はユートピアに典型的である。こうしたユートピアは、知識人と科学者に力をもたらす。ユートピアの核は知識の力である。この焦点化は、私が第一回の導入的講義で示した仮説を確証してくれる。この仮説は、いかなる種類のものであれユートピアの企てはすべて、政治的権力としての国家の代わりに、カリスマ的雰囲気をもたず、学識ある人たちからなる議会つまり世俗の聖職者を招集して、これを財政的に支えることのみを役割とするような行政担当者で置き換えようとするというものであった。サン＝シモンは、イデオロギーもユートピアもともに権力を扱っている、という私の仮説を確証してくれる。すなわち、イデオロギーは権力を正統化する試みであるのに対して、ユートピアはつねに、権力を別の何ものかで置き換えようとする試みなのである。同時に彼は、ユートピアに力をもたらすことを主張しているだけであって、夢を実現するための実践的手段はいっさい示していない。サン＝シモンはつねに、学識ある人々、科学者たちはこれこれのことをするであろうと述べる。未来は夢の描写であるが、その夢に到達するためのプログラムは示していない。あとで見るように、サン＝シモンのユートピアの最後の形態は、夢と現状とのこうした食違いを埋めようとする試みである。

ネル・ユーリッヒは彼女の『ユートピアにおける科学――すばらしいデザイン』のなかで、政治権力を科学者の力で置き換えるという考えには長い系譜があることを指摘している。こうした種類のユートピアのための背景は、主として、フランシス・ベーコンと彼の『ニュー・アトランティス』に由来している（『百科全書』の執筆者であるコンドルセが、フランスのユートピア的社会主義のための中継役であった）。ベーコンのユートピアは、本質的に、啓蒙された国家の資源と科学者の力との結合であり、啓蒙された国家と個々の才能との連合体であった。そのアイデアは、政治的民主主義を科学的民主主義によって置き換える、というものであった。すなわち、カリスマ的要素は科学者に属し、国家はこうした科学者の集団を支える官僚組織となるであろう、というのである。

しかしながら、科学者たちは自分自身のための権力を持たない。これは重要な点である。彼らは、ある種の連鎖反応によって創造性を解放するための力を持っている。ベーコンからサン＝シモンに至るまでこうした考えが強調されているのを見ると、一見矛盾しているように見えるマンハイムの主張、すなわち、ユートピアは夢であるだけではなく実現されることを望む夢である、という主張が確信される。ユートピアは現実へと方向づけられており、さらに現実を痛めつけるのである。ユートピアの意図はまさしくものごとを変化させることだから、マルクスのフォイエルバッハに関する第十一テーゼにならって、それは世界を解釈するやり方にすぎず世界を変化させるやり方ではない、などと言うことはできない。合理主義的ユートピアは、私が変化の「連鎖反応」と呼んだもの――その表現はデロッシュから取ったものである(37)〔2〕――はまず認識から始まる、と主張する。さらにこのユートピアは、学識ある人たちに権力を与えるという事実にもかかわらず、反エリート主義的である。科学者たちは自分たちの快適さのために権力を行使するのではないのである。

ベーコンとサン＝シモンとの大きな違いは、ベーコンが物理的科学――よき知識による地上の支配、したがってまた自然科学から生じるある種の産業主義的イデオロギー――を力説しているのに対して、サン＝シモンは社会科学を強調していることである。サン＝シモンが科学の概念を自然的なものから社会科学へと移行させることのできたのは、彼が、ニュートンの万有引力の法則は物理的と精神的双方のあらゆる現象を支配する唯一の原理であると主張していたからである。自然が理法を持つためには、あらゆる科学は同じ基礎的原理を持たなければなかったのである。

科学がユートピアの基礎であるようなこの最初の段階において、ルイス・マンフォードの提示した、二種類のユートピアがあるというアイデアを検証してみることができる。二種のユートピアとは、逃避としてのユートピアと、プログラムであり実現されることを望むユートピアである。後者について、ユーリッヒは、このユートピアがどのようにして対抗《カウンター》ユートピア――オーウェルの『一九八四年』やハクスリーの『すばらしい新世界』――を生じさせるのかを示している。対抗ユートピアは、ベーコン的ユートピアの反転から生じる。ベーコン的ユートピアをどこまでも押し進めていくと、不条理な世界へと至りつくのだ。ユートピアは自滅的なものとなるのである。

サン＝シモンが第二段階へ進むのは、まさしく、科学的ユートピアが自滅的なものとなるのを防ぐためである。彼は科学者と勤勉な者《ザ・インダストリアス》との同盟を提唱する。ユートピアのための実践的な土台は、「実業家たち」(les industiels) によってもたらされる。サン＝シモンはこうした主張をフランスにおける産業化の始まりの時期に展開させた、と言うことができるだろう。フランスの産業化はイギリスに比べて遅れていた。イギリスでは少なくとも五十年早く始まっていたのである。マルクス主義と比較した場合、サン＝シモンが『経済学・哲学草稿』よりも三十年前に、まったく別の状況において書いていることを見ておくのもまた重要なことである。マルクスの時代のドイツには、いかなる経済学も、さらに政治学もなかった。マルクスの理解では、サン＝シモンは勤勉《インダストリー》の概念（あるいは、今日のいっそう日常的な用語法でいえば、労働の概念）を、ブルジョワジーと労働者階級を対比させる階級的概念として把えておらず、反対に、あらゆる形態の労働を含むような、怠惰としか対置されることのない概念として捉えている。サン＝シモンにおいて、主要な対立は勤勉と怠惰の間にあるのだ。怠惰な人々――聖職者、貴族――は、勤勉な《インダストリアス》労働者とは対照的である。サン＝シモンは、マルクスが資本と対置した労働の概念を持っていない。エンゲルスは、労働と資本との区別が生まれなかったのは階級闘争が熟していないからだ、と述べている（73〔『空想より科学へ』三七頁〕）[3]。しかし、興味深いのは、こうした区別が生み出されていない代わりに、別の区別、勤勉と怠惰の対置があるということである。

サン＝シモンのより広い生産の概念は、怠惰でないあらゆる人々を含んでいる。デロッシュの用語でいえば、サン＝シモンの第二段階は、科学者によって代表されるホモ・サピエンス（知ある人）と、産業労働者によって代表されるホモ・ファーベル（工作する人）との結合をつくり上げている。サン＝シモンのここでの関心は、彼が生涯を通じて奨励した実際の企てのなかにはっきりと表われている。彼は、鉄道の発展と運河の建設に熱をあげていた。マドリードから大西洋を結ぶ運河をつくるという企てに関わってさえいたのだ。サン＝シモンはまた、アメリカからも強い印象を受けていた。彼はかつてアメリカで、ワシントンとラファイエットの下で兵士だったことがある。彼は合衆国を、産業社会の一つの原型と見なしていた。それは、労働者と生産者たちの国であった。サン＝シモンの弟子たちは、スエズ運河の建設に影響を及ぼした。時代の全体が交通つまり物理的コミュニケーションに特別な関心を持っていたのである。外敵から大洋によって守られている島のイメージは、ルネサンスのユートピアにとって重要であったが、サン＝シモンの時代には地球全体がユートピアのための場所であった。今日、われわれはこうした勤勉の賛美に対して、かなりの不信と疑いを抱く。しかし、サン＝シモンの時代には、生産者としての人間は称賛をもって語られていた（消費者としての人間が強調されてはいなかったことに注意しよう）。おそらく時代が、創造物を完全なものにすること、世界を、この場合は怠惰に抗して労働する国民の動員によって完全なものにすることという、非常に古い発想を共有していたのである。サン＝シモンと彼の追随者たちは、実際に、フランスにおける産業の始まりの時期に、科学者、銀行家、産業資本家たちの結びつきを確たるものとすることに成功したのである。

サン＝シモンの観点では、ユートピアは教会の封建主義を産業の力へと置き換える。サン＝シモンには、ある意味でマルクスに似た、宗教の否認が見いだされる。共通しているのは、宗教は一種の余剰だという考えである。近年、遊びがいっそう強調されるようになっていることがこうした見解を変更させるものであるかどうか、考察してみるのもおもしろいだろう。おそらく、われわれが勤勉にうんざりしているからこそ、ユートピアは、勤勉の観念よりも遊びの観念に根拠を置いたときに、いっそうユートピア的であると言われるのだろう。サン＝シモンにとっては、宗教は無為と怠惰の側にあったのに、いまや宗教は遊びと結びついて意義を持つようになった、ということなのかもしれない。

私は、サン＝シモンのユートピアの意味論にも関心を持ってもいるので、次のことを指摘しておくべきだろう。すなわち彼は、最初の段階では夢について述べているのに、第二の段階では〔ユートピアを〕寓話の形、彼が産業の寓話と呼んでいるものの形で提示していることである。彼は、フランスが、それぞれ五〇人の、一流の物理学者、化学者、詩人、銀行家、大工など、を失うと考えてみよう、と言う。そのときには、国家は魂を失った身体になってしまうだろう、と示唆する。さらに他方で、フランスが王女、公爵と公爵夫人、国会議員、政務官、その枢機卿たち、僧侶たちなどを失うと考えてみよう、と言う。彼の結論づけるところによれば、この場合は、「こうした不幸な出来事はたしかにフランス人を悲しませることだろう。なぜなら、彼らは善良な心を持っているから（…）。しかし、こうした喪失は（…）純粋に感情的な理由からフランス人を悲しませるだけであって、国家にいかなる政治的な支障ももたらすことはないだろう」[4]（73）。怠惰な階級を廃棄することはできるが、勤勉な階級は廃棄できない。サン＝シモンのこうした仮説は魅力的であると同時に恐るべきものである。なぜなら、詩的な機能がどこかで再び導入されなければならないからである。あとで見るように、詩的な機能が再び見いだされるのは、サン＝シモンのユートピアの第三の段階である。

学識ある者、科学者による行政を、産業資本家たちの活動と結びつけるこうしたユートピアの発展のもう一つの興味深い側面は、それが、現在の社会の状態が逆立ちしたものであることを明らかにするという点である。サン＝シモンは言う、「これらの仮定は、社会が逆立ちした世界であることを明らかにする」（Saint-Simon, 74）[3]。驚くのは、サン＝シモンがマルクスと同じように、上下の向きを正しくした反社会というアイデアを持っていたことである。そのイメージは共通していたように思われる。エンゲルスは、こうした転倒あるいは倒置が、すでにヘーゲルによって実際に用いられていたことを指摘している。ヘーゲルは、理性が世界を支配するとき——そして、ヘーゲルにとってこれが哲学の課題である——世界は適切に、その頭で立つのだ、と。エンゲルスはヘーゲルの『歴史哲学』を引用している。「「太陽が大空にあり、惑星が太陽の周りを回るようになって、人間がその頭で——すなわち、〈理念〉で——立ち、現実をイメージにしたがって構築するというのが見られたことはない」」（Engels, 69 n.〔『空想より科学へ』三二頁〕）。人間は観念にしたがって、その頭で立つと想定されている。観念の支配とは、足の代わりに頭で立つ人間のことである。マルクスはこれをからかって、彼自身の主張は人間が頭ではなく足で歩くべきだということだ、と言うことができた。しかしヘーゲルの立場は、観念あるいは概念《ベグリフ》がいまや現実を支配しているのだから人々は実際に足の代わりに頭で歩いているのだ、という意味で、理解できるものである。サン＝シモンはこうした転倒を単にひっくり返しているにすぎないと言うならば、彼の努力を見逃すことになるだろう。

サン＝シモンのユートピアの第二段階では、目的はいまなお人々の善である。勤勉《インダストリー》は、権力のためになされるのではない。というのも、ユートピアはそれ自身において、一つの目的としての権力の価値を否定するからである。その代わりに、勤勉は、社会のあらゆる階級に提供されると考えられている。社会の寄生的な階層は、産業資本家ではなく、怠惰な者である。サン＝シモンは、勤勉と科学主義との結びつきが「もっとも多人数の階級」つまり貧者の「精神的・物質的条件の改善」のためになることを完全に確信している（Saint-Simon, 100）[4]。エンゲルスは、サン＝シモンについての短い要約のなかで、「もっとも多くてもっとも貧しい階級」のために存在している政府――あるいは、反政府と言うことができるかもしれない――について語ったということで、サン＝シモンに信頼を寄せている（Engels, 75〔『空想より科学へ』四〇頁〕）。ここに見て取れるように、彼の「階級」という語は正統マルクス主義における用法とは異なった意味を持っている。科学者の階級と貧困者の階級との区別は、単なる論理的な区分、下位区分である。資本と労働に対する関係において現に存在しているのは、階級の概念ではないのだ。マルクス主義者ならば、資本と労働との対置はまだ行なわれていない、と言うことだろう。しかし、ユートピア的主張によれば、マルクス主義的な階級概念が歴史のなかに現われても、必然的に、このもう一つの階級概念が残り続けることが不可能になるわけではない。ユートピア的概念は、たとえば中産階級に支配された未来の社会を待望する。サン＝シモンは、産業資本家たちの利害ともっとも貧しい者たちの欲求《ニーズ》との間になんの矛盾も見て取っていない。それどころか、これらの結合のみが社会を改良し、革命を不必要にするだろう、と彼は考えているのである。

これが、サン＝シモンの思想の一つの重要な構成要素である。彼は、革命は悪い政府のせいで生じると信じている。革命は政府の愚かさに対する罰なのだから、もし産業と科学の進歩を主導する者たちが権力をもつならば革命は不要になるだろう、というわけである。サン＝シモンは、革命に対する強い嫌悪感をもっている。覚書のなかにも、破壊に対する嫌悪について書いている。これは、ヘーゲルが『精神現象学』の第六章で恐怖について述べているのと、それほど遠いものではない。恐怖の問題は、この世代にとって非常に重要だったようである。それはおそらく、なんとしても市民戦争を繰り返したくないと思う現在のスペイン人たちと同じくらい重要だったのであろう。ヘーゲルとサン＝シモンの〔時代の〕ヨーロッパは恐怖を深く嫌悪していたが、それは、最良の政治的指導者たちが首を切り落とされたからである。

科学者と産業資本家はある面で同型であるというのもまた、サン＝シモンのユートピアの一部をなしている。アイデアは科学者たちとともに生じ、銀行家たち――サン＝シモンは彼らを広く産業資本家と見なしている――はお金を循環させることでアイデアを循環させる。普遍的な循環のユートピアがあるのだ。産業は、アイデアを通して改良されるべきものである。ユートピアはつねに普遍的階級を求めている。ヘーゲルは、官僚が普遍的階級となるだろうと考えていたのに対して、サン＝シモンは、科学者と産業資本家との結合を考えていた。

サン＝シモンのユートピアの企ての第三段階が興味深いのは、それが新しいキリスト教によって表現されているからである。サン＝シモンがこの段階について述べるために書いた著書の題名は、まさしく、『新キリスト教』であった。このなかでサン＝シモンは、先の二つの段階においてすでに現われている宗教的な含みを発展させるばかりでなく、さらに新しい要素を付け加えている。宗教的な含みということで私が意味しているのは、組織化された宗教のさまざまな伝統に由来するものとして、救済を制度化された仕方で行なうことの必要性が保持されているということである。人々は、救済の実施を必要としている。そしてこれは、産業資本家と科学者の仕事なのである。サン＝シモンの人類の解放の概念におけるもう一つの宗教的な含みが、科学と産業を一つの終末論的な目的によって規定しているのだ。

第三段階の決定的な一歩は、芸術家を枠組みの最前線に置いていることである。産業資本家たちのなかには、サン＝シモンの企てが彼らをある種の国家資本主義へと導こうとしているのを見て、あるいは少なくとも、自由な企業体制へと導かないのを見て、その企てに恐れをなすようになった者もいる。サン＝シモンは、彼のアイデアが支持されないことに落胆し、銃で自らを撃った（弾は頭蓋骨をかすめて、一方の眼を失明させることになった）。しかし彼は、最終的に芸術家の重要性を見いだし、芸術家はその直観の力によって、社会における指導者の役割を引き受けなければならないと断じた。そのときのサン＝シモンの階層秩序《ヒエラルキー》は、まず芸術家、そして科学者、最後に産業資本家であった。彼がくわしく述べている（そして例のとおり、自信に満ちた平叙文で記している）ところでは、

私はまず、産業資本家たちに向けて語りかけた。私は彼らを、現在の啓蒙国家が求めている社会組織を打ち立てるために必要な努力をするよう、先頭に立たせた。

新たに熟考して、いまや、諸階級には進むべき順序が存在することがわかった。最初［en tête］が芸術家、それから科学者、これら二つの階級のあとに初めて産業資本家、である。(5)


なぜ芸術家が最初なのか。それは、芸術家が想像力を持っているからである。サン＝シモンは、芸術家が動機づけと効率性の問題を解決してくれるだろう、と期待しているのだ。これらは、単に科学者と産業資本家だけのユートピアには明らかに欠けているものである。サン＝シモンが言うには、欠けているのは全般的な情熱である。

驚くことに、サン＝シモンもフーリエもともに情熱の役割を強調している。のちに見るように、フーリエは彼のユートピアの全体を、さまざまな情熱についての探究に接ぎ木している。彼は、ホッブズやさらにヒュームにさえ見られる古くからある考察、つまり、社会秩序は単なる観念を土台とする以上に情熱を土台としているという考えへと立ち戻っているのだ。サン＝シモンは自分自身の見解についてこう書いている。「想像力を備えた人たちである芸術家が、国境を開いてくれるだろう。彼らは、人類の未来をはっきりと示すだろう（…）ひとことでいえば、彼らは新し

い体制の詩的な部分を発展させることだろう（…）。芸術家に、未来において地上の楽園を成し遂げさせよう。（…）そうすれば、この体制は早急に形成されることだろう」（デロッシュによる引用、72。強調はリクール）。時間の短縮《ショートカット》というアイデアが示されている。もし、この種の炎、芸術家の生み出した情感の噴出が突然現われるならば、私がこれまで連鎖反応と呼んできたものが生じることだろう。芸術家は道を開き、「新しい体制の詩的な部分」を発展させることだろう。

まさにこの点において、宗教に対するサン＝シモンの曖昧な関係は断絶することになる。一方では、サン＝シモンはあらゆる聖職者に対して強い反感を持ち続けているが、他方では、初期のキリスト教に対するノスタルジーを表明している。サン＝シモンは、彼の意図しているユートピアが、初期の教会において実現されていたと考えていた。イェルサレムの教会がモデルであったが、これは聖霊の賜物を持っていたからである。サン＝シモンにとって、芸術家はユートピアの聖霊を表わしていた。サン＝シモンは、崇拝や教義的要素が、彼が霊的あるいは倫理的要素と呼んだものによって取って代わられるような、宗教の等価物あるいは代替物を求めていたのである。彼の考えでは、そうした要素が初期キリスト教の核なのであった。サン＝シモンの見方は、彼の時代に共通のものであり、少なくとも、教会に異議を唱える人たちや集団の間では共通のものだった。ドイツでは、シュトラウスの例がある。キリスト教は、最初は単に倫理であったのが、のちに崇拝され、組織された崇拝の一形態、教義体系となったのである。キリスト教は最初、その創設者たちの熱情だったのであり、倫理的な目的しか持たなかった。逆説的なのは、誰も宗教を発明することはできない、ということである。これはユートピアにとってつねに一つの問題なのである。サン＝シモンは一人の新しい聖職者、またしても人民のパンを食べる怠け者になってしまわないための説教の役割に限定された聖職者を想像しなければならなかった。この聖職者は、新しい教義を教えることに限定されることだろう。彼らは体制のなかで職務を果たす者となるであろうが、重力の中心にはなれないだろう。彼らは真理の伝道者になれるだけだろう。ユートピアの頂点には、芸術家、科学者、産業資本家の三頭政治がある。価値の真の創設者として、彼らは行政担当者たちを超えたところで支配している。デロッシュは彼の図式のなかで、すでに見たように、ホモ・サピエンス——

科学者――からホモ・ファーベル――産業資本家――への運動を記述している。彼が付け加えているところでは、芸術家はホモ・ルーデンス（遊ぶ人）――デロッシュがホイジンガから借りた言葉だが――の役割を持っている。芸術家は勤勉の観念のなかにはない、遊びの要素を導入する。誰もが知っているように、勤勉ほど真面目なものはない。新しいキリスト教は、祝祭のための――遊びとさらに組織化された祝祭性のための――余地をもたらす。

こうしてわれわれは、ユートピアがある種の凍りついた空想となる瞬間に到る。これは、リュイエが彼の著書『ユートピアと諸ユートピア』のなかで取り組んでいる問題である。あらゆるユートピアは創造的活動とともに始まるが、最終段階の凍りついた描写とともに終わる（70 ff.）。次回の講義でさらに詳細に論じるつもりであるが、おそらく、ユートピアに特有の疾患とは、フィクションから描写《ピクチャー》への永続的な移行なのであろう。ユートピアは、さまざまなモデルを介して、フィクションの描写を与えることで終わる。たとえばサン＝シモンは、三つの議会を設けるよう提案し、それらの規則の階層秩序《ヒエラルキー》を図解している。一つは発明の議会、もう一つは反省あるいは再考の議会、最後は実現あるいは執行の議会である。それぞれが、一定数の特定の集団から構成されている。たとえば発明の議会は、三〇〇人の構成員を持つ。二〇〇人が技師、五〇人が詩人あるいは文学的創作家、二五人が画家、一五人が彫刻家あるいは建築家、一〇人が音楽家である。こうした精密さと、特別な布置と対称性に対する取り憑かれたような関係が、書物のなかに記されたユートピアの共通の特徴である。ユートピアは一枚の絵《ピクチャー》となる。そこでは時間は止まっている。ユートピアは始まっていないどころか、始まるまえに止まっているのである。すべては、モデルに従わなければならない。モデルの創設のあとに、歴史は存在しないのだ。

もし、描写《ピクチャー》としてのユートピアという意味を超え出ようとするならば、新しいキリスト教というアイデアそのものが提起している重大な問題に直面する。それは、合理主義的な骨格に血と肉をどうやって与えるか、という問題である。このためには、体制には意志ばかりでなく、動機《モーティヴ》――動機《モーティヴ》、動作《モーション》、情動《エモーション》――もあると考えなければならない。動機と動作を持つためには、ユートピアは情動を持たなければならない。したがって問題は、ユートピアの呪文、すなわち、作者の言葉がいかにして、マルクス主義がまさしく新しいキリスト教の代わりに据えるような歴史的諸力に取って代わる呪文となるのか、ということである。問題になっているのは、芸術的想像力が政治的な動機づけの力となるような政治的美学に対する欲求《ニーズ》である。

ここでマンハイムの分析との関連で私が興味を覚えるのは、合理主義的ユートピアがこの段階にまで発展すると、結局、ユートピアの至福千年的要素、マンハイムがつねにユートピアの胚細胞と見なしていたものを復活させる、ということである。ある種のメシア的語彙がつねにこの要因とともに現われるのは偶然ではない。キリスト教は、教義的集団としては死んでいるが、一般的情熱として復興されなければならない。サン＝シモンは、想像力を備えた人々によって生み出された世界教会的《エキュメンシャル》な情熱について語りさえしている。

私は、新しい体制の基礎として役に立つに違いない諸原理の発展を普及させることをその目的とするような、自由な社会をつくり上げたい。創設者は芸術家であろう。彼らは自らの才能を、人類の運命の改良のために全般的社会の情熱を高揚させるよう用いることだろう。(デロッシュによる引用、76)

われわれはここで、社会的想像力の役割を手にしている。社会の情熱を高揚させることとは、社会を動かし、動機づけることなのである。サン＝シモンの見るところでは、「こうした企ては、キリスト教の創設者と同じ本性に属している」(同頁)。

われわれはまた、サン＝シモンが至福千年的ユートピアをさらに別のやり方で主張していることを記しておかなければならない。それは、行為の論理を否定するというやり方である。サン＝シモンは、彼の特徴である断固たる調子で宣言している。「キリスト教の真の教義、すなわち、聖なる道徳の根本原理から演繹することのできるもっとも一般的な教義がつくり上げられることだろう。そうすればただちに、さまざまな宗教的見解の間にある違いは消えてなくなるだろう」(デロッシュによる引用、77)。言葉の魔術、情熱のほとばしりと真理の啓示との短絡《ショートカット》が現われている。行為の論理は時間を要するのであって、われわれが両立不可能な諸目的の間で選択すること、そして、どんな手段を選ぼうと、予期しない悪や望んでもいない悪がもたらされることになるのを認識しなければならない。しかしながら、ユートピアでは、すべてが両立可能である。さまざまな目的の間に衝突は存在しない。すべての目的が両立可能であり、誰も、対立する敵役を持たないのだ。こうして、ユートピアはさまざまな障害の解消を表明する。しかしこれは思考の魔術であって、ユートピアの病理学的側面であり、想像力の構造の別の部分なのである。

サン＝シモンのこうした紹介に基づいて、いくつかの点を指摘したい。第一に、われわれは、知識のユートピア、科学のユートピアを増進することがもつ意味を考えるべきだろう。このユートピアを解釈するには二つの異なったやり方がある。一方では、ユートピアは生産性と技術官僚支配《テクノクラシー》の宗教として解釈することができ、したがってまた、官僚的社会の創設、さらには官僚的社会主義の創設としてさえ解釈することができる。他方で、ユートピアは、いっそう協同的なイデオロギー（アンファンタンによって主導されたサン＝シモン主義の分派が発展させた考え）を裏書きするものと見なすことができる。そのとき、このユートピアは、産業主義の神話──われわれがいまや多少なりとも明らかにした労働と生産性の神話──と、さまざまな力が現在の対立を超えて収斂するという考え──対立は根本的ではなく、それどころか労働者のすべてが合意することは可能だという考え──の両方を含んでいる。

第二に、サン＝シモンの方向性が国家の終焉という考えを掲げていることである。この概念はよく知られているだろう。今日でも、ある人々にとってはユートピアである。サン＝シモンはこの考えを、人民に対する政府の統治が物品の管理に置き換えられることになろう、という予言で表現している。支配される者と支配する者の従属関係は合理的な管理に置き換えられるだろう、というわけである。エンゲルスはサン＝シモンについての注釈のなかで、こうした反政府的要素のことを、いくぶん皮肉をこめて、それは最近「かなりの評判になっている」と述べ、バクーニンの影響について言及している（75–76〔『空想より科学へ』四一頁〕）。この国家の廃棄についての問いはまた、レーニンのなかにも回帰してくる。レーニンは、社会主義の敵を壊滅させるために国家を強化する必要がある時期──プロレタリアート独裁の時代──と、国家が衰えて姿を消す時期を、ある連続的な秩序のなかに位置づけようとしている。国家の消滅という概念は、サン＝シモンのアイデアに多くを負っている。それはバクーニンのプログラムを通して伝えられ、正統マルクス主義のユートピア的地平の部分に残り続けている。サン＝シモンのユートピアの合理主義重視は、産業《インダストリー》＝勤勉に対する弁明――これはあまり魅力的ではない――へと行き着くが、さらには、国家の終焉という夢へも行き着く。決定を下す集団としての政治団体は、知性の支配へ、そして最終的には理性の支配へと置き換えられるべきものなのである。

　私が提起したいもう一点は、やはりエンゲルスによってうまく捉えられているのだが、サン＝シモンが記述しているユートピア的状況のなかの天才の役割に関するものである。問題をそれほど劇的ではなく表現すれば、それは政治的教師あるいは政治的教育者の役割についての問いである。後者は、私自身がどこかで用いた言い回しであるが(6)、その発想は、政治は職業政治家の実践的課題であるばかりでなく、ソクラテスが予見していたある種の知的産婆術を伴う、というものである。それは哲人王の問題であり、ウェーバーのいうカリスマ的指導者とは違ったタイプである。哲人王は宗教的預言者でも救い主でもなく、まさしく教育者、政治的教育者である。サン＝シモンは自分のことを、そうした創造的知性をもつ者、私が連鎖反応と呼んできたものを始める人間だと考えていた。この問題に、宗教を創出《インヴェント》する試みが結びついてくる。この熱望が現実に可能だと言えるだろうか。むしろ、宗教とはつねに、長い伝統の結果ではないだろうか。誰かが、自分が創設したなどと言うことができるものなのだろうか。

　最後に、サン＝シモンのユートピアは、エンゲルスの行なった決定的な告発に直面しなければならない。それは、歴史の現実的な力の過小評価であり(71〔同書三五頁〕)、またその結果として、議論による説得の力の過大評価である。ここには、私がハーバーマスについて指摘したのと同じ困難が見てとれる。それは、議論をひろく行なうようにすれば、最終的には、ことがらを変化させることができるようになるはずだ、という点に関する困難である。サン＝シモンは、暴力的国家は詩人たちによって消滅させられるだろうと考えている。詩人は政治を消滅させることができる、というのである。これはおそらく、彼のユートピアの最後の残滓である。技術官僚《テクノクラート》と詩人との結合は、おそらく、サン＝シモンの企てのもっとも目立つ側面だろう。このユートピアは革命家を必要とせず、技術官僚《テクノクラート》と情熱的な心とが結びつけばいい。こうしたユートピアにおける情熱の役割についての議論は、部分的な提示にとどまり、フーリエと結びつくことではじめてもっとも完全な意味をなすことを記しておくべきだろう。フーリエにおいては、情熱は出発点であるとともに、組織化の中枢でもある。ベーコンもまた、感情的支えを欠いた社会の青写真から出発するときに、この、社会的集合体をいかにして動かし活気を与えるかという問題に直面していたのではないだろうか。

サン＝シモンのユートピアについての議論は、イデオロギーとユートピアにおいて問題になるのは権力《パワー》であるという、私の根本仮説へと立ち戻らせる。イデオロギーとユートピアが交錯するのは、まさにここである。私の分析によれば、イデオロギーが権威《オーソリティ》への信仰の欠如に付け加えられる剰余価値であるとすれば、ユートピアはこの剰余価値の正体を明らかにするものである。あらゆるユートピアは、最終的に、権威の問題に取り組むようになる。ユートピアは、人々が国家以外のものによって支配される仕方を示そうとする。というのも、国家はすべて別の国家の相続人だからである。権力がそれほど多くの物語《ヒストリー》を持たないという事実に、私はつねづね驚かされてきた。すなわち、権力は非常に繰り返しが多いのである。権力は、別の権力を模倣する。アレキサンダー大王は、東方の専制君主を模倣しようとしたし、ローマ皇帝たちはアレキサンダー大王を模倣しようとし、別の者たちはローマ皇帝を模倣しようとした。こういったことは歴史を通して行なわれてきたのだ。権力は権力を反復するのである。他方で、ユートピアは権力に取って代わろうとする。たとえばセクシュアリティの問題を取り上げてみよう。ここでもまた、ユートピアの関心事は権力関係の問題である。ユートピアにとって、セクシュアリティは生殖や快楽、制度の安定性についての問題であるよりも、階層秩序《ヒエラルキー》についての問題である。階層秩序的な要素は、おそらく新石器時代以降、西洋の伝統のなかで最悪のものの典型である。つねに問題になるのは、従属関係、支配者と被支配者の階層秩序を、何かに置き換えることでいかにして終結させるか、というものである。協働と平等主義の関係性を通して働く代替案を見いだすという試みも問題である。こうした問いは、われわれの関係のすべてにわたって、性的事象《セクシュアリティ》から金銭、財産、国家、さらに宗教にいたるまで、拡張される。われわれの知っている宗教が、一つの構造、つまり一つの階層秩序を通して宗教的経験を支配するような制度を持っていると考えるならば、宗教それ自体が一つの問題であることが明らかとなる。人間の主要な関係を脱制度化することが、最終的に、あらゆるユートピアの核だと私は考える。サン＝シモンについてのわれわれの問いは、これらのことが科学者、産業資本家、芸術家の導きによって実現されうるかどうか、である。

われわれはまた、ユートピアがさまざまな関係を脱制度化するのは、それらを脱制度化されたままにしておくためなのか、それとも、より人間的と思われる仕方で制度化し直すためなのか、を問うべきであろう。ユートピアの曖昧さの一つは、権力の問題を解決するのに実際には二つの異なったやり方がある、ということである。一方では、支配者などまったくなしで済ませるべきだという主張がなされ、他方では、それどころか、いっそう合理的な権力を打ち立てるべきだという主張がなされる。後者は、強制的な体制へと導くかもしれない。すなわち、最良の人物、もっとも賢明な人物によって支配されているのだから、彼らの支配に従わなければならない、というわけである。その結果は、最善を知る者たちによる専制である。道徳的あるいは倫理的権力というアイデアは非常に魅力的である。こうして、ユートピアは二つの選択肢を持つことになる。よい支配者たち――禁欲的、あるいは倫理的な――によって支配されるか、いかなる支配者によっても支配されないか、である。あらゆるユートピアは、この二つの極の間を揺れ動いている。

ユートピアの概念において特に興味深いのは、それが権力についての想像的変更だということである。個々のユートピアが首尾一貫したものたらんと努めていることは本当だし、それはしばしば、強迫的なほど整合的で対称的である。サン＝シモンにおいて見たように、反省の議会は発明の議会によって平衡が保たれるなどということになる。ところで、歴史はこのように首尾一貫したものではないのだから、その意味ではユートピアは反歴史的である。しかし、一貫性に対する主張や、無矛盾に対する神経過敏な主張よりもいっそう興味をそそるのは、結局のところ、ユートピアの自由な変更である。ユートピア物語を読むことで、現に存在するものは問いに付される。ユートピアは、現実の世界を奇妙なものと思われるようにする。通常われわれは、現に生活しているのと違った仕方で生活することはできない、と言いがちだ。しかし、ユートピアは、明白なものを破壊する懐疑《ダウト》というものを導入する。それは、フッサールが『イデーンI』のなかで、世界の破壊という仮説――純粋に心的な経験だが――について述べたときの、エポケー（epoché）のように働く。エポケーはわれわれに、現実についてのわれわれの前提を疑うよう求める。われわれは、因果性などなにも存在しないと想定し、このような想定がどこに導くかを理解するよう求められる。カントもまた、こうした考えを持っていた。彼は、ある時は赤、ある時は黒と白などと記述することのできるような物体について、一貫しているのは何かと問う。当然と考えられてきた秩序が、突然、異常かつ偶然的なものであるように見えてくる。秩序が偶然性をもつことを経験するのである。このことが、ユートピアの主要な価値であると私は考える。うまくいってないのに打倒されることのない諸体制によってすべてが阻まれているような時代——これは、われわれの時代についての私の悲観的な評価であるが——には、ユートピアはわれわれの頼みの綱である。それは逃走であるかもしれないが、批判の武器でもある。ユートピアを求めるのは特殊な時代だ、ということかもしれない。われわれの時代が、そうした時代ではないのかどうか。しかし、私は予言はしたくはない。それはまた別のことである。

第十八回　フーリエ

すでに見たように、サン＝シモンのユートピアは、現在のわれわれの生活を予見している。われわれにとって、彼の産業主義的世界はけっしてユートピアではない。現代とサン＝シモンのユートピアとの唯一の重大な違いは、彼が、産業主義的世界は主としてもっとも困窮している者の利害を満たすと考えている点だが、今日の世界はそうしたものではない。これとは対照的に、フーリエのユートピアはもっとずっと徹底的である。ユートピアとは何かについて、シャルル・フーリエ以上に明確に示している者はいない。彼はサン＝シモンの同時代人であり、主要著書を書いたのは一八〇七年と一八三六年の間である。フーリエが興味深いのは、彼が自分のユートピアを、政治レベルばかりではなく、さらに経済レベルよりも下の、情念という根本のところに置いていることである〔第一の理由〕。フーリエのユートピアは、あらゆる種類の社会体制を支配している諸々の情念の体系のレベルで働くのだ。ある意味において、これはホッブズにも関連するユートピアである。というのも、ホッブズは初めて、彼が情念の力学と呼んだものを練り上げ、こうした洞察から自らの政治体制を導き出したからである。このように、フーリエの立てた問い――政治体制は社会生活の基礎となる諸情念の体系といかに結びつくか、という問題――は、長い歴史を持っているのだ。

ユートピアに対するフーリエの方向性が興味をそそる第二の理由は、彼が、実現可能なものと不可能なものとの境界線上で書き、生きたからである（われわれはフーリエのユートピアの実現可能性について、彼自身の継続的な努力と、他の者たちのとりわけ合衆国における努力の両方に関して、検討することができる）。フーリエはユートピアのこの転換点において生き、そして書いた。あとで詳細に論じるつもりだが、ユートピアに関する私の全般的な結論の一つはこうである。すなわち、どんなユートピアも、実現可能であるとはっきりと主張しているわけではないが、かといって、それが空想の産物で不可能なものだと明白に述べているわけでもない、というものである。現時点では実現不可能なものと原理上不可能なものとの間には中間的な余地があり、フーリエの仕事はまさにここに位置づけられるのである。

ユートピアに対するフーリエのアプローチは、意義深いものでもある。なぜならそれは、構想上の自由と、ユートピアの描写《ピクチャー》の厳密さとを結び合わせているからである。多くの新しいアイデアがつねにきわめて詳細に描写されているというのは、ユートピアの謎のうちの一つである。フーリエにおいては、こうした衝動は数への強迫観念という形をとっている。このこと自体は、ユートピア思想家たちの間では珍しいものではない。フーリエはそのための徹底的なリストをつくっている。彼は、情念がいくつあり、はっきり区別される人格のタイプがいくつあるかを知っており、調和のとれた都市では職業がいくつに分けられるようになるかを知っている。彼はスケジュール、食べ物、目覚める時間、共同の食事、建築物について記述している。すべてが、詳細にわたって予測されているのだ。このとき、ユートピアにおいて問題となるのは、実現されないことと不可能なこととの間にある余地だけではない。積極的な意味でのフィクションと病理学的な意味での幻想との間の余地もまた、問題となる。ユートピア的構造は、正気と狂気との差異についてのわれわれのカテゴリー化をうまく逃れる。そのようなはっきりした区別に異議を唱える。やがて理解されるように、フーリエのユートピアそのものにこれら二つの特徴——正気か狂気か——のいずれを適用すべきか決めるのは、容易なことではない。

ドミニク・ドサンティは『ユートピアの社会主義者たち』のなかのフーリエについての章に、「想像上のもののなかでの生活」という題をつけている。フーリエの仕事の全体がこの題名にふさわしいだろう。フーリエにおいて典型的に空想的なのは、転倒《インヴァージョン》を一つの定数として用いていることである。フーリエはわれわれが生活のなかで見ているものを転倒させて、ユートピアでは逆になっていると言いたいのだ。ユートピアは、われわれが「文明」——これは、全体としての社会に対するフーリエの軽蔑的な用法である——のなかで見ているものについての転倒したイメージである。ユートピアは、実際に転倒した社会であるものの転倒である。対比されているのは、悪しきものである文明生活と、調和のとれた生活つまりフーリエのユートピア世界とである。私が興味を引かれたのは、フーリエが転倒《インヴァージョン》の概念を強調している点である。先に、これが、十九世紀の多くの思想家によって共有されていたように見える概念あるいは図式であることを見た。ヘーゲルがこの概念を用いていたし、マルクスはこの概念をヘーゲルに反対するために用いた。そしてまたユートピア主義者たちは、この概念を現実的生活に対置して用いたのである。こうした特徴は、フーリエの同時代人たちに非常に強い印象を与えたに違いない。というのも、エンゲルスは『空想より科学へ』のフーリエについての短い説明のなかで、この転倒の弁証法的力をフーリエのものとしているからである。エンゲルスは、フーリエが「弁証法的方法をヘーゲルと同じように見事な仕方で用いている」(77〔邦訳『空想より科学へ』四三頁〕)と述べている。これは、まさしく一つの声明である。

フーリエがサン＝シモンから区別されるとすれば、その理由は勤勉《インダストリー》＝産業に関する彼の見解にあるのではない。フーリエは、勤勉《インダストリー》＝産業についてのサン＝シモンの熱狂のかなりの部分を受け継いでいる。彼が実際に寄与した諸情念の解放のためのプログラムが、豊かさについての一つの仮説に基づいているという意味において、彼もまた一人の産業資本家だったのである(この豊かさの仮説が、現代のいくつかのアプローチにおいてフーリエが大きく取り上げられている理由なのかもしれない)。フーリエは、より生産的な産業的秩序を求めていた。そして彼はまた、もっとも貧しい者の福祉に関心をもっていた。後者の点については、彼はいくつかの特別なアイデアをもっていた。たとえば彼は、適正な最低限の収入という概念を提唱し、労働の権利という十九世紀ではまだ受け容れられていなかった観念を提案した。彼はまた、労働は改良されるだろうという考えを述べ、一日のうちでさまざまなことを行なう生活というマルクスの構想に似た提案を行なっている。誰もが同じ労役をこなすロボットのようにならないようにするために、仕事の位置づけが変えられなければならないというのだ。フーリエは、自由な選択を強制的な交替制に結び合わせることで、労働の組織化を成し遂げるための非常に的確なやり方を考案したのである。彼のアイデアはすべて、きわめて正確に計算されている。

しかしながら、フーリエの標的は勤勉＝産業ではなく文明である。彼は、いくつかの目的を成し遂げるために必要な産業の発展と、それに結びついた生活様式との間の重要な区別を行なっている（この区別を行なうことができるかどうかは、今日のわれわれにとって重要な問題である）。マルクスの用語でいえば、フーリエの関心は、生産形態のための新しい生産関係を発展させることにある。彼はこうした土台の上に、現に目の前にある文明のさまざまな恐怖を記している。エンゲルスはここでフーリエの記述を大いに称賛しているが、これは、彼がフーリエのうちに文明批判を見て取っているからである。エンゲルスはまた、この点に関して、フーリエに対する非常に興味深い指摘を行なっている。フーリエは諷刺家だと言うのである（76〔同書四二頁〕）。言説の一様態としてのアイロニーとユートピアとを関係づけるこの注釈に、私は興味を引かれた。ユートピアにはアイロニーの要素があるのである。ユートピアは何かまともなことを言っているように見えるが、また狂気じみたことも言っているのだ。ユートピアは、狂気じみたことを言うことで、現実的なことを言うのである。この点は、ユートピアは実現可能なものと不可能なものとの間、正気のもの（もしフィクション的であれば）と狂気のもの（病理学的なもの）との間にある、とする私の先の注釈と並行している。ウェイン・ブースはおそらく、『アイロニーのレトリック』において、ユートピアに関する書物を取り上げるべきだったのだ。

フーリエの批判が、産業の発展からそれに結びついた生活様式へと移っていくとき、このことは、ユートピア的関心そのものにおける根源的な移行を徴しづけている。というのも、私が導入の形で述べたように、フーリエは政治的権威と経済組織の層の下を掘り進めて、情念のなかにあるそれらの土台を問いに付しているからである。フーリエは、彼がニュートン的だという宇宙論から演繹された情念の理論を提示している。ここにすでに、何か非常に狂気じみたものの始まりがある。サン＝シモンもフーリエも、自分たちはニュートン主義者であると主張している。サン＝シモンにとって、ニュートンの法則は社会物理学の基礎である。フーリエにとって、鍵となるアイデアは引力である。フーリエが物理学と天空の物体の力学について何を理解していたかはわからないが、ニュートンの「引力」という言葉には捉えられていた。フーリエにとって、引力の宇宙論は、回復されなければならない調和の徴しなのである。

フーリエの宇宙論は、引力を万物の根本に置く。彼は、自分のユートピアが実際に自然と調和している、と主張する。このことはフーリエを再び十八世紀に結びつける。といっても、百科全書派とではなく、その敵であったルソーと結びつけるのである。フーリエはルソーの系譜に属しているのだ。その課題は、文明によって覆い隠されてきた自然を明るみに出すことである。フーリエは、引力を社会がたどるべき聖なるコードと考えている（この主張の宗教的側面には、あとで立ち戻るつもりである）。ユートピアは原始的な法の復活だ、と彼は主張する。それ故、前進的であるとともに後退的でもある。前進は、実際には聖なる法への後退である。こうした世界観はまったく科学的ではなく、単に、天空の引力と情念の引力（attraction passionnée）という社会的コードとの間に神秘的な結びつきがある、ということである。フーリエの理論は社会的引力の一つのコードであり、彼はこの社会的引力を手がかりに、信じがたいほど詳細にわたる特有の諸コードを導き出している。

このプログラムはあまりに野心的で実現不可能かもしれないが、その目的は現在においても興味深い。そのアイデアは、覆い隠され、抑圧され、最終的には数・強さ・多様さに還元されてきた感情的な潜在能力を解放しようというものである。文明化の主要な側面として、情念の占める範囲が非常に狭いということがあるので、ユートピアの問題は、情念の範囲をいかに再び拡大するかということになる。ここで、フーリエが数に対する強迫観念を持っていたことが理解される。ある観点から見れば、彼の仕事はそのすべてが、抑圧されてきた可能な諸情念の再発見である。マルクスがプルードンの『貧困の哲学』に対する応答として『哲学の貧困』を書いたのと同じ仕方で、フーリエは、情念の貧困に応答しているのだ。情念の観念を貧弱にすることに対して、彼は悪戦苦闘した。フーリエの社会的引力のコードは、支配のコードではなく、それどころかに、引力についての結合する諸法則のもとでの、諸情念のスペクトラム全体を提示するためのコードなのである。たとえば、彼は十二の基礎的情念があると考えており、それらが、彼が統一のための軸をなす衝動として特徴づけているものを取り巻いている、とする。この衝動は、プラトン的構造のなかで正義がもっているのと同じ位置を与えられている。この統一への衝動をフーリエは調和主義、調和への情熱《パッション》と呼ぶ。この調和への情熱が、大部分の人々にとって社会的情念《パッション》であるような諸情念を統合する（フーリエによれば五感は諸情念のうちに含まれるが、この五感はここでは例外とされている）。これらの情念のうちの三つ、社会生活を支配している三つの配分的《ディストリビューティヴ》情念が、特に言及に値する。第一の情念は「交互的《オルタネイト》」と名づけられている。フランス語での形容詞は、蝶《パピヨン》という語から派生した「次々と移り行く」（papillonne）である。この情念は、自分の職業においてであれ、さまざまなパートナーたちとの関係においてであれ、多様性を欲するということである。それは、多数のパートナーたちとの多数の関係だ。フーリエはここでは自由恋愛の預言者として読まれてきたし、また実際に彼はそれを主張していたのである。第二の配分的情念は混成的《コンポジット》情念と呼ばれている。これは、人々の肉欲の喜びと精神の喜びとを結びつける。第三は秘教的《カバリスティック》情念で、これは陰謀や共謀に対する好みのことであって、これが議論の根本である。そしてまたしても、これらはすべて、基礎的な運動、方向性、引力の理論によって支えられているのだ。

　したがってフーリエの企ては、諸情念に革命を導き入れることなのである。文明生活は諸情念を抑圧し、それらの数を減少させてきた。フーリエの企ては忘却された諸情念の考古学と言うことができるかもしれない。この考古学はある程度まで、エスについてのフロイトの記述を先取りしている。メタ心理学が政治に一つの方向を与えるものでもあるとすれば、ある意味で、フーリエの仕事はエスについての一つのメタ心理学である。というのも、政治の課題とは、喜びと楽しみを増加させ、豊かにすることだからである。職業上の区分が多くなっているのは、諸情念の復活に対するフーリエの関心を反映している。この点についてのヒントは、自然の人間化と人間の自然化が自然の復活をもたらすだろう、と述べた青年期のマルクスのなかにある。この主題はマルクスにおいては後に失われてしまった——『ドイツ・イデオロギー』の時期までになくなった——が、それはマルクーゼと、現代のドイツおよびアメリカの自然主義の分派のなかに再び現われている。その思想は、自然はわれわれの外部と内部の両方で隷属化させられている、というものである。したがって、自然の隷属化はただちにわれわれの課題にしてわれわれの可能性なのである。この企てが啓蒙主義の系統にではなくむしろルソーの系統にあるということが、再び理解される。デロッシュの本のなかのフーリエについて記された章で、デロッシュはこの観点を楽園《エデン》の神話、すなわち、引力の原理にしたがう調和についての楽園の神話として提示している。情念は美徳であり、文明は情念を悪徳に変えてしまう、という前提がルソーと共有されているのである。問題は、諸情念を悪徳から解放すること、悪徳を道徳的非難から、そして道徳的評価からさえも解放し、基本的な諸情念を回復させることである。

フーリエのユートピアについて私が焦点を当てたいと考えているのは、その宗教的な部分である。この問題について議論することで、あらゆるユートピアは、何らかの意味で、新しい宗教を見いだしたという主張によってつねに支えられてもいるような、世俗化された宗教ではないのかどうかという、より広範な問いが提起されるだろう。ユートピアの精神的な位置づけは、二つの宗教の間、すなわち、衰えつつある制度化された宗教と、まだ覆い隠されたままのより根本的な宗教との間にある。ここでユートピア的なのは、われわれは古い宗教の残存物に基づいて一つの宗教を考案することができるという主張である。そして私の問いは、反宗教的な〔現代の〕趨勢と、古典的な宗教の崩壊のなかから新たな宗教を求めることとが結びついているのは、ユートピアの偶然的な特徴なのかそれとも恒久的な特徴なのか、というものである。ユートピアの宗教的要素は、フーリエの仕事を通してずっと強い要因であり続けている。

フーリエにとって、宗教的要素は否定的にも肯定的にも重大なものであった。否定的には、フーリエはつねに地獄についての説教を標的にしていた（地獄についての説教が、彼の生きた時代のフランスにおけるカトリック教会にとって中心的なものであったという点で、フーリエはおそらく正しかった。しかし、この説教が多くの宗派において基本的に消えてなくなっていると思われる現在において、彼がどんなことを言うかはわからない）。フーリエはこうした地獄についての説教に、非常に強く敵対した。というのも、彼にとって楽園《エデン》という観念はきわめて重要だったからである。彼は楽園《エデン》の観念を、われわれは楽園追放といういわゆる災厄《カタストロフ》以前に立ち戻ることができるという主張として、保持したいと考えているのだ。彼にとっての問題は、楽園追放以前へ戻ることを目的とするような政治を発展させることなのである。さらにまた、彼は地獄についての説教を、一つの全体的構造つまり宗教のシンボルとしてばかりではなく、文明の抑圧的構造のシンボルとしても理解している。彼が現代都市を地獄として記述するとき、それは説教で語られる地獄を反映した、地上の地獄のことである。二つの地獄があり、それらはお互いの像《イメージ》なのである。

フーリエは制度的な宗教のことを、根本的な仕方で外傷を与えるものと見なしている。というのもそれは、本質的には残酷な専制君主である神のイメージに基礎を置いているからである。フーリエが自らを無神論者と呼ぶのは、こうしたイメージに対する答えのなかにおいてである。彼は多くのページで、無神論と有神論との必然的な結合について語っている。しかし彼のアプローチは、互いに同じ力強さで自らを弁護している二つの主張の単なる衝突であるという意味で、あまり弁証法的ではない。フーリエは非常に宗教的な人物であり、人類は根本的に宗教的であると考えていたのだが、彼の宗教的アプローチは、専制君主としての神に対する無神論的態度を保持している。彼の無神論は、彼の考えでは剝奪に神聖な意味を与えようとしているとしか思えない神を、否定することである。その代わりに、彼にとって楽園《エデン》となるような歓喜に神性を与えることを弁護する。彼はある風刺的な一節のなかで、説教家たちの記す楽園は地上の生活よりもずっと悲しい場所であるにちがいない、と述べている。というのもそこでは、見えるもの――白いローブ――と、聞こえるもの――天界の音楽――しか与えられず、食べものや性的愛情はなにも与えられないからである。[1] 彼は言う、楽園はちっとも面白くない！　と。実際、説教で言われる楽園は、地獄の影である。フーリエの与えたことは、宗教のシンボル体系を、その物語全体にわたって宗教自身の制度によって縮減することに対する一つの興味深い注釈である、と特徴づけられよう。

宗教の積極的な側面は、引力がフーリエにとって一つの聖なるコードであるという事実によって、示されている。神への祈りは、その否定と同じくらい力強い。たとえば、フーリエは引力を、一つのコンパスとして、「「人間がもっぱら暴力によって手に入れていたものを、愛と喜びの刺激によって手に入れたときの、神の手のなかにある不思議な指針《ポインター》」」（Desroche における引用、102）として、述べている。神についての彼の方法論的告発は、「「道理に基づいた信仰」」（Desroche における引用、103）を内的に構成するものなのだ、と言う。こうしたアプローチには非常に現代的なところがある。私自身は別のところで、懐疑と回想とが必然的に並置されることについて述べようとした。[2] ある意味で、フーリエはこのような困難なパラドクスの預言者なのである。

フーリエの批判的なページの大半は、彼が半無神論・半信仰と呼ぶ立場に反対して書かれている。こうした攻撃は「哲学者たち」に対するものである。彼がこの言葉で意味しているのは、カントやプラトンではなく、フランスの哲学者たち――ディドロやヴォルテールなど――である。フーリエにとって、「哲学者たち」は半無神論者でしかなかった。というのも、彼らは理神論者だからである。彼らは十分に先まで進んでいないのだ。たとえばヴォルテールは、神のことを時計作り職人と考えている。この機械仕掛けの神は、フーリエにとって完全に異質なものである。それは地獄の一側面なのだ。理神論的合理主義に対するフーリエの攻撃は、ルソーの攻撃とよく似ている。

同様に、フーリエの知っている宗教は、それ自身が半証拠（demi-témoin）であるというのも、彼によれば、人類の社会的運命――つまり社会的調和――の啓示を忘却し、隠匿し、裏切っているからである。教会が社会の調和に関する説教を行なわないという事実は、教会の裏切りの一つの徴しなのである。善き情念について説教することが、道徳についての説教によって取って代わられている。フーリエにとって道徳は、地獄の概念によって信仰が汚染された例証である。このようにして神はわれわれの仕事である産業的領域にまで低められている、と彼は言う。賢明な者は、失われた幸福の記憶に背き、これを葬り去ってしまっている。厳粛さの宗教に対して、彼は純粋な愛と想像力の宗教を説く。宗教の貧困と貧困の宗教は同じなのだ。

フーリエの宣言の宗教的な響きは、全体としてのユートピアについての問題を提起する。すなわち、ユートピアの未来主義が根本的に回帰《リターン》だというのはいったいどの程度なのか、という問題である。フーリエはひんぱんに、彼の弁護しているのは改革ではなく回帰、つまり根本への回帰だ、と述べている。彼は忘却という主題に多くのページを割いている。この主題は、ニーチェやハイデガーといった人たちにおいても優位を占めていた。われわれは何かを忘却してしまったのであり、その結果、われわれの問題は発明することではなく、忘却したものを再発見することだ、という考えが見られるのである。ある意味において、哲学や宗教、文化の創設者たちはみな、自分たちはすでに存在した何かを取り戻そうとしているのだ、と述べている。自分たちは文明化されており先祖たちは野蛮だったと考えていたギリシア人たちでさえ、過去には知恵ある賢明な人々が存在したという考えを持っていた。ギリシアにはエジプトについての神話があったが、それによると、エジプト人はこのような記憶を代表していたという。ここからプラトンは、新しい考えを提示するとき、自分は palaios logos、古《いにしえ》のロゴスをもたらすと語ったのである。新しいロゴスはつねに古《いにしえ》のロゴスである。同様に、私の理解するところでは、アフリカにおける未来重視の態度に共通する今日的な特徴は、植民地主義によってばかりではなく文明化の過程を通しても失われてしまった過去の回復に自らを結びつけることである。それは、失われた力を解放するということなのである。

この回帰の過程は、しばしば転倒の図式と対にされてきた。忘却や健忘も一つの転倒であった。だからわれわれは、転倒を転倒させなければならない。回帰（return）とは一つの再－転回（re-turn）なのである。すでに指摘したように、この転回《ターン》、die Kehre〔転回〕の概念は現代の哲学において珍しいものではなく、ハイデガーはその好例である。しかし、回帰が単に転倒でしかないのであれば、それは概念化の弱い側面でしかない。そこでは、悪徳と言われているものが徳へ単に転倒しただけである。そしてわれわれが手にするのは、反対物による単なる置き換えである。

この転倒は、またユーモラスな側面をもっている。フーリエには自尊心、好色さ、強欲、貪欲、怒りなどを擁護しようという姿勢が見られる。彼はまた、オペラについても興味深いことを書いている。オペラが宗教的儀式に取って代わるべきだというのだ。フーリエはオペラのなかに、行動、歌、音楽、踊り、パントマイム、体操、絵を描くことなどの修練を見て取っており、彼にとってオペラは宗教的集会《ミーティング》なのである。オペラは情熱的な調和の寓話であり、ある種の崇拝の儀式である。われわれが問わねばならないのは、フーリエのユートピアは文字通りの転倒、悪徳から徳への単なる転回なのか、アイロニー的な転回なのか、ということである。エンゲルスも指摘しているように、フーリエにおけるアイロニーの要素を過小評価することはできないのだ。

すべてのものに刻印をおす宗教に対してフーリエが最終的に与えた表現は、歓喜による統治体制の弁護である。フーリエの構想が実行可能なのか失敗する運命にあるのかはわからない。しかし彼は、喜びが宗教的なものになりうるという考えの予言者である。彼の『愛の新世界』は、情念的引力の法則のもとで、性的愛情の結合力の可能性を探求・考察している。そして思い出してみるならば、この法則は一つの聖なるコードなのである。フーリエのこの書物をポルノグラフィと見なす人もいるかもしれない（実際、この本は弟子たちによって出版禁止にされ、初めて出版されたのは一九六七年になってからである）が、その宗教的要素を消し去ることはできない。フーリエはそのなかで、幻想、愛、崇拝を結合させている。ハーバーマスの表現を言い換えるなら、問題はけっして境界線と束縛のない議論ではなく、境界線と束縛のない幻想と愛なのだ、と言うことができるだろう。神との同一視は、熱狂の要素、愛の熱狂、フーリエが「「無分別の情熱」」(Desroche による引用、145) と呼んでいるもののなかにある。この神のイメージは、理神論の時計作りの神とは対極のものである。神は統一性の敵であり、愛はこうした無分別の情念《パッション》の原動力なのである。

私は、フーリエの情念《パッション》の概念に特に好奇心をそそられる。というのも、この諸情念の宗教、この諸情念の神格化によって否定されたり、掘り崩されているように見えるのが、権力の構造だからである。こうした観察によって、われわれは再び、イデオロギーとユートピアは最終的に権力の不透明な本性という一つの根本問題へと収斂する、という私の仮説へと立ち戻ることになる。フーリエにおいては、権力の問題は愛の再生、愛の復活によって価値を低減されている。フーリエのユートピアは政治的な答えをもたらしてくれず、むしろ政治が究極の問いであることを否定している。問題は、善い政治的国家を生み出すか、なのである。いかにして国家なしに存在するか、あるいは、いかにして情念を注ぎ込まれた国家をいかにして生み出すかではなく、なのである。ユートピア的要素とは、労働、権力、言説といった問題系の否定である——これら三つの領域はすべて、情念というフーリエの問題系によって土台を掘り崩されている。

ユートピアについての一連の講義を結論づけるにあたって、最後に、意義深いユートピアの創造者としてサン゠シモンとフーリエを選んだのはなぜか、すなわち、他の単なる文学的なユートピアではなく、むしろ彼らのより実践的なユートピアを研究することを選んだのはなぜかについて、少し述べておきたい。私の選択の理由の一つはマンハイムにある。ユートピアを特徴づけるのは、実現不可能ということではなく破壊することだ、というマンハイムの主張のパラドクスに、私は興味を引かれた。現実の厚みを突破するユートピアの力に、関心を抱いたのである。検討の対象としてトマス・モアのユートピアを選ばなかったのは、彼のユートピアが現実に対する代替物であると同時に、彼がはっきりと、それが実現されることには希望を持っていないと述べているからだ。アイロニーの伝達手段として、ユートピアは、現実の土台を掘り崩すための批判的な道具をもたらしてくれるだろう。しかしそれはまた、現実に対する避難所でもある。こういった場合、つまり行動できないときには、われわれは書く。書くという行動は、文学的ユートピアの特徴の一つとして残り続けているような、ある飛翔を可能にする。文学的ユートピアではなく実践的ユートピアを選んだことに対する私の偏向あるいは偏見の二番目の理由は、おそらく最初の理由ほどはっきりしていない。私が検討してきたユートピアは、フィクションについての私の別の研究と並行している。フィクションが興味深いのは、それが現実の外にある単なる夢である場合ではなく、それが新しい現実を形づくるときである。そして私は、絵画とフィクションの極性と、イデオロギーとユートピアの極性との間の並行関係に興味を引かれたのである。あらゆるイデオロギーは、ある意味で、その並行関係を正当化することによって、現に存在するものを反復している。そしてそれは、現にあるものの描写《ピクチャー》――歪曲された描写――をもたらす。他方、ユートピアは、生活を記述し直すフィクション的な力を持っている。

以下、一連の講義全体についての最後の指摘をいくつか行なっておきたい。ユートピアに関する議論が困難なのは、その概念が結局のところ、イデオロギーと同じ曖昧さを持っており、それは同じような理由によるのである。ユートピアの概念は論争的な道具なので、レトリックの領域に属している。すべてが科学的たり得るわけではないのだから、レトリックは、一定の役割を果たしつづけている。アルチュセール自身が述べているように、われわれの生活は大半が、そうした意味で実際にイデオロギー的である――ユートピア的と言うこともできるかもしれない。というのも、現実から距離をとるという逸脱の要素が根本的なものだからである。イデオロギーが三つのレベル――歪曲、正統化、同定《アイデンティフィケーション》――で作用するのと同じように、ユートピアもまた三つのレベルで作用する。第一のレベルでは、イデオロギーが歪曲であるのに対して、ユートピアは幻想――完全に実現不可能なもの――である。幻想は狂気に接している。それは現実逃避であり、文学における飛躍によって例証される。第二のレベルでは、イデオロギーが正統化であるのに対して、ユートピアは現在の権力に対する代替物である。それは、権力に対する代替物か、あるいは権力の代替的形態である。あらゆるユートピアは、それが書かれたものであれ実現されたものであれ、現に存在するのとは別な仕方で権力を行使しようと試みる。私はユートピアの性的幻想――フーリエのそれのような幻想――さえも、人間の本能についての探究というよりは、階層秩序的《ヒエラルキー》構造を持つことなく、相互性とともに生きる可能性に関する探究として理解している。引力の概念は反階層秩序的である。この第二のレベルでは、ユートピアの問題はつねに階層秩序的である、すなわち、階層秩序をいかに扱い、理解するかということである。第三のレベルでは、イデオロギーの最良の機能が個人あるいは集団のアイデンティティを保持することであるのと同じく、ユートピアの最良の機能は可能なものの探究、すなわちリュイエが「現実の側面的《ラテラル》な可能性」(3)と呼んだものの探究である。ユートピアのこの機能は、結局のところ、どこにもない場所《ノーウェア》の機能である。ここにあること、Da-sein のためには、私はまたどこにもない場所《ノーウェア》にいることもできるのでなければならない。そこにあること（Da-sein）とどこにもない場所《ノーウェア》の弁証法が存在する。『ドゥイノ哀歌』の「第七哀歌」のなかで、リルケは Hiersein ist herrlich（この世にあることはすばらしい）と書いている。われわれはこうした感情を変化させ、ここにいることはすばらしく、かつ、どこか別の場所《エルスウェア》にいるのはさらによいことだと言わなければならない。

この図式によって問題設定《プロブレマティック》をあまりに早く閉じてしまうことなく――図式というのは非常に危険である――、イデオロギーとユートピアの極性は想像力の二つの側面を例証しているのかもしれないと言ってみたい。想像力の一つの機能は、確かに、ものごとを叙述や描写によって保存することである。われわれは、友人たちや愛する人たちの記憶を写真によって保ち続けている。絵はアイデンティティを継続させるが、フィクションは何か別のもの《サムシング・エルス》について語る。したがって、ここで作用しているのは、絵とフィクションの間の関係と、イデオロギーとユートピアの間の社会的領域における、想像力そのものの弁証法だろう。私が力説してきたのは、まさしくこれらのいっそう広い力動性を認識するためにこそ、われわれは、イデオロギーの歪曲が思いつきの誤謬にのみ対立しているような表面の層を掘り下げていかなければならないということである。こうした表面の層には、利害関心をもたない力の見かけ上の二分法しか見られず、掘り下げていったときようやく権力のレベルに到達するのだ。私にとって権力の問題は、もっとも興味を引かれる存在構造である。労働と言説の本性についてはもっと容易に検討することができるが、権力は、われわれの現実存在において一種の盲点であり続ける。この問題によって、私が魅了されているハンナ・アーレントにつながることになる。

さらに掘り下げることで、最終的な関心事に到達する。それは、相互のレッテル貼りのレベルを超えて、さらに権力のレベルを超えて、構成的な想像力のレベルへと進む。表現が相互に排他的であるような歪曲の段階とは対照的に、構成的機能の表現は排他的ではない。見かけを深く掘り下げれば掘り下げるほど、構成的機能のある種の補完物にいっそう近づく。われわれのアイデンティティの支配的シンボルは、われわれの現在と過去にばかりではなく、未来への期待にも由来している。それは、驚きや新しい遭遇に開かれたわれわれのアイデンティティの一部である。私が共同体あるいは個人のアイデンティティと呼んでいるものは、前望的《プロスペクティヴ》なアイデンティティでもある。アイデンティティは保留状態なのである。こうして、ユートピア的な要素が、究極的にアイデンティティの構成要素になる。われわれが自分と呼ぶのは、われわれが期待するもの、しかしわれわれが現にそうではないものに対してなのである。ギアーツたちとともに、アイデンティティの構造をシンボル的構造として語るとしても、このことは当てはまる。というのも、ギアーツが指摘しているように、われわれは「…のモデル」(models of)と「…のためのモデル」(models for)とを区別することができるからである。「…のモデル」は現にあるものを目指しているが、「…のためのモデル」はモデルにしたがってあるべきものを目指している。(4) モデルは現にあるものを反映しているのであろうが、それはまた、現にないものへの道を開いてもいるだろう。想像力というものを構成しているのは、まさしくこうした二面性である。私がこれまで示唆しようとしてきたように、それは、イデオロギーとユートピアとしてだけでなく、芸術に見られるように、描写《ピクチャー》とフィクションとしても反映しているような二重性である。

私は、イデオロギーとユートピアについての私の分析を、意味の遡行的《リグレッシヴ》分析と名づけようと思う。こうしたアプローチは理念型の分析ではなく、むしろフッサールが『デカルト的省察』で提示した意味での発生的現象学である、と言いたい。こうした方法によって、イデオロギーとユートピアとの相互的な結びつきから外れることのない記述の水準に到達することができる。発生的現象学は、見かけ上の意味という表面から、より根本的な意味へと掘り下げていこうとする。めざすのは、一見したところ論争の道具にすぎないような概念の主張を認識することである。私はそのような概念を、もっと偽りのないものにしたいのだ。

イデオロギーとユートピアについての講義を終えるにあたって、これらの考察の現状について述べておきたい。そして、それら自身がイデオロギー的でユートピア的であるのを避けることができているかを考えてみたい。われわれの記憶では、これはマンハイムが直面したパラドクスであった。私自身が確信しているのだが、われわれはつねに、イデオロギーとユートピアの間の揺動のなかに捉えられているのである。マンハイムのパラドクスに対しては、次のように言う以外に答えはない。すなわち、ユートピアの病いを、イデオロギーにおける健全なもの——人生のいっそう根本的な機能であるアイデンティティの要素——によって治療しようと努めなければならないし、イデオロギーの厳密さ、石化作用を、ユートピア的要素によって治療しなければならないのだ。しかし、そのためには弁証法を作動させ続けなければならない、と答えるのでは、あまりに単純である。より根本的な答えとして、われわれは循環のなかに自ら入り込まなければならず、さらにその循環をもっと螺旋にしなければならない。われわれは、社会的倫理からリスク要因を取り除くことはできない。一連の価値に賭け、それらに合致するよう試みる。こうして、検証することがわれわれの生涯の問題になる。誰もこれを逃れることはできない。価値自由な道を進むと主張するような者は誰であれ、なにも見つけ出すことができない。マンハイム自身が主張していたように、いかなる企てや目的も持つことのない者は誰であれ、なにも記述すべきものを持たず、訴えることのできるいかなる科学も持たない。ある意味において、私の答えは唯心主義《フィデイスト》的である。しかし私にとって、それを認めることが唯一、誠実さの表明なのである。われわれの価値が他のすべての価値よりもよいと言うことができるためには、われわれがそうした価値のうえに全生活を賭けて、よりよい人生を成し遂げ、他人よりもものごとをよく見て理解するよう努めるという以外に、いかにして可能なのか私にはわからない。

しかし、こうした答えをもってしても、まだ、われわれは、何であれわれわれを方向づけるイデオロギーによってすっかり捉えられてしまうというリスクを冒しているように見えるかもしれない。思い出してみれば、マンハイムはこの問題に、相対主義と相関主義を区別することによって答えたのだった。彼は、自分が相対主義者ではなく相関主義者であると主張した。彼の論点は、十分に広い観点を持っていれば、さまざまなイデオロギーが限られた立場を反映するのはいかにしてかを理解できる、というものであった。視野の広さのみが、イデオロギーの狭隘さから解放してくれる。われわれが示したのは、ある種のヘーゲル的主張であり、ヘーゲルの企てはまさしく、多様な人間の経験を一つの全体のなかに包むことで乗り越えるということであった。したがって、われわれの経験の一つ一つが、全体のなかにその場所を得て意味をなすのである。われわれは一つのイデオロギーを、全体的な絵の一部として位置づけることができる。しかしながら、こうした立場は、巻き込まれていない傍観者の問題に再び結びつく。そうした傍観者は、実際には絶対精神《ガイスト》なのだ。ヘーゲルの〈絶対知〉は、価値自由な傍観者となる。マンハイムは、権力闘争に巻き込まれておらず、すべてを理解しているような知識人という観念を提示している。私はむしろこう言おう。われわれは、イデオロギー的循環から逃れることはできないが、循環のなかの位置によってすっかり条件づけられているわけでもない、と。われわれはマンハイムのパラドクスが現に存在することは知っているが、これは、われわれが状況について反省する能力を持っているからにほかならない。これが、ハーバーマスがSelbstreflexion〔自己反省〕と呼んだ能力である。人々は、もう一つの意味ではイデオロギーに完全に捉えられているわけではない。というのも、共通の言語が、交換の存在、狭隘な偏見の何らかの中立化を含んでいるからである。数百年前から始まったこうした懐疑の過程が、すでにわれわれを変化させてきた。われわれは、自らの信念にもっと用心するようになったし、ときには勇気をなくしてしまうほどである。ひたすら批判的になって関わりになっていないと白状さえする。人々はいまや盲目であるよりもさらに無力である、と言おう。われわれは、自分が実際そうしているように反応するのは、おそらく自らのイデオロギーのせいだということを知っている。

しかし別の意味では、マンハイムのパラドクスが決定的意見というわけではない。というのも、観念の歴史を考えるならば、偉大な文学作品や教説が、単にそれらの時代の表現だとばかりはいえないことをわれわれは認めるからである。それらを偉大なものにしているのは、新しい設定のもとで、脱文脈化され、再文脈化されたときにもつその力のとの差異は、後者は単に現に存在するものを映し出しているだけではない、ということである。われわれの文化の大半は、企てとしての思想、すなわち、それが述べられた時代の表現ではなく、覆い隠された表現でさえないような思想によって養われている。われわれがギリシア悲劇を読むことができるのは、まさしく、それが単にギリシアの都市の表現ではないからである。ギリシアの都市であるかどうかは関係ない。古代アテネの経済はすたれたが、その悲劇は生きている。その悲劇は、同時代にではなく、もともとの観客ではないような読み手や聞き手に対しても語りかけるという、企てとしての能力を持っているのだ。直接的な観客を超えて見ず知らずの観客へと語りかける能力、さまざまな時代のために語る能力は、重要な思想は単に反響ではないことを証明している。そうした思想は、映し出すという意味での単なる反映ではないのだ。われわれは、自分自身に対しても同じ基準を適用すべきである。ユートピア的要素はつねに、イデオロギー的要素にとって代わってきたのである。

歴史的変化の本性を探究しようとするいかなる分析も、すべてを包み込む観点の可能性が失われたときには、実行するのが難しいと思われるかもしれない。こうした困難に応えて、マンハイムは妥当性《アプロプリエートネス》の基準について語っている。マンハイムにとって問題は、イデオロギーとユートピアの不一致はそれほど遠くに及んではならない、というものであった。というのも、もしそうなれば、不一致は、歴史的変化に遅れを取るか、ずっと先に行ってしまうかのどちらかだからである。イデオロギーは詰まるところ、時代遅れとなったさまざまな思想の体系である。時代遅れになるのは、イデオロギーが目の前の現実と一致することができないからである。他方、ユートピアは、さまざまな変化の内在化に貢献する限りでは、健全である。妥当性の判断が、こうした不一致の問題を解決するための方法である。それは、好みについての具体的な判断であり、与えられた状況に合致するものを評価する能力である。問われているのは、全体的観点を持つことを求める疑似ヘーゲル的主張の代わりに実践的知恵をもつことである。すなわち、われわれは判断という防衛手段を持っており、それによって、一つの状況のなかで何がなされ得るかを評価できるのである。われわれは、イデオロギーとユートピアの循環から外へ出ることはできない。しかし、妥当性についての判断が、循環がいかにして螺旋になりうるかを理解する助けとなってくれるだろう。

注

編集者の序論

（1）*The Symbolism of Evil*（1967［1960］）〔『悪のシンボリズム』植島啓司・佐々木陽太郎訳、渓声社、一九八〇年〕および *Freud and Philosophy*（1970［1965］）〔『フロイトを読む』久米博訳、新曜社、一九八二年〕。この序論における注では、著作の刊行年を（ ）のなかに記し、その著作が最初に刊行された年〔フランスで原書が出版された年〕が異なる場合はそれを［ ］のなかに記す。

（2）*History and Truth*（1965［2d ed., 1964］）; *Political and Social Essays*（1976）. この二冊の著作における一連の試論は、概して、リクールのキャリアの初期に書かれたものである。後者に収められた二つの論文（ともに一九七三年に書かれた）を除けば、すべての論文は一九六七年かあるいはそれ以前に書かれている。リクールのさらに新しい論文集 *Hermeneutics and the Human Sciences*（1981）には、社会科学的関心——行為論、物語としての歴史、精神分析における証明——を備えた試論が収められているが、"Science and Ideology"〔「科学とイデオロギー」『解釈の革新』久重忠夫訳、白水社、一九八五年所収、二五一—二八七頁〕という試論だけが、直接に、ここでの関心事である社会的および政治的理論の諸問題に答えるものである。

（3）リクールはピーター・ケンプによるインタビューのなかで、これまでの数年間に彼が社会的および政治的諸問題に関して沈黙してきたことを認め、それについて説明している。しかし、リクールはこう付け加えている。自分の沈黙はもっぱら実践に関してであって理論に関してではなかったのであり、それというのも、イデオロギーとユートピアについての自分の諸論文が、社会的・政治的理論に対するそれまでの寄与を引き継いでいるからだ、と。Paul Ricœur, "L'Histoire comme Récit et comme Pratique", *Esprit*（June N. S. 1981）, 6：155–165を参照。

イデオロギーとユートピアについてのリクールの諸論文は、講義においていっそう詳細かつ体系的に提示される内容の原型をなしている。なお、それらの論文には以下のものが含まれる。"Science and Ideology"（これは前注で言及したものであり、オリジナルはフランス語で一九七四年に出版された）〔「科学とイデオロギー」、前掲注（2）を参照〕; "Can There Be a Scientific Concept of Ideology?" in Joseph Bien ed., *Phenomenology and the Social Science*（1978）, pp. 44–59［1974–75］; "L'Herméneutique de la Sécularisation：Foi, Idéologie, Utopie", *Archivio di Filosofia*（1976）46（2–3）：49–68〔「世俗化の解釈学」清水誠訳、前掲『解釈の革新』所収、三四五—三七七頁〕［その非常に要約された英訳版は次のものである。"Ideology, Utopia, and Faith", *The Center for Hermeneutical Studies*（1976), 17：21–28]；"Ideology and Utopia as Cultural Imagination", Donald M. Borchert, ed., *Being Human in a Technological Age*（1979）pp. 107–126 [1976].

最近、これらの論文に対する二次文献が現われ始めた。以下のものを参照。John van den Hengel, "Faith and Ideology in the Philosophy of Paul Ricœur", *Eglise et Théologie*（1983), 14：63–89; Robert Sweeney, "Value and Ideology", *Analecta Husserliana*（1983), 15：387–406; John B. Thompson, "Action, Ideology, and the Text", in *Studies in the Theory of Ideology*（1984), pp. 173–204; Tom Rockmore, "Idéologie Marxienne et Herméneutique", *Laval Théologique et Philosophique*（1984), 40(2)：161–173. さらに、次のものも参照のこと。George A. Kendall, "Ideology：An Essay in Definition", *Philosophy Today*（1981), 25：262–276, 特に p. 262 n.

イデオロギーとユートピアについてのリクールの諸テキストの注釈つきの年表については、本書の最後にある参考文献を参照のこと。

（4）アルチュセールに対するリクールの応答としては、アルチュセールの『レーニンと哲学』についての議論に彼が参加したときのもの（*Bulletin de la Société de Philosophie*（1968), 62(4)：161–181）を参照のこと。リクールのコメントは pp. 161–168 にある。ハーバーマスについてのリクールのこれに先立つ論考としては、"Ethics and Culture",（*Political and Social Essays*, pp. 243–270 [1973]）および "Hermeneutics and the Critique of Ideology"（*Hermeneutics and the Human Sciences*, pp. 63–100 [1973]）を参照のこと。

（5）たとえば *Freud and Philosophy*, p. 35.〔『フロイトを読む』四〇頁〕を参照。

（6）マルクスについてのリクールの他の仕事については、以下のものを参照。"Le *Marx* de Michel Henry", *Esprit*（1978), 2：124–139; "Rückfrage und Reduktion der Idealitäten in Husserls 'Krisis' und Marx' 'Deutscher Ideologie'", in Bernhard Waldenfels, Jan M. Broekman, and Ante Pažanin, eds., *Phänomenologie und Marxismus*, 3：207–239.

（7）この著作〔英訳〕の題名は『フロイトと哲学――解釈についての試論』（*Freud and Philosophy：An Essay on Interpretation*）である。フランス語の原書の題名（『解釈について――フロイトについての試論』〔*De l'interpretation. Essai sur Freud*〕）は英訳の題名と副題が逆になっているが、その著作の内容をいっそうはっきりと示している〔邦題は『フロイトを読む――解釈学試論』〕。

（8）このことは、リクールにおける宗教的、心理学的あるいは言語学的な関心が、一つの哲学的関心のなかに包摂されることを意味しない。あるいはまた、個々の試論がそれらの主題以外の関心を持つことができないということでもない。しかしながら、本来リクールは哲学者なのであって、彼の仕事は哲学的な方向性を持っており、この方向性は宗教的、心理学的、言語学的な霊感に還元することができないのである。

(9) しかしながらいくつかの箇所で、リクールは自らの社会的および政治的な立場についての示唆を行なっている。第八回講義における、一九六八年のソ連のチェコスロヴァキア侵攻に対するアルチュセールの反応についてのリクールの批判と、第十五回講義でのアメリカ的イデオロギーについての彼のコメントを参照のこと。

(10) Paul Ricœur, "Action, Story, and History : On Re-reading The Human Condition", *Salmagundi* (1983), 60 : 60. リクールは、彼の仕事における一つの哲学的人間学の重要性に何度も言及している。たとえば *Fallible Man* (1965) [1960]〔『人間　この過ちやすきもの』久重忠夫訳、以文社、一九七八年〕および *The Conflict of Interpretations* (1974 [1969]) を見よ。さらに、第九回講義を参照のこと。

(11) マルクスおよびマルクス主義についてのリクールの関心は、歴史的というより方法論的なものであるので、彼の分析は『ドイツ・イデオロギー』までしか扱っていない。リクールにとって、このテキストはマルクスの特にマルクス主義的な著作全体の基礎なのである。リクールは、イデオロギーを現実に関係づける一つのモデルを発展させようとしており、このモデルは(マルクスは概してこれら二つの概念を対置させているとしても)『ドイツ・イデオロギー』のマルクスのなかにあるとされているのだ。これとは対照的に、マルクスの『資本論』は一つの方法論的抽象を反映している。というのも、経済学についてのその議論は、個々の人間という行為者の役割を抽象しているからである。『資本論』におけるいくつかの節――たとえば、商品のフェティシズムについての節――は、マルクスのそれまでのモデルを反映しているが、より一般的には、この著作は、イデオロギーを科学に対置する古典的なマルクス主義のモデルを進展させたものである。リクールは、この後者のモデルのもっとも完全な提示はアルチュセールのなかに見られると主張し、それゆえ、マルクス主義の他のヴァリエーションについては論じていない。
リクールはルカーチを分析することに関心を示しているが、その議論はやむをえない場合に限定されており、リクールの注意は特定の歴史的人物ではなく方法に向けられている(第七回の講義を参照)。

(12) リクールは、人間を彼ら個人の全体性において見るばかりでなく、一つの全体性として見るようにさせてくれるようなマルクスの解釈を強く主張している。経済学的諸カテゴリーは、人間の活動あるいは人間の外化《エイリエネーション》に対する唯一の基盤ではない。生産とは、何よりもまず経済学的概念というわけではなく、人間の創造性全般に関する概念なのである。意識の役割は否定されたのではなく、生きた個人の一部分として、したがって非自律的なものとして、いっそう適切に理解されると言われている。外化の概念は『ドイツ・イデオロギー』では放棄されているかもしれないが、それはもっぱら、観念論的語彙に属しているからである。その概念の非観念論的内容は、もし人間の自己活動およびこの自己活動の喪失について語るならば、回復することができる。階級を一つの窮極的な原因と考えることは、疎外に関するさまざまな言葉の犠牲になることである。というのも、階級のような概念は、分業の時期のみにおける客観的な抽象だからである。全体性の役割へと方向づけられたマルクスの読解に依拠しつつ、リクールはルカーチとサルトルに言及する。そしてリクールの言うところでは、エンゲルスとレーニンのマルクス主義に対する影響が、こうした観点を覆い隠してしまう（第四回講義）。全体性のカテゴリーのみが、生産の概念の多くの次元を保持している。古典的なマルクス主義においては、生産の概念は単なる一つの経済学的概念へと還元されるのである。

(13) Karl Marx, *The German Ideology* (1970), p. 47［マルクス／エンゲルス『ドイツ・イデオロギー』廣松渉編訳・小林昌人補訳、岩波文庫、二〇〇二年、二九頁］。第五回講義を参照。

(14) 非常に興味深いことだが、アルチュセールは、歴史の歩みが必然的に科学の王国に導かれると推定しているわけではない。それどころか、彼は、科学がいつか完全にイデオロギーに取って代わると考えるのはユートピア的だと述べている。イデオロギーは、必要な幻想としての機能を持ち続ける。イデオロギーが、われわれが生活を理解するのを助けてくれる能力――科学にはない能力――を持っているからだ。イデオロギーなしでは、生活上のさまざまな難題に対峙することができなかっただろう。リクールは講義のなかで、イデオロギーの役割についてのアルチュセールの積極的な評価をくわしく論じている。第八回講義を参照。

(15) マンハイムによる不一致の強調に対するこうした批判は、第一回の導入講義のなかでのリクールのコメントと対照的である。

(16) リクールはまた、ウェーバーが、彼が精力を注いだ権威の諸類型のいくつかにおいて要求と信仰が果たしている役割を軽視していると論じている。その主な例は、法的権威である。リクールはこう主張する。法的権力は、純粋に合理的なものだとするウェーバーの主張にもかかわらず、伝統的およびカリスマ的力のいくつかの特徴を備えているのだ、と。リクールによれば、法的権力を一つの力としているものは、「おそらく最終的には、つねに他の二種類の権力から借りてこられている」（第十二回講義）。信仰も一つの要因であり、それは、「受容とは合法性がそれに依拠している信仰のことである」からなのである。

　こうした批判は、理念型についてのウェーバーの分析にかかわっている。リクールが指摘しているように、ウェーバーの理念型は、「合理性に対する先入観」によって特徴づけられている（第十一回講義）。彼はカリスマ的および伝統的類型を検討するとき、それら自身の基盤においてではなく、法的および官僚的類型との関係のなかで検討している。価値自由であるよりもむしろ、ウェーバーの分析は、「社会における合理性の本性についての彼の見込みのすべて」を示しているのだ（第十二回講義）。

(17) 注（4）を参照。

(18) Thomas McCarthy, *The Critical Theory of Jürgen Habermas* (1978)、とりわけ pp. 207–213 を見よ。

(19) 引用は、Clifford Geertz, "Ideology as a Cultural System", *The Interpretation of Cultures* (1973), p. 208 からのものである。〔ギアーツ「文化体系としてのイデオロギー」『文化の解釈学I』吉田禎吾・柳川啓一・中牧弘允・板橋作美訳、岩波書店、一九八七年所収、二六頁〕。

(20) Paul Ricœur, "The Tasks of the Political Educator", *Political and Social Essays*, pp. 271–293 [1973].

(21) イデオロギー、ユートピア、宗教的信仰の間の関係については、"L'Herméneutique de la Sécularisation"（「世俗化の解釈学」、前掲『解釈の革新』所収）および、その簡略化された英訳として、"Ideology, Utopia and Faith" を参照のこと。

(22) *Time and Narrative*, p. ix〔『時間と物語I』久米博訳、新曜社、一九八七年、vii頁〕。『時間と物語』は三巻からなる。そのうちの初めの二巻が、フランス語（1983, 1984）と英語（1984, 1985）で出版されている。以下、『時間と物語』の第一巻と第二巻への参照は、それぞれ、「TN」および「TN2」という略語によって示す。

(23)『生きた隠喩』（*The Rule of Metaphor*）に対する参照はすべて「RM」という略語でテキストのなかに示すこととする〔オリジナルのフランス語版の題名は *La Métaphore vive* であり、邦訳書名はそれを生かした『生きた隠喩』なので、以下、本訳書ではこの書名を用いる。ただし、邦訳にあたっては、リクール自身によってオリジナル版はかなり縮約され、再編集されており、オリジナル版とまったく同じ内容ではない。したがって、ここでの引用箇所は『生きた隠喩』には見当たらない〕。このテキストにおけるリクールの主張の要約については、Paul Ricœur, "The Metaphorical Process as Cognition, Imagination, and Feeling", *Critical Inquiry* (1978), 5 : 143–159 を参照。

(24) また RM : 197〔『生きた隠喩（特装版）』久米博訳、岩波書店、一九九八年、二四七—二四八頁〕を参照。「メタファー的なもの」という概念については、リクールは Hans Georg Gadamer, *Wahrheit und Methode* (1960), pp. 71, 406ff. を参照している。英訳は *Truth and Method* (1975), pp. 67, 388 ff.〔ガダマー『真理と方法I』轡田・麻生・三島・北川・我田・大石訳、法政大学出版局、一九八六年、一〇六頁〕である。

(25) "Can There Be a Scientific Concept of Ideology ?", p. 57.

(26) "Science and Ideology", p. 231〔「科学とイデオロギー」、前掲『解釈の革新』所収、二六五頁〕。

(27) また Paul Ricœur, "Mimesis and Representation", *Annals*

of Scholarship (1981), 2(3)：20も参照。

(28)『時間と物語』全体を通して「支配的カテゴリー」となっているのは、「行動のミメーシス」(TN2：153〔『時間と物語II』久米博訳、新曜社、一九八八年、二九二頁〕)である。*Time and Narrative*, pp. 57–58〔『時間と物語I』一〇七—一〇八頁〕から引用された一節におけるリクールの語彙は、彼の論文「行為のシンボル的構造」("La Strucure Symbolique de L'Action", *Actes de la 14e Conference de Sociologie des Religions* (1977), pp. 29–50) のことを思い起こさせる。しかしながら、リクールは現在、そこで提案された語彙を不適切なものとして退けている。TN：243 n. 5〔『時間と物語I』一五二頁 注(5)〕を参照。

(29) Paul Ricœur, "Explanation and Understanding：On Some Remarkable Connections Among the Theory of the Text, Theory of Action, and Theory of History", *The Philosophy of Paul Ricœur*, p. 165. いっそう拡張された議論については、Paul Ricœur, "'Logique Herméneutique'?", in Guttorm Fløistad, ed. *Contemporary Philosophy* (1981), pp. 179–223を参照。リクールは、この論文のp. 209に引用された数行を繰り返している。『時間と物語』で、リクールは彼の主張をさらに発展させ、理解と説明はいまや時代遅れの語彙であり、彼はそれらの代わりに「法則論的説明」と「筋立てによる説明」(TN：181〔『時間と物語I』三一四頁〕)という用語を好む、と述べている。

(30) ここでの弁証法についてのいっそう格式ある言明のなかで、リクールは次のように書いている。

「私は以下のことを示すのに努めよう。すなわち、思弁的言説の可能性は、メタファー的表現の意味論的力動性のなかにあること、しかしまた、思弁的言説がメタファーの意味論的な潜在力に応じることができるのは、メタファーとともに、まさしくその構成が理由で思弁的言説に属しているような明瞭な発言《アーティキュレーション》の領野の蓄積を提供することによってのみだ、ということである。」(RM：259〔『生きた隠喩』三五一頁〕)

リクールの言明は、彼がそれよりも一五年前に、『悪のシンボリズム』の結論のなかで行なった定式化——「シンボルは考えるべきものを与える」——のことを思い起こさせる。リクールの注釈によれば、このアフォリズムは二つの事柄を述べている。「シンボルは与える。しかし、それが与えるのは、思考のための機会、思考するべき何ものかである」(348〔『悪の神話』一戸とおる・佐々木陽太郎・竹沢一郎訳、渓声社、一九八〇年、三三一頁〕)。リクールは続ける。われわれに必要なのは、したがって、「シンボルによって教えられるような、しかし、そこから出発して、意味を提唱し、意味をその自律的思考のまったき責任のうちで形づくるようなシンボルの始原的な謎、これに敬意を払う一つの解釈」(349–350〔同書三三四頁〕)である。

『悪のシンボリズム』における定式化のための特別な背景

となっているのは、宗教的シンボル体系である。もっと新しい論文のなかで、リクールは、宗教的言説の解釈学は「直接性の契機」、「文彩的媒介」（物語、シンボル）、「概念形成」を含む循環的過程である、と述べている。次を参照。Paul Ricœur, "The Status of *Vorstellung* in Hegel's Philosophy of Religion" in Leroy S. Rouner, ed., *Meaning, Truth, and God* (1982), pp. 70–88.

（31）"Can There Be a Scientific Concept of Ideology ?", p. 59.

（32）"Science and Ideology", p. 243〔「科学とイデオロギー」、前掲『解釈の革新』所収、二八四頁〕。

（33）"Can There Be a Scientific Concept of Ideology ?", p. 57.

（34）たとえば、ガダマー『真理と方法』、Emilio Betti, "Hermeneutics as the General Methodology of the *Geisteswissenschaften*", in Josef Bleicher, *Contemporary Hermeneutics* (1980), pp. 51–94 [1962]、E. D. Hirsch, Jr., *Validity in Interpretation* (1979 [1967])、および *The Aims of Interpretation* (1976) を参照。

（35）次を参照。Paul Ricœur, "Construing and Constructing" (review of Hirsch, *The Aims of Interpretation*), *Times Literary Supplement* (February 25, 1977), p. 216. リクールらの論評に対するハーシュの応答については、E. D. Hirsch Jr., "Meaning and Significance Reinterpreted" in *Critical Inquiry* (1984), II : 202–225, 特に p. 210 を参照。

（36）Paul Ricœur, "La Raison Pratique", in Theodore F. Geraets, ed., *Rationality Today* (1979), p. 241 (my trans.). さらに、"Science and Ideology", p. 224〔「科学とイデオロギー」、前掲『解釈の革新』所収、二五四頁〕および第十回講義を参照。

（37）Paul Ricœur, "History and Hermeneutics", in Yirmiahu Yovel, ed., *Philosophy of History and Action* (1978 [1974 conference]), p. 6（この論文は、*Journal of Philosophy* [1976] 73 : 683–695 に発表された同じ題名の論文と正確に同じものではない）。ここでのリクールの主張は、メタファー的なものと思弁的なものとの関係についてすでに記した、類似した諸々の観察と並行しているように思われる。思弁的なものと理論的なものは、ともにある自律性を持っているが、それらの可能性は、メタファー的なものと実践的なものの力動性に基づいている。

（38）次を参照。Paul Ricœur, "Objectivation et Aliénation dans L'Expérience Historique", in *Archivio di Filosofia* (1975), 45(2–3) : 27–38. また、次も参照。Paul Ricœur, "Aliénation", *Encyclopedia Universalis* (1968), I : 660–664.

　リクールは講義のなかで、ここで問題になっている区別について重要な注釈を行なっている。われわれは、イデオロギー的構造の意味と用法とを区別しなければならない、とりわけ、それらの構成的意味とイデオロギー的用法とを区別しなければならない、と彼は主張している。リクールは、現代の資本主義社会における科学と技術のイデオロギー的機能についてのハーバーマスの例を取り上げながら、この状況は、科学と技術が「構成上イデオロギー的である」ことを必ずしも伴うわけではないが、「むしろ、それらがイデオロギー的に用いられていること」を伴う、と述べている（第九回講義）。

意味と用法の関係を問いとして立てることは、さらに、こうした用語法が顕著である別の文脈、言語についての分析哲学の文脈を最前線へともたらす。しかし講義では、リクールの要点がイデオロギーの内部で構成的なものを歪曲されたものから区別することにあることから、分析哲学に対して立てられるのは、イデオロギー的なものと、それが構成的たるべく保持しているものとの区別はいかにして可能か、という問いである。

（39）Paul Ricœur, "Imagination in Discourse and in Action", in *Analecta Husserliana* (1978), 7 : 3.

（40）Paul Ricœur, "The Function of Fiction in Shaping Reality", in *Man and World* (1979), 12 : 130. リクールは同じ論文のあとのところで、想像力と基盤《ベーシック》をなす「メタファー的なもの」とを同一視している。

（41）リクールの想像力の理論の発展については、"Imagination in Discourse and in Action", "The Function of Fiction in Shaping Reality", "Sartre and Ryle on the Imagination" を参照のこと。最後の論文は、Paul A. Schilpp. ed., *The Philosophy of Jean-Paul Sartre* (1981), pp. 167–178 に収められている。

描き出されている区別は、再生的および産出的想像力〔構想力〕——したがってまた、イデオロギーとユートピア——が単に両極的なものであり、お互いにまったく自律的であることを必ずしも含意するわけではない。そうではなく、再生的および生産的というのは、想像力〔構想力〕の共通のスペクトルに沿っているのだ。メタファー的なものと思弁的なものの間の緊張についてのリクールの記述に立ち戻ることで、この点が明確になる。思弁的なもの——統一性に向かう衝動——がある自律性を持っている一方で、その可能性は、メタファー的なものの力動性によっている。その解釈は——もともとの、固有の、媒介されていない、といった意味での——文字通りのものではありえない。というのも、いかなる非メタファー的な位置づけも利用可能ではないからである。これと似ているが、イデオロギーは、何らかの社会的な所与の文字通りの再生産ではない。というのも、社会的行為はつねにシンボル的に媒介されているからであり、さらにまた、イデオロギーはそれ自身がシンボル的、解釈的だからである。したがって、イデオロギーとユートピアはともに、ある産出的な意味において想像的である、と言うことができるだろう。しかし、イデオロギーは、このスペクトルのいっそう産出的な目的に向かう。リクールが記しているように、イデオロギーとユートピアはともに「実践的なフィクション」なのだ（"The Function of Fiction in Shaping Reality", p. 123）。

『時間と物語』は、この注釈をさらに拡張するための一つの土台をもたらす。イデオロギーとユートピアがともにフィクションである（のちに見るように、それは偽であることと等価ではない）一方で、われわれは、産出的想像力〔構想力〕でさえ、単にフィクション的なものへと還元することはできない。リクールは、物語のさまざまな出来事を「ひとまとめに把握すること」を、歴史的あるいはフィクション的物語を筋立てるのに必要な「統合形象化の行為」と呼んでいる。この作用は、「一つの時間的な全体の統一性を、出来事の集合体」（TN：68〔『時間と物語Ⅰ』一二〇頁〕）から引き出している。リクールはつづけて、統合形象化の作用を生み出すという行為を、産出的想像力の働きと比較することができる、と述べている（TN：68）。しかしながら、彼は後に、フィクションが「想像的統合形象」と同義であるとは考えていない、と述べている。それはまさしく、「後者は歴史とフィクション的物語に共通の操作」（TN：267 n.1〔『時間と物語Ⅰ』三九七頁注（1）〕）だからである。もし、物語さえも産出的想像力〔構想力〕の作用と呼ぶことができるとすれば、確かにイデオロギー――それ自身がすでに明らかにフィクションである――は、産出的想像力の作用とも呼ばれなければならない。このことは、再生的想像力が、（産出的）想像力のいっそう広い領域の一部と見なされなければならない、という点を強化する。

（42）"Histoire and Hermeneutics", (1978), p. 9.

（43）『時間と物語Ⅱ』でのフィクションについてのリクールの議論は、ここで記述されているユートピアの役割とかなり対応している。フィクションはわれわれに、われわれの時代からの「隔たり」をもたらす（155〔『時間と物語Ⅱ』二九四頁〕）。「もしフィクションでないとすれば、これらの可能な対象とはいったい何なのだろうか」（76〔同書一三二頁〕）。フィクションの経験は、ある種の「内在における超越」（6〔同書七頁〕）を構成しているのだ。

（44）ここでのリクールの見解を、科学哲学におけるトマス・クーンの見解と比較するのは有意義なことだろう。たとえば、Kuhn, *The Structure of Scientific Revolutions* (1970 [1962])〔クーン『科学革命の構造』中山茂訳、みすず書房、一九七一年〕、"Metaphor in Science", in Andrew Ortony, ed., *Metaphor and Thought* (1979), pp. 409–19)、"Preface", *The Essential Tension* (1977)〔クーン『本質的緊張――科学における伝統と革新』全二巻、安孫子誠也・佐野正博訳、みすず書房、一九八七―九二年〕を参照。

（45）リクールは引用したばかりの講義のなかで、この点に関して、たとえば、アルチュセールの下部構造と上部構造の枠組みは基礎と建物との関係というメタファーの上に構築されている、と主張している。リクールはこうした「基礎《ベース》」というメタファーに対して、人間存在にとって「基盤をなす《ベーシック》」ものという別のメタファーによって、挑戦している。

（46）想像力の研究と意志の詩学との関係についてのリクールの叙述については、"Imagination in Discourse and in Action",

p. 3を参照のこと。

もともとの構想では、リクールの意志の哲学は、三つの段階からなる企てであった。最初の段階は、世界内に存在する人間の本質的——形相的——構造の研究であった。これが完成されたのは、*Freedom and Nature*（1966）［1950］〔邦訳は『意志的なものと非意志的なもの』〕においてである。二番目の段階は、実際の存在の経験的なものの研究であり、この段階がさらに二つの部分に分かれていた。一つは、人類の実存的な可能性（とりわけ、過ちやすさ）であり、もう一つは、人類の現実の経験（とりわけ、悪の経験）である。この段階のものとしては、それぞれ、*Fallible Man*（1965）［1960］〔『人間　この過ちやすきもの』〕と *The Symbolism of Evil*（1967［1960］）〔『悪のシンボリズム』〕がある。三番目の段階は詩学であったが、これは企てられたものの完成していない。

出版された諸段階についてのかんたんな紹介に興味のある読者は、リクールの試論の選集である *The Philosophy of Paul Ricœur*（1978）の最初の三つの論文を見ていただきたい。一九七〇年までのリクールの仕事の最良の二次文献は、Don Ihde, *Hermeneutic Phenomenology : The Philosophy of Paul Ricœur*（1971）である。

（47）“L'Histoire comme Récit et comme Pratique”, p. 165. リクールの述べていることは、詳細に引用する価値がある。

「さまざまな見かけにもかかわらず、私が考察を始めて以来、私の唯一の問題は創造性であった。私はこれを、意志について、さらにシンボル体系の研究による文化的平面についての私の最初の仕事のなかで、個人心理学の観点から取り上げた。物語についての私の最近の研究は、まさしく、社会的および文化的創造性の方へと移動している。というのも、物語を語ることは（…）社会のもっとも恒常的な行為だからである。文化は自らの物語を語ることで、自分自身を創造している。（…）私が、実践および投企の観点について沈黙していたというのは本当であるが、理論的な面についてはまったくそうではない。というのも、私がイデオロギーとユートピアの関係についてすでに出版したいくつかの試論は、この関心事の中心にあるからである。」

（48）Paul Ricœur, “Poetry and Possibility”, *Manhattan Review*（1981）, 2(2) : 20–21.

（49）Paul Ricœur, “Creativity in Language”, *The Philosophy of Paul Ricœur*, pp. 132–133 ［1973］.

（50）リクールの言葉遣いは、彼の『解釈の葛藤』のなかのいくつかの試論において明示されている、構造主義に対する彼の応答を思い起こさせる。

この言葉遣いはまた、われわれを、人間の行為の根深くシンボル的な性格へと立ち戻らせる。リクールがのちに注釈しているところによれば、「シンボル体系によって、とりわけ物語によって、すでに媒介されていないような人間の経験は存在しない」（Paul Ricœur, “Narrative and Hermeneutics”, in John Fisher, ed., *Essays on Aesthetics: Perspectives on the Work of Monroe C. Beardsley*〔1983〕, p. 157)。

(51) リクールは別のところで、次のように付け加えている。「ハイデガーが一致としての真理の代わりに顕現としての真理を置き換えたことが、ミメーシスが真理についてのわれわれの思考に要求するものと対応している、というのはまったく確かなことではない。というのも、ぴったり適合した産出がなされているところでは、顕現の問題はもはや存在しないからである」(Paul Ricœur, "Mimesis and Representation", p. 31)。

(52) *Time and Narrative* 2 : 160.〔『時間と物語Ⅱ』三〇二頁〕。

(53) それぞれ、RM : 247 ff. および TN : 42, 226 を参照〔『生きた隠喩』三二五—三二九頁、『時間と物語Ⅰ』七四頁、三九一頁〕。さらに、リクール *The Reality of the Historical Past*〔1984〕も参照。

(54) Paul Ricœur, "Mimesis and Representation", p. 30. さらにRM : 306〔『生きた隠喩』四〇〇頁〕も参照。

(55) Paul Ricœur, "Ideology, Utopia, and Faith", p. 28.

(56) Paul Ricœur, "Ethics and Culture", p. 269.

(57) リクールは、ユートピアとイデオロギーが分離不可能であることを示しつつ、アイデンティティは先を見越したものでもありうると主張している(第十八回講義を参照)。

(58) *Freud and Philosophy*, p. 35〔『フロイトを読む』四〇頁〕。

(59) この点に関して、ギアーツの文化人類学はガダマーの解釈学と同じ批判にさらされることだろう。リクールがここでギアーツと袂を分かつことは、講義のなか——とりわけ、彼がギアーツを導入するまえにハーバーマスを引合いに出しているところ——で暗に示されているが、直接に議論されてはいない。リクールのガダマー批判については、"Ethics and Culture" および "Hermeneutics and the Critique of Ideology"〔「解釈学とイデオロギー批判」久米博訳、前掲『解釈の革新』所収、二八八—三四四頁〕を参照のこと。

(60) 全体性という主題は、それ自身が、リクールの仕事のなかのもう一つの重要な主題、彼がマルクスの分析を行なった講義のなかで取り上げている主題である。この主題は、哲学的人間学に対するリクールの探究、私がこの序論の最初のところで言及した企てと関係している。さらに存在論的なレベルにおいて、リクールは全体性の可能性を「存在の意味に対する非総称的な統一性の追求」(RM : 272) として定義している。これは、彼がアリストテレスから引き出したテーゼである。リクールは *The Rule of Metaphor*, pp. 259–272 で、この主題をアリストテレスとの関わりにおいて論じている。〔ここで指示されている箇所は邦訳に際してリクールによって省略された部分にあたり、邦訳の『生きた隠喩』には見当たらない〕。さらに、リクールの *Etre, Essence et Substance chez Platon et Aristote* (1982 [1957]) を参照。このテーゼは全体性の概念を保持しているが、さらにその一方で、統一性が何らかの共通の——非シンボル的——起源から演繹されるのではなく、ウィトゲンシュタインの用語法を借りれば、家族的類似性の帰結であるという理解を保持している。

(61) "Ideology, Utopia, and Faith", p. 21. これと同じ文章が、"L'Herméneutique de la Sécuralisation", p. 51〔「世俗化の解釈学」、前掲『解釈の革新』所収、三四八頁〕にも見いだされる。

〔1〕想像的変更とは現象学の用語で、任意の経験的ないし空想的な対象の本質を直観するために、想像力を用いて、見本となるその対象に変更を加えることで、類似した像を獲得することをいう。フッサール『経験と判断』第二章、とりわけ第八七節〔『経験と判断』長谷川宏訳、河出書房新社、一九七五年、三二八—三三六頁〕などを参照。

〔2〕ここでのリクールの用語の意味を簡単にまとめておく。

・統合形象化　筋立てることによって、個々の行動や出来事と一つの全体としての話とを媒介すること。

・先行形象化　行動や出来事についてのあらかじめの理解。

・形象変容　詩的なフィクションにそなわる、現実を変容させる働きのこと。

〔3〕訳注〔1〕を参照。

第一回　はじめに

〔1〕文体上の目的のために、一連の講義におけるリクールの用語法では、想像力とは通常、社会的想像力か文化的想像力のどちらか一方のことを指し、同時に両方を指すということはない。こうした文体上の都合によって、リクールが講義のなかで取り上げている想像力の形態がはっきりと社会的かつ文化的であるという事実が、曖昧になるということはないだろう。リクールが編者に語ったところによれば、社会的なものとは、

「制度のなかでわれわれに帰属させられている役割といっそう関わっています。これに対して、文化的なものは知的生活の労働の生産物を含んでいるのです。社会的なものは、さまざまな言語において——そしてフランス語においては確実に——社会的なものと政治的なものとの間の差異から生じているように思われます。政治的なものは、政体に関するものの創設、権力の共有等々に焦点を合わせているのに対して、社会的なものは、さまざまな制度によってわれわれに帰属させられることになった役割を含んでいます。他方で、文化的なものは、言語という媒体と諸観念の創造とに、いっそう関わっているのです。」

〔2〕ここで言われているのは、リクールがシカゴ大学で一九七五年の秋学期に行なった別の講義のことである。その講義の題名は「哲学的問題としての想像力」というものであった。

〔3〕リクールが今回の講義であとからはっきり示しているように、「機能」という用語は、社会学の機能主義において用いられている場合とはかなり異なった仕方で用いられている。

問題となっているのはまさしく、機能主義が予期していないもの、すなわち、イデオロギーとユートピアが実際のどのように働いているか、それらがいかに作用しているか、ということである。リクールがあとではっきりさせるように、これは、機能主義が単に原因と決定因、そしてそこから帰結するパターンあるいは均一性のみに注意を払うのとは、かなり異なっている。

（4）これらは巻末の参考文献に掲載されている。さらに、パーソンズおよびシルズの議論と、ギアーツ（Clifford Geertz, "Ideology as a Cultural System", *The Interpretation of Cultures*, pp. 197–199, 203–207）における緊張の理論の議論も参照のこと〔ギアーツ「文化体系としてのイデオロギー」『文化の解釈学Ⅱ』吉田禎吾・柳川啓一・中牧弘允・板橋作美訳、岩波書店、一九八七年所収、九一一二頁および一八一二四頁〕。

（5）次を参照。Geertz, *The Interpretation of Cultures*, p.194〔『文化の解釈学Ⅱ』五頁〕。

（6）Paul Ricœur, "Science et Ideologie", *Revue philosophique de Louvain* (1974), 72, p. 326–356. この論文は英語に翻訳されている。"Science and Ideology", *Hermeneutics and the Human Sciences*, pp. 222–246〔リクール「科学とイデオロギー」、前掲『解釈の革新』所収〕。

（7）ギアーツ自身がここで参照しているのは、緊張の理論についてのみである。このあと、第一回の講義のなかで記されている頁数は、ギアーツの『文化の解釈学』のなかの論文「文化体系としてのイデオロギー」を参照している。

（8）Geertz, *ibid.*, p. 193〔『文化の解釈学Ⅱ』三一四頁〕を参照のこと。そこではF. X. Sutton et al., *The American Business Creed*, pp. 3-6〔フランシス・X・サットンほか『アメリカの経営理念』高田馨・長浜穆良訳、日本生産性本部、一九六八年〕が引用されている。

（9）Kenneth Burke, *The philosophy of Literary Form*〔バーク『文学形式の哲学——象徴的行動の研究』森常治訳、国文社、一九七四年〕。

（10）ここで言われている一連の講義とは、リクールがデイヴィッド・トレイシーとともに担当したシカゴ大学の春学期における「アナロジー的言語」についての講義の、リクールの担当部分のことである。

（11）リクールが問題にしているのは、遺伝子コードは有機的過程の組織化に対する型板としてどれくらい適合しているのか、である。このテキストの数行まえに記されているように、ヒトに生物学的存在の柔軟性がなかったなら、文化的体系は必要なかったであろう。

（12）この段落で示されている順序は、もともとの講義でリクールが提示したものに変更が加えられたものである。この順序は、イデオロギーについての一連の講義での順序と適合するように作り変えられており、この第一回の講義でもともと提示された順序とはかなり異なっている。提示された順序と、取り上げられた人物の選択における変更は以下の通りである。

（もともとの講義で）提示された順序

1　歪曲としてのイデオロギー――マルクス、ドイツのマルクス主義者（ホルクハイマー、ハーバーマス）、フランスのマルクス主義者（アルチュセール）、マンハイム

2　統合としてのイデオロギー――ギアーツ、エリクソン、ランシマン

3　正統化としてのイデオロギー――ウェーバー

実際の順序

1　歪曲としてのイデオロギー――マルクス、アルチュセール、マンハイム

2　正統化としてのイデオロギー――ウェーバー、ハーバーマス

3　統合としてのイデオロギー――ギアーツ

ホルクハイマー、エリクソン、ランシマンはすべて、実際の講義では、中心人物としては抜け落ちてしまっている。（もともとの第一回の講義では、エリクソンの『アイデンティティ――青年と危機』とランシマンの『社会理論と政治的実践』のなかのイデオロギーについての章が参照されている）。ホルクハイマーは、単にわき道にそれるという形でのみ再び言及され、エリクソンは二、三回、簡潔に言及され、またランシマンは再び触れられることがなかった。

読者は、この第一回の講義での、イデオロギーについてのリクールの導入的提示――歪曲から正統化の統合への移行――が、イデオロギーについての一連の講義のためにもともと提示された順序に従っていることに気づかれたことだろう。

(13) この第一回の講義での、イデオロギーとユートピアに対する扱いの量が相対的に異なっていることは、一連の講義全体における量の違いと並行している。全十八回の講義のうちユートピアについて論じているのは三回のみであり、それぞれマンハイム、サン＝シモン、フーリエを取り上げている。

(14) 前掲注（2）を参照のこと。

〔1〕緊張理論　もともとは犯罪学の理論で、社会構造が市民に与えるさまざまな圧力が犯罪を犯す要因になるとする理論。パーソンズは彼の社会システム論のなかで、社会システムを維持する機能の一つとして、緊張処理をあげている。

第二回　マルクス　『ヘーゲル法哲学批判』および『経済学・哲学草稿』

(1) 次を参照。Joseph O'Malley, "Editor's Introduction", to Marx, *Critique of Hegel's "Philosophy of Right"*, pp. xxvii ff. リクールは変形《トランスフォーマティヴ》的な方法を、『ヘーゲル法哲学批判』における主要な批判的アプローチとして強調しているが、オマリーは、これとは別の二つの批判的アプローチがやはりマルクスによって用いられていると記している。それは、明快なテキスト分析と文芸批評の歴史生成的方法である（p. xxvii）。

(2) マルクスの引用は、Hegel, *Philosophy of Right*, p. 162 か

らのものである〔マルクス「ヘーゲル国法論の批判」『マルクス＝エンゲルス全集』第一巻、大内兵衛・細川嘉六訳、大月書店、一九五九年所収、二三五頁〕。挿入部分はリクールによる。

〔1〕マルクス「ヘーゲル法哲学批判序説」『ユダヤ人問題によせて　ヘーゲル法哲学批判序説』城塚登訳、岩波文庫、一九七四年所収。以下、この文献からの引用については、本文中に書名および頁数を記す。

〔2〕マルクス「ヘーゲル国法論の批判」、前掲書、二三五頁。以下、この文献からの引用については、本文中に書名および頁数を記す。

〔3〕マルクス『哲学の貧困』山村喬訳、岩波文庫、一九五〇年、二二八頁。

〔4〕マルクス『経済学・哲学草稿』城塚登・田中吉六訳、岩波文庫、一九六四年、一九九頁。以下、この文献からの引用については、本文中に書名および頁数を記す。

第三回　マルクス　『経済学・哲学草稿』「第一草稿」

（1）次を参照。Sigmund Freud, "Obsessive Actions and Religious Practices", *Standard Edition*, 9 : 115–127〔フロイト「強迫行為と宗教的礼拝」山本巌夫訳、『フロイト著作集5』人文書院、一九六九年所収、三七七―三八四頁〕。

〔1〕『資本論』第一巻第三篇第五章「労働過程と価値増殖過程」にある一節を指すと思われる。邦訳で対応する箇所は、マルクス／エンゲルス『資本論（二）』向坂逸郎訳、岩波文庫、一九六九年、一〇頁。

第四回　マルクス　『経済学・哲学草稿』「第三草稿」

（1）「決定的なことは、循環から出ることではなく、循環に正しい仕方で入ることである」(Martin Heidegger, *Being and Time*, p. 195〔ハイデガー『存在と時間』原佑・渡辺二郎訳、中央公論社、一九八〇年、二七八頁〕)。

（2）リクールの主張がこのように詳述されたあとでさえ、読者は、マルクスにおける物質的および精神的疎外の分離可能性についてのリクールの見解を受け容れるのは困難だと考えるかもしれない。こうした反応は、リクールの先の段落〔本書一二〇頁〕における、マルクスのテキストの長い引用部分の最後のところに現われている、次のような文章によって支持されるように見える。リクールが引用しているように、マルクスはこう述べている。「宗教的疎外それ自体は、意識、人間の内面的生活の領域でだけ生じるが、経済的疎外は現実的生活において生じる」(136〔『経済学・哲学草稿』一三二頁〕)。引用された一節の最後のところは、リクールによって引用されていないが、こうである。「したがって、その超越〔経済的疎外〕は両側面を含んでいる」(136)。マルクスが経済的疎外から宗教的疎外を派生させているのは、明白であるように思われる。

しかし、リクールは全体性についてのここでの議論のなかで予見しているだけだが、こうした性格づけは適切なものではない。リクールはあとで、下部構造と上部構造との緊張に関するアルチュセールの記述について論じるとき、この点に立ち戻り、マルクス主義者たちが下部構造的基盤について語ろうとしながらも――宗教を含む――上部構造に一定の自律、基盤に反応を返す自律を認めていると論じることになるだろう。リクールが結論づけるところでは、アルチュセールは、彼の分析が承諾を与えているものを認めていない。それは、下部構造－上部構造のモデルは回復させられておらず、無効にさせられている、ということである。マルクスについてのリクールのここでの議論は、同じような主張を行なっているように思われる。すなわち、マルクスは、疎外――宗教的疎外を含む――の派生過程は一つではないことを示している、というのである。意識の領野における疎外は、経済的疎外、つまり、「現実的生活」における疎外のもとに包摂することはできない。さまざまな領野がそれら独自の自律性をもっており、この領野は、全体性の概念のもとではじめて、ともに概念的に把握されることができるのである。

（3）次を参照。Roger Garaudy, *Karl Marx : The Evolution of His Thought*.

（4）Emanzipation〔解放〕というのがドイツ語のテキストにおける原語であるが、リクールの説明では、この用語は、古典的な神学的用語であるErlösung〔贖い〕とはっきりとした類縁関係をもっている。この語は救出――エジプトから、あるいは奴隷状態などからの救出――を意味している。贖い《リデンプション》（Erlösung）はしばしば、単に霊的な意味を持つと考えられているが、そうした解釈は、その語が、奴隷が釈放され、自由になる――解放される――という行為に語源をもつことを無視している。リクールは、ウェスターマンの『旧約聖書ハンドブック』に記された語彙を参照している（この注は、リクールと編者との話し合いにもとづいている）。

（5）次を参照。Martin Heidegger, *What Is Philosophy ?*, p. 95〔ハイデッガー『哲学とは何か』原佑訳、ハイデッガー選集Ⅶ、理想社、一九六〇年、三八頁〕。

〔1〕マルクス／エンゲルス『ドイツ・イデオロギー』廣松渉編訳・小林昌人補訳、岩波文庫、二〇〇二年、一〇二頁。以下、この文献からの引用については、本文中に書名および頁数を記す。

第五回　マルクス『ドイツ・イデオロギー』（1）

（1）シュロモ・アヴィネリが指摘しているように、マルクス自身は自分のアプローチを描写するのに「史的唯物論」という言葉をけっして用いたことはない。次を参照。Shlomo Avineri, *The Social and Political Thought of Karl Marx*, p. 65.

〔1〕邦訳にはこうした見出しはついていない。

〔2〕ここで「叙述」と訳した「depiction」（動詞形「depict」）は、D. F. Pears と B. F. McGuinness によるウィトゲンシュタイン『論理哲学論考』の英訳本（Wittgenstein, Ludwig. *Tractatus Logico-Philosophicus*. Trans. D. F. Pears and B. F. McGuinness. London : Routledge and Keagan Paul, 1963）では、「Abbildung」の訳語として用いられている。一例として、次の一節をあげておく。

「二・一二　像は写像されるものと写像の論理形式を共有する（Das Bild hat mit dem Abgebildeten die logische Form der Abbildung gemein）」（ウィトゲンシュタイン『論理哲学論考』野矢茂樹訳、岩波文庫、二〇〇三年、二二頁）。英訳は、「A picture has logico-pictorial form in common with what it depicts」となっている。

なお、この英訳本では、「Darstellung」の訳語は「representation」になっている（動詞形になってもこの対応関係は変わらない）。また、参照した邦訳では、「Abbildung」には「写像」、「Darstellung」には「描写」という訳語があてられている。

〔3〕これはマルクスの次の一節を指すと思われる。「思惟そのものの基盤、思想が生命発現する基盤、すなわち言語は、感性的性質のものである」（マルクス『経済学・哲学草稿』前掲書、一四四頁）。

第六回　マルクス『ドイツ・イデオロギー』（2）

（1）次を参照。Paul Ricœur, *Freud and Philosophy*, pp. 32–36〔邦訳『フロイトを読む』三六―四一頁〕。

（2）Michel Henry, *Marx*〔ミシェル・アンリ『マルクス』杉山吉弘・水野浩二訳、法政大学出版局、一九九一年〕。現在入手できる英語版（*Marx : A Philosophy of Human Reality*）は縮約版である。リクールは独立した論文（"Le *Marx* de Michel Henry", *Esprit*〔1978〕, 2 : 124–139）のなかで、アンリのこの著作について検討している。アンリに対するリクールの他のいくつかのコメントは、次のアンリの論文の議論のなかに含まれている。Michel Henry, "La Rationalité selon Marx", in Theodore F. Geraets, ed., *Rationality Today*, pp. 116–129. アンリについての全般的な議論は pp. 129–135、リクールのコメントは pp. 133–135 にある。アンリの論文は、一九七七年十月の学会において提示されたものである。

〔1〕Sigmund Freud, "Das Unbehangen in der Kulture", *Gesammelte Werke*, Bd. XIV, S. 481. 邦訳は、フロイト「文化への不満」浜川祥枝訳、『フロイト著作集3』人文書院、一九六九年所収、四七七頁。

〔2〕『ドイツ・イデオロギー』の英訳と邦訳では編集が異なるため、邦訳ではこの箇所は第三部に置かれている。

第七回　アルチュセール（1）

〔1〕次を参照。E. Fink, “Les Concepts Operatoires dans la Phénoménologie de Husserl,” in *Husserl*, pp. 214–230〔オイゲン・フィンク「フッサールの現象学における操作的概念」新田義弘訳、新田義弘・小川侃編『現象学の根本問題』晃洋書房、一九七八年所収、二一一―四四頁〕。

〔1〕ルイ・アルチュセール『マルクスのために』河野健二・田村俶・西川長夫訳、平凡社ライブラリー、一九九四年、一八二―一八三頁。以下、この文献からの引用については、本文中に書名および頁数を記す。

第八回　アルチュセール（2）

〔1〕マルクスの出典は、『資本論』第二版の「あとがき」からのものである。次を参照。マルクス「第二版の後書」、マルクス『資本論（一）』向坂逸郎訳、岩波文庫、一九六九年所収、三三頁。

〔2〕アルチュセール「イデオロギーと国家のイデオロギー諸装置」『再生産について』（下）西川長夫・伊吹浩一・大中一彌・今野晃・山家歩訳、平凡社ライブラリー、二〇一〇年所収、二一〇頁。以下、この文献からの引用については、本文中に書名および頁数を記す。

第九回　アルチュセール（3）

〔1〕この主張は、リクールのノートには記されているが、講義では提示されなかった。この主張を読み直したとき、リクールは、それは講義では解決されていない問題を提起していると語った。

「この命題の地位そのものが、一つの問題です。それは、人間の条件について一つの言説を作り上げようとすることに関するもので、知識社会学の地位の問題、そしてそれ以上に、基礎的諸現象に取り組むと主張しているあらゆる哲学的人間学の地位の問題です。歴史的な成果を評価すると主張する、人類についてのいかなる言説も、自らを位置づける上で大きな困難を抱えています。それは歴史主義の問題です。なぜなら、歴史主義とはまさしく、「もしすべてが歴史的なのだとすれば、こうした主張をしていること自身もまた歴史的なのだろうか」という困難な問題のことだからです。人間の状況が歴史的に変化するとしても、にもかかわらずそうした状況は、ある恒常性を持つものとして識別することのできるような諸現象の限界内において変化しているのだ、われわれがこのような主張から逃れられるとは思われません。おそらくガダマーとともに、このような命題は、それら自身が解釈の過程、つまり、つねに自らを矯正して、全体を見るような立場にあるとけっして主張することのない過程のなかに捉えられている、と言うことができるでしょう。私が、イデオロギーとユートピアは互いを治療すると言うとき、この問題は再び講義のなかに戻

ってくることでしょう。」(編者との対話より)
リクールの最後の指摘については、最終十八回の講義を参照。そこでは、リクール自らの方法論的な立場についての評価が論じられている。この、方法論的諸命題の自己言及性の問題は、ウェーバーについての第十一回の講義の議論のなかにも現われている。
リクールはまた、彼の最近の仕事のうちの一つ、ハンナ・アーレントについての試論が、この問題について直接に論じていることも指摘している。彼はまた、編集者に次のように語った。
「アーレントの主張はこうです。ナチスやあらゆる専制の主張とはつまるところ、それらは支配集団のイデオロギーにしたがって人類を型にはめて作り上げることができる、というものです。彼女は言います。唯一の抵抗とは、「すべてが許されている」という有名な主張を超えた何かがあると言うことである、と。アーレントが『人間の条件』を書いたのは、偶然ではありません。なぜなら彼女にとって、それは専制に対する抵抗の行為だったのですから。たとえば彼女は、労働、仕事、行為は同じものではなく、それらは一様に扱われること(a leveling off)に抵抗する、と述べています。」(編者との対話より)
ハンナ・アーレントの『人間の条件』の再刊されたフランス語版に寄せられた、リクールの序文を参照のこと。この試論の要約版は英語で刊行されたが、そこにはリクールがここで論じている部分は含まれていない。次を参照。Paul Ricœur, "Action, Story, and History : On Re-reading *The Human Condition*", *Salmagundi* (1983), no. 60, pp. 60–72.

第十回　マンハイム

(1) Redlichkeit に関するニーチェの議論への参照は、ヤスパースの『ニーチェ』(Karl Jaspers, *Nietzsche*, pp. 202–205) を参照のこと〔ヤスパース『ニーチェ(上)』草薙正夫訳、ヤスパース選集第十八巻、理想社、一九六六年、三五二―三五六頁〕。このテキストは英語に翻訳されているが、ニーチェの著作に対するその頁数の指示は削除されている。次を参照。Karl Jaspers, *Nietzsche : An Introduction to the Understanding of His Philosophical Activity*, pp. 201–204.

〔1〕「イデオロギーという概念がそれ自体、それが指し示す対象の一部と化すに至る歴史的過程は、マンハイムにより跡づけられている」(ギアーツ『文化の解釈学Ⅱ』前掲書、四頁)。

〔2〕邦訳されているマンハイム『イデオロギーとユートピア』はドイツ語のオリジナル版(一九二九年刊行)の翻訳であるが、リクールが引用している英訳(一九三六年刊行)は独自の編集がなされており、内容および構成はおおよそ一致するものの、邦訳には見当たらない文章がある。ここでの引用箇所もまた、邦訳には見当たらない。

〔3〕マンハイム『イデオロギーとユートピア』高橋徹・徳永

恂訳、中央公論新社、二〇〇六年、一三六頁。以下、この文献からの引用については、本文中に書名および頁数を記す。

〔4〕邦訳では直接対応する文言はないが、文脈において対応するのは、マンハイム『イデオロギーとユートピア』前掲書、一四〇頁である。

〔5〕文脈において対応するのは、同書、一六二頁。

〔6〕文脈において対応するのは、同書、一八七頁。

〔7〕文脈において対応するのは、同書、一一六頁。

〔8〕文脈において対応するのは、同書、一二七頁。

〔9〕文脈において対応するのは、同書、一八〇―一八一頁。

〔10〕文脈において対応するのは、同書、一八七頁。

〔11〕文脈において対応するのは、同書、四四〇頁。

第十一回　ウェーバー（1）

〔1〕Paul Ricœur, "Science et Idéologie", *Review philosophique de Louvain* (1974), 72 : 328–356. この論文は英訳されている。"Science and Ideology", in Paul Ricœur, *Hermeneutics and the Human Sciences*, pp. 222–246〔リクール「科学とイデオロギー」『解釈の革新』前掲書所収〕。

〔1〕マックス・ウェーバー『社会学の根本概念』清水幾太郎訳、岩波文庫、一九七二年、八頁。以下、この文献からの引用については、本文中に書名および頁数を記す。

第十二回　ウェーバー（2）

〔1〕ウェーバーは階級の概念を、彼の基本概念のリストのなかに入れていないが、『経済と社会』の別の箇所で、この概念について論じている。第一部第四章「国家集団および階級」と、第二部第九章第六節「政治的共同体の内部における権力の配分――階級、国家、党」を参照。後者はまた、ガースとミルズが編集したウェーバーの論集 *From Max Weber* に収められている。

〔1〕マックス・ウェーバー『経済と社会　支配の諸類型』世良晃志郎訳、創文社、一九七〇年、四頁。以下、この文献からの引用については、本文中に書名および頁数を記す。

第十三回　ハーバーマス（1）

〔1〕イデオロギー、ユートピア、宗教の間の関係についてのいっそう詳細な議論については、以下のものを参照。Paul Ricœur, "L'Herméneutique de la Sécularisation : Foi, Idéologie, Utopie", *Archivio di Filosofia* (1976), 46(2–3) : 49–68. この論文の縮約された英訳版には、以下のものがある。"Ideology, Utopia, and Faith", *The Center for Hermeneutical Studies* (1976), 17 : 21–28〔リクール「世俗化の解釈学」清水誠訳、『解釈の革新』前掲書所収、二四五―二七七頁〕。

〔1〕ハーバーマス『認識と関心』奥山次良・八木橋貢・渡辺

祐那訳、未來社、一九八一年、一二頁。以下、この文献からの引用については、本文中に書名および頁数を記す。

〔2〕マルクスからの引用は、マルクス『経済学批判要綱Ⅲ』高木幸二郎監訳、大月書店、一九六一年、六四六頁。

〔3〕リクール『フロイトを読む』における「第三篇　弁証法――フロイトの哲学的解釈」の「第一章　認識論――心理学と現象学の間」、とりわけ「3　精神分析的場への現象学敵アプローチ」（『フロイトを読む』前掲書、四〇八―四二二頁）のことを指すと思われる。

〔4〕マルクスからの引用は、『資本論』第一巻からのものである（マルクス『資本論（一）』前掲書、一二三頁）。

第十四回　ハーバーマス（2）

〔1〕ハーバーマスのフランクフルト大学教授就任講演は、『認識と関心』英訳（*Knowledge and Human Interests*, p. 301–317）に附論（"Knowledge and Human Interests: A General Perspective"）として収められている。邦訳としては、ハーバーマス『イデオロギーとしての技術と学問』（北原章子・長谷川宏訳、紀伊國屋書店、一九七〇年）に収められた第五論文「認識と利害」がある。以下、この文献からの引用については、本文中に論文名および頁数を記す。

〔2〕被覆法則　カール・ヘンペルの提示した、科学的説明に関する演繹的法則的モデルの別名で、普遍法則と初期条件から個別的な現象を演繹すること。たとえば、手に持った石を離すとまっすぐ地面に落ちていくが、これは万有引力の法則と与えられた初期条件から導き出すことができる。

〔3〕フロイトからの引用は、『精神分析入門講義（続）』第三一講より。『フロイト著作集1』懸田克躬・高橋義孝訳、人文書院、一九七一年、四三三頁。

〔4〕フロイトからの引用は、「ある幻想の未来」浜川祥枝訳、『フロイト著作集3』人文書院、一九六九年所収、三六三頁。

〔5〕フロイトからの引用は、「ある幻想の未来」『フロイト著作集3』前掲書、四〇一頁。なお、リクールの原書では『精神分析入門講義（続）』が出典とされている。

第十五回　ギアーツ

〔1〕リクールは最終回の講義で、遡行的方法は「見かけ上の意味という表面から、より根本的な意味へと掘り下げていこうとする」と述べて、この方法を明確にしている。

〔1〕ギアーツ『文化の解釈学Ⅰ』吉田禎吾・柳川啓一・中牧弘允・板橋作美訳、岩波書店、一九八七年、二三頁。以下、この文献からの引用については、本文中に書名および頁数を記す。なお、『文化の解釈学Ⅱ』（前掲）についても同様とする。

〔2〕タフト＝ハートレー法　一九四七年にアメリカで制定された労使関係調整法で、ストライキなどに関する労働者の権利を大幅に制限した。

〔3〕E・H・エリクソン『主体性《アイデンティティ》——青年と危機』岩瀬庸理訳、北望社、一九六九年、一七五頁。以下、この文献からの引用については、本文中に書名および頁数を記す。

第十七回　サン＝シモン

（1）Frederick Engels, "Progress of Social Reform on the Continent", in Karl Marx and Frederick Engels, *Collected Works*, 3 : 394. 興味深いことに、エンゲルスは同じ一節のなかでフーリエの著作について社会哲学として言及している〔エンゲルス「大陸における社会改革の進展」『マルクス＝エンゲルス全集』第一巻、大内兵衛・細川嘉六監訳、大月書店、一九五九年所収、五二六頁〕。

（2）『ドイツ・イデオロギー』の第三部のなかの一節で、マルクスはフーリエの著作のなかに「真に詩的な精神」が見いだされる、と書いている。しかしながら、こうした是認は、制限された一つの文脈を持っている。フーリエの体系は、カベーやオーウェンたちのものと比べて、もっとも想像力に富んだものであったかもしれない。そして実際、これらの者たちの体系はすべて、共産主義運動の初期においては、プロパガンダという意味を持っていた。しかしマルクスの言うところでは、共産党の発展とともに「これらの体系はそのあらゆる重要性を失うのであって、せいぜいのところ純粋に名目上のものとして、スローガンとして保持されたくらいである」(Karl Marx, *The German Ideology* (Pascal ed.), p. 87)〔マルクス「ドイツ・イデオロギー」『マルクス＝エンゲルス全集』第三巻、大内兵衛・細川嘉六監訳、大月書店、一九六三年所収、五〇〇頁〕。

（3）この箇所およびこの講義の残りの部分について、エンゲルスからの引用は『空想より科学へ』からのものである。

（4）Henri de Saint-Simon, *Social Organization, the Science of Man, and Other Writings*. この書物からの引用は、「Saint-Simon」と記す。〔サン＝シモン「「組織者」第一分冊（一八一九年十一月—十二月）」『サン＝シモン著作集』第三巻、森博編訳、恒星社厚生閣、一九八七年所収、二六五—二六六頁。〕

（5）ここでのサン＝シモンからの引用は、Henri Desroche, *Les Dieux Rêvés*, p. 69 からのものである。この著作からの引用は、今後、「Desroche」と記す。デロッシュの文章の英訳は、リクールによる。

（6）Paul Ricœur, "The Tasks of the Political Educator", *Political and Social Essays*, pp. 271–293.

〔1〕エンゲルス『空想より科学へ——社会主義の発展』大内兵衛訳、岩波文庫、一九六六年、三三頁。以下、この文献からの引用については、本文中に書名および頁数を記す。

〔2〕Henri Desroche, *Les Dieux Rêvés*, p. 37.

〔3〕〔サン＝シモン「「組織者」第一分冊（一八一九年十一月——十二月）」『サン＝シモン著作集』第三巻、森博編訳、恒星

社厚生閣、一九八七年所収、二六五―二六六頁。〕
〔3〕サン＝シモン「「組織者」第一分冊」『サン＝シモン著作集』第三巻、前掲書、二六七頁。
〔4〕サン＝シモン「新キリスト教」『産業者の教理問答　他一篇』森博訳、岩波文庫、二〇〇一年所収、二八〇頁。

第十八回　フーリエ

（1）フーリエを引用している次の文献を参照。Henri Desroche, *Les Dieux Revés*, pp. 119–120. この著作に対する参照箇所は、「Desroche」と記して引用する。今回の講義を通して、直接引用された箇所の英訳はすべてリクールによるものである。
（2）たとえば、次のものを参照。Paul Ricœur, *Freud and Philosophy*, pp. 32–36〔『フロイトを読む』前掲書、三六―四一頁〕
（3）Raymond Ruyer, *L'Utopie et les Utopies*, p. 9.
（4）Clifford Geertz, "Religion as a Cultural System", *The Interpretation of Cultures*, p. 93〔ギアーツ「文化体系としての宗教」『文化の解釈学Ⅰ』前掲書所収、一五四―一五五頁〕。

訳者あとがき

本書はポール・リクールの *Lectures on Ideology and Utopia*, Ed. George H. Taylor, New York: Columbia University Press, 1986 の翻訳である。翻訳にあたっては、内容の読解および翻訳の大胆さという点で、フランス語版（*L'idéologie et l'utopie*, Trad. Myriam Revault d'Allonnes et Joël Roman, Paris: Éditions du Seuil, 1997）が参考になった。なお、副題は邦訳のオリジナルであり、原書にはないものである。

著者のポール・リクールについては、おそらく説明の必要もないくらい著名な現代フランスの哲学者である。その著作はほとんどすべて邦訳されており、リクールの略歴や業績についても広く知られているであろう。とはいえ、本書ではじめてリクールのことを知る読者もいるかもしれない。そこで、リクールについて簡単に紹介しておく。

リクールは一九一三年二月二十七日、フランス南東部のヴァランスに生まれた。レンヌ大学とパリ大学ソルボンヌ校で学んだあと、第二次世界大戦に出征し、五年間の捕虜生活のうちにフッサールの『イデーンⅠ』を仏訳した。ストラスブール大学、パリ大学ソルボンヌ校で教鞭をとり、一九六四年にパリ大学ナンテール校に移った。一九七〇年よりシカゴ大学神学部教授を兼任し、ほかにもルーヴァンやモントリオールの大学でも講義を行なった。二〇〇〇年京都賞を受賞。二〇〇五年五月二十日に、自宅のあるパリ郊外のシャトネ＝マラブリーでその実り多い生涯を終えた。

リクールは現象学とフランス反省哲学についての研究を出発点とし、一九六〇年代は壮大な「意志の哲学」を構想して、『意志的なものと非意志的なもの』などの著作を出版した。やがて解釈学や言語哲学に強い関心を抱くようになり、解釈やメタファーに関する多数の著作・論文を執筆したほか、一九八〇年代には歴史＝物語を主題とした大作『時間と物語』を出版し、「物語的自己同一性」の概念の練り上げを行なった。このあとも、一九九〇年には『他者のような自己自身』、二〇〇〇年には『記憶・歴史・忘却』、二〇〇四年には『承認の行程』といった重要な著作を次々と出版した。また、哲学的探究と平行して、聖書解釈学に関する研究にも情熱を注ぎ、こちらでも多くの成果を残している。

さて、本書はリクールが一九七五年の秋学期にシカゴ大学で行なった講義がもとになっており、それを録音したテープにもとづく原稿と、リクール自身の講義ノートから編集されたものである。英語で出版されたものがオリジナルであるが、その出版は一九八六年であるから、もう四半世紀がたつことになる。タイトルにある「イデオロギー」や「ユートピア」といった言葉じたいが、一定の古さを感じさせることは否めない。まして、「イデオロギーの終焉」が唱えられたことさえもはや遠い過去の出来事となり、「ポスト・イデオロギーの時代」と評されて久しい現代においては、それらの概念はもはや有効性を失った、という評価が一般的なのかもしれない。本書で取り上げられている思想家たちの名前を見ても、マルクスやウェーバー、アルチュセールはまだしも、マンハイムやギアーツ、サン＝シモン、フーリエといった思想家たちの名前は、むしろノスタルジーさえ覚えさせるかもしれない。

にもかかわらず訳者としては、本書は、いまなお広く読み直されるべきアクチュアリティを備えている、と主張したい。それは何よりも、テリー・イーグルトンが『イデオロギーとは何か』の冒頭で記しているように、「ここ十年のあいだに世界中のいたるところでイデオロギー運動のめざましい復活をみた」からにほかならない（『イデオロギーとは何か』大橋洋一訳、平凡社、一九九六年）。こうした事態は、「九・一一」以降の世界情勢のことを振り返ってみるならば、イーグルトンの著作が出版された一九九一年当時よりも現代にこそ、いっそう当てはまると言わなければならない。たとえば「原理主義」、「ナショナリズム」、「グローバリゼーション」、「ネオリベラリズム」などのことを思い浮かべてみれば明らかなように、現代社会において、「イデオロギー」と呼ぶことのできる思想・思潮に事欠かないのである。私たち自身が特定のイデオロギーに染まっていないと、誰が自信をもって言えるだろうか。そしてそういう時代であるからこそ、来たるべき未来社会としてのユートピアについて語ることもまた、強く求められているように思われるのである(「強く求められている」というのは、時代の要請と、人々の欲求という二つの意味においてである。たとえば、近年の一連のハリウッド映画の潮流のことを考えてみるならば、近未来の世界を描いた多数の作品が制作され続けていることが、その傍証とはならないだろうか)。

本書でのリクールの議論は、先に名前をあげたマルクスやアルチュセールなど著名な思想家たちの著作を検討するという形をとっている。マンハイムに『イデオロギーとユートピア』という著作があることは広く知られているが、リクールは本書では、(マンハイムのように)これらの概念を練り上げていくことに力点を置くのではなく、従来の思想家たちがこれらの概念を特徴づけるやり方そのものに注目し、その射程を明らかにしようとしている。そこでは「偉大な読み手」と評されるリクールのスタイルが存分に発揮されており、リクールは自らの視点のもとにイデオロギーとユートピアをめぐるそれらの思想家たちの主張を吟味し、そのロジックを浮かび上がらせたうえで、最終的には二つの概念を、想像力およびフィクション構築の働きの重要性という自らの展望のなかに、ポジティヴな仕方で組み込もうとしている。

本書の内容に関しては、社会哲学の分野において日本を代表する思想家であった今村仁司氏の、次のような評価が大いに参考になることだろう。

彼〔リクール〕独自の人間学に基づく解釈学からこれまでのイデオロギーとユートピアに関する諸思想を吟味する手際が見事である。(…)リクールによれば、二つの要素は人間の社会関係の本質的な構成要素であり、いずれも象徴的想像力の機能であるとする。彼の基本テーゼよりも、彼の先行思想家の読みとり方が実に刺激的であった。

(「二〇〇五年読者アンケート」『みすず』一・二月号、二〇〇六年)

訳者としては、本書を読み通すことが一つのきっかけとなって、一人でも多くの読者が、現代社会に生きる人間として、「ここにはない何か」に向かって具体的なヴィジョンをもつことの重要さについて再考するようになられることを、強く願う次第である。

また、本書で引用・言及されている多くのテキストのうち、邦訳のあるものについては可能な限りこれを参照し、引用箇所を訳出する際に活用させていただいた。ここに感謝申し上げたい。ただし、リクールが英訳版を使用していることもあり、文脈の都合上、訳者が新たに訳出した箇所もある（その場合も、邦訳の該当箇所を本文中や注に示しておいた）。ご容赦いただきたい。

最後に、本書の翻訳および出版にあたって、その機会を与えてくださった久米博先生と、訳稿の入念なチェックを行なってくださった新曜社の渦岡謙一氏に深く感謝申し上げる。渦岡氏の叱咤激励のおかげで、翻訳の精度と訳文の読みやすさが大幅に改善された。とはいえ当然ながら、それでも残り続けているに違いない読みにくさと誤訳については、ひとえに訳者の責任である。

二〇一一年四月二十日　復興の途上にある仙台にて

川﨑惣一

会――支配の諸類型』世良晃志郎訳，創文社，1970年ほか〕
Weil, Eric. *Philosophie Politique*. Paris : Vrin, 1956.
Wells, H. G. *A Modern Utopia*. Lincoln: University of Nebraska Press, 1967.
Westermann, Claus. *Handbook to the Old Testament*. Trans. and ed. Robert H. Boyd. Minneapolis: Augsburg Publishing House, 1967.
Whorf, Benjamin Lee. *Language, Thought, and Reality*. Cambridge: MIT Press, 1956.〔ウォーフ『言語，思考，現実』池上嘉彦訳，講談社学術文庫，1993年〕
Wittgenstein, Ludwig. *Philosophical Investigations*. Trans. G. E. M. Anscombe. New York: Macmillan, 1953 ; 2d ed., 1958 ; 3d ed., 1969.〔ヴィトゲンシュタイン『哲学探究』藤本隆志訳，『ヴィトゲンシュタイン全集8』大修館書店，1976年〕
―――*Tractatus Logico-Philosophicus*. Trans. D. F. Pears and B. F. McGuinness. London: Routledge and Keagan Paul, 1963.〔ヴィトゲンシュタイン『論理哲学論考』野矢茂樹訳，岩波文庫，2003年〕

Hass. New York: Random House, 1982.
Rockmore, Tom. "Idéologie Marxienne et Herméneutique". *Laval Théologique et Philosophique*（1984），40(2)：161–173.
Runciman, W. G. *Social Science and Political Theory*. Cambridge: Cambridge University Press, 1963.〔ランシマン『社会科学と政治理論』川上源太郎訳，福村出版，1971 年〕
Ruyer, Raymond. *L'Utopie et les Utopies*. Paris: Press Universitaires de France, 1970.
Saint-Simon, Henri de. *New Christianity*. Trans. J. E. Smith. London: B. D. Cousins and E. Wilson, 1834.〔サン＝シモン「新キリスト教」『産業者の教理問答　他一篇』森博訳，岩波文庫，2001 年所収，242–313 頁〕
——— *Œuvres*. Geneva: Slatkine, 1977.
———*The Political Thought of Saint-Simon*. Trans. Valence Ionescu; ed. Ghita Ionescu. New York: Oxford University Press, 1976.
———*Selected Writings on Science, Industry, and Social Organization*. Trans. and ed. Keith Taylor. London: Croom Helm, 1975.
Sartre, Jean-Paul. *Critique of Dialectical Reason*. Trans. Alan Sheridan-Smith; ed. Jonathan Rée. Atlantic Highlands, N. J.: Humanities Press, 1976.〔サルトル『弁証法的理性批判——実践的総体の理論』全 3 巻，竹内芳郎ほか訳，人文書院，1962–1973 年〕
Shutz, Alfred. *The Phenomenology of the Social World*. Trans. George Walsh and Fredrick Lehnert. Evanston, Ill.: Northwestern University Press, 1967.〔シュッツ『社会的世界の意味構成——理解社会学入門』佐藤嘉一訳，木鐸社，2006 年〕
Shils, Edward. "Ideology and Civility: On the Politics of the Intellectual". *Sewanee Review*（1958），66 : 450–480.
Skinner, B. F. *Walden II*. New York: Macmillan, 1976.〔スキナー『心理学的ユートピア』宇津木保・宇津木正訳，誠信書房，1969 年〕
Sutton, F. X., S. E. Harris, C. Kaysen, and J. Tobin. *The American Business Creed*. Cambridge: Harvard University Press, 1956.〔サットンほか『アメリカの経営理念』高田馨・長浜穆良訳，日本生産性本部，1968 年〕
Sweeney, Robert. "Value and Ideology". *Analecta Husserliana*（1983），15 : 387–401.
Thompson, John B. "Action, Ideology, and the Text". In *Studies in the Theory of Ideology*, pp. 173–204. Cambridge: Polity Press, 1984.
van den Hengel, John. "Faith and Ideology in the Philosophy of Paul Ricoeur". In *Eglise et Théologie*（1983），14 : 63–89.
Weber, Max. *From Max Weber*. Trans. and ed. H. H. Gerth and C. Wright Mills. New York: Oxford University Press, 1958.
———*The Protestant Ethic and the Spirit of Capitalism*. Trans. Talcott Parsons. New York: Charles Scribner's Sons, 1958.〔ヴェーバー『プロテスタンティズムの倫理と資本主義の精神』大塚久雄訳，岩波文庫，1989 年〕
———*The Theory of Social and Economic Organization*. Trans. A. M. Henderson and Talcott Parsons; ed. and intro. Talcott Parsons. New York: Free Press, 1947.〔ウェーバー『社会学の根本概念』清水幾太郎訳，岩波文庫，1972 年／ウェーバー『経済と社

MIT Press, 1971.〔ルカーチ『歴史と階級意識』城塚登・古田光訳,『ルカーチ著作集』9, 白水社, 1987 年〕

Marcuse, Herbert. *One-Dimensional Man*. Boston: Beacon Press, 1971.〔マルクーゼ『一次的人間』生松敬三・三沢謙一訳, 河出書房新社, 1974 年〕

Marx, Karl. *Capital*, vol. I. Trans. Samuel Moore and Edward Aveling. New York: International Publishers, 1967.〔マルクス『資本論』全 9 巻, エンゲルス編, 向坂逸郎訳, 岩波文庫, 1969 年〕

——— *Grundrisse*. Trans. Martin Nicolaus. New York: Vintage Books, 1973.〔マルクス『経済学批判要綱』全 5 巻, 高木幸二郎監訳, 大月書店, 1958–1965 年〕

——— *The Poverty of Philosophy*. New York: International Publishers, 1936.〔マルクス『哲学の貧困』山村喬訳, 岩波文庫, 1950 年〕

Marx, Karl and Frederick Engels. *The German Ideology*. Parts I and III. Ed. R. Pascal. New York: International Publishers, 1963 [1947].〔マルクス, エンゲルス『ドイツ・イデオロギー』廣松渉編訳・小林昌人補訳, 岩波文庫, 2002 年。これに収められていない箇所については, マルクス「ドイツ・イデオロギー」『マルクス＝エンゲルス全集』第 3 巻, 大内兵衛・細川嘉六監訳, 大月書店, 1963 年所収, 7–589 頁〕

McCarthy, Thomas. *The Critical Theory of Jürgen Habermas*. Cambridge: MIT Press, 1978.

Moltmann, Jürgen. *Theology of Hope*. Trans. James W. Leitch. New York: Harper and Row, 1967.〔モルトマン『希望の神学——キリスト教的終末論の基礎づけと帰結の研究』高尾利数訳, 新教出版社, 1968 年〕

More, Thomas. *Utopia*. New York: W. W. Norton, 1975.〔モア『ユートピア』平井正穂訳, 岩波文庫, 1957 年〕

Mumford, Lewis. *The Story of Utopias*. New York : Viking Press, 1968.〔マンフォード『新版　ユートピアの系譜』関裕三郎訳, 新泉社, 2000 年〕

Orwell, George. *1984*. New York: Oxford Press, 1984.〔オーウェル『1984 年』新庄哲夫訳, ハヤカワ文庫, 1972 年〕

Owen, Robert. *The Book of the New Moral World*. London: J. Watson, 1849.

Parsons, Talcott. "An Approach to the Sociology of Knowledge". In James E. Curtis and John W. Petras, eds., *The Sociology of Knowledge*, pp. 283–306. New York: Praeger, 1970.

——— *The Social System*. New York: Free Press, 1964.〔パーソンズ『社会体系論』佐藤勉訳, 青木書店, 1974 年〕

Plato. *The Collected Dialogues*. Ed. Edith Hamilton and Huntington Cairns. Princeton: Princeton University Press, 1961.

Proudhon, Pierre-Joseph. *Système de Contradictions Economiques, ou Philosophie de la Misère*. In *Œuvres Completes*, vol. I. Paris: Slatkine, 1982.

Riasanovsky, Nicholas V. *The Teachings of Charles Fourier*. Berkeley: University of California Press, 1969.

Rilke, Rainer Maria, *The Selected Poetry of Rainer Maria Rilke*. Trans. and ed. Robert

New York: Collier Books, 1962.〔フッサール『イデーンI-1』渡辺二郎訳，みすず書房，1980年／フッサール『イデーンI-2』渡辺二郎訳，みすず書房，1984年／フッサール『イデーンII-1』立松弘孝・別所良美訳，みすず書房，2001年／フッサール『イデーンII-2』立松弘孝・榊原哲也訳，2009年〕

Huxley, Aldous. *Brave New World*. London: Chatto and Windus, 1970.〔ハックスリー『すばらしい新世界』松村達雄訳，講談社文庫，1974年〕

Hyppolite, Jean. *Genesis and Structure of Hegel's "Phenomenology of Sprit"*. Trans. Samuel Cherniak and John Heckman. Evanston, Ill.: Northwestern University Press, 1974.〔イポリット『ヘーゲル精神現象学の生成と構造』全2巻，市倉宏祐訳，岩波書店，1972–1973年〕

Ihde, Don. *Hermeneutic Phenomenology: The Philosophy of Paul Ricœur*. Evanston, Ill.: Northwestern University Press, 1971.

Jaspers, Karl. *Nietzsche*. Berlin: Walter de Gruyter, 1947. English: *Nietzsche: An Introduction to the Understanding of His Philosophical Activity*. Trans. Charles F. Wallraff and Frederick J. Schmitz. Tucson: University of Arizona Press, 1965.〔ヤスパース『ニーチェ』全2巻，草薙正夫訳，ヤスパース選集第18–19巻，理想社，1966–7年〕

Kant, Immanuel. *Critique of Pure Reason*. Trans. Norman Kemp Smith. New York: St. Martin's Press, 1965.〔カント『純粋理性批判』全3巻，有福孝岳訳，『カント全集』第4–6巻，岩波書店，2001–2006年〕

Kendall, George H. "Ideology: An Essay in Definition". *Philosophy Today* (1981), 25: 262–276.

Kon, Igor S. *Filosofskij Idealizm i Krizis Buržuaznoj Istoričeskoj Mysli* [Philosophical Idealism and the Crisis in Bourgeois Historical Thinking]. Moscow, 1959. German: *Die Geschichtsphilosophie des 20. Jahrehunderts. Kritischer Abriss*. Trans. Willi Hoepp. Berlin: Akademie-Verlag. 2 vols. 2d ed., 1966,

Kuhn, Thomas S. *The Essential Tension*. Chicago: University of Chicago Press, 1977.〔クーン『本質的緊張——科学における伝統と革新』全2巻，安孫子誠也・佐野正博訳，みすず書房，1987–1992年〕

———"Metaphor in Science". In Andrew Ortony, ed., *Metaphor and Thought*, pp. 409–419. Cambridge: Cambridge University Press, 1979.

———*The Structure of Scientific Revolutions*. Chicago: University of Chicago Press, 1962; 2d ed., enlarged, 1970.〔クーン『科学革命の構造』中山茂訳，みすず書房，1971年〕

Lacan, Jacques. *Ecrits*, 2 vols. Paris: Editions du Seuil, 1966. English: *Ecrits: A Selection*. Trans. Alain Sheridan. New York: W. W. Norton, 1977.〔ラカン『エクリ』全3巻，宮本忠雄・佐々木孝次ほか訳，弘文堂，1972–1981年〕

Lenin, Vladimir I. *State and Revolution*. New York: International Publishers, 1932; 2d ed., 1971.〔レーニン『国家と革命』宇高基輔訳，岩波文庫，1957年〕

Lukács, Georg. *History and Class Consciousness*. Trans. Rodney Livingstone. Cambridge:

Press, 1983.〔ヘーゲル『イェーナ体系構想』加藤尚武監訳，法政大学出版局，1999年〕
——*Logic*. (Part 1 of the *Encyclopaedia of the Philosophical Sciences*). Trans. William Wallace. Oxford: Clarendon Press, 1975.〔ヘーゲル『エンチュクロペディー』樫山欽四郎・川原栄峰・塩屋竹男訳，河出書房新社，1987年〕
——*Phenomenology of Spirit*. Trans. A. V. Miller. Oxford: Clarendon Press, 1977.〔ヘーゲル『精神現象学』全2巻，樫山欽四郎訳，平凡社ライブラリー，1997年〕
——*Philosophy of History*. Trans. J. Sibree. New York: Dover Publications Press, 1952.〔ヘーゲル『歴史哲學』武市健人訳，『ヘーゲル全集』10–10b, 岩波書店，1954年〕
——*Philosophy of Right*. Trans. T. M. Knox. New York: Oxford University Press, 1967.〔ヘーゲル『法の哲學——自然法及び國家學』岡田隆平・速水敬二訳，『ヘーゲル全集』9, 岩波書店，1950年〕
Heidegger, Martin. *Being and Time*. Trans. John Macquarrie and Edward Robinson. New York: Harper and Row, 1962.〔ハイデガー『存在と時間』原佑・渡辺二郎訳，中央公論社，1980年〕
——*The Essence of Reasons*. Trans. Terrence Malic. Evanston, Ill.: Northwestern University Press, 1969.〔ハイデッガー「根拠の本質」斎藤信治訳，『ハイデッガー選集』第Ⅰ巻，理想社，1952年所収，43–130頁〕
——*What Is Philosophy?* Trans. and intro. William Klubach and Jean T. Wilde. New Haven: College and University Press, 1956.〔ハイデッガー『哲学とは何か』原佑訳，『ハイデッガー選集』第Ⅶ巻，理想社，1960年〕
Henry, Michel. *L'Essence de la Manifestation*. Paris: Presses Universitaires de France, 1963.〔アンリ『現出の本質』全2巻，北田晋・阿部文彦訳，法政大学出版局，2005年〕
——*Marx*. Paris: Gallimard, 1976. English (abridged): *Marx: A Philosophy of Human Reality*. Trans. Kathleen McLaughlin. Bloomington: Indiana University Press, 1983.〔アンリ『マルクス』杉山吉弘・水野浩二訳，法政大学出版局，1991年〕
——"La Rationalité selon Marx". In Theodore F. Geraets, ed., *Rationality Today*, pp. 116–129. Ottawa: University of Ottawa Press, 1979.
Hess, Moses. *Philosophische und Sozialistische Schriften 1837–1850: Eine Auswahl*. Berlin: Akademie-Verlag, 1980.〔ヘス『初期社会主義論集』山中隆次・畑孝一訳，未來社，1970年〕
Hirsch, E. D., Jr. *The Aims of Interpretation*. Chicago: University of Chicago Press, 1976.
——*Validity in Interpretation*. New Haven: Yale University Press, 1967.
—— "Meaning and Significance Reinterpreted". *Critical Inquiry* (1984), 11: 202–225.
Husserl, Edmund. *Cartesian Meditations*. Trans. D. Cairns. The Hague: Martinus Nijhoff, 1960.〔フッサール『デカルト的省察』浜渦辰二訳，岩波文庫，2001年〕
——*The Crisis of European Sciences and Transcendental Phenomenology*. Trans. and intro. David Carr. Evanston, Ill.: Northwestern University Press, 1970.〔フッサール『ヨーロッパ諸学の危機と超越論的現象学』細谷恒夫・木田元訳，中央公論社，1974年〕
——*Ideas. General Introduction to Pure Phenomenology*. Trans. W. R. Boyce Gibson.

吾訳，『フロイト著作集 6』人文書院，1970 年所収，263-299 頁〕
———*The Future of an Illusion*. Trans. W. D. Robson-Scott; Translation rev. and ed. James Strachey. Garden City, N. Y.: W. W. Doubleday, 1964.〔フロイト「ある幻想の未来」浜川祥枝訳，『フロイト著作集 3』人文書院，1969 年所収，362-405 頁〕
———*Moses and Monotheism*, Trans. Katherine Jones. New York: Vintage Books, 1967.〔フロイト『人間モーゼと一神教』森川俊夫訳，『フロイト著作集 11』人文書院，1984 年所収，271-376 頁〕
———*New Introductory Lectures on Psychoanalysis*. Trans. James Strachey. New York: W. W. Norton, 1966.〔フロイト『精神分析入門講義（続）』第 31 講，懸田克躬・高橋義孝訳，『フロイト著作集 1』人文書院，1971 年所収，387-536 頁〕
——— *The Interpretation of Dreams*. Trans. James Strachey. New York : Basic Books, 1956.〔フロイト『夢判断』高橋義孝訳，『フロイト著作集 2』人文書院，1968 年所収〕
———"Obsessive Actions and Religious Practices". In *The Standard Edition of the Complete Psychological Works of Sigmund Freud*, 9 : 115-127. Trans and ed. James Strachey, London: Hogarth Press, 1959.〔フロイト「強迫行為と宗教的礼拝」山本厳夫訳，『フロイト著作集 5』人文書院，1969 年所収，377-384 頁〕
———"Psycho-analytic Notes on an Autobiographical Account of a Case of Paranoia". [The Schreber case.] In *The Standard Edition of the Complete Psychological Works of Sigmund Freud*, 12 : 3-84. Trans and ed. James Strachey, London: Hogarth Press, 1958.〔フロイト「自伝的に記述されたパラノイア（妄想性痴呆）の一症例に関する精神分析学的考察」小此木啓吾訳，『フロイト著作集 9』人文書院，1983 年，283-347 頁〕
———"The Unconscious". In *The Standard Edition of the Complete Psychological Works of Sigmund Freud*, 14: 159-204. Trans and ed. James Strachey, London: Hogarth Press, 1957.〔フロイト「無意識について」井村恒郎訳，『フロイト著作集 6』人文書院，1970 年所収，87-113 頁〕
Gadamer, Hans-Georg. *Truth and Method*. Trans. Garret Burden and John Cumming. New York: Seabury Press, 1975.〔ガダマー『真理と方法Ｉ』轡田収・麻生建・三島憲一・北川東子・我田広之・大石紀一郎訳，法政大学出版局，1986 年；『真理と方法Ⅱ』轡田収・巻田悦郎訳，法政大学出版局，2008 年〕
Roger Garaudy, *Karl Marx: The Evolution of His Thought*. Trans. Nan Apotheker. Westport, Ct.: Greenwood Press, 1976.
Goldmann, Lucian. *The Hidden God*. Trans. Philip Thody. New York: Humanities Press, 1964.〔ゴルドマン『隠れたる神』全 2 巻，山形頼洋訳，社会思想社，1972-1973 年〕
Gramsci, Antonio. *Selections from the Prison Notebooks*. Ed. and trans. Quintin Hoare and Geoffrey Nowell Smith. New York: International Publishers, 1971.〔グラムシ『愛と思想と人間と——獄中からの手紙』上杉聰彦訳，合同出版，1962 年〕
Habermas, Jürgen. *Theory and Practice*. Trans. John Viertel. Boston: Beacon Press, 1974.〔ハーバーマス『理論と実践——社会哲学論集』細谷貞雄訳，未來社，1975 年〕
Hegel, G. W. F. *Hegel and the Human Spirit: A Translation of the Jena Lectures on the Philosophy of Spirit (1805-6)*. Trans. Leo Rauch. Detroit: Wayne State University

Desanti, Dominique. *Les Socialistes de l'Utopie*. Paris: Payot, 1970.

Engels, Friedrich. *Anti-Dühring*. Trans. Emile Burns; ed. C. P. Dutt. New York: International Publishers, 1976.〔エンゲルス『反デューリング論――オイゲン・デューリング氏の科学の変革』全2巻，栗田賢三訳，岩波書店，1952–1966年〕

———"Progress of Social Reform on the Continent". In Karl Marx and Frederick Engels, *Collected Works*, 3:392–408. New York: International Publishers, 1975.〔エンゲルス「大陸における社会改革の進展」『マルクス＝エンゲルス全集』第1巻，大内兵衛・細川嘉六監訳，大月書店，1959年所収，523–542頁〕

Erikson, Erik H. *Childhood and Society*. New York: W. W. Norton, 1950; 2d ed. revised and enlarged, 1963.〔エリクソン『幼児期と社会』全2巻，仁科弥生訳，みすず書房，1977–1980年〕

———*Identity: Youth and Crisis*. New York: W. W. Norton, 1968.〔エリクソン『主体性《アイデンティティ》――青年と危機』岩瀬庸理訳，北望社，1969年〕

Eurich, Nell. *Science in Utopia: A Mighty Design*. Cambridge: Harvard University Press, 1967.

Fackenheim, Emil L. *The Religious Dimension in Hegel's Thought*. Boston: Beacon Press, 1970.

Feuerbach, Ludwig. *The Essence of Christianity*. Trans. Geroge Eliot. New York: Harper and Row, 1957.〔フォイエルバッハ『キリスト教の本質』全2巻，船山信一訳，岩波文庫，1937年〕

Fichte, J. G. *The Science of Knowledge*. Trans. and ed. Peter Heath and John Lachs. Cambridge: Cambridge University Press, 1982.〔フィヒテ『1804年の「知識学」』山口祐弘訳，フィヒテ全集第13巻，哲書房，2004年所収〕

Fink, Eugen. "Les Concepts Operatoires dans la Phénoménologie de Husserl", in *Husserl*, pp. 214–230. Paris: Minuit, 1959［1957 conference］. German : "Operative Begriffe in Husserls Phänomenologie". *Zeitschrift für Philosophische Forschung*（1957），11: 321–337.〔フィンク「フッサールの現象学における操作的概念」新田義弘訳，新田義弘・小川侃編『現象学の根本問題』晃洋書房，1978年所収，21–44頁〕

Fourier, *Charles. Le Nouveau Monde Amoureux*. Ed. Simone Debout-Oleszkiewicz. Paris: Anthropos, 1967.

———*The Utopian Vision of Charles Fourier*. Trans., ed., and intro. Jonathan Beecher and Richard Bienvenu. Columbia: University of Missouri Press, 1983.

Freire, Paulo. *Pedagogy of the Oppressed*. Trans. Myra Bergman Ramos. New York: Seabury Press, 1970.〔フレイレ『被抑圧者の教育学』小沢有作・楠原彰・柿沼秀夫・伊藤周訳，亜紀書房，1979年〕

Freud, Sigmund. *Civilization and Its Discontents*. Trans. and ed. James Strachey. New York: W. W. Norton, 1962.〔フロイト「文化への不満」浜川祥枝訳，『フロイト著作集3』人文書院，1969年所収，431–496頁〕

———*The Ego and the Id*. Trans Joan Riviera; revised and newly ed. by James Strachey. New York: W. W. Norton, rev. ed., 1962.〔フロイト「自我とエス」小此木啓

Ricœur: Bibliographie Systématique de ses Ecrits et des Publications Consacrées à sa Pensée（*1935–1984*）. *A Primary and Scondary Systematic Bibliography*（*1935–1984*）. Louvain-la-Neuve : Editions de l'Institut Supérieur de Philosophie, 1985.

引用された二次文献

Althusser, Louis. "Lénine et la Philosophie". *Bulletin de la Soiété Française de Philosophie*（1968），62(4)：125–161 ; discussion, 161–181.

———*Essays in Self-Criticism*. Trans. Grahame Lock. Atlantic Highlands, N. J.: Humanities Press, 1976.〔アルチュセール『自己批判――マルクス主義と階級闘争』西川長夫訳，福村出版，1978年〕

Anscombe, G. E. M. *Intention*. Ithaca, N. Y.: Cornell University Press, 1957.〔アンスコム『インテンション――実践知の考察』管豊彦訳，産業図書，1984年〕

Apel, Karl-Otto. *Towards a Transformation of Philosophy*. Trans. Glyn Adey and David Frisby. Boston: Routledge and Kegan Paul, 1980.〔アーペル『哲学の変換』磯江景孜ほか訳，二玄社，1986年〕

Arendt, Hannah. *Eichmann in Jerusalem: A Report on the Banality of Evil*. New York: Penguin Books, 1976.〔アーレント『イェルサレムのアイヒマン――悪の陳腐さについての報告』大久保和郎訳，みすず書房，1969年〕

———*The Human Condition*. Chicago: University of Chicago Press, 1958. French: *Condition de l'Homme Moderne*. Trans. George Fradier ; pref. Paul Ricœur. Paris: Calmann-Lévy, 1983.〔アレント『人間の条件』志水速雄訳，ちくま学芸文庫，1994年〕

———*The Origins of Totalitarianism*. New York: Harcourt Brace Jovanovich, 1973.〔アレント『全体主義の起原』全3巻，大久保和郎ほか訳，みすず書房，1972–1974年〕

Avineri, Shlomo. *The Social and Political Thought of Karl Marx*. Cambridge: Cambridge University Press, 1968.

Bachelard, Gaston. *The Philosophy of No*. Trans. G. C. Waterson. New York: Orion Press, 1968.〔バシュラール『否定の哲学』中村雄二郎・遠山博雄訳，白水社，1974年〕

Bacon, Francis. *New Atlantis*. Oxford: Clarendon Press, 1974.〔ベーコン『ニュー・アトランティス』川西進訳，岩波文庫，2003年〕

Betti, Emilio. "Hermeneutics as the General Methodology of the *Geisteswissenschaften*". In Josef Bleicher, *Contemporary Hermeneutics*, pp. 51–94. London: Routledge and Keagan Paul, 1980.

Booth, Wayne C. *A Rhetoric of Irony*. Chicago: University of Chicago Press, 1974.

Burke, Kenneth. *The Philosophy of Literary Form: Studies in Symbolic Action*. Baton Rouge: Louisiana State University Press, 1941 ; 2d ed., 1967.〔バーク『文学形式の哲学――象徴的行動の研究』森常治訳，国文社，1974年〕

Cabet, Etienne. *Voyage en Icarie*. Paris: Slatkine, 1979.

Campanella, Tommaso. *The City of the Sun*. Trans. A. M. Elliott and R. Millner. West Nyack, N. Y.: Journeyman Press, 1981.〔カンパネッラ『太陽の都』近藤恒一訳，岩波文庫，1992年〕

"Narrative and Hermeneutics". In John Fisher, ed., *Essays on Aesthetics: Perspectives on the Work of Monroe C. Beardsley*, pp. 149–60. Philadelphia: Temple University Press, 1983.

"Objectivation et Aliénation dans l'Expérience Historique", in *Archivio di Filosofia* (1975), 45(2–3)：27–38.

"Poetry and Possibility". (Interview with Philip Fried.) *Manhattan Review* (1982), 2 (2)：6–21.

Political and Social Essays. Ed. David Stewart and Joseph Bien. Athens, Ohio: Ohio University Press, 1974.

"Préface". In Hannah Arendt, *Condition de l'Homme Moderne*, pp. i-xxviii. Paris: Calmann-Lévy, 1983.

"La Raison Pratique", in Theodore F. Geraets, ed., *Rationality Today*, pp. 225–241. Ottawa: University of Ottawa Perss, 1979. Discussion, pp. 241–248. Presented as part of a symposium, October 1977.

The Reality of the Historical Past. Milwaukee: Marquette University Press, 1984.

"Rückfrage und Reduktion der Idealitaten in Husserls 'Krisis' und Marx' 'Deutscher Ideologie'". In Bernhard Waldenfels, Jan M. Broekman, and Ante Pažanin, eds., *Phänomenologie und Marxismus*, 3: 207–39. Frankfurt: Suhrkamp, 1978.

The Rule of Metaphor. Trans. Robert Czerny et. al. Toronto: University of Toronto Press, 1977.〔『生きた隠喩（特装版）』久米博訳，岩波書店，1998年〕

"Sartre and Ryle on the Imagination". In Paul A. Schilpp, ed., *The Philosophy of Jean-Paul Sartre*, pp. 167–178. La Salle, Ill.: Open Court Press, 1981.

"Science and Ideology". In *Hermeneutics and the Human Sciences*, pp. 222–246. Ed. and trans. John B. Thompson. Cambridge University Press, 1981.〔「科学とイデオロギー」久重忠夫訳，『解釈の革新』前掲書所収，251–287頁〕

"The Status of *Vorstellung* in Hegel's Philosophy of Religion". In Leroy S. Rouner, ed., *Meaning, Truth, and God*, pp. 70–88. Notre Dame, Ind.: University of Notre Dame Press, 1982.

"La Structure Symbolique de l'Action". *Actes de la 14e Conference de Sociologie des Religions*, pp. 29–50. Paris: Centre Nationale de la Recherche Scientifique, 1977.

The Symbolism of Evil. Trans. Emerson Buchanan. Boston: Beacon Press, 1969.〔『悪のシンボリズム』植島啓司・佐々木陽太郎訳，渓声社，1977年／『悪の神話』一戸とおる・佐々木陽太郎・竹沢尚一郎訳，渓声社，1980年〕

"The Tasks of the Political Educator". In *Political and Social Essays*, pp. 271–293. Ed. David Stewart and Joseph Bien. Athens, Ohio: Ohio University Press, 1974.

Time and Narrative, vols. 1 and 2. Trans. Kathleen McLaughlin and David Pellauer, Chicago: University of Chicago Press, 1984, 1985.〔『時間と物語』全3巻，久米博訳，新曜社，1987–1990年〕

リクールの完全な文献一覧については，次のものを参照。Frans D. Vansina, *Paul*

1978.
Fallible Man . Trans. and intro. Charles Kelbley. Chicago: Henry Regnery, 1965.〔『人間この過ちやすきもの』久重忠夫訳，以文社，1978 年〕
Freedom and Nature: The Voluntary and the Involuntary. Trans. and intro. Erazim V. Kohák. Evanston, Ill.: Northwestern University Press, 1966.〔リクール『意志的なものと非意志的なものⅠ　決意すること』滝浦静雄・箱石匡行・竹内修身訳，紀伊國屋書店，1993 年／『意志的なものと非意志的なものⅡ　行動すること』滝浦静雄・中村文郎・竹内修身訳，紀伊國屋書店，1995 年／『意志的なものと非意志的なものⅢ　同意すること』滝浦静雄・竹内修身・中村文郎訳，紀伊國屋書店，1995 年〕
Freud and Philosophy: An Essay on Interpretation. Trans. Denis Savage. New Haven: Yale University Press, 1970.〔『フロイトを読む――解釈学試論』久米博訳，新曜社，1982 年〕
"The Function of Fiction in Shaping Reality". *Man and World*（1979），12 : 123–141.
"Hermeneutics and the Critique of Ideology". In *Hermeneutics and the Human Sciences*, pp. 63–100. Ed. and trans. John B. Thompson. Cambridge: Cambridge University Press, 1981.〔「解釈学とイデオロギー批判」久米博訳，『解釈の革新』前掲書所収，288–344 頁〕
Hermeneutics and the Human Sciences. Ed. and trans. John B. Thompson. Cambridge: Cambridge University Press, 1981.
"L'Herméneutique de la Sécularisation: Foi, Idéologie, Utopie". *Alchivio di Filosofia*（1976），46(2–3) : 49–68.〔「世俗化の解釈学」清水誠訳，『解釈の革新』前掲書所収，345–377 頁〕
"L'Histoire comme Récit et comme Pratique".（Interview with Peter Kemp.）*Esprit*（June 1981），6: 155–65.
"History and Hermeneutics". In Yirmiahu Yovel, ed., *Philosophy of History and Action*, pp. 3–20. Dordrecht, Holland: D. Reidel, 1978. Paper presented at the First Jerusalem Philosophical Encounter, December 1974.
"History and Hermeneutics". *Journal of Philosophy*（1976），73(19) : 683–695.
History and Truth. Trans. and intro. Charles A. Kelbley. Evanston, Ill.: Northwestern University Press, 1965.
"Ideology and Utopia as Cultural Imagination". *Philosophic Exchange*（1976），2(2) : 17–28.
"Ideology, Utopia, and Faith". *The Center for Hermeneutical Studies*（1976），17 : 21–28.
"Imagination in Discourse and Action". *Analecta Husserliana*（1978），7 : 3–22.
"'Logique Hérmeneutique'?" In Guttorm Fløstad, ed., *Contemporary Philosophy*, 1 : 179–223. The Hague: Martinus Nijhoff, 1981.
"Le *Marx* de Michel Henry". *Esprit*（1978），2: 124–39.
"The Metaphorical Process as Cognition, Imagination, and Feeling". *Critical Inquiry*（1978），5: 143–59.
"Mimesis and Representation". *Annals of Scholarship*（1981），2(3) : 15–32.

pp. 107–126. Athens, Ohio: Ohio University Press, 1979. この論文は部分的に，本書『イデオロギーとユートピア』の第一回講義と並行している。
"L'Imagination dans le Discours et dans l'Action". In *Savoir, Faire, Espérer : Les Limites de la Raison*, I: 207–28. Brussels: Facultés Universitaires Saint-Louis, 1976. English: "Imagination in Discourse and Action". *Analecta Husserliana* (1978), 7 : 3–22. イデオロギーとユートピアについてのいくつかの節は，広い範囲で論文「文化的想像力としてのイデオロギーとユートピア」と並行している。
"La Structure Symbolique de l'Action". *Actes de la 14e Conference de Sociologie des Religions*, pp. 29–50. Paris: Centre Nationale de la Recherche Scientifique, 1977. イデオロギーの概念はこの論文の pp. 48–50 において論じられている。
"Ideologie und Ideologiekritik". In Bernhard Waldenfels, Jan M. Broekman, and Ante Pažanin, eds., *Phänomenologie und Marxismus*, 1: 197–233. Frankfurt: Suhrkamp, 1977. English: "Ideology and Ideology Critique". In Waldenfels, et al., *Phenomenology and Marxism*, pp. 134–164. Trans. J. Claude Evans, Jr. Boston: Routledge and Kegan Paul, 1984. この論文は，ほとんどが，「科学とイデオロギー」および「解釈学とイデオロギー批判」の一部の紹介である。
"Rückfrage und Reduktion der Idealtaten in Husserls 'Krisis' und Marx' 'Deutscher Ideologie'". In Bernhard Waldenfels, Jan M. Broekman, and Ante Pažanin, eds., *Phänomenologie und Marxismus*, 3 : 207–239. Frankfurt: Suhrkamp, 1978.

引用されているリクールの著作・論文

"Action, Story, and History: On Re-reading *The Human Condition*", *Salmagundi* (1983), no. 60, pp. 60–72.
"Aliénation", *Encyclopedia Universalis* (1968), I: 660–664.
"Can Fictional Narratives Be True?" *Analecta Husserliana* (1983), 14 : 3–19.
"Can There Be a Scientific Concept of Ideology?" In Joseph Bien, ed., *Phenomenology and the Social Sciences*, pp. 44–59. The Hague: Martinus Nijhoff, 1978.
The Conflict of Interpretations. Ed. and intro. Don Ihde. Evanston, Ill.: Northwestern University Press, 1974.
"Construing and Constructing". (Review of E. D. Hirsch, Jr., *The Aims of Interpretation*.) *Times Literary Supplement*, February 25, 1977, p. 216.
"Creativity in Language". In *The Philosophy of Paul Ricœur*, pp. 120–133. Ed. Charles E. Reagan and David Stewart, Boston: Beacon Press, 1978.
"Ethics and Culture". In *Political and Social Essays*, pp. 243–270. Ed. David Stewart and Joseph Bien. Athens, Ohio: Ohio University Press, 1974.
Etre, Essence et Substance chez Platon et Aristote. Paris: Société d'Edition D'Enseignement Supérieur, 1982.
"Explanation and Understanding: On Some Remarkable Connections Among the Theory of the Text, Theory of Action, and Theory of History". In *The Philosophy of Paul Ricœur*, pp. 149–166. Ed. Charles E. Reagan and David Stewart, Boston: Beacon Press,

書店，1963 年，7–589 頁〕
Saint-Simon, Henri de. *Social Organization, the Science of Man, and Other Writings.* Trans. and ed. Felix Markham. New York: Harper and Row, 1964.〔サン＝シモン「組織者」『サン－シモン著作集』第 3 巻，森博編訳，恒星社厚生閣，1987 年所収〕
Weber, Max. *Economy and Society*. 2 vol. Ed. Guenther Roth and Claus Wittich. Berkeley: University of California Press, 1978［1968］.〔ウェーバー『社会学の根本概念』清水幾太郎訳，岩波文庫，1972 年／「経済行為の社会学的基礎範疇」富永健一訳，『世界の名著　ウェーバー』1975 年所収，295–484 頁／『経済と社会　支配の諸類型』世良晃志郎訳，創文社，1970 年／『宗教社会学』武藤一雄・薗田宗人・薗田坦訳，創文社，1976 年／「経済と社会集団」厚東洋輔訳，前掲『世界の名著　ウェーバー』所収，485–598 頁／『法社会学』世良晃志郎訳，創文社，1974 年／『支配の社会学』Ⅰ・Ⅱ，世良晃志郎訳，創文社，1960–62 年／『都市の類型学』世良晃志郎訳，創文社，1965 年／『音楽社会学』安藤英治・池宮英才・角倉一朗訳，創文社，1967 年〕

イデオロギーとユートピアについてのリクールの著作一覧（年代順）

"Herméneutique et Critique des Idéologies". *Archivio di Filosofia*（1973），43(2–4)：25–61. English: "Hermeneutics and the Critique of Ideology". In *Hermeneutics and the Human Sciences*, pp. 63–100. Ed. and trans. John B. Thompson. Cambridge: Cambridge University Press. 1981. この論文はイデオロギーについてのリクール自身の観点を練り上げたものではなく，むしろ，ガダマー（解釈学）とハーバーマス（イデオロギー批判）の検討である。〔「解釈学とイデオロギー批判」久米博訳，『解釈の革新』白水社，1985 年所収，288–344 頁〕
"Science et Idéologie". *Review philosophique de Louvain*（1974），72：328–356. English: "Science and Ideology". In *Hermeneutics and the Human Sciences*, pp. 222–246. Ed. and trans. John B. Thompson. Cambridge: Cambridge University Press, 1981.〔「科学とイデオロギー」久重忠夫訳，『解釈の革新』前掲書所収，251–287 頁〕
"Can There Be a Scientific Concept of Ideology?" *Phenomenological Sociology Newsletter*（1974–75），3(2)：2–5, 8; 3(3–4)：4–6. Reprinted in Joseph Bien, ed., *Phenomenology and the Social Sciences*, pp. 44–59. The Hague: Martinus Nijhoff, 1978. この論文は広い範囲で「科学とイデオロギー」と並行している。
Lectures on Ideology and Utopia. Delivered at the University of Chicago, fall 1975.〔本書〕
"L'Herméneutique de la Sécularisation: Foi, Idéologie, Utopie". *Archivio di Filosofia*（1976），46(2–3)：49–68. Presented at a symposium June 1976. English: "Ideology, Utopia, and Faith". *The Center for Hermeneutical Studies*（1976），17：21–28. Presented at a colloquy November 1975. 英語版のテキストはフランス語のオリジナルのテキストのかなり要約したヴァージョンである。〔「世俗化の解釈学」清水誠訳，『解釈の革新』前掲書所収，345–377 頁〕
"Ideology and Utopia as Cultural Imagination". *Philosophic Exchange*（1976），2(2)：17–28. Reprinted in Donald M. Borchert, ed., *Being Human in a Technological Age*,

参考文献

テキスト

Althesser, Louis. *For Marx.* Trans. Ben Brewster. New York: Vintage Books, 1970. Republished, London: Verso Editions, 1979 [distributed in U. S. by Schocken] (same pagination as 1970).〔アルチュセール『マルクスのために』河野健二・田村俶・西川長夫訳，平凡社ライブラリー，1994 年〕

——*Lenin and Philosophy.* Trans. Ben Brewster. New York: Monthly Review Press, 1971.〔アルチュセール『レーニンと哲学』西川長夫訳，人文書院，1970 年／アルチュセール「イデオロギーと国家のイデオロギー諸装置」『再生産について』（下）西川長夫・伊吹浩一・大中一彌・今野晃・山家歩訳，平凡社ライブラリー，2010 年所収〕

Desroche, Henri. *Les Dieux Rêvés.* Paris: Desclée, 1972.

Engels, Friedrich. "Socialism: Utopian and Scientific", In Karl Marx and Friedrich Engels, *Basic Writings on Politics and Philosophy*, pp. 68–111. Ed. Lewis S. Feuer. Garden City, N. Y.: Doubleday, 1959.〔エンゲルス『空想より科学へ——社会主義の発展』大内兵衛訳，岩波文庫，1966 年〕

Fourier, Charles. *Design for Uopia.* Trans. Julia Franklin; intro. Charles Gide. New York: Schocken, 1971.

Geertz, Cliford. *The Interpretation of Cultures.* New York: Basic Books, 1973.〔ギアーツ『文化の解釈学』全 2 巻，吉田禎吾・柳川啓一・中牧弘允・板橋作美訳，岩波現代選書，1987 年〕

Habermas, Jürgen. *Knowledge and Human Interests.* Trans. Jeremy J. Shapiro. Boston: Beacon Press, 1972.〔ハーバーマス『認識と関心』奥山次良・八木橋貢・渡辺祐那訳，未來社，1981 年〕

Mannheim, Karl. *Ideology and Utopia.* Trans. Louis Wirth and Edward Shils. New York: Harcourt, Brace, and World, 1936.〔マンハイム『イデオロギーとユートピア』高橋徹・徳永恂訳，中央公論新社，2000 年〕

Marx, Karl. *Critique of Hegel's "Philosophy of Right".* Ed. and intro. Joseph O'Malley. Cambridge: Cambridge University Press, 1970.〔マルクス「ヘーゲル法哲学批判序説」『ユダヤ人問題によせて　ヘーゲル法哲学批判序説』城塚登訳，岩波文庫，1974 年〕

——*The Economic and Philosophic Manuscripts of 1844.* Ed. and intro. Dirk J. Struik. New York: International Publishers, 1970.〔マルクス『経済学・哲学草稿』城塚登・田中吉六訳，岩波文庫，1964 年〕

Marx, Karl and Frederick Engels. *The German Ideology*, Part I. Ed. and intro. C. J. Arthur. New York: International Publishers, 1970.〔マルクス，エンゲルス『ドイツ・イデオロギー』廣松渉編訳・小林昌人補訳，岩波文庫，2002 年／マルクス「ドイツ・イデオロギー」『マルクス＝エンゲルス全集』第 3 巻，大内兵衛・細川嘉六監訳，大月

ヤ 行

ラ 行

サン＝シモン Saint-Simon, Henri de 22, 24, 52, 393-395, 413-431, 433, 435, 436, 443, 464, 472, 473
『新キリスト教』 423
『ジュネーヴ書簡』 417
シェーラー Scheler, Max 260
シュッツ Schutz, Alfred 287
シュティルナー Stirner, Max 137
シュトラウス Strauss, David 425
シルズ Shils, Edward 55, 463
スキナー Skinner, B. F 394
スターリン Stalin, Joseph 161
スピノザ Spinoza, Baruch de 145, 166, 176, 188, 189, 217, 232, 304
スミス Smith, Adam 91, 96, 109
ソクラテス Socrates 365, 366, 429

タ 行

チョムスキー Chomsky, Noam 20, 301, 369
ディドロ Diderot, Denis 441
ディルタイ Dilthey Wilhelm 354
デカルト Descartes, René 166, 214, 304
デューイ Dewey, John 331
デュルケーム Durkheim, Emile 123
デロッシュ Desroche, Henri 416, 418, 420, 425-427, 472
『夢見られた神々』 417
ドサンティ Desanti, Dominique 434
『ユートピアの社会主義者たち』 434
トレイシー Tracy, David 463

ナ 行

ナポレオン Napoleon 48, 49, 254, 255, 259
ニーチェ Nietzsche, Friedrich 226
ニュートン Newton, Isaac 181, 418, 436

ハ 行

ハイデッガー Heidegger, Martin 118, 119, 125, 130, 194, 195, 338, 441, 442, 461, 465
『存在と時間』 465
『哲学とは何か』 466
『理性の本質』 130
ハイネ Heine, Heinrich 186
バウアー Bauer, Bruno 137
パウロ Paul 88, 368
『ピリピ人への手紙』 88
バーク Burke, Kenneth 59, 150, 376
『文学的形式の哲学』 376
ハクスリー Huxley, Aldous 394, 419
『すばらしい新世界』 419
バクーニン Bakunin, Mikhail 402, 428
ハーシュ Hirsch, E. D 30, 457
バシュラール Bachelard, Gaston 146, 192
『否定の哲学』 192
パース Pierce, C. S. 331
パスカル Pascal, Blaise 167
パーソンズ Parsons, Talcott 43, 55, 298, 463, 464
『現代社会の体系』 55
ハーバーマス Habermas, Jürgen 9, 15, 18-21, 29, 43, 46, 52, 63, 119, 127, 132, 243, 247, 249, 251, 269, 283, 301, 317, 323-373, 380, 384, 389, 429, 443, 448, 452, 458, 461, 464, 470, 471
『認識と関心』 20, 63, 326, 330, 337, 344, 345, 347, 352-355, 361, 369, 471
パレート Pareto, Vilfredo 409
ヒトラー Hitler, Adolf 410
ヒューム Hume, David 424
ビラン Biran, Maine de 176
ファッケンハイム Fackenheim, Emil 110
『ヘーゲル思想における宗教的次元』 110
フィヒテ Fichte, Johann Gottlieb 52, 85, 104, 123, 130, 332, 333, 335, 338, 366
フィンク Fink, Eugen 201, 468
フォイエルバッハ Feuerbach, Ludwig 12, 36, 49-51, 53, 70-73, 75-79, 81, 82, 84-88, 90, 95, 98, 99, 102, 105, 126, 130, 131, 133, 135-137, 148, 151, 154, 187, 190, 196, 197, 200, 215, 222, 327, 329, 344, 418
フーコー Foucault, Mischel 216
ブース Booth, Weyne 436
『アイロニーのレトリック』 436
フッサール Husserl, Edmund 34, 53, 65, 217, 222, 239, 330, 331, 347-349, 431, 446, 462, 468
『イデーンⅠ』 431
『デカルト的省察』 53, 446
『ヨーロッパ諸学の危機』 330, 349
フューア Feuer, Lewis 414
プラトン Plato 50, 80, 157, 215, 220, 296, 299, 301, 302, 348, 402, 403, 437, 440, 441
『国家』 402
『法律』 402
フーリエ Fourier, Charles 22-25, 52, 394, 395, 416, 424, 429, 430, 433-443, 445, 464, 472, 473
『愛の新世界』 442
プルードン Proudhon, Pierre-Joseph 52, 437
『貧困の哲学』 437
フレイレ Freire, Paulo 368
フロイト Freud, Sigmund 8-10, 15, 40, 96, 112, 146, 148, 164, 180, 187, 202, 209, 212-214, 217, 219, 224, 227, 233, 234, 241, 245, 250, 323, 326, 342, 343, 354-366, 368, 369, 371, 372, 409, 438, 451, 452, 461, 465, 467, 471, 473
『ある幻想の未来』 363-365
『精神分析入門講義』 471
『モーゼと一神教』 363
『文化への不満』 164, 363

人名・著作索引

ア　行

カ　行

サ　行

わ　行

た　行

さ　行

事項索引

著者紹介

ポール・リクール（Paul Ricœur）

1913年南仏ヴァランスに生まれる。現代フランスの解釈学的現象学を代表する哲学者として世界的に活躍したが，2005年死去。著書に，『解釈の革新』（白水社），『生きた隠喩』（岩波書店），『フロイトを読む』『時間と物語（全3巻）』『記憶・歴史・忘却（全2巻）』（以上，新曜社）など多数。詳しくは「訳者あとがき」参照。

訳者紹介

川﨑惣一（かわさき　そういち）

1971年大阪生まれ。東京大学大学院人文社会系研究科哲学専攻修了。博士（文学）。現在，宮城教育大学准教授。
著訳書：『哲学という地図――松永哲学を読む』（共著，勁草書房），『哲学への誘いV　自己』（共著，東信堂），ラカン『セミネール第5巻　無意識の形成物』（共訳，岩波書店），リクール『承認の行程』（法政大学出版局）など。

新曜社

イデオロギーとユートピア
――社会的想像力をめぐる講義

初版第1刷発行　2011年6月10日©

著　者　ポール・リクール
訳　者　川﨑惣一
発行者　塩浦　暲
発行所　株式会社　新曜社
101-0051　東京都千代田区神田神保町2-10
電話（03）3264-4973（代）・FAX（03）3239-2958
E-mail：info@shin-yo-sha.co.jp
URL：http://www.shin-yo-sha.co.jp/

印　刷　長野印刷商工　Printed in Japan
製　本　渋谷文泉閣

ISBN978-4-7885-1235-1　C1010